Wege zur Toleranz
Geschichte einer europäischen Idee in Quellen

Wege zur Toleranz
Geschichte einer europäischen Idee in Quellen

Herausgegeben, eingeleitet und erläutert
von Heinrich Schmidinger

Redaktion: Dorit Wolf-Schwarz

Wissenschaftliche Buchgesellschaft

Die Drucklegung dieses Buches wurde ermöglicht
durch die finanzielle Unterstützung von
Graz 2003 – Kulturhauptstadt Europas
sowie durch die Stiftungs- und Förderungsgesellschaft
der Paris Lodron Universität Salzburg.

Die Deutsche Bibliothek verzeichnet diese Publikation
in der Deutschen Nationalbibliografie;
detaillierte bibliografische Daten sind im Internet über
http://dnb.ddb.de abrufbar.

Das Werk ist in allen seinen Teilen urheberrechtlich geschützt.
Jede Verwertung ist ohne Zustimmung des Verlages unzulässig.
Das gilt insbesondere für Vervielfältigungen,
Übersetzungen, Mikroverfilmungen und die Einspeicherung in
und Verarbeitung durch elektronische Systeme.

© 2002 by Wissenschaftliche Buchgesellschaft, Darmstadt
Reproduktionsfähige Druckvorlagenerstellung: Dorit Wolf-Schwarz
Schrift: Palatino, Skia
Gedruckt auf säurefreiem und alterungsbeständigem Papier
Printed in Germany

Besuchen Sie uns im Internet: www.wbg-darmstadt.de

ISBN 3-534-16620-5

INHALT

Vorwort 11

Allgemeine Einleitung 13

Religiöse Fundamente
Einleitung 21
Judentum: Bibel 23
    Die neue Ordnung der Welt 24
        Genesis 9,1–17 24
    Die noachitischen Gebobte 25
        Moses Maimonides: Wiederholung der Lehre (1170/80) 25
Christentum: Neues Testament 26
    Von der Vergeltung und von der Liebe zu den Feinden 26
        Lukas 6,27–36 26
    Vom Richten 27
        Lukas 6,37–38 27
    Das Gleichnis vom Unkraut unter dem Weizen 27
        Matthäus 13,24–30 27
    Der Rat des Gamaliël 28
        Apostelgeschichte 5,29–41 28
    Kirchenväter 29
    Religion als Menschen- und Naturrecht 29
        Tertullian: Verteidigung des Christentums (197) 29
        Tertullian: Brief an Scapula (212) 30
    Freiheit der Gottesverehrung 30
        Laktanz: Göttliche Unterweisungen (Anfang 4. Jh.) 30
        Laktanz: Auszug aus den göttlichen Unterweisungen 31
    „sie irren ... aus Liebe zu Gott" 31
        Salvianus von Marseille: Über die Regierung Gottes (440) .. 31

Inhalt

Islam: Koran 32
   „Gott wird am Tag der Auferstehung entscheiden" 32
      Sure 2, 112 – 113 32
   Die Religion Abrahams 33
      Sure 3, 64 – 68 33
      Sure 4, 125 – 126 33
   „Wetteifert nun nach den guten Dingen!" 34
      Sure 2, 148 34
      Sure 5, 44 – 48 34

Theologie
Einleitung 37

  Moses Maimonides 39
    Die Parabel des Ijob – Die wahre Gotteserkenntnis 41
      Führer der Unschlüssigen (1190) 41
    Das Kommen des Messias und die messianische Zeit 43
      Wiederholung der Lehre (1170/80) 43
  Ibn Kammuna 45
    Argumente und Gegenargumente 47
      Untersuchung über die drei Religionen (1280) 47
  Ramon Llull 51
    „bis wir alle drei uns zu ... einer einzigen Religion bekennen" 53
      Buch vom Heiden und den drei Weisen (um 1273) 53

Literatur
Einleitung 57

  Anonymus 60
    Kritik an Kreuzzug und Judenverfolgung 61
      Das Spiel vom Antichrist (1140/90) 61
  Wolfram von Eschenbach 66
    Auch die Heiden sind Geschöpfe Gottes 68
      Willehalm (1210/17) – „Toleranzrede" der Gyburg 68
  Vorformen der Ringparabel 72
    Gleichnis von der einen Perle 74
      Religionsgespräch in Bagdad Ende des 8. Jahrhunderts 74

Inhalt

Wie der Sultan in Geldnot war und einen Juden
erpressen wollte 75
Anonymus: Das Novellenbüchlein (Ende 13. Jh.) 75
Welches ist der bessere Stein? 77
Salomo Ibn Verga: Die Zuchtrute Judas (1551) 77

Historik
Einleitung 79

Wilhelm von Tyrus 82
   Menschlichkeit und Rechtsfähigkeit der Araber 84
     Geschichte der Kreuzzüge (ca. 1184/1186?) 84
Rodrigo Jiménez de Rada 87
   Die tugendhafte Vorbildlichkeit arabischer Herrscher 89
     Geschichte der Araber (1. Hälfte 13. Jh.) 89
Bernardino de Sahagún 92
   Die hohe Kultur der Azteken 94
     Allgemeine Geschichte der Angelegenheiten Neu-Spaniens
     (1529/69) 94

Humanismus
Einleitung 99

Platonische Akademie in Florenz 102
   Marsilio Ficino 102
     Die eine Religion in der Unterschiedlichkeit der Riten 104
       Über die christliche Religion (1474) 104
   Giovanni Pico della Mirandola 105
     Die immerwährende Philosophie aller Menschen 106
       Rede über die Würde des Menschen (1496) 106

Thomas Morus 111
   Die natürliche Religion der Utopier 113
     Utopia (1516) 113

Inhalt

    Juan Luis Vives 119
        Das Gebot der Liebe 121
            Über Eintracht und Zwietracht im Menschengeschlecht
            (1529) 121

Mystik/Spiritualität
Einleitung 127
Deutsche Mystik 130
    Meister Eckhart 131
        „Gott ist allen Kreaturen gleich nahe" 132
            Deutsche Predigten (ca. 1314–1322) 132
    Johannes Tauler 136
        Womit schon die Heiden vertraut waren 137
            Predigt am Fest der Geburt des Johannes des Täufers 137

    Sebastian Franck 138
        „Der höchste Gott ist unparteiisch" 141
            Paradoxa (1534) 141

Spiritualisten und Wiedertäufer (16. Jahrhundert) 147
    „Gott allein hat Jurisdiktion im Geist über die Seelen und
    über die Leiber" 150
        Aus den Schriften von *Heinrich Bullinger, Hans Denck*
        Kilian Aurbacher, Menno Simons, David Joris 150

Philosophie
Einleitung 155
    Ibn Ruschd Averroes 158
        Die Pflicht zur besten der Religionen seiner Zeit 159
            Die Widerlegung der Widerlegung (um 1180) 159
    Uriel da Costa 162
        Das Gesetz der Natur und die Widernatürlichkeit der
        Religionen 164
            Beispiel eines menschlichen Lebens (1687) 164

Inhalt

Herbert von Cherbury 169
   Allgemeine Kriterien zur Beurteilung aller Religionen 172
      Geschichte Heinrichs VIII. (1649) 172

Recht
Einleitung 177

Bartolomé de Las Casas 180
   Die universelle Gültigkeit des Natur- und Völkerrechts 183
      Einige Rechtsprinzipien zur Behandlung der westindischen
      Frage (1545/6 bzw. 1552) 183
Francisco de Vitoria 194
   Niemand darf zum Glauben gezwungen werden – auch
   Indios nicht 198
      Über die Indios (1538/39) 198
Hugo Grotius 202
   Die Einheit der Christenheit als göttliches Gebot 205
      Votum für den Frieden unter den Kirchen (1642) 205

Anlässe / Ereignisse
Einleitung 213

Sebastian Castellio 214
   „Einen Menschen töten heißt nicht, eine Lehre verteidigen,
   sondern einen Menschen töten" 218
      Über die Ketzer, ob man sie verfolgen soll (1554) 218
H.J.C. Grimmelshausen 229
   „im übrigen aber gestehe ich, daß ich ... simpliciter glaube" .. 234
      Der abenteuerliche Simplicissimus (1668/69) 234
Johann Christoph Gottsched 239
   „Das meiste Blut ... ist durch die Religion vergossen
   worden" 242
      Von dem verderblichen Religionseifer und der heilsamen
      Duldung aller christlichen Religionen (1724) 242

Inhalt

Politik

Einleitung ... 249

Das Toleranzpatent Kaiser Josephs II. (1781) ... 252
    Von der Pflicht zur Toleranz ... 255
        Briefwechsel Kaiserin Maria Theresias und Kaiser Josephs II. im Jahre 1777 ... 255
    Vom Nutzen der Toleranz für den Staat ... 260
        Anonymus: Betrachtungen über Religionsdifferenzen (1781) .. 260

Grundrechtserklärung des Staates Virginia (1776) ... 262
    Thomas Jefferson ... 263
        Religionsfreiheit und Bürgerrechte ... 264
            Gesetzesvorlage zur Errichtung religiöser Freiheit (1779) ... 264
    Thomas Paine ... 267
        Das allgemeine Recht auf Gewissensfreiheit ... 268
            Menschenrechte (1791) ... 268

Erklärung der Rechte des Menschen und des Bürgers der Französischen Nationalversammlung (1789) ... 271
    „Die Menschen sind und bleiben von Geburt frei und gleich an Rechten" ... 276
        Die französische Verfassung von 1791 ... 276
    „Die Frau ist frei geboren und bleibt dem Manne gleich an Rechten" ... 276
        Olympe de Gouges: Erklärung der Rechte der Frau und Bürgerin (1791) ... 276

Abschluß

Einleitung und Kommentar ... 283

Gotthold Ephraim Lessing ... 283
    Nathan der Weise (1779) – „Ringparabel" ... 290

Quellenverzeichnis ... 298

Ausgewählte Bibliographie ... 308

Vorwort

Dieses Buch geht im Sinne einer Spurensuche jenen Wegen nach, die innerhalb der abendländisch-europäischen Geschichte dazu geführt haben, daß Toleranz zu einer unbedingten Forderung erhoben wurde, die in der unveräußerlichen Würde jedes Menschen wurzelt.
Im Jahr 2003 ist die steirische Landeshauptstadt Graz Kulturhauptstadt Europas. Im Auftrag der Intendanz, die die kulturellen und künstlerischen Aktivitäten in Graz vorbereitet, koordiniert und durchführt, ist der Plan zu diesem Vorhaben entwickelt worden. Dr. Peter Pawlowsky vom Grazer Programmarbeitskreis 2003 war es, der die Spurensuche nach der teilweise verschütteten europäischen Toleranzgeschichte angeregt und ihr einen Platz im Rahmen des Gesamtprogramms 2003 gesichert hat.
Die Entscheidung, dem Thema ‚Toleranz' einen wichtigen Stellenwert einzuräumen, resultiert aus einer mehrfachen Überzeugung: Zum einen ist der Toleranz-Gedanke eine der wertvollsten Einsichten, die Europa im Laufe seiner Geschichte gewonnen hat und der ganzen Welt vermitteln kann. Zum anderen bildet Toleranz eine Basis für die Identität von Europa selbst. Wie anders nämlich sollte sich die Vielfalt der europäischen Kulturen, Mentalitäten, Bekenntnisse und Weltanschauungen im Rahmen gemeinsamer politischer, wirtschaftlicher, sozialer und kultureller Strukturen entfalten können, wenn nicht auf der Basis gegenseitiger Achtung und Förderung? Zum Dritten stellt Toleranz sowohl in der Welt als ganzer als auch in Europa im Speziellen noch lange keine Selbstverständlichkeit dar. Die Einlösung des mit ihr verbundenen Anspruches steht immer wieder neu bevor – im Großen auf politisch-gesellschaftlicher Ebene genauso wie im Kleinen auf der Ebene des Alltäglichen und Zwischenmenschlichen.
Das vorliegende Buch bietet die Ergebnisse einer Spurensuche in Form eines Lesebuches an, das eine Auswahl von Texten zusammenstellt, die als wesentliche Marksteine auf dem Weg zur Entdeckung der Toleranz bezeichnet werden müssen. Die Auswahl wiederum richtet sich nach zwei Kriterien: Zum einen geht es ihr darum, die Wege, die zur Toleranz geführt haben, in möglichst vielen Bereichen der europäischen Kultur

Vorwort

nachzuweisen. Dadurch soll nicht nur der geschichtlichen Realität Rechnung getragen werden, sondern ebenso eine Vorstellung von der Vielfalt der Implikationen entstehen, die mit der Forderung nach Toleranz gegeben sind. Zum anderen ist es der Auswahl dieses Readers darum zu tun, möglichst Texte darzubieten, die in vergleichbaren Lesebüchern und Anthologien zum Thema ‚Toleranz' noch nie vorgekommen sind (die eine oder andere Ausnahme möge die Regel bestätigen). Damit sei einerseits der Neuheitswert des vorliegenden Buches behauptet, andererseits aber auch den Entwicklungen in der wissenschaftlichen Forschung, wie sie sich in den vergangenen Jahrzehnten ergeben haben, entsprochen. Ausführliche Einleitungen und Erläuterungen, die den Texten vorangestellt sind, machen auf diese Aspekte aufmerksam.

Ausdrücklicher Dank gebührt allen, die am Zustandekommen dieses Buches beteiligt waren: Dem Intendanten der europäischen Kulturhauptstadt Graz 2003, Wolfgang Lorenz, für die Ermöglichung des Projekts, Dr. Peter Pawlowsky nicht nur für die Idee, sondern auch für die organisatorische und beratende Begleitung, und Mag. Dorit Wolf-Schwarz (Innsbruck) für die lektorale und technische Betreuung der Druckvorlage.

Weiters ist allen Kolleginnen und Kollegen an Universitäten und anderen Institutionen zu danken, die durch Hinweise, Übersetzungen, Quellenbeschaffungen oder sonstige Unterstützungen wertvolle Hilfe geleistet haben: Prof. Dr. Hartmund Bobzin (Erlangen), Prof. Dr. Mariano Delgado (Fribourg), Dr. Fernando Domínguez (Freiburg), Dr. Hans-Wolfgang Krautz (Frankfurt), Prof. Dr. Friedrich Niewöhner (Wolfenbüttel), Direktor Dr. Karl Rudolf (Instituto Histórico Austriaco Madrid) und Dr. Clemens Stroppel (Rottenburg) sowie etlichen Mitgliedern der Universität Salzburg: Mag. Reinhard Bachinger, Prof. Dr. Walter Berka, Prof. Dr. Gerhard Bodendorfer, Dr. Maria Dorninger, Prof. Dr. Reinhard Heinisch, Prof. Dr. Peter Kuon, Prof. Dr. Ulrich Müller, Prof. Dr. Gerhard Petersmann, Prof. Dr. Renate Prochno, Dr. Gertraud Putz, Dr. Christian Rohr, Prof. Dr. Wolfgang Speyer, Prof. Dr. Reinhnold Wagnleitner, Frau Ursula Wagner-Kuon und Mag. Michael Zichy.

Eine europäische Spurensuche nach Toleranz ist nur auf den ersten Blick ein rückwärtsgewandtes Unternehmen. Ein Lesebuch wie dieses zeichnet einen Weg nach, der nicht zu Ende ist, und versteht sich daher als Wegweiser auf den Wegen der Toleranz in die Zukunft.

Allgemeine Einleitung

Gibt es aus der Geschichte etwas zu lernen? Die Menschen bis an die Schwelle des 19. Jahrhunderts haben diese Frage bejaht. Sie beriefen sich auf eine Formulierung Ciceros, die da lautet: Die Geschichte ist eine Lehrmeisterin des Lebens (*historia magistra vitae*). Sie zu kennen bedeutete für sie einen Vorteil für die Bewältigung des Lebens mit seinen alltäglichen und nicht alltäglichen Herausforderungen. Daher sahen sie in der Beschäftigung mit ihr einen großen Nutzen. Seit geraumer Zeit ist über diesen Optimismus eine weitreichende Ernüchterung eingetreten. Es fragt sich nämlich: Lehrt uns die Geschichte nicht gerade dies, daß die Menschen aus ihr nie etwas gelernt haben? Ist mit anderen Worten der erwartete Nutzen je eingetreten? Abgesehen davon: Gibt es in der Geschichte nicht auch das Neue und Unvergleichliche? Was sollte für den Umgang damit aus der Geschichte, in der zumindest Analoges noch nie vorgekommen ist, zu lernen sein? Und schließlich: Macht es überhaupt Sinn, von *der* Geschichte zu sprechen, d.h. von einem Geschehenszusammenhang, der *alle* Menschen miteinander verbindet? Müßte es dazu nicht möglich sein, die Geschichte als ganze sozusagen von außen – von einem *un*geschichtlichen Standpunkt aus – zu betrachten? Steht jedoch jeder Mensch niemals außerhalb, sondern allemal nur innerhalb der Geschichte, ist dann Geschichte nicht immer das, was sich die Menschen darunter vorstellen? Reduziert sich so *die* Geschichte nicht auf die *vielen Geschichten*, die sich die Menschen erzählen? Und legt damit nicht jedesmal die einzelne Geschichte fest, was aus ihr unter Umständen gelernt werden kann?
Akzeptiert man dies, so stellt sich zwangsläufig die Frage, was aus der Beschäftigung mit der Geschichte noch an Nutzen erwachsen soll. Die Antwort darf lauten: Was man an Geschichte erzählt, hängt wohl jedesmal von dem Standort ab, von dem aus man sie gerade betrachtet. Sie erscheint allemal nur in der Perspektive, in der sie von einem Menschen wahrgenommen wird. Es führt aber dennoch zu einem *erweiterten und vertieften Verständnis der Gegenwart*, wenn man die Prozesse, aus denen heraus sie entstanden ist, nachvollzieht und rekonstruiert. Man begreift mit anderen Worten das, was die Gegenwart ausmacht, besser, wenn

Allgemeine Einleitung

man die Wege und Entwicklungen kennt, die zu ihr geführt haben. Dies gilt selbstverständlich nicht nur für die sogenannten Ereignisse, sondern ebenso für das, was in den Menschen solche Ereignisse erzeugt und ihnen eine Interpretation für sie liefert, d.h. für die Weltanschauungen, Ideologien, Philosophien, Religionen und sonstigen kulturellen Orientierungssysteme.

Absicht des vorliegendes Buches ist es, ein solches Verständnis für den Wert der *Toleranz* bzw. für die ethische Forderung nach ihr herzustellen. Daß es gerechtfertigt, ja notwendig ist, sich immer wieder neu darum zu bemühen, liegt schlicht darin, daß Toleranz, obwohl in aller Munde und verbreitet sogar Grundlage der staatlichen Gesetzgebungen westlichen Musters, weder im Großen noch im Kleinen zu einer Selbstverständlichkeit geworden ist. Deutlich sichtbar machen dies nicht bloß die weltweit immer wieder neu aufflackernden Exzesse der Intoleranz, die sich in allen Facetten des Nationalismus, des Fundamentalismus, der Fremdenfeindlichkeit, der Blut-und-Boden-Mentalität, der Borniertheit, der Dummheit, des politischen Opportunismus und des offenen Terrors äußern. Ebenso spricht für sich der Umstand, daß vielen Menschen der Schritt von der bloßen Duldung und Respektierung Andersdenkender zum bewußten Anerkennen, Hochschätzen, Fördern und Wollen derselben eine beträchtliche Hürde bedeutet. Am einfachsten scheint es sich weithin immer noch dann zu leben, wenn man unter sich bleibt, die Andersdenkenden in sicherer Entfernung weiß, die Berührungen mit ihnen auf das Pekuniäre, Touristische, Mediale, Diplomatische und Caritative beschränkt und in puncto willentlichen Aufeinander-Zugehens nicht übertreibt. Gerade im Hinblick darauf kann nicht oft genug nachvollzogen werden, was Toleranz *konkret* bedeutet.

Dazu wiederum bietet sich ein Blick in die Geschichte an. Denn die Forderung nach Toleranz ist nicht etwas, was von heute auf morgen enstanden oder gar am grünen Tisch der philosophischen, theologischen oder politischen Theoretiker ausgedacht worden wäre. Vielmehr bildet sie eine ethische Forderung, die aufgrund zahloser, zum größten Teil bitterer Erfahrungen erst im Laufe von Jahrhunderten in ihrer weitreichenden Bedeutung bewußt geworden ist. Ihre Anerkennung mußte in unzähligen Schritten durchlebt und durchlitten werden. Einigen wesentlichen Schritten dieser Entdeckungs- und Durchsetzungsgeschichte der Toleranz in Europa sowie in den von Europa bestimmten Teilen der Erde nachzugehen ist noch einmal Absicht dieses Lesebuches.

Schritte werden in der Regel auf Wegen gesetzt, daher als Titel dieser Textsammlung die Formulierung *Wege zur Toleranz*. Damit soll sogleich

Allgemeine Einleitung

mehreres angezeigt sein: *Zum Ersten* handelt es sich nicht um *einen* Weg – um eine *via regia*, einen Königsweg sozusagen –, der zur Toleranz geführt hätte, sondern um *zahlreiche*, aus ganz verschiedenen Richtungen herkommende Wege, die schließlich gemeinsam das erzeugt haben, was erst im Laufe der Neuzeit mit dem Wort ‚Toleranz' bezeichnet worden ist. Entsprechend dieser Tatsache gliedert sich die Aufstellung der einzelnen Texte weniger nach der Chronologie, obwohl auch diese berücksichtigt ist, als vielmehr nach *Orten* – früher hätte man von *tópoi* bzw. von *loci communes* gesprochen, heute würde man es *Diskurse* nennen –, von denen aus bzw. innerhalb derer sich die Wege in Richtung Toleranz gebahnt haben. Solche Orte bilden z.B. die Religion, die Philosophie, die Literatur, die Politik, die Rechtsprechung, die Geschichtswissenschaft usw. In ihnen allen, wenn auch zu unterschiedlicher Zeit, ist es zu Durchbrüchen gekommen, die zumindest Horizonte freigegeben haben, in denen sich früher oder später die Forderung nach Toleranz einstellen konnte. Man muß sie daher auch alle berücksichtigen, wenn man begreifen möchte, was mit ‚Toleranz' gemeint ist.

Zum Zweiten haben Wege mit ihren Zielen wohl gemeinsam, daß sie zu ihnen hinführen, in ihre Richtung verlaufen. Sie sind jedoch nicht mit ihnen identisch. Nimmt man daher die Rede von ‚Wegen' ernst, so akzeptiert man auch, daß auf ihnen das Ziel noch nicht erreicht ist. Es wird daher ein Leichtes sein, bei fast jedem der Autoren und Autorinnen, welche die abgedruckten Texte verfaßt haben, andere Texte, Verhaltensweisen oder einzelne Aspekte seines / ihres Denkens und Handelns zu finden, die vom späteren oder gar heutigen Verständnis von Toleranz aus betrachtet dieser widersprechen, d.h. im Grunde Zeichen der Intoleranz sind. Nichtsdestoweniger lassen sich bei ihnen Richtungen erkennen, die auf die Toleranz hinzielen. Und so werden auf jedem von ihnen Schritte gesetzt, die bei aller Begrenztheit, Vorläufigkeit und Relativität doch Bewegungen des Denkens ausgelöst haben, die trotz aller Widerstände und Rückschläge nicht mehr rückgängig zu machen waren.

Zum Dritten ist im Titel bereits das Ziel der Wege genannt: die Toleranz. Dies setzt voraus, daß der vorliegenden Textauswahl ein spezifisches Verständnis von Toleranz zugrundeliegt. Anders ließen sich die Wege, die zu diesem hingeführt haben sollen, gar nicht ausmachen. Woran jedoch läßt sich ein solches Verständnis explizieren? Sicherlich nicht an der bloßen Wort- bzw. Begriffsgeschichte, die schon oft dargestellt wurde. Es ergibt sich aus dieser nämlich nur, daß das ursprüngliche lateinische Wort *tolerantia*, das erst durch Martin Luther 1541 – als *tollerantz* – in die deutsche Sprache gekommen ist, lange Zeit hindurch nur wenig

Allgemeine Einleitung

mit dem zu tun hatte, was später – während der Aufklärung – ‚Toleranz' genannt wurde: das bloße Dulden und Ertragen von Schmerzen, Schicksalsschlägen, Niederlagen, unausweichlichen Übeln (wie den aus der Erbschuld sich ergebenden unvermeidlichen Sünden) und zwischenmenschlichen Problemen. Zugleich stellt sich heraus, daß das Wort ‚Toleranz' ausgerechnet dann, als es sich im 18. Jahrhundert durchgesetzt hatte und zur verbreiteten Bezeichnung für die Duldung und Akzeptanz von Andersdenkenden in Gesinnung und Handlung geworden war, auch schon wieder als inadäquat empfunden wurde, weil es, wie Mirabeau 1789 in seiner Rede vor der Französischen Nationalversammlung, Kant 1784 in seiner Schrift *Beantwortung der Frage: Was heißt Aufklärung?* und Goethe 1809 in seinen *Maximen und Reflexionen* festhielten, als bloße Duldung etwas Hochmütiges und Beleidigendes suggeriere, das noch nicht wirkliche Anerkennung und Förderung bedeute. Abgesehen davon lassen sich Schritte in Richtung Toleranz bereits in Texten ausmachen, in denen der Begriff ‚Toleranz' nicht nur nicht vorkommt, sondern gar nicht vorkommen kann, weil er zur Zeit der Abfassung derselben noch lange nicht die Bedeutung hatte, die er erst Jahrhunderte später erhalten sollte. Toleranz ist somit der Sache nach schon wesentlich früher festzustellen und auszumachen als das Wort in seiner nachmaligen expliziten Verwendung. Dadurch verstärkt sich noch einmal die Frage, woraus sich dann das spezifische Verständnis von Toleranz für die Auswahl dieses Lesebuches herleitet.

Die Antwort darauf kann nur in Form eines Zirkels erfolgen: Als Toleranz wird genommen, was sich als Resultat der verschiedenen Wege, die zu ihr geführt haben, bereits eingestellt *hat*. Das bedeutet zugleich, daß die Rekonstruktion dieser Wege von ihrem Ergebnis her erfolgt. Dieses Ergebnis jedoch tritt in einer ganz bestimmten Phase der neuzeitlichen Geschichte ein, und diese ist die Epoche der europäischen Aufklärung, d.h. die Zeit der zweiten Hälfte des 17. und des ganzen 18. Jahrhunderts. In ihr setzt sich zwar die Toleranz noch nicht umfassend als kulturelle, gesellschaftliche und politische Realität durch – wann wird dies je der Fall sein? –, doch die Forderung nach ihr ist bereits so deutlich und nachdrücklich geworden, daß sie zu einem fundamentalen Prinzip staatlicher Gesetzgebungen wird (in der *Bill of Rights* des Staates Virginia 1776, im *Toleranz-Patent* Kaiser Josephs II. 1781, in der *Preussischen Gesetzgebung* 1788 und 1794, in der *Déclaration des droits de l'homme et du citoyen* durch die französische Nationalversammlung 1789 und 1791). Zugleich bildet sich unter dem Einfluß von Philosophen wie John Locke, Pierre Bayle, Voltaire, Rousseau, den Enzyklopädisten, Leibniz und

Allgemeine Einleitung

Kant, von Rechtsgelehrten wie Thomas Hobbes, Montesquieu, Samuel Pufendorf oder Christian Thomasius und nicht zuletzt von Dichtern wie Herder, Lessing, Goethe und Schiller ein Verständnis von Toleranz heraus, das bis heute als gültig bezeichnet werden darf.

Nach diesem Verständnis bedeutet Toleranz grundsätzlich die gegenseitige Duldung von Personen, Meinungen und Handlungen, die aus unterschiedlichen, aufeinander nicht reduzierbaren Weltanschauungen – vor allem Religionen, Ideologien und anderen normativen Orientierungssystemen – resultieren. In dieser Hinsicht impliziert Toleranz die uneingeschränkte Gewissens-, Religions-, Publikations- und Meinungsfreiheit jedes Mitgliedes einer Gemeinschaft bzw. der Gesellschaft. Toleranz ist jedoch kein Selbstzweck. Vielmehr dient sie jenen Werten, aus denen sie erwächst: den Grundrechten jedes Menschen sowie der Freiheit als Wesensbestimmung des menschlichen Individuums und als Grundprinzip aller menschlichen Gemeinschaftsordnung. Diese Finalisierung wiederum verbindet sich mit der Überzeugung, daß weder ein einzelner Mensch noch eine menschliche Gemeinschaft irgendeinen Anspruch auf absolutes Wissen oder absolute Wahrheit erheben kann, sondern daß sowohl die menschliche Erkenntnis als auch die aus dieser entspringende Wahrheit allemal relativ bleibt und daß folglich das Neben- und Miteinanderbestehen unterschiedlicher Überzeugungen weniger Mangel oder Nachteil als vielmehr Chance und Herausforderung ist, der Wahrheit *gemeinsam* bzw. *in gegenseitiger Ergänzung* näherzukommen. Das bedeutet weder Opportunismus noch Treulosigkeit bezüglich des eigenen Standpunktes, sondern Eingeständnis der eigenen Grenzen und gleichzeitige Offenheit für andere, *gleichermaßen* berechtigte Positionen. Keine Frage, daß darin die eigentliche Schwierigkeit der Toleranz liegt, denn mit der Einwilligung in dieses Grundverhältnis der Wahrheit wächst sie über sich hinaus, indem sie von der bloßen *Duldung* anderer Überzeugungen zum ausdrücklichen *Wollen* derselben wird. ‚Passive' Toleranz schlägt hier in eine ‚aktive' Toleranz um, die sich nicht mehr bloß darauf beschränkt, eine Form von Tugend zu sein, sondern zu einer Bedingung der Möglichkeit von Wahrheit überhaupt avanciert. Sowohl Lessings *Ringparabel* im Drama *Nathan der Weise* (1779) als auch Goethes Äußerungen zur Toleranz in seinen *Maximen und Reflexionen* deuten letztlich nichts anderes als diese Perspektive an. Die konkreten Konsequenzen daraus zu ziehen steht der heutigen Zeit ebenso bevor wie der Zeit der Aufklärung.

Werden nun im Folgenden Texte präsentiert, die das abendländische / europäische / westliche Denken in *diese* Richtung gelenkt haben, so

Allgemeine Einleitung

kommt es noch einmal nicht darauf an, ob in denselben das Wort ‚Toleranz' explizit aufscheint. Im größeren Teil von ihnen wird dies sogar *nicht* der Fall sein. Entscheidend ist allein die angezeigte *Richtung*. Hierbei soll es zusätzlich keine Rolle spielen, ob die einzelnen Texte *selbst* schon so etwas wie Toleranz intendiert haben oder ob sie aus späterer Perspektive herangezogen wurden, um tolerantes Denken und Handeln zu legitimieren bzw. zu illustrieren. (Letzteres ist unter anderem bei Texten aus der Bibel und dem Koran der Fall, bei denen kaum etwas darauf hindeutet, daß sie zur Toleranz aufgefordert hätten, die jedoch von Gläubigen nachfolgender Jahrhunderte in Anspruch genommen wurden, um ihr eigenes tolerantes Verhalten zu rechtfertigen.) Unter diesen beiden Prämissen kann die hier präsentierte Textauswahl geschichtlich weiter zurückgehen als es die meisten Anthologien tun, die zum Thema ‚Toleranz' bereits publiziert wurden. Diese setzen in der Regel bei Texten aus dem Spätmittelalter (bei Nikolaus von Kues) und aus der Reformationszeit an. Dafür spricht sicherlich die Tatsache, daß durch die Kirchenspaltungen im 16. Jahrhundert sowie durch das Auftreten neuer religiöser Bewegungen in Europa, aber ebenso durch die Entdeckung neuer Kontinente und neuer Kulturen die Toleranz zu einer Herausforderung wie nie zuvor in der Geschichte Europas wurde. Nicht dagegen, sehr wohl aber verdeutlichend und präzisierend dazu steht, daß diese Texte aus nachweisbaren Zusammenhängen mit anderen Texten heraus verstanden werden müssen, die bis in die Zeit der Kirchenväter, d.h. in die ausgehende Antike zurückdatieren. Ihnen kann und soll unter Anwendung der dargelegten Prämissen in diesem Lesebuch erstmals Raum geboten werden.

Das bedeutet nicht, daß die vorliegende Sammlung den Anspruch auf Vollständigkeit erheben dürfte. Schon aufgrund des vorgegebenen Umfangs kann auch sie sich nur auf eine Auswahl beschränken, die markante und repräsentative Texte heranzieht. Darüber hinaus ist es nicht ihre Absicht, bereits oft edierte Texte, die jedermann leicht zugänglich sind, einmal mehr zu publizieren. Wenngleich dies bei einigen von ihnen trotzdem unumgänglich ist, weil ohne sie die Geschichte der Entdeckung von Toleranz nicht begriffen werden könnte, so soll die Regel doch sein, weniger bekannte Texte bzw. Texte, die bisher noch kaum in vergleichbare Lesebücher Eingang gefunden haben, vorrangig auszuwählen. Abgesehen davon geht es in diesem Buch nicht so sehr darum, daß die einzelnen Wege, die zur Toleranz geführt haben, möglichst lückenlos im historischen Sinn verfolgt werden, als vielmehr darum, im Nachvollzug derselben ein vertieftes Verständnis dessen zu gewinnen,

Allgemeine Einleitung

was Toleranz prinzipiell und konkret bedeutet. Dazu bedarf es keiner Vollständigkeit in chronologischer Hinsicht. Vielmehr empfiehlt sich zu diesem Zweck – bei aller Berücksichtigung der geschichtlichen Zäsuren – eine Inhaltsgliederung nach topologischen Gesichtspunkten. Durch diese lassen sich die verschiedenen Impulse bzw. die unterschiedlichen Motive, die Anstoß zu den diversen Diskursen über die Toleranz geboten haben, besser überblicken und nachvollziehen.
Doch noch einmal zurück zum Anfang dieser Einleitung: Dort hat es geheißen, daß es fraglich sei, ob die Rede von *der* Geschichte überhaupt Sinn mache, weil Geschichte allemal das sei, was sich in den Vorstellungen der Menschen darüber zusammenreime, weil mit anderen Worten Geschichte immer aus dem bestünde, was sich die Menschen an Geschichten erzählten. Wenn es sich aber so verhält, ist dann nicht jene Geschichte, welche Menschen unterschiedlichster Weltanschauungen und verschiedenster Wertsysteme verbindet, nicht so sehr etwas, was bereits vorgegeben ist, als vielmehr etwas, *was erst entsteht*, sobald Geschichten und Vorstellungen gefunden werden, die insofern gemeinsam sind, als in ihnen Gemeinsamkeit *trotz*, besser *durch* Differenz und Pluralität entsteht und besteht? Erweist sich dann aber nicht Toleranz als eine Bedingung der Möglichkeit von Geschichten, die viele oder gar alle Menschen verbinden? Natürlich können und werden verschiedene Weltanschauungen und Wertsysteme ebenso durch anderes in ein gemeinsames Boot gesetzt: durch globale Naturereignisse, durch Technologien, durch Welthandel, durch Kriege. Auch dadurch wächst die Welt zusammen. Auch dadurch stellt sich eine faktisch gemeinsame Geschichte ein. Reichen aber diese Faktoren, die sich teils schicksalhaft, teils selbst regulierend ergeben, aus, um auch eine *Gemeinschaftlichkeit der Menschen* zu bewirken? Genügt eine Schicksalsgemeinschaft, die sich quasi ‚von außen' aufzwingt, um letztlich auch die Bereitschaft, ja den Willen zu einer gemeinsamen Geschichte zu erzeugen? Muß dazu nicht zuerst die Einstellung der Menschen zueinander eine solche werden, daß diese sich in ihrer Verschiedenheit anerkennen und wollen? Hängt mit einem Wort gemeinsame Geschichte nicht von der Entstehung von Toleranz ab?

Religiöse Fundamente

Einleitung

Das Problem der Toleranz entsteht historisch gesehen mit dem Monotheismus – mit dem Glauben, daß es nur einen einzigen Gott gibt. Monotheismus nämlich bedeutet eine religiöse Weltanschauung, die Anspruch auf den Besitz absoluter Wahrheit erhebt und dafür keine bloß äußerliche, sondern eine bis ins Gewissen des einzelnen reichende Entschlossenheit zu dieser fordert. Neben ihr kann es konsequenterweise keine andere Weltanschauung geben, die mit denselben Prätentionen auftritt. Diese Ausschließlichkeit wirkt sowohl nach außen als auch nach innen. Entgegengesetzte Weltanschauungen sind genauso intolerabel wie Abweichungen, die innerhalb einer solchen Weltanschauungen selbst entstehen. Andersgläubige können mit anderen Worten ebenso wenig anerkannt werden wie Ketzer oder Häretiker in den eigenen Reihen.
Faktisch gesehen trat das Problem der Toleranz bzw. Intoleranz erst auf, als mehrere monotheistische Religionen aufeinander stießen. Dies wiederum war erst im Mittelalter ab dem 7./8. Jahrhundert der Fall, als in einigen Gegenden des Abend- und Morgenlandes Christentum, Judentum und Islam um die politische und kulturelle Vorherrschaft zu kämpfen begannen. Gewiß erscheint die mit dem Monotheismus verbundene Intoleranz schon wesentlich früher. Bereits der ägyptische Pharao Echnaton (1353–1336 v. C.) verfügte, daß neben dem von ihm verehrten alleinigen Sonnengott Aton keine anderen Götter mehr verehrt werden dürften. Sieben Jahrhunderte später erklärten die alttestamentlichen Propheten, vor allem im biblischen Buch Jesaja, sämtliche anderen Götter und Göttinnen zu „Nichts" und stellten die kühne These auf, daß die Zukunft aller Menschen darin liege, daß sie zur heiligen Tempelstadt Jerusalem hinaufzögen, um den einen Gott Jahwe zu verehren. Wiederum

viele Jahrhunderte später, nach dem Edikt von Thessalonike im Jahre 380 durch Kaiser Theodosius I., kraft dessen das Christentum zur Staatsreligion des damaligen Römischen Reiches avancierte, beschäftigte die christlichen Kirchenväter die Frage, wie sowohl mit Anhängern der anderen antiken Religionen als auch mit Häretikern innerhalb der Kirche umzugehen sei. Dies geschah bereits vor dem Hintergrund, daß Nicht-Christen oder Abtrünnige getötet wurden und erste Judenpogrome stattfanden. Doch genausowenig wie das sogenannte Toleranzedikt der Kaiser Konstantin und Licinius vom 13. Juni 313 zur Toleranz im Sinne der Moderne führte, bedeuteten während der Antike die Inanspruchnahmen absoluter Überzeugungen die nachdrücklichen und kompromißlosen Verfolgungen anderer Weltanschauungen. Vielmehr hielt sich während der ganzen Antike die Auffassung, daß die Loyalität zu den staatlichen Autoritäten sowie die Einhaltung der allgemein anerkannten ‚guten Sitten' wichtiger sei als die Anhängerschaft an eine bestimmte religiöse Überzeugung. Deshalb ist umgekehrt die Koexistenz verschiedener Religionen innerhalb eines Staates noch kein Zeichen für Toleranz, sondern lediglich ein Indiz dafür, daß diese Religionen für den Staat weder ein Loyalitäts- noch ein Identitätsproblem darstellten. Aus demselben Grund wurden bis ins frühe 4. Jahrhundert die Christen durch mehrere römische Kaiser nicht wegen ihres Glaubens, sondern wegen ihrer vermeintlichen Illoyalität gegenüber der höchsten Staatsmacht bzw. wegen ihrer angeblichen Verstöße gegen die öffentliche Moral verfolgt.

Monotheismus bedeutet allerdings nicht zwangsläufig Intoleranz. Von ihm gingen ebenso Impulse zur Toleranz aus. Bereits ab dem 10. und 11. Jahrhundert konnte die Überzeugung, daß Christen, Juden und Muslime letztlich denselben Gott verehrten, weil es ja nur einen einzigen Gott geben könne, zu Verhaltensformen motivieren, die aus heutiger Sicht als ‚tolerant' bezeichnet werden dürfen. Darüber hinaus war es auch möglich, die heiligen Schriften, die diesen drei monotheistischen Schrift- oder Buchreligionen zugrundeliegen – die hebräische Bibel, das Neue Testament, den Koran – zur Rechtfertigung von Toleranz heranzuziehen. Neben einzelnen Stellen, die man aus ihnen zitieren konnte, ließen sich vor allem grundlegende Überzeugungen oder fundamentale Forderungen in Anspruch nehmen: so in der Bibel die Geschichte vom Bund, den Gott – vor dem Bund am Berge Sinai mit dem Volk Israel – mit Noach und seinen Söhnen geschlossen hat und der für alle Völkern und Lebewesen der Erde gilt, so daß jeder Gerechte, unabhängig davon, ob er dem Volk Israel angehört, seinen Segen genießt; so im Neuen Testament die Aufforderung, grundsätzlich jeden Menschen, egal ob er Familienmitglied, Freund, Feind oder Sünder ist, zu lieben, ihm gegenüber Barmherzigkeit zu üben und ihn nicht zu richten, da dies die Sache Gottes am Ende der Zeiten ist; und so im Koran die Überzeugung, daß in Abraham alle Menschen, die an einen Gott glauben, einen gemeinsamen Vater haben, und daß deshalb allen seinen Glaubensnachkommen – auch den Juden und Christen – Anerkennung entgegenzubringen sei.

Natürlich blieb die Wirkungsgeschichte der Heiligen Schriften ambivalent. Mit ihnen wurden Toleranz *und* – in Summe gesehen wahrscheinlich sogar überwiegend – Intoleranz legitimiert. Was zum Zuge kam, hing wesentlich von den Lektüren der Gläubigen ab. Eindeutige Texte, die gar das Wort ‚Toleranz' enthielten und die sich daher auch eindeutig lesen ließen, gibt es in ihnen nicht. Es ist vielmehr zu vermuten, daß die Texte, die in späteren Jahrhunderten zur Rechtfertigung des einen oder des anderen herangezogen wurden, selbst keine Intention in der einen oder anderen Richtung verfolgten, sondern aus gänzlich anderen Motiven heraus verfaßt wurden. Deshalb können die folgenden Texte bei erster Lektüre einiges Befremden auslösen. *Prima vista* haben sie mit Toleranz kaum etwas zu tun. Im Laufe der Geschichte bildeten sie jedoch die religiösen Fundamente für die Forderung nach Religions- und Gewissensfreiheit und somit nach Toleranz.

JUDENTUM: BIBEL

Aus der Tradition des *Judentums* wurden zwei Texte ausgewählt, die im Zusammenhang mit den sogenannten Noachitischen Geboten stehen. Der eine stammt aus der Bibel (Buch Genesis, Kapitel 9), in dem davon erzählt wird, wie Gott mit den einzigen Überlebenden der Sintflut, d.h. mit Noach und seinen Söhnen, aber auch mit allen Lebewesen, die in der Arche dem Strafgericht Gottes entkommen waren, einen Bund schließt.

Die neue Ordnung der Welt

Genesis 9,1–17
Gott segnete Noach und seine Söhne und sprach zu ihnen: „Seid fruchtbar und mehret euch und erfüllet die Erde! Furcht und Schrecken vor euch sei auf allen Tieren der Erde, auf allen Vögeln des Himmels und auf allem Gewürm auf dem Boden und auf allen Fischen des Meeres: in eure Hand sind sie gegeben. Alles, was sich regt und lebt, diene euch zur Nahrung; wie das grüne Kraut überlasse ich euch alles. Nur Fleisch mit seiner Seele, nämlich dem Blut, sollt ihr nicht essen. Auch euer Blut, das Blut eures Lebens, werde ich fordern; ich werde es fordern von jedem Tier und von dem Menschen. Von einem jeden, selbst von seinem Bruder werde ich das Leben des Menschen fordern.
Wer Menschenblut vergießt, durch Menschen soll sein Blut vergossen werden.
Denn nach dem Bilde Gottes hat er den Menschen gemacht.
So werdet fruchtbar und mehret euch, wimmelt auf der Erde und herrschet über sie!"
Dann sprach Gott zu Noach und zu seinen Söhnen, die bei ihm waren: „Seht, ich schließe meinen Bund mit euch und mit euren Nachkommen nach euch, und mit allen Lebewesen, die bei euch sind: mit den Vögeln, dem Vieh und allem Wild des Feldes bei euch, mit allem, was aus der Arche herausgegangen ist, mit allen Tieren der Erde. Ich schließe meinen Bund mit euch: nicht mehr soll alles Fleisch durch das Wasser der Flut vertilgt werden und keine Flut soll mehr kommen, um die Erde zu vernichten."
Und Gott sprach: „Dies sei das Zeichen des Bundes, den ich zwischen mir und euch und allen lebenden Wesen bei euch für immerwährende Geschlechter schließe: Ich stelle meinen Bogen in die Wolken, er soll ein Zeichen des Bundes zwischen mir und der Erde sein. Wenn ich die Wolken über die Erde zusammenballe und der Bogen in den Wolken erscheint, dann will ich meines Bundes zwischen mir und euch und allen lebenden Wesen, allem Fleisch, gedenken: Nie mehr soll das Wasser zur Flut werden, um alles Fleisch zu vernichten. Wenn der Bogen in den Wolken erscheint, werde ich ihn ansehen, um des ewigen Bundes zwischen Gott und allen lebenden Wesen, allem Fleisch, das auf Erden ist, zu gedenken."
Und Gott sprach zu Noach: „Dies ist das Zeichen des Bundes, den ich zwischen mir und allem Fleisch, das auf Erden ist, geschlossen habe."

Dieser Bund ist folglich mit der ganzen Menschheit und aller Kreatur geschlossen, nicht nur mit dem Volk Israel. Was dies für das Judentum

bedeuten sollte, dokumentiert der zweite Text. Er stammt von einem großen jüdischen Denker aus dem Mittelalter, von *Moses Maimonides* (1137/8–1204), der im nächsten Abschnitt näher vorgestellt werden wird.
Vermutlich während der Regierungszeit des Kaisers Hadrian (117–138) wurden unter Heranziehung anderer Bibelstellen einzelne Gebote formuliert, die dieser Bund enthalten haben soll. Ihre Anzahl ist unterschiedlich überliefert, jedenfalls enthalten sie Verbote von Götzendienst, Gotteslästerung, Blutvergießen, Unzucht, Raub und Essen von Fleisch eines lebenden Tieres sowie das Gebot nach geordneter Rechtsprechung. Wichtiger als ihre Zahl ist jedoch die damit überlieferte Überzeugung, daß alle Menschen, besonders die Gottesfürchtigen und die Gerechten, die diese Gebote erfüllen, genauso zu Kindern Gottes werden wie die Söhne und Töchter Israels.

Die noachitischen Gebote

Moses Maimonides: Wiederholung der Lehre
Buch 14, Kapitel 8 § 10–11

Unser Lehrer Moses hat die Tora und die Gebote nur den Israeliten auferlegt, denn es heißt „[Moses hat uns eine Weisung übergeben,] ein Besitztum für die Gemeinde Jakobs" (Deuteronomium 33,4). Gleichermaßen existieren sie aber für alle jene aus den anderen Völkern, die sich zum wahren Glauben bekehren wollen, denn es heißt [nicht nur einmal]: „Für euch und für die Fremden, die bei euch leben, gilt ein und dieselbe Regel" (Numeri 15,15). Will sich jedoch ein Fremder nicht bekehren, so darf man ihn nicht zwingen, die Tora und die Gebote anzuerkennen. Allerdings hat unser Lehrer Moses im Namen der göttlichen Autoritität auch geboten, alle Menschen [die unter uns leben?] dazu zu zwingen, die noachitischen Gebote anzuerkennen, und einen Menschen, der sie nicht akzeptiert, gegebenenfalls zu töten. Wer sie jedoch anerkennt, soll überall als ein Proselyt [als einer, der unseren Glauben annehmen will] betrachtet werden. Seine Anerkennung hat in der Gegenwart von drei Rabbinern stattzufinden. Und wer sich [sogar] dazu entschließt, sich beschneiden zu lassen, es dann aber doch binnen zwölf Monaten nicht tut, ist noch als ein Fremder aus den anderen Völkern zu betrachten.
Erkennt nun so jemand die sieben [noachitischen] Gebote an und lebt er auch gewissenhaft nach ihnen, so ist er zu den Gerechten unter den Völkern zu zählen. Er wird Anteil haben am künftigen Leben. Allerdings muß er diese

sieben Gebote anerkennen und sie beobachten, weil Gott sie in der Tora geboten und uns durch unseren Lehrer Moses bekannt gemacht hat, daß die Söhne Noachs schon früher zu ihnen verpflichtet worden sind. Beobachtet sie aber jemand aufgrund seiner eigenen vernünftigen Überlegungen, so ist er kein Proselyt und ebensowenig einer, der weder unter Juden lebt noch die sieben Gebote kennt, wenngleich er an der zukünftigen Welt teilhat, sondern als ein Gerechter unter den Völkern, der ebenfalls nicht unter Juden lebt, der die sieben Gebote aber dennoch hält, weil er sie mit seiner Vernunft erkannt hat. ❖

CHRISTENTUM: NEUES TESTAMENT

Für das *Christentum* sind drei Texte aus dem Neuen Testament schicksalshaft geworden: Die Bergpredigt (zusammengestellt sowohl im Matthäus- als auch im Lukasevangelium) mit den Geboten der Feindesliebe und der Barmherzigkeit sowie dem Verbot, über andere zu richten, das Gleichnis vom Unkraut unter dem Weizen (bei Matthäus, 13. Kapitel) und der sogenannte Rat des Gamaliël (Apostelgeschichte, Kapitel 5).

Ihr gemeinsamer Grundtenor ist: Die Christen sollen sich wie ihr „Vater im Himmel" verhalten und das heißt vor allem barmherzig sein. Zugleich haben sie Gott am Ende der Zeiten, beim Jüngsten Gericht, das letzte Wort darüber zu überlassen, was Weizen und was Unkraut ist bzw. was in den Menschen aus Gott und was aus dem Bösen stammt. Sowohl die offiziellen kirchlichen Dokumente als auch die ausschlaggebenden Werke der christlichen Theologie werden sich durch Jahrhunderte dieser Argumentation bedienen.

Von der Vergeltung und von der Liebe zu den Feinden

Lukas 6,27–36
Euch, die ihr mir zuhört, sage ich: Liebt eure Feinde; tut denen Gutes, die euch hassen. Segnet die, die euch verfluchen; betet für die, die euch mißhandeln. Dem, der dich auf die eine Wange schlägt, halt auch die andere hin, und dem, der dir den Mantel wegnimmt, laß auch das Hemd. Gib jedem, der dich

bittet; und wenn dir jemand etwas wegnimmt, verlang es nicht zurück. Was ihr von anderen erwartet, das tut ebenso auch ihnen. Wenn ihr nur die liebt, die euch lieben, welchen Dank erwartet ihr dafür? Auch die Sünder lieben die, von denen sie geliebt werden. Und wenn ihr nur denen Gutes tut, die euch Gutes tun, welchen Dank erwartet ihr dafür? Das tun auch die Sünder. Und wenn ihr nur denen etwas leiht, von denen ihr es zurückzubekommen hofft, welchen Dank erwartet ihr dafür? Auch die Sünder leihen Sündern in der Hoffnung, alles zurückzubekommen. Ihr aber sollt eure Feinde lieben und sollt Gutes tun und leihen, auch wo ihr nichts dafür erhoffen könnt. Dann wird euer Lohn groß sein, und ihr werdet Söhne des Höchsten sein; denn auch er ist gütig gegen die Undankbaren und Bösen. Seid barmherzig, wie es auch euer Vater ist! ❖

Vom Richten

Lukas 6,37–38
Richtet nicht, dann werdet auch ihr nicht gerichtet werden. Verurteilt nicht, dann werdet auch ihr nicht verurteilt werden. Erlaßt einander die Schuld, dann wird auch euch die Schuld erlassen werden. Gebt, dann wird auch euch gegeben werden. In reichem, vollem, gehäuftem, überfließendem Maß wird man euch beschenken; denn nach dem Maß, mit dem ihr meßt und zuteilt, wird auch euch zugeteilt werden. ❖

Das Gleichnis vom Unkraut unter dem Weizen

Matthäus 13,24–30
Und Jesus erzählte ihnen noch ein anderes Gleichnis: Mit dem Himmelreich ist es wie mit einem Mann, der guten Samen auf seinen Acker säte. Während nun die Leute schliefen, kam sein Feind, säte Unkraut unter den Weizen und ging wieder weg. Als die Saat aufging und sich die Ähren bildeten, kam auch das Unkraut zum Vorschein. Da gingen die Knechte zu dem Gutsherrn und sagten: Herr, hast du nicht guten Samen auf deinen Acker gesät? Woher kommt dann das Unkraut? Er antwortete: Das hat ein Feind von mir getan. Da sagten die Knechte zu ihm: Sollen wir gehen und es ausreißen? Er entgegnete: Nein, sonst reißt ihr zusammen mit dem Unkraut auch den Weizen aus. Laßt beides wachsen bis zur Ernte. Wenn dann die Zeit der Ernte da ist,

Religiöse Fundamente

werde ich den Arbeitern sagen: Sammelt zuerst das Unkraut und bindet es in Bündel, um es zu verbrennen; den Weizen aber bringt in meine Scheune. ❖

Der Rat des Gamaliël

Apostelgeschichte 5,29–41

Petrus und die Apostel antworteten: Man muß Gott mehr gehorchen als den Menschen. Der Gott unserer Väter hat Jesus auferweckt, den ihr ans Holz gehängt und ermordet habt. Ihn hat Gott als Herrscher und Retter an seine rechte Seite erhoben, um Israel die Umkehr und Vergebung der Sünden zu schenken. Zeugen dieser Ereignisse sind wir und der Heilige Geist, den Gott allen verliehen hat, die ihm gehorchen. Als sie [der Hohepriester und der Hohe Rat] das hörten, gerieten sie in Zorn und beschlossen sie zu töten.

Da erhob sich im Hohen Rat ein Pharisäer namens Gamaliël, ein beim ganzen Volk angesehener Gesetzeslehrer; er ließ die Apostel für kurze Zeit hinausführen. Dann sagte er: Israeliten, überlegt euch gut, was ihr mit diesen Leuten tun wollt. Vor einiger Zeit nämlich trat Theudas auf und behauptete, er sei etwas Besonderes. Ihm schlossen sich etwa vierhundert Männer an. Aber er wurde getötet, und sein ganzer Anhang wurde zerstreut und aufgerieben. Nach ihm trat in den Tagen der Volkszählung Judas, der Galiläer, auf; er brachte viel Volk hinter sich und verleitete es zum Aufruhr. Auch er kam um, und alle seine Anhänger wurden zerstreut. Darum rate ich euch jetzt: Laßt von diesen Männern ab und gebt sie frei; denn wenn dieses Vorhaben oder dieses Werk von Menschen stammt, wird es zerstört werden; stammt es aber von Gott, so könnt ihr sie nicht vernichten; sonst werdet ihr noch als Kämpfer gegen Gott dastehen. Sie stimmten ihm zu, riefen die Apostel herein und ließen sie auspeitschen; dann verboten sie ihnen, im Namen Jesu zu predigen, und ließen sie frei. Sie aber gingen weg vom Hohen Rat und freuten sich, daß sie gewürdigt worden waren, für seinen Namen Schmach zu erleiden. ❖

Religiöse Fundamente

Kirchenväter

Ergänzend zu diesen Texte aus dem Neuen Testament auch hier ein Blick in die frühe Tradition, in die Zeit der Kirchenväter, konkret zu *Tertullian* (ca. 160–nach 220), *Laktanz* (um 250–ca. 325) und *Salvianus von Marseille* (vor 400–nach 480). Während die ersten beiden noch während der Christenverfolgungen leben, schreibt letzterer in einer Zeit, in der sich das Christentum bereits als Staatsreligion durchgesetzt hat. Dem entsprechend fordern Tertullian und Laktanz ‚Toleranz' für die Christen (für sie ist Religion eine Sache der Freiheit des einzelnen), Salvianus hingegen ‚Toleranz' für Germanen und Häretiker (für ihn folgen diese ihrem Gewissen und stehen in religiöser und moralischer Hinsicht den christianisierten Römern in nichts nach).

Religion als Menschen- und Naturrecht

Tertullian: Verteidigung des Christentums 24, 6–10

Denn bedenkt, ob nicht auch das auf die Liste der Gottesfrevel gehört, einem die Freiheit der Gottesverehrung zu nehmen und die Wahl der Gottheit zu untersagen, so daß ich nicht verehren darf, wen ich will, sondern zu verehren gezwungen werde, wen ich nicht will. Niemand kann von einem Widerstrebenden verehrt werden wollen, nicht einmal ein Mensch.

Daher wird ja auch den Ägyptern das Recht auf ihren so sinnlosen Aberglauben zugestanden, Vögel und Tiere zu Göttern zu erheben und zum Tode zu verurteilen, wer einen derartigen Gott umbringt. Auch jede einzelne Provinz und jede Stadt hat ihren eigenen Gott, etwa Syrien die Atargatis, Arabien den Dusares, die Noriker den Belenus, Afrika die Caelestis, Mauretanien seine kleinen Könige. Römische Provinzen sind es doch wohl, die ich genannt habe, aber trotzdem keine römischen Götter; denn in Rom werden diese alle ebensowenig verehrt wie jene, die sogar mitten in Italien durch die Weihen ihrer Gemeinde zu Göttern werden: in Casinum Delventinus, in Narnia Visidianus, in Asculum Ancharia, in Vulsinii Nortia, in Ocriculum Valentia, in Sutrium Hostia, und bei den Faliskern bekam zu Ehren des Schutzpatrons Curris die Juno noch einen Beinamen. Doch uns allein wird das Recht auf eine eigene Form der Gottesverehrung verwehrt. Wir verletzen und beleidigen die Römer und werden nicht als Römer angesehen, weil wir einen Nichtrömer-Gott verehren. Gut nur, daß er der Gott aller ist, dem wir – mögen wir wollen oder nicht – alle gehören. Doch bei euch ist alles nur Denkbare zu verehren erlaubt außer dem wahren Gott – als ob nicht vielmehr der der Gott aller wäre, dem wir alle gehören.

Tertullian: Brief an Scapula, Kapitel 2
Es ist ein Menschenrecht und ein Naturrecht (*humani juris et naturalis potestatis est*), daß jeder anbeten kann, was er will; die Religion des einen kann dem anderen weder nützen noch schaden. Es liegt nicht in der Natur der Religion, die Religion zu erzwingen; sie muß freiwillig angenommen werden und nicht durch Gewalt, weil Opfer nur aus freiem Willen verlangt werden. Wenn ihr uns also zum Opfern zwingt, gebt ihr euren Göttern in Wirklichkeit nichts; sie brauchen keine widerwillig dargebrachten Opfer.

Freiheit der Gottesverehrung

Laktanz: Göttliche Unterweisungen
V, 20
Man muß die Religion verteidigen, doch nicht tötend, sondern sterbend; nicht durch Grausamkeit, sondern durch Leiden; nicht durch Verbrechen, sondern durch Glauben ... Denn wenn du die Religion durch Blut, durch Böses verteidigen willst, so wird sie nicht verteidigt, sondern befleckt und vergewaltigt. Nichts ist so vom freien Willen abhängig wie die Religion; sie verschwindet, sie wird zunichte gemacht, wenn das Opfer widerwillig dargebracht wird.

V, 21
Ein erzwungenes Opfer ist kein echtes Opfer. Wenn es nicht freiwillig und aus vollem Herzen gebracht wird, ist es eine Lästerung wie auch in dem Fall, da es durch Gewalt, durch Gefängnis, durch Folter erzwungen wird. Wenn es Götter gäbe, zu denen man auf diese Weise betete, verdienten sie allein darum, keine Götter zu sein, weil sie so angebetet werden wollen; denen man mit Tränen und Stöhnen opfert, während das Blut von allen Gliedern rinnt, die verdienten, daß die Menschen sie entheiligen. Wir dagegen verlangen nicht, daß man widerwillig zu unserem Gott betet, obwohl er der Gott aller Menschen ist, ob sie damit einverstanden sind oder nicht. Wenn man sich weigert, zu ihm zu beten, zürnen wir deshalb nicht. Wir verlassen uns auf seine Majestät, die zu rächen vermag, ob man sie selbst verachtet oder ihre Die-

ner beleidigt. Darum klagen wir nicht einmal, wenn man uns foltert, wir überlassen die Rache Gott. Wir handeln nicht wie jene, die sich zu den Verteidigern ihrer Götter erheben und wild gegen jene anderen wüten, die nicht zu ihnen beten.

Laktanz: Auszug aus den göttlichen Unterweisungen, 54
Die Religion ist das einzige, in dem die Freiheit ihren Wohnsitz erwählt hat. Mehr als alles andere ist sie vom Willen abhängig. Niemand kann gezwungen werden, etwas gegen seinen Willen anzubeten.

„sie irren ... aus Liebe zu Gott"

Salvianus von Marseille: Über die Regierung Gottes, V, 2
Sie [die Barbaren] sind zwar Häretiker, aber sie wissen es nicht. Für uns sind sie Häretiker, aber für sich sind sie es nicht. Sie betrachten sich so sehr als katholisch, daß sie uns diesen entehrenden Titel Häretiker geben. Was sie für uns sind, sind wir für sie ... Die Wahrheit ist bei uns, aber sie sind überzeugt, daß sie bei ihnen liegt. Die wahre Ehre, die Gott empfängt, ist bei uns; aber sie denken, daß ihr Glaube die Gottheit ehre ... sie sind gottlos, aber darin sehen sie die wahre Frömmigkeit. Sie sind also im Irrtum, aber sie irren aufrichtig, nicht aus Haß, sondern aus Liebe zu Gott, da sie glauben, daß sie Gott lieben und ehren. Obwohl sie keinen orthodoxen Glauben haben, nehmen sie dennoch an, daß darin die vollendete Liebe zu Gott liege. Wie sollen sie am Tag des Gerichtes für diese irrigen Auffassungen bestraft werden? Niemand kann es wissen, wenn nicht der Richter. Inzwischen empfiehlt Gott, nach meiner Meinung, ihnen gegenüber geduldig zu sein; er sieht wahrlich, daß sie keinen orthodoxen Glauben haben, sie irren und sie glauben, ihre Meinung entspreche der rechten Frömmigkeit; zumal er weiß, daß sie tun, was sie nicht wissen, während die Unsrigen das, was sie glauben, vernachlässigen ... Deshalb läßt sie Gottes Langmut in gerechtem Urteil gelten, während er uns eine gerechte Züchtigung auferlegt.

Religiöse Fundamente

ISLAM: KORAN

Im *Islam* herrscht eine klar differenzierte Haltung gegenüber den Polytheisten (den sogenannten Heiden) einerseits und Monotheisten, konkret Juden und Christen (den „Leuten der Schrift") andererseits. Während Mohammed die ersten zunehmend scharf verurteilt, achtet er letztere – wenngleich im Laufe seines Lebens in unterschiedlichem Maß. Zwar verwirklichen „die Leute der Schrift" für ihn nicht den reinen Monotheismus, sie stammen aber genauso wie die Söhne und Töchter Allah's von Abraham, dem Vater des Glaubens an den einen Gott, dem „Freund Gottes" und „Rechtgläubigen" (Hanif, Muslim), ab. Zu ihnen besteht somit ein verwandtschaftliches Verhältnis. Darüber hinaus hat Allah selbst die drei monotheistischen Religionen zugelassen. Er fordert nicht, daß sich Judentum und Christentum zum Islam bekehrten – „in der Religion gibt es keinen Zwang" (Sure 2, 256) –, sondern vielmehr, daß Juden und Christen genauso wie die Muslime ihrem Glauben und ihrer Tradition treu bleiben und miteinander „nach den guten Dingen wetteifern". Dieser beachtliche Ausdruck der Toleranz ist im Koran am deutlichsten in der 5. Sure (Verse 44–50) nachzulesen, findet sich aber ebenso an anderen Stellen. Stehen diese Texte auch neben etlichen anderen, in denen von Toleranz (im heutigen Sinne) keine Rede mehr sein kann, so sind sie verglichen mit anderen gleichrangigen religiösen Schriften doch von überaus seltener Deutlichkeit. Die Grundlage für sie bildet wie gesagt der abrahamitische Glaube, der den monotheistischen Religionen gemeinsam ist. Deshalb seien im folgenden einige Stellen aus dem Koran angeführt, in denen sowohl die Bedeutung Abrahams für alle Menschen als auch die Möglichkeit einer Verständigung der monotheistischen Religionen zum Ausdruck kommt.

„Gott wird am Tage der Auferstehung entscheiden"

Sure 2, 112–113
Aber nein! Wer (auch immer) sich Gott ergibt und dabei rechtschaffen ist, dem steht bei seinem Herrn ein Lohn zu. Und sie (d.h. diejenigen, die gottergeben und rechtschaffen sind) brauchen (wegen des Gerichts) keine Angst zu haben, und sie werden (nach der Abrechnung am jüngsten Tag) nicht traurig sein. Die Juden sagen: „Die Christen entbehren (in ihren Glaubensanschauun-

gen) der Grundlage." Und die Christen sagen: „Die Juden entbehren (in ihren Glaubensanschauungen) der Grundlage." Dabei lesen sie doch (in gleicher Weise) die Schrift. Diejenigen, die kein Wissen haben, (d.h. die Heiden?) sagen dasselbe. Aber Gott wird am Tag der Auferstehung zwischen ihnen entscheiden über das, worüber sie (in ihrem Erdenleben) uneins waren.

Die Religion Abrahams

Sure 3, 64–68
Sag: Ihr Leute der Schrift! Kommt her zu einem Wort des Ausgleichs (?) zwischen uns und euch! (Einigen wir uns darauf) daß wir Gott allein dienen und ihm nichts (als Teilhaber an seiner Göttlichkeit) beigesellen, und daß wir (Menschen) uns nicht untereinander an Gottes Statt zu Herren nehmen. Wenn sie sich aber abwenden, dann sagt: „Bezeugt, daß wir (Gott) ergeben sind!"
Ihr Leute der Schrift! Warum streitet ihr über Abraham, wo doch die Tora und das Evangelium erst nach ihm herabgesandt worden sind? Habt ihr denn keinen Verstand? Ihr habt da über etwas gestritten, worüber ihr (an sich) Wissen habt. Warum streitet ihr nun aber über etwas, worüber ihr kein Wissen habt? Gott weiß Bescheid, ihr aber nicht. Abraham war weder Jude noch Christ. Er war vielmehr ein (Gott) ergebener Hanif, und kein Heide (keiner von denen, die [dem einen Gott andere Götter] beigesellen). Die Menschen, die Abraham am nächsten stehen, sind diejenigen, die ihm (und seiner Verkündigung seinerzeit) gefolgt sind, und dieser Prophet (d.h. Mohammed) und die, die (mit ihm) gläubig sind. Gott ist der Freund der Gläubigen.

Sure 4, 125–126
Wer hätte eine bessere Religion, als wer sich Gott ergibt und dabei rechtschaffen ist und der Religion Abrahams folgt, eines Hanifen. Gott hat sich Abraham zum Freund genommen. Und Gott gehört (alles), was im Himmel und auf der Erde ist. Er hat alles in seiner Gewalt (oder: Er umfaßt [mit seinem Wissen] alles).

Religiöse Fundamente

„Wetteifert nun nach den guten Dingen!"

Sure 2, 148
Jeder hat eine Richtung, auf die er eingestellt ist (je nachdem er Jude, Christ oder Muslim ist). Wetteifert nun nach den guten Dingen! Wo immer ihr sein werdet (wenn das Ende über euch kommt), Gott wird euch (am jüngsten Tag) allesamt beibringen. Er hat zu allem die Macht.

Sure 5, 44–48
Wir haben (seinerzeit den Kindern Israels) die Tora herabgesandt, die (in sich) Rechtleitung und Licht enthält, damit die Propheten, die sich (Gott) ergeben haben, für diejenigen, die dem Judentum angehören, danach entscheiden, und (damit) die Rabbiner und Gelehrten nach der Schrift Gottes entscheiden, soweit sie ihrer Obhut anvertraut worden ist (oder: und die Rabbiner und Gelehrten [ebenso. Sie alle sollten entscheiden] nach der Schrift Gottes, soweit sie ihrer Obhut anvertraut worden ist). Sie waren (ja) Zeugen darüber (oder: und worüber sie Zeugen waren). Ihr sollt nicht die Menschen fürchten, sondern mich. Und verschachert meine Zeichen nicht! Diejenigen, die nicht nach dem entscheiden, was Gott (in der Schrift) herabgesandt hat, sind die (wahren) Ungläubigen. Wir haben ihnen darin (d.h. in der Tora) vorgeschrieben: Leben um Leben, Auge um Auge, Nase um Nase, Ohr um Ohr, Zahn um Zahn, und Verwundungen (ebenso. In allen Fällen ist) Wiedervergeltung (vorgeschrieben). Wenn aber einer Almosen damit gibt (indem er auf die Ausübung der Wiedervergeltung verzichtet), dann sei ihm das eine Sühne (für Vergehen, die er sich hat zuschulden kommen lassen)! Diejenigen, die nicht nach dem entscheiden, was Gott (in der Schrift) herabgesandt hat, sind die (wahren) Frevler.
Und wir ließen hinter ihnen (d.h. den Gottesmännern der Kinder Israels) her Jesus, den Sohn der Maria, folgen, daß er bestätige, was von der Tora vor ihm da war (oder: was vor ihm da war, nämlich die Tora?). Und wir gaben ihm das Evangelium, das (in sich) Rechtleitung und Licht enthält, damit es bestätige, was von der Tora vor ihm da war (oder: was vor ihm da war, nämlich die Tora?), und als Rechtleitung und Ermahnung für die Gottesfürchtigen. Die Leute des Evangeliums (d.h. die christlichen Schriftgelehrten?) sollen (nun) nach dem entscheiden, was Gott darin herabgesandt hat. Diejenigen, die nicht nach dem entscheiden, was Gott (als Offenbarungsschrift) herabgesandt hat, sind die (wahren) Frevler.
Und wir haben (schließlich) die Schrift (d.h. den Koran) mit der Wahrheit zu dir herabgesandt, damit sie bestätige, was von der Schrift vor ihr da war, und

Religiöse Fundamente

darüber Gewißheit gebe. Entscheide nun zwischen ihnen (d.h. den Juden und Christen?) nach dem, was Gott (dir) herabgesandt hat, und folge nicht (in Abweichung) von dem, was von der Wahrheit zu dir gekommen ist, ihren (persönlichen) Neigungen! – Für jeden von euch (die ihr verschiedenen Bekenntnissen angehört) haben wir ein (eigenes) Brauchtum (?) und einen (eigenen) Weg bestimmt. Und wenn Gott gewollt hätte, hätte er euch zu einer einzigen Gemeinschaft gemacht. Aber er (teilte euch in verschiedene Gemeinschaften auf und) wollte euch (so) in dem, was er euch (d.h. jeder Gruppe von euch) (von der Offenbarung) gegeben hat, auf die Probe stellen. Wetteifert nun nach den guten Dingen! Zu Gott werdet ihr (dereinst) allesamt zurückkehren. Und dann wird er euch Kunde geben über das, worüber ihr (im Diesseits) uneins waret.

Theologie

Einleitung

Aus den Offenbarungstexten selbst sowie aus den autoritativen Kommentaren dazu Hinweise auf Toleranz herauszulesen blieb in den Jahrhunderten der verschiedenen Glaubenstraditionen zunächst Aufgabe von Theologie und Philosophie. (Beides wurde bis ins Hohe Mittelalter kaum voneinander unterschieden). Theologen und Philosophen interpretierten je nach Herausforderung ihrer Zeit bzw. je nach ihrer persönlichen Situation die Heiligen Schriften dahingehend, daß unter anderem auch die Frage nach dem Verhalten der eigenen Religion zu den anderen – in der Regel monotheistischen – Religionen behandelt wurde. Anlaß dazu bot meist die Begegnung mit Andersgläubigen, sei es im Rahmen des faktischen Zusammenlebens sowie der gegenseitigen kulturellen Auseinandersetzung mit diesen (beispielsweise in Spanien, Sizilien, Nordafrika oder in Palästina, aber natürlich auch überall in Europa, wo es neben dem dominierenden Christentum jüdische Gemeinden gab) oder sei es im Rahmen der kriegerischen Auseinandersetzungen (vor allem anläßlich der Kreuzzüge).
Eine Herausforderung stellten freilich nicht nur die anderen Religionen dar, sondern ebenso die Andersgläubigen innerhalb der eigenen Religion, die sogenannten Häretiker, Abtrünnigen und Schismatiker. An der Konfrontation mit ihnen entzündete sich allerdings der Toleranz-Gedanke bedeutend weniger als in der Begegnung mit Judentum und Islam. Schon seit der Zeit der Kirchenväter (ab dem 4. Jahrhundert) waren diese wesentlich kompromißloseren und härteren Sanktionen ausgesetzt als die ‚Heiden'. Was die Christenheit anbelangt, so hält sich noch Thomas von Aquin (1224/5–1274), der wie in vielen anderen Bereichen auch hier den kirchlichen Standpunkt in die klassische Form bringt, daran, daß „die Ungläubigen" *(infideles)* – Juden und Muslime – „auf keine

Weise zum Glauben zu nötigen sind, damit sie aus sich heraus glauben" *(nullo modo sunt ad fidem compellendi, ut ipsi credant)*, daß hingegen „Häretiker und alle Abtrünnigen" *(haeretici et [...] apostatae)* „auch mit körperlichen Mitteln zu zwingen sind *(sunt etiam corporaliter compellendi)*, zu erfüllen, was sie versprochen, und festzuhalten, was sie ein für allemal angenommen haben", und gegebenenfalls „durch den Tod von der Welt auszuschließen *(etiam per mortem a mundi excludi)*". Und während noch derselbe Thomas von Aquin zwischen 1258 und 1263 eine große *Summe gegen die Heiden (Summa contra gentiles)* schreibt, existiert von ihm kein vergleichbares Werk gegen die Häretiker.

Ein sichtbares Zeichen der Begegnungen zwischen den Religionen einerseits sowie zwischen ‚Rechtgläubigen' und Häretikern andererseits bieten die sogenannten Religionsgespräche, die es während des Mittelalters allenthalben gab. Diese sind ab dem 12./13. Jahrhundert belegt und fanden in unterschiedlicher Zusammensetzung statt – zwischen Christen und Juden, zwischen Christen und Muslimen sowie zwischen ‚Rechtgläubigen' und Häretikern. Brachten sie auch kein unmittelbares und konkretes Ergebnis für das Zusammenleben der Menschen, dienten sie auch meist weniger der Verständigung als der Widerlegung und Demütigung der jeweils Andersgläubigen, so inspirierten sie doch die Theologen und Philosophen zu literarischen Nachahmungen, in denen Dialoge, Auseinandersetzungen bzw. Disputationen zwischen Vertretern der monotheistischen Religionen aufeinandertrafen und die jeweiligen Standpunkte ihrer Religionen darlegten. Zwar endeten auch die Aufzeichnungen dieser Gespräche in der Regel dabei, daß sich die Religion des Aufzeichnenden als die natur- oder vernunftgemäße, d.h. als die letztlich richtige herausstellte oder wenigstens abzeichnete, sie führten zugleich aber dennoch zu beachtlichen Durchbrüchen in Richtung Toleranz.

Besonders bekannte und viel zitierte Beispiele dafür sind der *Dialog zwischen einem Philosophen, einem Juden und einem Christen (Dialogus inter Philosophum, Iudaeum et Christianum)* aus dem Jahr 1125/6 von Petrus Abaelard (1079–1142) sowie der Dialog *Über den Frieden im Glauben (De pace fidei)* aus dem Jahr 1453 von Nikolaus von Kues (1401–1464). Sie waren jedoch weder die einzigen noch – was den Geist der Toleranz anbelangt – die weitestgehenden. Wohl gelangte Abaelard zu der Überzeugung, daß die Religionen allein vor dem Forum der Vernunft (der Philosophie) zu vergleichen und zu bewerten seien, und wohl faßte Nikolaus von Kues den kühnen Gedanken, daß es jenseits aller verschiedenen Bräuche, Riten und sonstigen Äußerungen der Religionen so etwas wie einen gemeinsamen religiösen Kern gäbe („eine Religion in der Verschiedenheit der Erscheinungsformen" – *una religio in rituum varietate*), sie legten dann aber doch Wert darauf, daß ihre eigene Religion, das Christentum, jene Religion sei, die der Vernunft alleine voll entspreche (Abaelard), bzw. jene Religion, in der das Gute und Wertvolle aller anderen Religionen seine Erfüllung und seinen reinsten Ausdruck finde (Nikolaus von Kues).

Über diese zweifellos bemerkenswerten Vorstöße hinaus gab es aber auch Versuche, die noch weitergingen, indem sie zumindest einen der drei folgenden Schritte setzten: einmal, indem sie sich jedes Urteils über die Wahrheit enthielten, d.h. bewußt offen ließen, welche Religion die richtige, gottgewollte oder vernunftgemäße sei; ein anderes Mal, indem sie anderen Religionen als der eigenen einen unersetzlichen und unaufgebbaren Stellenwert innerhalb der Heilsgeschichte zubilligten; ein drittes Mal schließlich, indem sie es entweder dem (messianischen) Ausgang der Geschichte oder prinzipiell der Allmacht Gottes überließen, zu entscheiden, was von Gott stamme und was nicht. Gewiß: Diese Versuche kamen nur vereinzelt zustande. Man wird sogar sagen müssen, daß sie selbst für jene Autoren, die sie machten, zu kühn und zu unzeitgemäß waren. Nicht von ungefähr wurden sie von diesen selbst in anderen Werken faktisch zurückgenommen oder zumindest relativiert. Doch immerhin: So punktuell und so momentan sie auch aufgetreten sein mögen – es gab sie, und das alleine rechtfertigt es schon, daß sie hier angeführt werden.

Moses Maimonides (1137/8–1204)

In der jüdischen Tradition ragt der bereits genannte *Moses Maimonides* (Rabbi Mose ben Maimon) als Vordenker der Toleranz hervor. Geboren vermutlich 1137/8 in Córdoba, mußte er 1148 mit seiner Familie Spanien verlassen, verbrachte zunächst sechs Jahre in Fez (Marokko), zog 1165 über Palästina nach Fustat (Alt-Kairo), wo er nicht nur als allseits anerkannter geistlicher Führer des ägyptischen Judentums, sondern ab 1170 auch als Arzt, Richter und Gelehrter wirkte und am Hofe des Sultans Saladin in großem Ansehen stand. Hier starb er 1204 und wurde in Tiberias am See Genesaret begraben. Maimonides gilt als der wichtigste jüdische Philosoph des Mittelalters. Sein Einfluß kann nicht hoch genug eingeschätzt werden. Er wurde sowohl über die lateinischen Scholastiker als auch über die Gelehrtenschaft am Hofe Friedrichs II. in Palermo für die gesamte europäische Geistesgeschichte bedeutsam. Mit dem Gedanken der Toleranz kam Maimonides als Jude nicht nur deshalb in Berühung, weil er sein Leben in weithin muslimischer Umgebung verbrachte, sondern auch aufgrund zweier philosophisch-theologischer Überzeugungen: Zum einen schätzte er die Möglichkeiten des menschlichen Denkens, konkret der Philosophie, so hoch ein, daß er dieser die Fähigkeit zur höchsten Gotteserkenntnis zutraute und ihr folglich eine zumindest ebenbürtige Stellung neben dem Glauben an die göttliche Offenbarung, an die Tora, einräumte. Philosophie war für ihn aber an keinen Glauben, an keine Religion, gebunden und so sprach er *jedem* Menschen, der durch sie zur Erkenntnis Gottes gelangt, Anteil am künftigen Reich Gottes zu. Zum anderen entwickelte er Vorstellungen von einem messianischen Zeitalter, das zum einen keinen Sieg der jüdischen Religion über alle anderen Religionen enthielt und zum anderen in seiner Herbeiführung sogar eine Funktion derselben, konkret des Christentums und des Islams, anerkannte. Die beiden folgenden Texte mögen beiden Aspekten Ausdruck geben.

Der erste Text stammt aus dem Werk *Moreh Newuchim (Führer der Unschlüssigen)*, das vermutlich 1190 in arabischer Sprache fertiggestellt wurde. Er enthält eine Interpretation der biblischen Ijob-Geschichte, die Maimonides für eine Parabel (einen „Maschal") hält. In ihm wird das Gespräch des leidenden Ijob mit seinen Freunden Eliphas, Bildad und Zophar über die Vorsehung als ein Disput zwischen Philosophie, Judentum und Islam gedeutet, wobei Ijob die Meinung des Aristoteles vertritt, Eliphas die der Bibel und Bildad sowie Zophar diejenige der isalmischen Theologie-Schulen der Mutaziliten einerseits und der Aschariten andererseits. (Das Christentum bezieht Maimonides hier nicht mit ein.) Dadurch, daß sich Ijob – der Philosoph – als der eigentlich Gerechte und Weise herausstellt, den letztlich Gott selbst rechtfertigen wird, zeichnet sich eine Heilsmöglichkeit jenseits der Religionen ab, die zumindest prinzipiell allen Menschen gleichermaßen offensteht.

Die Parabel des Ijob – Die wahre Gotteserkenntnis

Moses Maimonides: Führer der Unschlüssigen
2. Buch, 23. Kapitel (Auszug)

[...] Er [Ijob] aber hat dies alles nur gesagt, so lange er noch keine Weisheit besaß und Gott nur durch die Überlieferung kannte, wie ihn die große Menge der Gesetzesgläubigen kennt. Sobald er aber Gott wahrhaft erkannte, mußte er bekennen, daß das wahre Glück, welches die Gotteserkenntnis ist, ohne Zweifel für jeden vorbehalten ist, und daß keine von allen diesen Bedrängnissen dieses Glück dem Menschen zerstören kann. Tatsächlich hatte Ijob, so lange er Gott nur durch Mitteilungen und Schilderungen, nicht aber durch eigenes Denken kannte, sich eingebildet, daß diese Dinge, wie Gesundheit, Reichtum und Kindersegen, die man für Glücksgüter hält, der Zweck seien, und deshalb war er in solcher Ratlosigkeit und deshalb führte er solche Reden. Und dies bedeuten die Worte: „Bisher hatte ich bloß von dir vernommen, was man mit dem Ohre hören kann. Nun aber hat dich mein Auge gesehen. Deshalb verwerfe ich (meine frühere Meinung) und bereue über Staub und Asche." Der Sinn dieser Worte ist nach dem Zusammenhang: Deshalb verwerfe ich alles, was ich bisher begehrt habe, und bereue, daß ich bisher mitten in Staub und Asche lebte. Diese Bedeutung liegt ja schon dem Satze zugrunde: „Und er saß mitten in der Asche", und wegen jenes späteren Ausspruches, der auf die wahre Erkenntnis hindeutet, wurde nachher von ihm gesagt: „Ihr habt nicht so geziemend von mir gesprochen, wie mein Knecht Ijob."
[...]
Nun aber sieh und beachte wohl, wie diese Erzählung aufgebaut ist, welche die Menschen verwirrt und zu den oben erörterten Ansichten über die Vorsehung Gottes für die erschaffenen Dinge geleitet hat, und wie darin alles angeführt ist, was sich aus dieser Meinungsverschiedenheit notwendig ergibt und wie sie diese Erzählung, falls sie eine Parabel ist, auf einen Mann beziehen, dessen edler Charakter weltbekannt ist, oder, falls sie eine wirkliche Begebenheit darstellt, sie als Wahrheit berichten! Du mögest auch beachten, daß die Ijob zugeschriebene Meinung der Aristoteles' folgt, die Meinung Eliphaz' der unserer Heiligen Schrift, die Bildads der der Mutaziliten und die Zophars der der Aschariten! [...] Durch dies alles sollte gesagt werden, daß unser Wissen nicht hinreicht, selbst die Art des Entstehens dieser in der Welt des Werdens und Vergehens existierenden Dinge zu begreifen oder uns eine Vorstellung zu machen, welches die Ursache (das Prinzip) für die Existenz dieser natürlichen Kraft in ihnen ist, da sie kein Ding ist, das dem ähnlich ist, was wir machen, wie sei es also gerechtfertigt, wenn wir verlangen, daß die

Regierung und Vorsehung Gottes dem ähnlich sei, wie wir das regieren, was unserer Regierung untersteht, und wie wir das überwachen, das wir zu überwachen haben? Es gezieme sich vielmehr, bei dem uns beschiedenen Maße zu bleiben und zu glauben, daß Gott nichts verborgen bleibt, wie Elihu dort sagt: „Seine Augen sind auf die Wege der Menschen gerichtet und alle ihre Schritte sieht er. Es gibt keine Finsternis und kein Dunkel, wo sich die Übeltäter verbergen können." Tatsächlich bedeutet Gottes Vorsehung nicht dasselbe, wie das, was wir vorsehen, und seine Regierung über das von ihm Erschaffene nicht dasselbe, wie unsere Regierung des von uns Regierten, und diese beiden Dinge sind nicht, wie jeder verworrene Denker meint, in einem und demselben Begriffe enthalten, es besteht vielmehr zwischen ihnen nur eine Homonymie, ebenso wie man sein Wirken nicht mit unserem vergleichen und beides nicht von einem Begriffe umfaßt werden kann. Und wie sich die Werke der Natur von denen der Kunst unterscheiden, so unterscheidet sich die göttliche Weltregierung, Vorsehung und Absicht in betreff dieser Dinge der Natur von unserer menschlichen Regierung, Vorsehung und Absicht in bezug auf das, was wir regieren, überwachen und beabsichtigen.
Dies ist der Lehrzweck des ganzen Buches Ijob. Es will nämlich diesen Glaubensgrundsatz aufstellen und veranlassen, daß man aus diesen Dingen der Natur Schlußfolgerungen ziehe, um nicht irre zu gehen und in der Einbildung zu fordern, daß Gottes Wissen wie unseres, oder seine Absicht, Vorsehung und Regierung der unsrigen gleich seien. Wenn aber der Mensch dies weiß, dann wird er alles Zufällige für gering achten und diese zufälligen Ereignisse werden ihn nicht mehr zum Zweifel an Gott bringen, sowie zum Zweifel darüber, ob Gott von diesen Dingen wisse oder nicht, oder ob es eine Vorsehung Gottes gebe oder nicht, sondern werden seine Liebe zu Gott steigern, wie Ijob nach dem Ende dieser prophetischen Kundgebung sagte: „Darum verwerfe ich, was ich bisher glaubte, und bereue über Staub und Asche", und wie unsere Weisen sagen: „Er wird sich in seinen Handlungen von der Liebe zu Gott leiten lassen und sich über die Leiden freuen." [...]

Der zweite Text findet sich im berühmten 14. Buch „Hilkot Melachim" (Vorschriften für die Könige und ihre Kriege) aus dem Werk *Mischne Thora (Wiederholung der Lehre)*, entstanden zwischen 1170 und 1180. Hier steht ein zentraler Abschnitt über das Kommen des Messias, der erst seit 1962 wieder in seiner vollen Länge bekannt ist, weil er zuvor – durch Jahrhunderte – sowohl von jüdischer als auch von christlicher Seite gezielt gekürzt, sprich zensiert wurde. Der Grund hierfür ist leicht ersichtlich: Maimonides setzt sich darin auf der einen Seite wohl kritisch mit Jesus von Nazaret auseinander, auf der anderen Seite gesteht er aber sowohl ihm als auch Mohammed in den unerforschlichen Plänen Gottes eine Rolle bei der Vorbereitung des messianischen Zeitalters zu – ein für damalige Verhältnisse unglaubliches Zugeständnis an die beiden anderen monotheistischen Religionen. Darüber hinaus reflektiert er die messianische Zeit. Diese bedeutet für ihn keinen Triumph des Judentums über die anderen Religionen. Sie inkludiert ‚lediglich', daß die ganze Welt Gott erkennen wird und daß die Juden endlich die Gelegenheit und den Frieden finden werden, die Tora studieren und verstehen zu können. Nicht einmal in dieser Zeit, wo sich alle Hoffnungen des Judentums erfüllt haben werden, ist die Auslöschung oder triumphalistische Widerlegung anderer Religionen angesagt, sondern das endgültige Offenbarwerden Gottes vor den Augen aller Völker. Auch dies ein Zeichen dafür, daß nicht die Bestätigung des eigenen Glaubens das Wesentliche ist, sondern einzig und allein die Sache Gottes, der sich allen Menschen zu erkennen geben wird.

Das Kommen des Messias und die messianische Zeit

Moses Maimonides: Wiederholung der Lehre
Buch 14, Kapitel XI, 4

Wenn ein König aus dem Hause David aufsteht, der sich ständig mit der Tora beschäftigt, die Gebote ausübt wie David, sein Vater, gemäß der schriftlichen und der mündlichen Lehre, und ganz Israel nötigt, in ihren Wegen (der Tora) zu gehen und ihre Schäden ausbessert und die Kriege des Herrn führt, fürwahr, dann ist in ihm der Messias zu vermuten. Wenn er dann handelt und Erfolg hat und den Tempel an seinem Ort erbaut und die Versprengten Israels sammelt, fürwahr, dann handelt es sich wirklich um den Messias. Und er wird die ganze Welt einrichten, dem Herrn einmütig zu dienen, wie es heißt: (Zephania 3,9) „Denn alsdann will ich den Völkern reine Lippen geben, daß sie alle den Namen des Herrn anrufen und ihm einträchtig dienen."
[Aber wenn er bis hierher keinen Erfolg hat oder getötet wird, ist es offensichtlich, daß er nicht derjenige ist, den die Tora verheißen hat. Er ist wie einer von allen Königen, die vollkommen und rechtschaffen waren und gestorben sind. Der Heilige, gelobt sei Er, hat ihn nur deswegen erstehen lassen, um durch ihn viele auf die Probe zu stellen, wie es heißt (Daniel 11,35): „Von den Weisen werden manche fallen, damit eine Läuterung unter ihnen gewirkt werde, eine Sichtung und Reinigung bis zur Endzeit, denn es währt noch bis zur bestimmten Zeit."

Theologie

Auch über Jesus den Nazarener, der sich für den Messias gehalten hat und durch ein Gericht zum Tode verurteilt wurde, weissagt bereits Daniel: (11,14) „... und Gewalttätige aus deinem Volk werden sich erheben, damit die Weissagung sich erfülle und sie werden zu Fall kommen." Gibt es denn einen tieferen Fall als diesen! Haben doch alle Propheten gesagt, der Messias werde Israel erlösen und erretten und seine Versprengten sammeln und die Gebotsausübung festigen. Aber dieser hat dazu beigetragen, daß Israel durch das Schwert verlorengeht und sein Rest zerstreut und erniedrigt wird, und daß die Tora geändert wird und ein großer Teil der Welt irregeführt wird, einem Gott außer dem Herrn zu dienen.

Aber die Gedanken des Schöpfers der Welt können mit menschlicher Kraft nicht erfaßt werden, denn unsere Wege sind nicht seine Wege und unsere Gedanken sind nicht seine Gedanken (vgl. Jesaja 55,8): Alle Dinge, die Jesus, den Nazarener betreffen und jenen Ismaeliten (Mohammed), der nach ihm aufstand, dienen nur dem Zweck, dem König Messias den Weg zu ebnen und die ganze Welt einzurichten, Gott einmütig zu dienen, wie es heißt (Zephania 3,9): „Denn alsdann will ich den Völkern reine Lippen geben, daß sie alle den Namen des Herrn anrufen und ihm einträchtig dienen." Wie? Bereits ist die ganze Welt voll von Dingen, die den Messias und die Tora und die Gebote betreffen. Und diese Dinge sind bis auf entfernte Inseln und bei vielen Völkern verbreitet, die am Herzen unbeschnitten sind. Sie verhandeln diese Dinge und die Gebote der Tora. Einige sagen: „Diese Gebote sind einst wahr gewesen, haben aber heute keine Gültigkeit mehr und werden in Zukunft nicht mehr geübt." Andere sagen: „Sie (die Gebote) haben eine verborgene Bedeutung und sind nicht wörtlich zu verstehen, und der Messias ist schon gekommen und hat ihre verborgenen Bedeutungen offenbart." Aber wenn der wahre König Messias aufsteht und Erfolg hat und hoch und erhaben ist, werden sie alle widerrufen und erkennen, daß sie von ihren Vorfahren Lügen geerbt und daß ihre Propheten und Väter sie in die Irre geführt hatten.]

Buch 14, Kapitel XII, 1

Es falle dir nicht ein (zu glauben), daß in den Tagen des Messias etwas von der Weltordnung außer Kraft gesetzt oder eine Neuerung in die Schöpfung eingeführt werden wird, sondern die Welt geht ihren Lauf weiter. Aber es heißt doch bei Jesaja (11,6): „Da wird der Wolf zu Gast sein bei dem Lamme und der Panther bei dem Böcklein lagern." Das ist ein Gleichnis und Rätselwort. Das Wesen der Sache ist folgendermaßen: Israel wird zusammen mit den Bösewichten der Völker sicher wohnen, welche mit Wolf und Panther verglichen werden, wie es heißt (Jeremia 5,6): „Der Steppenwolf wird sie verderben, der Panther lauert vor ihren Städten." Und alle werden zur wahren Religion zurückkehren und weder rauben noch morden, sondern sie werden in Ruhe zusammen mit Israel das Erlaubte essen, wie es heißt (Jesaja 11,7): „Der Löwe wird Stroh fressen wie das Rind." So sind dergleichen Dinge mehr, die den Messias betreffen, Gleichnisse. Und in den Tagen des Messias wird allen bekannt gemacht werden, welcher Sache welches Gleichnis entsprach und auf welche Angelegenheit es anspielte.

Buch 14, Kapitel XII, 4 – 5
Die Weisen und die Propheten sehnten sich nach den Tagen des Messias: nicht um über die ganze Welt zu regieren und nicht, um über die Völker zu herrschen, und nicht, damit die Völker sie erheben und nicht, um zu essen und zu trinken und fröhlich zu sein, sondern damit sie Muße haben für die Tora und deren Weisheit. Sie werden keinen Fronvogt und keinen, der sie (von der Tora) ablenkt, haben, damit sie in das Leben der kommenden Welt gelangen [...]
In jener Zeit wird keine Hungersnot, kein Krieg, kein Neid und kein Wettstreit sein, denn das Gute wird in Fülle kommen und es wird Leckerbissen geben wie Staub. Und es wird kein anderes Geschäft mehr in der Welt geben als allein die Gotteserkenntnis. Deshalb wird Israel aus großen Weisen bestehen. Sie werden die verhüllten Dinge erkennen und die Erkenntnis ihres Schöpfers erfassen, soweit ein Mensch dies vermag, wie es heißt: (Jesaja 11,9) „... denn voll ist das Land von Erkenntnis des Herrn, wie von Wassern, die das Meer bedecken."

Ibn Kammuna (um 1215–1285)

Ebenfalls aus dem Judentum stammt die *Untersuchung über die drei Religionen* des *Sa'd Ibn Mansur Ibn Kammuna*. Sie dürfte laut zeitgenössischen Quellen vor 1284 fertiggestellt worden sein. Von Ibn Kammuna ist nur folgendes bekannt: Geboren wurde er ca. 1215, gestorben ist er wahrscheinlich 1285, nachdem er ein Jahr zuvor nur knapp dem Tod durch Verbrennung entgangen war. Anlaß dafür war sein besagtes Buch. Dieses wiederum hängt mit dem Schicksal der Stadt, in der er sein ganzes Leben verbrachte, zusammen – mit Bagdad im 13. Jahrhundert. Hier lebten Juden und Christen unter muslimischer, konkret sunnitischer Herr-

schaft. Dies nahm am 10. Februar 1258 für ein halbes Jahrhundert ein jähes Ende. Anlaß war die Eroberung Bagdads durch die Mongolen. Diese richteten unter der Bevölkerung ein unvorstellbares Blutbad an. Auch der letzte abbasidische Kalif al-Musta'sim wurde ermordet. Die Mongolen errichten jedoch keine eindeutige konfessionelle Herrschaft. Wie bereits aus den Reiseerinnerungen Marco Polos bekannt ist, waren vielmehr etliche ihrer Herrscher allen Religionen gegenüber gleichermaßen aufgeschlossen. So soll Khubilai Khan, der Nachfolger Dschingis Khans, gesagt haben: „Es gibt vier Propheten, die von den vier verschiedenen Geschlechtern der Welt verehrt und angebetet werden. Die Christen betrachten Jesus Christus als ihren Gott, die Sarazenen Mohammed, die Juden Mose und den Heiden [= den Buddhisten] ist Sogomombarkhan [= Buddha] der höchste ihrer Götter. Ich achte und verehre alle vier und bitte den, welcher in Wahrheit der höchste unter ihnen ist, um sein Hilfe." Für Bagdad bedeutete dies bis 1295, als der Islam wieder Staatsreligion wurde, ein Jahrzehnte dauerndes ‚religiöses Durcheinander'. Entsetzt berichtet ein spanischer Muslim, der Ende des 13. Jahrhunderts Bagdad besucht hatte, nach Hause: „Stellt Euch vor, bei der [...] Versammlung waren nicht nur Mohammedaner von allen Sekten, Orthodoxe und Heterodoxe, gegenwärtig, sondern auch Parsen [Feueranbeter], Materialisten, Atheisten, Juden und Christen, kurzum Ungläubige aller Art. Jede dieser Sekten hatte ihren Sprecher, der ihre Ansichten verteidigen mußte. [...] Jeder von den Anwesenden [, so hieß es], soll[te] sich nur auf Gründe berufen, die aus den menschlichen Vernunft genommen sind. Diese Worte wurden allgemein bejubelt [...]"
Vor diesem Hintergrund schreibt Ibn Kammuna seine *Untersuchung über die drei Religionen* Judentum, Christentum und Islam. Das Bemerkenswerte an dieser Studie ist nicht nur die Tatsache, daß sie im 13. Jahrhundert verfaßt wurde, in einer Zeit, in der alles andere als Religionsvergleiche angesagt waren, sondern darüber hinaus die Form, in der dies geschieht. Ibn Kammuna geht nicht polemisch vor. Man spürt erwartungsgemäß seine Nähe zum Judentum. Dies verleitet ihn jedoch nicht dazu, die beiden anderen Religionen von vornherein zu verurteilen. Er versucht vielmehr jeder Religion in ihrer jeweiligen Theologie gerecht zu werden und sie lediglich danach zu beurteilen, ob sich die einzelnen Inhalte ihrer Botschaft rational vertreten lassen und ob die historischen Behauptungen, die in ihnen vorgetragen werden, stimmen können. Ähnlich wie Moses Maimonides räumt er damit der Vernunft eine ausschlaggebende Rolle ein. Ihr entsprechend fällt er am Schluß seines Traktats auch keine Entscheidung, welche Religion nun die richtige sei.

Theologie

Zwar behält er sich dies für eine spätere Untersuchung vor, doch der Leser / die Leserin weiß, daß er / sie diese Entscheidung selbst treffen muß und nicht von Ibn Kammuna erwarten kann. Das müssen bereits die orthodoxen Zeitgenossen in Bagdad so empfunden haben. Weshalb trachteten sie ihm sonst nach dem Leben? Die folgenden Textauszüge sollen zum einen ein Beispiel dafür geben, wie abwägend und sachlich Ibn Kammuna versucht, andere Religionen als seine eigene zu begreifen, und zum anderen die deklarierte Absicht seines Buches sowie dessen offen bleibenden Schluß dokumentieren.

Argumente und Gegenargumente

Ibn Kammuna: Untersuchung über die drei Religionen (Auszug)

Die Auseinandersetzungen der letzten Zeit haben mich dazu bewegt, diesen Traktat als eine kritische Untersuchung der drei Glauben, das sind Judentum, Christentum und Islam, zu verfassen. Ich habe ihm eine allgemeine Erörterung über das Prophetentum vorangestellt. Dieser folgt eine Darstellung der Religionen in chronologischer Ordnung. Dabei begann ich mit der ältesten, dem Judentum, fuhr mit der mittleren, dem Christentum, fort und schloß mit der jüngsten, dem Islam, ab. [Im Zusammenhang damit] habe ich für jede von ihnen die zentralen Überzeugungen dargelegt, ohne in Einzelheiten zu gehen, da es unmöglich gewesen wäre, sie alle zu behandeln. Dem ließ ich eine Darstellung der Argumente der Gläubigen für die Wahrhaftigkeit des Prophetentums ihres jeweiligen Religionsstifters folgen. Darüber hinaus fügte ich die üblicherweise erhobenen Einwände sowie deren Widerlegung hinzu. Indem ich [dabei] zwischen gültigen und ungültigen Argumenten unterschied, lenkte ich die Aufmerksamkeit auf die zentralen Punkte.
Ich habe mich weder von rein persönlicher Neigung beeinflussen lassen, noch habe ich es [mir] erlaubt, einen Glauben den anderen beiden vorzuziehen, sondern ich habe [lediglich] die Untersuchung eines jeden Glaubens in möglichst weitreichender Ausführlichkeit betrieben.
[...]
Was auch immer die Christen aus den prophetischen Schriften als Zeugnis anführen, bei genauerer Untersuchung kann es nicht als Beweis dienen. Es würde zu viel Zeit in Anspruch nehmen, all ihre Argumente zu untersuchen [...]. So ist es [zum Beispiel] plausibler, daß Jakobs Prophezeiung auf David hinwies, in dem Sinn, daß das Zepter und die Führerschaft nicht von Juda weichen, sondern zunehmen würden, bis David König geworden war und all die Stämme Israels übereingekommen waren, ihn zum König zu machen.

Theologie

Die Ansicht des Simon [Petrus] [daß Jesus derjenige Prophet war, dem sich zu unterwerfen und an den zu glauben den Juden aufgetragen worden war] ist unzulässig. Der Text ist vielmehr ein Hinweis auf jeden zukünftigen Propheten der Religion Moses. Der Zusammenhang der Schrift legt einen Hinweis auf einen besonderen Propheten nicht nahe, aber selbst wenn es so wäre, würden wir weiterhin abstreiten, daß er sich auf Jesus bezieht.

Die Christen könnten sagen: Die Auslegung des Petrus [auf dem Tempelberg in der Apostelgeschichte] gilt uns als schlagender Beweis, und auf diese berufen wir uns, nicht auf den buchstäblichen Sinn der Worte.

Die Äußerung Marias, daß Jesus der Sohn Josefs war, und die Tatsache, daß auch andere ihn als den Sohn des Josef bezeichneten, war eine Aussage, die mehr den Sitten der Zeit als der Wahrheit entsprach. Es ist [auch] gesagt worden, daß die Apostel erst dann die wahre Natur Jesu begriffen beziehungsweise erst dann über ihn Bescheid gewußt hätten, als sie nach seiner Auferstehung vom Grabe und seiner Aufnahme in den Himmel vom Heiligen Geist überschattet worden seien. Hinsichtlich der in den Evangelien [vorhandenen] Unstimmigkeiten in der Herkunftsfrage [Jesu] haben sie die christlichen Gelehrten – so wie sie jede Unstimmigkeit in den Evangelien harmonisiert haben – in einer Weise erklärt, daß jeder Widerspruch ausgeschlossen scheint. Diese Interpretationen, die manche als weit hergeholt betrachten mögen, sind [allerdings] nicht unmöglich.

Was die Prophezeiungen der Ankunft Jesu betrifft, die in den prophetischen Büchern vorkommen, die sich zur Zeit Jesu [jedoch] nicht erfüllt haben, so wurde auch diesen eine mögliche, wenngleich weit hergeholte Interpretation durch christliche Gelehrte zuteil. Es besteht keine Notwendigkeit, diese Interpretationen eingehend zu behandeln. Sie werden ebenfalls mit zahllosen Zitaten aus den Propheten gestützt, welche die Gelehrten heranziehen, um zu zeigen, daß Jesus Christus der von den prophetischen Schriften vorausgesagte Messias war.

Die jüdischen Interpretationen dieser Passagen freilich schließen jene der Christen aus. Viele der prophetischen Texte wurden von den Christen im Zuge der Übersetzungen vom Hebräischen ins Griechische und Syrische und später ins Arabische entstellt, was [wiederum] zu einer bedeutenden Diskrepanz im Sinn führte, wenn auch nur in wenigen Worten. Den Christen, zumindest einigen von ihnen, ist diese Diskrepanz bewußt. Es mag sein, daß die Entstellung ebenso Folge von ungenügender Beherrschung der Sprache des Originals wie [Folge] von Vorsätzlichkeit oder Nachlässigkeit war.

Ich habe die Beweise, die die Christen aus den prophetischen Büchern zitieren, [übrigens] eher in der Weise dargelegt, wie sie selbst sie übersetzt haben, als so, wie sie die Juden auf Hebräisch kennen.

❖ Theologie

Als Erwiderung auf die Meinung, daß die Überlieferung der Wunder Jesu und seines Lebens auf der Autorität von einzelnen Personen beruht und daher weder als autoritativ überliefert noch als authentisch gesichert zu betrachten ist, könnten Christen antworten, daß [gerade auch] jene Personen – gemäß dem unzweifelhaften Bericht einer großen Zahl – mehr Wunder als Christus [selbst] gewirkt hätten; des weiteren, daß diese Wunder nicht nur die Tatsächlichkeit der Wunder Jesu anzeigten, sondern in Wahrheit substantiell seine und nur akzidentiell die Wunder jener seien, und es daher richtig wäre, sie eher Jesus als jenen Personen zuzuschreiben. Somit sei festgestellt, daß alles, was über ihn berichtet worden ist – die Wunder und so weiter –, wahr ist, und daraus werde [schließlich] offenbar, daß die Wahrheit der christlichen Religion nicht bestritten werden könne.
In der Tat, wir gestehen den Berichten über die Wunder der Jünger Jesu nicht zu, daß sie – wie die gesicherte Überlieferung der Existenz Jesu und seiner Apostel sowie [des Ereignisses] der Kreuzigung [Jesu] – eine gesicherte Überlieferung darstelle, die nicht bezweifelt werden kann. Sie sind eher von der Art jener Gerüchte, die sich verbreiten, in Mode kommen und selektiv tradiert werden, ohne wahrhaftig überliefert zu sein.
Gegenüber dem Argument, daß die Vernunft nicht ausschließt, daß die Wunder Jesu durch Blendwerk oder durch Schwindel geschahen, bekräftigen die Christen ihre Überzeugung, daß solche Illusion und solcher Schwindel niemals geschehen sind, ja auch nur möglich gewesen wären; und sie behaupten, daß es, was die Unwahrscheinlichkeit einer Illusion betrifft, keinen Unterschied gäbe zwischen den Wundern Jesu und den Wundern Moses, wie der Teilung des Meeres und dergleichen.
Über den Tod und die Krankheit derer, die Jesus ins Leben zurückgerufen und geheilt habe, sei kein Zweifel gehegt worden; [denn] für deren Wahrheit könne darauf verwiesen werden, daß, wenn jemand Zweifel gehabt hätte, dies [bereits] zur Zeit [Jesu] unter seinen Feinden, den Juden und anderen, bekannt geworden wäre, und wenn es zu dieser Zeit bekannt geworden wäre, wäre es auch berichtet worden. Zweifel seien [jedoch] nicht berichtet worden, und so sei klar, daß, obwohl [seither] manche die Wunder entweder als Zauberei beziehungsweise als Teufelswerk [betrachtet] oder dem Umstand zugeschrieben haben, daß Jesus den höchsten Namen Gottes erfahren hatte, seine Zeitgenossen von der Unmöglichkeit von Illusion oder Schwindel überzeugt gewesen seien.
Dies ist ein Argument der Überzeugten, das hinsichtlich seiner Gewißheit gewiß nicht überzeugend ist, das jedoch unter Umständen zur Bestätigung einer herrschenden Vorstellung werden kann, sobald einmal die überlieferte Tradition derselben akzeptiert ist.

Wird aber das Argument unterstützt, indem all die Einzelheiten des Lebens Jesu und seiner Begleiter mitberücksichtigt werden – ihr Asketismus, ihre Frömmigkeit und ihr Ertragen der großen Leiden, als sie die Kirche aufbauten und ihre Religion so umfassend organisierten –, so wird aufgrund des Gesamts all dieser Erscheinungen deutlich sein, daß ihre Sache vom göttlichen Beistand und der Sorge von Oben abhängt.

Einige der anderen Argumente der Gegner, die bereits erwähnt worden sind, entstammen schierer Verleumdung und Polemik; und die restlichen widerlegt der vernünftigen Leser mit geringer Anstrengung ohne Schwierigkeiten. Ich bin den meisten dieser Entgegnungen [übrigens] nicht in den Diskussionen der Christen begegnet; ich habe sie jedoch zugunsten der Christen und als Ergänzung zur Untersuchung ihres Glaubens dargelegt.

[...]

Ebenso ist es unzulässig, die Juden mit der Ermordung der Propheten und der Entstellung der Tora zu belasten [...].

Die christliche Lehre und Diskussion über Gott als Trinität ist gut bekannt, und obwohl dies ein verbreiteter Ausdruck unter den Christen ist, sind sie nichtsdestoweniger Monotheisten, die festhalten, daß Gott keine Partner neben sich hat. Ihre Lehre von der Trinität als Lehre einer Einheit in der Substanz ist ähnlich der Lehre jener Muslime, die behaupten, daß ewige zusätzliche Attribute in einer göttlichen Substanz enthalten seien.

Die christliche Lehre von der Inkarnation und Einheit kann in einer Weise interpretiert werden, daß ihr Glaube ohne Fehler und Unwissenheit sein kann, genauso wie sich im Islam Anthropomorphismen von den Muslimen – die in dieser Hinsicht keine Überlegenheit gegenüber den Christen in Anspruch nehmen können – weginterpretieren lassen.

Der Vorwurf, daß die Christen die Evangelien entstellt hätten, ist ohne Beweis und wird von ihnen nicht anerkannt.

Genausowenig behaupten die Anhänger des Zarathustra, daß es zwei um Herrschaft kämpfende Götter gibt. Sie lehren vielmehr, daß Gott einer ist, und daß es eine gute Kraft, Yazdan, und eine böse Kraft, Ahriman, gibt. Unter den Anhängern Zarathustras lehren die Manichäer und Daisaniten, daß jene Kräfte Licht und Finsternis sind. Ebenso ist ihre Freizügigkeit in puncto Heirat mit Schwestern und Töchtern nicht eine aus Vernunftgründen verwerfliche Praxis. Das Verbot solcher Heiraten resultiert vielmehr erst aus den Geboten der Offenbarung, und diese Art der Heirat ist unter uns in Verruf geraten, weil die meisten der uns bekannten Religionen sie verbieten.

Die Verehrung von Götzen existiert bis zum heutigen Tag unter den Chinesen, Türken, Indern und anderen. Wahr ist, daß sie bei den Arabern mit dem Kommen Mohammeds aufhörte. Es ist indes gesagt worden, daß der

Schwarze Stein einer der Idole war, die in der Ka'ba waren, daß er aber nicht wie die anderen Götzenbilder entfernt wurde. Bis heute suchen Muslime die Nähe Gottes, indem sie den Schwarzen Stein küssen und berühren, was eine Art der Verehrung ist. Auch die Götzendiener glauben nicht, daß Götzen Himmel und Erde erschaffen; keine vernünftige Person tut das. Aber sie fühlen, daß Götzenverehrung näher zu Gott bringt. Wir sind [übrigens] durch den Koran darüber in Kenntnis gesetzt, daß diese sagten: Dies ist unser Weg, um uns Gott in Vertrautheit zu nähern.

Unterwerfung unter Gott ist dem Menschen in den anderen Glaubensformen ebenfalls auferlegt. Wenn daher [von den Muslimen] gesagt wird, daß das, was Nicht-Muslime in ihren Gebeten, ihrem Fasten und anderen besonderen rituellen Handlungen tun, nicht Verehrung sei, da Verehrung nur sei, was in Übereinstimmung mit Gottes Geboten getan werde und nicht durch eine andere Religion relativiert werden könne, und daß das, was die Nicht-Muslime tun, nicht unter diese Kategorie falle, so entgegnen wir, daß Ihr [Muslime] nicht beweisen könnt, daß es nicht in diese Kategorie fällt, bevor nicht das Prophetentum Mohammeds nachgewiesen ist. Beweist Ihr es jedoch auf diese Weise, so bewegt Ihr Euch im Selbstwiderspruch, was zur Absurdität führt. [...]

Es sind nun viele Argumente und Gegenargumente dargelegt worden. Das ganze Thema würde weiterer Untersuchungen bedürfen. Ich beabsichtige aber nicht, dem, was ich vorgestellt habe, noch etwas hinzuzufügen.

Ich bitte vielmehr Gott um Leitung, Schutz, Weisheit und Gnade, und ich bitte ihn darum, daß ich von Ihm unter jene gezählt sein werde, denen ewige Glückseligkeit und Sicherheit vor seiner Bestrafung widerfahren wird. Lob sei Gott, dem König der Welten, und Sein Segen [sei] über Seinen Auserwählten und den von ihm erwählten Propheten.

Ramon Llull (1232/4 – um 1316)

Im Christentum verdient der katalanische Dichter, Philosoph und Theologe *Raymundus Lullus* (Ramon Llull) besondere Beachtung. In seiner Heimat Mallorca, wo er 1232/33 geboren wurde und um 1316 starb, begegnete er von Hause aus Juden und Muslimen, die dort genauso wie in Spanien gemeinsam mit den Christen in teils freundlichen, teils feindlichen Beziehungen lebten. Llull beherrschte Arabisch und setzte es sich zum Ziel, als „Christianus arabicus" (wie er sich selbst nannte) die Muslime für das Christentum zu missionieren. Dazu unternahm er Reisen innerhalb des gesamten Mittelmeer-Raumes. Zugleich versuchte er in den europäischen Zentren, wo sich die Päpste aufhielten (Rom, Anagni, Neapel, Avignon), wichtige Kirchenversammlungen abspielten (Vienne) oder geistige Auseinandersetzungen ereigneten (Paris, Montpellier, Barcelona, Lyon, Genua), von seinen Zielen, die unter anderem auch in der Errichtung von Sprachkursen für Arabisch bestanden, zu überzeugen. Die unmittelbaren Begegnungen mit Islam und Judentum 1293/4 in Tunis und 1307 in Bugia (Nordafrika) endeten jedesmal mit Vertreibung und Gefängnis.

Obwohl sich dadurch sein Optimismus hinsichtlich einer Verständigung der Religionen deutlich abschwächte, so blieb er doch von ungebrochener Schaffenskraft. Man weiß bis heute nicht, wie groß die Zahl seiner wissenschaftlichen und dichterischen Werke ist. Liegt sie bei 292 oder nur bei 263? Jedenfalls erstrecken sich die Themen, die er in ihnen behandelte, auf das gesamte Wissen seiner Zeit.

1274 oder 1276 wurde der schon Jahre früher auf Mallorca begonnene *Libre del Gentil e los tres savis (Das Buch vom Heiden und den drei Weisen)* zuerst in Arabisch und danach in Katalanisch fertiggestellt. Es handelt von einem Gespräch, das ein nach Gott suchender Heide mit einem Juden, einem Christen und einem Muslim über grundlegende Fragen der Religion führt. Im Zuge dessen erhält jeder der drei gläubigen Weisen Gelegenheit, seine Glaubensüberzeugungen darzulegen. Das Gespräch endet überraschenderweise bei keinem Ergebnis. Zwar hat der Heide durch die drei Weisen zu Gott gefunden, er kommt jedoch nicht dazu, seine Entscheidung, welcher Religion er sich anschließen werde, kund zu tun. Ebensowenig wollen die Weisen von ihm hören, welche Wahl er getroffen habe. Nicht einmal der Autor des Buches drängt durch seine Darstellung die Vermutungen seiner Leserschaft in irgendeine Richtung. Er beläßt es bei seiner neutralen Position, die sich in einer Hochachtung für alle drei Religionen äußert. So besteht das Ergebnis des Gespräches darin, daß sich die drei Weisen nun täglich zu einem von gegenseitigem Respekt und gegenseitigem Verzeihen geprägten Dialog treffen wollen, um zu einem gemeinsamen Glauben zu finden. Einen weiterreichenden Vorstoß in Richtung Toleranz konnte ein Autor des 13. Jahrhunderts wohl kaum mehr machen. Er ist in einer Zeit, die im Gefolge der Kreuzzüge immer noch von der Konfrontation der Religionen beherrscht war, an Einzigartigkeit und Außergewöhnlichkeit nicht zu überbieten. Vielleicht hatte er gerade deshalb wenig unmittelbare Wirkung. Bekanntlich ertrug nicht einmal Raymundus Llullus selbst die Kühnheit seiner Gedanken. Die meisten seiner späteren Schriften gewinnen – sicherlich unter dem Eindruck der Schwierigkeit konkreter Begegnungen der Religionen – einen zunehmend apologetischen Charakter, ja enden sogar damit, daß er sich ab 1292, kurz nach der Eroberung Akkons durch die Muslime, für die Organisation eines neuen Kreuzzuges einsetzt. Nichtsdestoweniger hat sein *Libre del Gentil e los tres savis* entscheidend dazu beigetragen, daß der Toleranz-Gedanke in der europäischen Kulturgeschichte seinen Weg nahm. Der hier abgedruckte Text gibt in leicht gekürzter Form das Ende des Buches wieder.

„bis wir alle drei uns zu … einer einzigen Religion bekennen"

Ramon Llull: Buch vom Heiden und den drei Weisen
Vom Ende dieses Buches (Auszug)
Nachdem der Heide alle Darlegungen der drei Weisen angehört hatte, machte er sich daran, all das nachzuerzählen, was der Jude gesagt hatte, und dann all das, was der Christ gesagt hatte, und schließlich auch all das, was der Sarazene gesagt hatte. So hatten die drei Weisen ihre Freude daran, daß der Heide ihre Worte so gut verstanden und behalten hatte, und zusammen sagten sie zum Heiden, daß es ihnen sehr wohl bewußt sei, daß sie nicht zu einem Menschen ohne Herz und ohne Ohren gesprochen hätten.
Nachdem der Heide das oben Gesagte nacherzählt hatte, erhob er sich, und sein Verstand wurde vom Weg des Heils erleuchtet, und sein Herz fing an zu lieben und seine Augen mit Tränen zu erfüllen, und er betete zu Gott [...]

Über den Abschied, den die drei Weisen von dem Heiden nahmen
Als der Heide sein Gebet beendet hatte, wusch er sich an der schönen Quelle die Hände und das Gesicht wegen der Tränen, die er vergossen hatte, und trocknete sich mit einem weißen Tuch, das er bei sich hatte, mit dem er die Augen abzuwischen pflegte, wenn er wegen der Traurigkeit, die ihn gewöhnlich umgab, weinen mußte. Dann setzte er sich neben die drei Weisen und sprach die folgenden Worte: „Durch Gottes Gnade und Segen ist es geschehen, daß ich euch, verehrte Herren, an diesem Ort, wo Gott es für gut geheißen hat, meiner zu gedenken und mich zu seinem Knecht zu machen, getroffen habe. Darum sei der Herr gepriesen, und gepriesen sei dieser Ort, und ihr seid gepriesen, und gepriesen sei Gott, der euch den Willen eingeflößt hat, euch an diesen Ort zu begeben! Und an diesem Ort, wo mir so viel Glückseliges und Gutes zuteil geworden ist, möchte ich in eurer Anwesenheit, verehr-

te Herren, die Religion erwählen, die mir durch Gottes Gnade und durch die Worte, die ihr an mich gerichtet habt, als wahr erwiesen wurde. Und dieser Religion will ich angehören, und um sie zu verehren und um sie zu verkünden, will ich mich für den Rest meines Lebens mühen."

Als der Heide diese Worte gesprochen hatte und aufstand, um wieder niederzuknien und die Religion, deren Anhänger er sein wollte, auf den Knien zu bekunden, sah er in der Ferne zwei Heiden durch den Wald kommen, die aus seinem Lande waren, die sich in demselben Irrtum befanden, wie er sich vorher befunden hatte, und die ihm bekannt waren. Darum sagte er zu den drei Weisen, daß er auf die zwei Heiden, die da kamen, warten wolle, um in ihrer Anwesenheit seine Wahl zu treffen und seine Religion kundzutun, die der Weg zur Wahrheit ist. Die drei Weisen erhoben sich und nahmen auf sehr liebenswürdige und höfliche Weise Abschied von dem Heiden. Zahlreiche Segenswünsche gaben sie dem Heiden mit auf den Weg und der Heide ihnen; viele Umarmungen, Küsse und Seufzer begleiteten ihren Abschied und das Ende ihrer Unterhaltung. Doch bevor die drei Weisen weggingen, fragte der Heide sie voller Erstaunen, warum sie denn nicht abwarten wollten, wie seine Wahl der Religion ausfallen würde. Die drei Weisen antworteten, sie wollten es nicht wissen, damit ein jeder von ihnen glauben könne, er habe seine Religion gewählt. „Und vor allem, weil es nun für uns ein Thema ist, über das wir Streitgespräche führen werden, um kraft unserer Vernunft und unseres gesunden Menschenverstandes herauszufinden, welcher Religion du den Vorzug geben wirst. Wenn du nämlich hier vor uns die Religion, die du vorziehst, bekunden würdest, hätten wir kein so gutes Diskussionsthema und auch keinen so guten Anlaß für die Wahrheitsfindung."

Nachdem sie diese Worte gesprochen hatten, kehrten die drei Weisen in die Stadt zurück, aus der sie gekommen waren. Der Heide aber, der die Blüten der fünf Bäume betrachtete und über das, was er beschlossen hatte, nachdachte, wartete auf die zwei Heiden, die auf ihn zukamen.

Über die Worte, die die drei Weisen auf ihrem Rückweg sprachen

Einer der drei Weisen sagte: „Wenn der Heide, der sich so lange im Irrtum befunden hat, mit einer so großen Hingabe und einem so großen Eifer Gott lobpreist und wenn er sagt, daß er, um Gott zu lobpreisen, keine Mühe noch Mühsal scheuen würde, noch vor irgendeinem Tod zurückschreckte, so schlimm diese alle auch wären, wieviel mehr Grund haben dann wir, die wir Gott schon so lange kennen, seinen Namen mit Hingabe und Eifer zu lobpreisen, und dies um so mehr, weil Gott uns so reichlich mit Gütern und Ehren bedacht hat und uns weiterhin täglich damit beschenkt. Wir sollten die Streitfrage diskutieren, wer von uns recht hat und wer von uns sich im Irrtum befindet! Denn genauso wie wir einen Gott, einen Schöpfer, einen Herrn haben, sollten wir auch einen Glauben, eine Religion, eine Lehre haben und nur auf eine Art und Weise Gott lieben und ehren, und wir sollten einander lieben und helfen, und unter uns dürfte es keine Unterschiede und Gegensätze im Glauben und in den Sitten geben; denn wegen dieser Unterschiede und Gegensätze sind wir aufeinander neidisch, bekriegen und töten wir uns gegenseitig und befinden uns in gegenseitiger Gefangenschaft. Nun, dieser Krieg, dieser Tod und diese Knechtschaft hindern uns daran, Gott das Lob, die Ehrerbietung und die Ehre zu erweisen, die wir ihm an jedem Tage unseres Lebens von neuem schuldig sind."

Als der erste Weise diese Worte gesprochen hatte, ergriff der zweite das Wort und sagte, daß der Glaube, den die Menschen von ihren Eltern und Vorfahren übernommen haben, so tief in ihnen verwurzelt sei, daß es völlig unmöglich wäre, sie durch Predigt oder Disputation noch sonst irgend etwas Menschenmögliches von ihm abzubringen. Deswegen würden sie, wenn man sich mit ihnen auseinandersetzen will und ihnen den Irrtum zeigen möchte, in dem sie sich befinden, sofort alles, was man ihnen sagt, verächtlich abtun und sagen, daß sie in dem Glauben bleiben und sterben wollten, den sie von ihren Eltern und ihren Vorfahren übernommen haben.

Der dritte Weise antwortete ihm: „Es gehört zur Natur der Wahrheit, daß sie stärker in der Seele verwurzelt ist als die Falschheit, da Wahrheit und Sein in Einklang miteinander stehen, genauso wie Falschheit und Nicht-Sein. Deswegen müßte notwendigerweise, wenn die Falschheit sehr heftig und ununterbrochen von der Wahrheit und von vielen Menschen bekämpft würde, die Wahrheit über die Falschheit siegen, und dies um so mehr, insofern als die Falschheit keinerlei Hilfe, weder große noch kleine, von Gott erwarten kann, wohingegen der Wahrheit immer die göttliche Fähigkeit zu Hilfe kommt, der nicht erschaffenen Wahrheit, die die erschaffene Wahrheit schuf, um die Falschheit zugrunde zu richten. Da aber die Menschen zu sehr an den irdischen Gütern hängen und Gott und ihren Nächsten nicht gerade innig und mit viel Hingabe lieben, sind sie nicht darum besorgt, Falschheit und Irrtum zugrunde zu richten, sie fürchten sich vielmehr vor dem Sterben und davor, Krankheiten, Mühsal und Elend erdulden zu müssen, und sie wollen ihre Reichtümer, ihre Güter, ihre Ländereien und ihre Angehörigen nicht aufgeben, um diejenigen, die sich im Irrtum befinden, daraus zu befreien, um sie in die unendliche Herrlichkeit Gottes zu führen und ihnen so endlose Qualen zu ersparen. Insbesondere müßten sie dies tun, um so den Namen Gottes zu lobpreisen und seine Herrlichkeit kundzutun, da es Gottes Wille ist, daß sie unter allen Völkern verkündet wird, und jeden Tag wartet er von neuem darauf, daß er dort gepriesen wird, wo ihn so viele mißachten, geringschätzen und

Theologie

gar nichts von ihm wissen. Und Gott will, daß wir alles in unseren Kräften Stehende tun, um seinen glorreichen Namen hier unter uns zu lobpreisen. Denn wenn wir tun, was wir können, um Gott zu lobpreisen, wieviel mehr würde Gott erst tun, wenn sein Name gepriesen würde! Wenn er dies nämlich nicht tun würde, stünde er im Widerspruch zu sich selbst und zu seiner Ehre, was unmöglich ist und unvereinbar mit den Bedingungen der Bäume. Doch da wir nicht darauf vorbereitet sind, Gottes Attribute und Segen zu empfangen, seine tapferen Diener zu sein, die ihn lobpreisen und die keine Mühe und Qual scheuen, um seine Ehre zu lobpreisen, deswegen verleiht uns Gott nicht diese Attribute, die alle diejenigen brauchen, die durch Gottes Einwirken den Irrtum beseitigen würden, in dem die Menschen sich befinden, die auf dem Wege der Verdammnis sind, die sich jedoch auf dem des Heils glauben."

Während der dritte Weise diese und viele andere Worte sprach, waren die drei auch schon an dem Ort angelangt, wo sie sich anfangs begegnet waren, an den Toren der Stadt. Hier nahmen sie herzlich und freundschaftlich voneinander Abschied. Jeder bat die anderen um Verzeihung für den Fall, daß er irgendein beleidigendes Wort gegen ihre Religion gesagt haben sollte, und jeder verzieh den anderen. Als sie nun gerade auseinandergehen wollten, sagte einer der drei Weisen: „Aus dem, was wir hier im Walde, aus dem wir kommen, erlebt haben, müßten wir irgendeinen Gewinn ziehen. Würdet ihr es für gut heißen, wenn wir uns um der fünf Bäume und der zehn durch ihre Blüten dargestellten Bedingungen willen jeden Tag einmal treffen, um Streitgespräche zu führen in der Art, wie sie uns die Dame der Intelligenz gelehrt hat, und wenn unser Streitgespräch sich so lange fortsetzen würde, bis wir alle drei uns zu einem einzigen Glauben und einer einzigen Religion bekennen, und bis wir uns darüber einigen können, wie wir einander am besten zu ehren und zu dienen haben, so daß wir zu einem Einverständnis gelangen könnten? Denn Krieg, Mühsal, Mißgunst, Unrecht und Schande hindern die Menschen daran, sich auf einen Glauben zu einigen."

Die beiden anderen Weisen hielten das, was der erste Weise gesagt hatte, für gut, und sie legten zusammen den Ort und den Zeitpunkt ihrer Streitgespräche fest sowie die Art und Weise, wie sie sich gegenseitig zu ehren und zu dienen hätten und wie zu disputieren sei; und sobald sie zu einem Einverständnis hinsichtlich ihres Glaubens kämen, daß sie dann durch die Welt ziehen würden, um den Namen Gottes, unseres Herrn, zu preisen und zu loben. Jeder der drei Weisen kehrte nach Hause zurück und hielt sich an das, was er versprochen hatte.

Literatur

Einleitung

Eine entscheidende Rolle auf dem Weg zur Entdeckung der Toleranz spielen die Kreuzzüge. Das überrascht nicht, waren doch diese Kriege, die seit dem Aufruf Papst Urbans II. auf dem Konzil von Clermont am 27. November 1095 bis in die zweite Hälfte des 13. Jahrhunderts in immer wieder neuen Anläufen unternommen wurden und selbst noch im 13. und 14. Jahrhundert gelegentlich aufflackerten, grundsätzlich religiös motiviert und gegen alle echten oder vermeintlichen Glaubensfeinde außerhalb und innerhalb der christlichen Welt gerichtet. Hatten sie mitunter auch andere – politische und wirtschaftliche – Ziele, so wurden sie doch in der Überzeugung geführt, daß sie durch den Papst unmittelbar von Gott geboten waren und daß die Teilnahme an ihnen nicht bloß die Rückeroberung der heiligen Stätten Palästinas aus der Hand der Muslime bzw. die Rechristianisierung Spaniens in Aussicht stellte, sondern darüber hinaus den Lohn einer religiösen Pilgerschaft versprach. Dazu gesellte sich der Glaube, daß in diesen ‚heiligen Kriegen' für Christus gekämpft, den bedrängten Christen geholfen und nicht zuletzt Sühne für vollbrachtes Unrecht an der Christenheit geübt werde. Es ging mit einem Wort um eine religiöse Konfrontation mit den anderen Religionen, vor allem mit dem Islam, zugleich aber auch mit dem Judentum sowie mit den ‚Abtrünnigen' innerhalb der eigenen Glaubensgemeinschaft (z.B. mit den Albigensern, Katharern, Anhängern der letzten Stauferkaiser, Hussiten u.a.). Erwartungsgemäß führten diese Auseinandersetzungen nicht zur verbreiteten Wahrnehmung der Toleranz als unerläßlicher Norm interreligiösen oder interkonfessionellen Verhaltens. Dazu gab es in dieser Zeit noch keinerlei geistige Voraussetzung. Abgesehen davon arteten die Kriegszüge zu unvorstellbaren Orgien der Gewalt und der Grausamkeit aus. Beispielhaft dafür stehen nicht nur die furchtbaren Schlachten in Kleinasien, Palästina, Nordafrika und Spanien, sondern ebenso die Plünderungen und Verwüstungen Jerusalems (im Juli 1099) und Konstantinopels (im April 1204) durch die Kreuzfahrer sowie die entsetzlichen Judenpogrome im Rheinland (Worms, Mainz, rund um Köln), in Frankreich und England (in den Jahren 1090, 1140, 1180, 1290 usw.).

Trotzdem setzten diese Ereignisse das Denken einzelner in Bewegung. Ausschlaggebend dafür waren vor allem zwei Momente: Zum einen stellte sich sowohl nach den ersten großen Niederlagen der Kreuzfahrer als auch nach Bekanntwerden der grauenhaften ‚Begleitumstände' ihrer Kriegszüge die Frage nach der Berechtigung der vollbrachten Taten und Untaten. Konnte dies alles wirklich Gottes Wille sein? Deutete der Ausgang nicht eher auf das Gegenteil hin? Und nicht zuletzt: War das Geschehene noch mit der vom Evangelium geforderten Liebe und Barmherzigkeit zu vereinbaren? Zum anderen begegneten viele Kreuzfahrer in den Arabern Menschen, die in ihrer Humanität und ihrer Kultur den Christen nicht nur ebenbürtig, sondern in mancher Hinsicht sogar überlegen waren. (Ein Beispiel dafür ist der Sultan Saladin [1138–1193], der, obwohl mächtiger Gegner der Christen, schon seit Walther von der Vogelweide [zwischen 1170 und 1230] als ‚edler Heide' in die europäische Literatur eingehen sollte.) Bedeutete dies nicht etwas? Mußte man nicht den Menschen in den ‚Heiden' anerkennen? Besaßen diese dann aber nicht eine berechtige Stelle im Schöpfungswerk Gottes?

Fragen wie diese tauchten primär nicht bei den Theologen, Philosophen und Kanonisten auf. Diese hatten wenigstens in dieser Zeit vor allem damit zu tun, die Kreuzzüge als ‚heilige Kriege' theologisch und juridisch zu rechtfertigen. Vielmehr waren es zuerst die Dichter, die sie in ihren Werken zur Sprache brachten. Das ist nicht verwunderlich. Zum Ersten nämlich besaßen sie einen unmittelbaren Kontakt zur Lebenswelt der Menschen, die diese Kriege mit all ihren Folgen unvergleichlich konkreter und emotionaler erlebten als die Gelehrtenschaft, welche sie häufig nur aus theoretischer Distanz wahrnahm. Zum Zweiten verfügten die Dichter über Ausdrucksmittel, die es ihnen gestatteten, Anfrage und Kritik in einem Ausmaß zu äußern, wie es kaiserlichen oder päpstlichen Theologen und Rechtslehrern niemals gestattet gewesen wäre. Man denke nur an die Möglichkeiten literarischer Formen, die eine indirekte Rede zulassen und die Chance sich selbst verbergender bzw. zurücknehmender Aussagen eröffnen: an die Ironie, an die Satire, an die Parodie, aber ebenso an die Ausnützung von Spielräumen bei der Dramatisierung von Handlungsverläufen und Rollenverteilungen, sei es in der Erzählung oder sei es im Schauspiel. Beispiele dafür lassen sich im Epos (*chanson de geste*) sowie im Roman nicht weniger finden als im Drama (Sakralspiel) und in der Lyrik. So bringt die Kreuzzugsdichtung, die einen Reflex der gewaltigen geistigen, kulturellen und gesellschaftlichen Erschütterungen darstellt, welche die Kreuzzüge auslösten, nicht nur eine Idealisierung, Sakralisierung und Fiktionalisierung der geschilderten bzw. zu bewältigenden Ereignisse mit sich, sondern zugleich eine unverkennbare Infragestellung und Kritik derselben.

Bei dieser Distanzierung von der herrschenden Ideologisierung der Kreuzzüge stand nicht notwendig das Verhältnis zu den Andersgläubigen zur Debatte. Oft genügte die Frage, ob diese Kriege wirklich Gottes Wille seien. Gelegentlich wurden auch bloß politische Umstände ins Visier genommen. Schon gar nicht führte die Auseinandersetzung mit dem Geschehen zu einer Relativierung des eigenen Glaubensstandpunktes. Es gibt kein Beispiel dafür, daß an diesem gerüttelt worden wäre. Kritik an den Kreuzzügen bedeutet somit nicht ‚eo ipso' Verständnis für andere Religionen oder Konfessionen, ganz zu schweigen von ‚Toleranz' im heutigen Sinne. Wo jedoch die Andersgläubigen – allen voran Muslime und Juden – nicht nach den herrschenden Mustern von Heidentum, Böswilligkeit, Irrtumsverfallenheit oder sonstiger Negativität in den Blick kamen, sondern mit einem bestimmten Maß an Anerkennung und Unvoreingenommenheit wahrgenommen wurden, da *konnten* Schritte in Richtung dessen gesetzt werden, was man *später* ‚Toleranz' nennen sollte. Dies muß umso mehr betont werden, als derartige Schritte – noch einmal – nicht vordergründig, sondern eher im Hintergrund gesetzt wurden, und als deshalb für die Interpretation der Texte die Gefahr erwächst, daß aus dem heutigen Verständnis von Toleranz heraus zu viel in diese hineingelesen wird, was wiederum nicht gerechtfertigt wäre. Trotz dieses Vorbehaltes lassen sich, ohne daß den Texten Gewalt angetan würde, solche Schritte feststellen. Die folgende Textauswahl möge dies illustrieren.

Literatur ❖

Anonymus (aus dem 12. Jh.)

Der sogenannte *Ludus de Antichristo (Das Spiel vom Antichrist)*, der aller Wahrscheinlichkeit nach in der Mitte des 12. Jahrhunderts im Umkreis des bayerischen Benediktinerklosters Tegernsee entstanden ist – entdeckt wurde er erst 1721, den Titel trägt er seit 1882 –, gilt als erstes Drama aus Deutschland, das nicht bloß als Lesedrama für den Schulbetrieb, sondern für eine wirkliche Aufführung gedacht war. Es ist ein lateinisches Versdrama, das je nach überlieferter Handschrift 414 bis 635 rhythmische Verse enthält, darüber hinaus aber auch zahlreiche Regieanweisungen in Prosa aufweist, die vor allem wortlose Szenen regeln. Der Verfasser, vermutlich ein Benediktinermönch, darf als ein dichterisch hochstehender und überaus selbständiger Autor angesehen werden, der keine Scheu hat, mit seinem Stück auf unverkennbare Distanz zu herrschenden Überzeugungen seiner Zeit zu gehen. Zu diesen wiederum gehören zum einen die Kreuzzugsideologie, zum anderen der religiös motivierte Antijudaismus. Mit Sicherheit steht er bereits unter dem Eindruck des furchtbaren Desasters des zweiten Kreuzzuges (1144–1148), der vor allem durch die Predigten und Einflußnahmen von Bernhard von Clairvaux (1090–1153) zustandegekommen war und 1147/48 mit den Niederlagen der christlichen Könige Konrad III. und Ludwig VII. geendet hatte. Ebenso gewiß ist, daß er um die entsetzlichen Pogrome an den Juden gewußt hat, die anläßlich des zweiten Kreuzzuges in Flandern sowie in Deutschland (besonders in Würzburg und Regensburg) ausgebrochen waren. Beides lehnt der Dichter ab, indem er es zu Werken des Antichristen erklärt. So geht es aus der Struktur des *Spiels* hervor:
In diesem gibt es zwei parallel aufgebaute und antithetisch aufeinander bezogene Teile, von denen der erste die von Gott eingesetzte Weltordnung darstellt, der zweite hingegen die vom Antichrist geschaffene Gegenordnung ins Szene setzt. Die Akteure, die in ihnen handeln, sind neben dem Antichristen und seinen Getreuen (vor allem der Heuchelei und Ketzerei) der (deutsche) Kaiser der Endzeit mit seiner Ritterschaft, die Kaiser/Könige von Frankreich, Byzanz, Babylon und Jerusalem mit ihren jeweiligen Völkern, der Papst mit dem Klerus, die Christenheit (*Ecclesia*), die Heiden (*Gentilitas*) und die Juden (*Synagoga*) mit den Propheten (Elias und Enoch). Aus dem Drama, das diese Protagonisten untereinander verbindet, ergibt sich, daß sowohl die sogenannte Heidenmission (d.h. die Kreuzzüge) als auch die Ermordung der Juden Werke

sind, die *der Antichrist* befiehlt. *Sein* Heer agiert. So wird nicht nur deutlich, daß Kreuzzüge in den Augen des Dichters reine Aggressionskriege sind, denen jede religiöse Legitimation fehlt – der Papst tritt im Stück bezeichnenderweise schweigend auf und handelt nicht –, sondern ebenso, daß die Tötung der Juden die Vernichtung von Menschen bedeutet, die sich zwar als letzte Gruppe (nach den Heiden und den Christen) gleichfalls dem großen Widersacher zuwendet, die sich aber als erste und *einzige* wieder von ihm abwendet und dafür ihre Vernichtung in Kauf nimmt. Wie in unzähligen künstlerischen und literarischen Darstellungen trägt die Synagoge gewiß auch in diesem Spiel eine Binde vor den Augen, weshalb sie die Wahrheit in Christus nicht erkennen kann, doch entstammt der Antichrist wohl gemerkt nicht, wie es die apokalyptische Literatur des Mittelalters kolportierte, ‚aus den Juden', sondern aus dem Schoß der Kirche. Darüber hinaus zeichnet der Dichter die Juden weniger als ein verstocktes, bösartiges und von Gott verworfenes als vielmehr als ein tragisches Volk, das wohl nicht sehend ist, sehr wohl aber in seinem Glauben treu bleibt. Für eine Zeit, in der es als oberste Christenpflicht galt, gegen die Heiden in den Krieg zu ziehen und an den Juden die Verurteilung Jesu zu rächen, sind dies Aussagen, die nicht nur ein hohes Maß an christlicher Selbstkritik, sondern ebenso einen beachtlichen Mut zu einer selbständigen Sicht der Verhältnisse bekunden. Der folgende Text gibt aus dem 2. Teil des Stückes jene Szenen wieder, die sich auf die Kreuzzüge (Heidenmissionen) und die Judenpogrome beziehen.

Kritik an Kreuzzug und Judenverfolgung

Anonymus: Das Spiel vom Antichrist
Verse 290 – 401
Dann führen die Heuchler einen Lahmen vor den Antichrist, und als er geheilt ist, wankt der König der Deutschen in seinem Glauben. Dann führen sie wiederum einen Aussätzigen herbei, und als er geheilt ist, zweifelt der König mehr. Zuletzt tragen sie eine Bahre herbei, auf der einer liegt, der so tut, als sei er im Kampf getötet worden. Deswegen befiehlt ihm der Antichrist aufzustehen und sagt:
    Zeichen suchen immerfort Kinder und die Toren.
    Offenbare, wer ich bin! Sei wie neugeboren!
Dann singt der Scheintote von der Bahre:

Du bist Weisheit, und du stehst für die höchste Wahrheit,
und kraft Gottes Majestät bist du Kraft und Klarheit.
Auch die Heuchler singen:
Du bist Weisheit usw.
Dann sieht der König der Deutschen das Zeichen, wird verführt und spricht:
Ach, durch unser Ungestüm kommen wir zu Schaden,
daß wir streitend wider Gott Torheit auf uns laden.
Dieses Mannes Name wirkt, daß die Toten leben,
daß die Lahmen sich vom Bett, um zu gehn, erheben,
daß Leprose ungescheut unter uns verkehren.
Dieses Mannes Herrlichkeit wollen wir verehren!
Dann steigt er dasselbe singend zum Antichrist empor. Sobald er vor ihn gekommen ist, beugt er sein Knie, bietet ihm die Krone an und singt:
Dir gesteh ich freudig zu usw.
Dann zeichnet der Antichrist ihn und die Seinen an der Stirn, setzt ihm die Krone auf und singt:
Meine Gnade schenke ich usw.
Dann überträgt er ihm den Kreuzzug gegen die Heiden und sagt:
Euren Glauben haben wir. Jetzt geht's an die Heiden!
Er gibt ihm ein Schwert und singt:
Du wirst, ich verordne es, sie zum Glauben leiten.
Dann kommt der König zum Thron der Heidenheit und schickt einen Gesandten zum König von Babylon, der vor ihm singt:
Gottes Macht und Herrlichkeit werden ewig bleiben,
und man muß sich allezeit ihrem Dienst verschreiben.
Er verurteilt, sich zu dem Götzendienst zu wenden,
und verlangt, den Bilderkult schleunigst zu beenden.
Dann erwidert die Heidenheit dem Gesandten:
Einzigkeit zu setzen heißt jeden zu beneiden.
Daß man andre Götter hat, kann sie niemals leiden.
Doch wir finden schauderhaft eines Gotts Begierde,
der die andern abtun will wegen seiner Zierde,
und wir hängen noch getreu an den alten Sitten
und bezeugen Göttlichkeit nach getrennten Riten.
Dann singt der Bote:
Einzig und allein ist Gott, den wir rechtens ehren!
(das Bild umwerfend)
Eurem Bild- und Götzendienst wissen wir zu wehren.
Sofort laufen die Heiden zusammen und kämpfen mit dem Heer des Antichrist, und der König von Babylon wird besiegt. Er wird gefangen zum An-

tichrist geführt. Dann beugt der König sein Knie, bietet dem Antichrist die Krone dar und sagt:
    Dir gesteh ich freudig zu usw.
Dann macht der Antichrist ihm und den Seinen ein Zeichen auf die Stirn, setzt ihm die Krone auf und singt:
    Meine Gnade schenke ich usw.
Sofort kehren alle zu ihren Sitzen zurück und singen:
    Daß allein du Führer bist, möchten wir bekennen
    und uns mit Ergebenheit deine Diener nennen.
Dann schickt der Antichrist die Heuchler zur Synagoge und singt:
    Sagt den Juden, daß ich schon den Tribut genommen
    von den Heiden, und erzählt des Messias Kommen.
    Sagt, daß ich Messias bin; und ich bin erschienen
    allen Juden. So versprach der Prophet es ihnen.
Dann sagen die Heuchler zur Synagoge:
    Du bist ein besondres Volk aus geweihtem Blute,
    und wie jeder hören kann, ist dir treu zu Mute.
    Des Gesetzes halber bist du verbannt auf Fahrten,
    denn du solltest nicht daheim des Messias warten.
    Dein Beharren wird dich jetzt mit dem Erbe lohnen;
    und wo stets das Alte war, wird das Neue thronen.
    Siehe das Mysterium, welches Heil dir brachte!
    Denn der König ist geboren, der den Glauben machte.
    Hier ist der Emmanuel, den die Schrift verkündet,
    und auf seine Gnade wird jetzt dein Reich gegründet.
    Er hob Arme, Schwache auf und verdarb die Großen.
    Alles hat er mit Gewalt unter sich gestoßen.
    Stehe auf, Jerusalem, werde Licht, das blendet!
    Synagoge, freue dich! Deine Trübsal endet.
Dann antwortet die Synagoge:
    Also tröstet Gott der Herr uns für unsre Leiden
    während der Gefangenschaft in dem Land der Heiden.
    Laßt uns ihm entgegengehn und ihm Ruhm erweisen.
    Er wird unser Retter sein und Erlöser heißen.
Dann steht die Synagoge auf, geht zum Antichrist und singt:
    Du bist da, Emmanuel, den wir immer loben.
    Denn wenn du erhaben bist, werden wir erhoben.
Dann empfängt er die Synagoge, die kommt, macht ihr das Zeichen und sagt:
    Rette aus den Stürmen dich, und ich will dich leiten.
    Du sollst das verheißne Land unverzagt beschreiten.

In dem Lichte, das du gibst, mag das Volk sich halten,
und nach deinem Friedenswerk werden Herrscher walten.
Während die Synagoge zurückkehrt, treten die Propheten auf und sprechen:
Unsres Vaters Wille ist göttlich in den Worten.
Doch in einer Jungfrau Leib ist er Mensch geworden.
Während er die Gottheit blieb, wurde er auch sterblich.
Immer ist er Gott, jedoch in der Zeit verderblich.
Nicht weil nach Naturgesetz es so gehen sollte,
wurde er zum Mensch gemacht, doch weil Gott es wollte.
Christus nahm es über sich, selber schwach zu leben,
um den Schwachen dieser Welt Stärke abzugeben.
Haben ihn die Juden als Menschen angenommen,
konnten sie der Göttlichkeit niemals näherkommen.
Weder Wunder noch das Wort stillte ihre Fragen,
und sie haben ihn zuletzt an das Kreuz geschlagen.
Durch sein Ende kam der Tod selber ins Verderben;
denn die glaubten, sollten nicht in der Hölle sterben.
Er selbst konnte auferstehn, um nicht mehr zu fallen,
und nach nicht zu langer Zeit wird er Herr von allen.
Weltenrichter wird er sein und das Feuer wecken,
er ruft alle Menschen auf, die im Fleische stecken.
Von den Übeltätern wird er die Guten trennen
und den Bösen Böses tun, Gute Gute nennen.
Wißt ihr, was die Schrift bezeugt und die Frommen sagen?
Enoch lebt! Elias lebt! Ist noch Zeit zum Fragen?
Dann fragt die Synagoge:
Doch wo sind sie?
Elias:
Sie sind hier. Es sind unsre Namen,
auf die nach der Zeitlichkeit diese Stunden kamen.
Das ist Enoch, den ihr seht, und ich bin Elias.
Beide hatte aufgespart Christus, der Messias.
Christus kommt! Er schickt voraus uns zum Zeichen dessen
und damit wir Israel aus der Haft erlösen.
Doch schon kam der Mann zuvor ohne Gottvertrauen,
der sich aufwirft, Babylons Mauer aufzubauen.
Aber wir enthüllen euch, um die List zu weisen.
seht! Statt Christus muß er der Antichristus heißen.
Dann nehmen sie der Synagoge den Schleier von den Augen. Sofort bekehrt sich die Synagoge zu den Worten der Propheten und sagt:

Literatur

Wehe uns! Wir sind verführt durch den Antichristus,
welcher lügt und sagt, er selbst sei der Juden Christus.
Enoch und Elias sind uns für unsre Freiheit
wahre Künder, und sie sind Zeugen für die Wahrheit.
Doch wir danken Dir, o Gott! Herr im Glorienscheine!
Du bist Dir im Wesen gleich und bist der Dreieine.
Du bist Gott, der Vater, und Gott bist Du im Sohne,
und auch Euer Geist ist Gott auf dem Himmelsthrone.
Inzwischen kommen die Heuchler zum Antichrist und singen:
Spitze aller Herrlichkeit! Du bist hoch erhoben.
Doch jetzt wird die Göttlichkeit dir mit Schimpf entzogen.
Alte Männer treten auf, eitle Professoren,
die dich schmähen – und so geht deine Macht verloren!
Halten Predigt frank und frei nach dem Wort der Bibel,
daß du Haupt der Heuchler bist und nicht groß, doch übel.
Dann erwidert der Antichrist den Heuchlern:
Alle Welt ereifert sich, um mich anzubeten.
Wer ist frech und wagt, dem Recht in den Weg zu treten?
Führt die Synagoge her und die Professoren!
Wegen ihrer Witzelei werden sie geschoren.
Dann kommen die Diener zu den Propheten und zur Synagoge und singen:
Lügner mit dem großen Maul! Fälscher der Geschichte!
Gott in seiner Majestät lädt euch zu Gerichte.
Dann antworten die Propheten:
Nicht verführen soll der Mann uns mit falschem Wesen!
Wir sind Diener Christi. Doch ihr vertraut dem Bösen.
Dann führen die Boten die Propheten und die Synagoge zum Antichrist. Der singt:
Bis zum Wahnsinn brachte euch eine falsche Lehre.
Glaubtet ihr das große Wort? Das war Schein und Märe.
Ich bin der versprochne Mann und will Frieden stiften.
Daß ich der Messias bin, steht in euren Schriften.
Ihr empfangt aus meiner Hand Ritus und den Glauben.
Laßt die andern gottlos sein und um Worte klauben!
Dann antworten die Propheten:
Gotteslästrer, Lügenbold, Grund von allem Schlechten!
Übels Wurzel, Wahrheitsfeind, Hinderer des Rechten!
Antichrist, du störst die Welt und verführst die Frommen!
Aber deine Göttlichkeit ist bloß angenommen.
Dann spricht der Antichrist erregt zu seinen Dienern:

Leugnen sie die Göttlichkeit? Ihre Blasphemien
gegen meine Majestät werden nicht verziehen.
Die jetzt gegen meinen Geist ihre Zähne blecken,
sollen die Beharrlichkeit meiner Rache schmecken.
Mögen denn zugrunde gehn die verdammten Schafe!
Lästerung der Religion findet ihre Strafe.
Endlich singt die Synagoge dies Bekenntnis:
Unsre Irrung reut uns sehr,
und wir stehn zum Glauben.
Kein Verfolger kann ihn mehr,
da wir dulden, rauben.
Dann führen die Diener sie heraus und töten sie. [...]❖

Wolfram von Eschenbach (2. H. 12. Jh.–1. H. 13. Jh.)

Der zweite Text in diesem Abschnitt stammt aus dem zwischen 1210 und 1220 entstandenen Versepos *Willehalm* von *Wolfram von Eschenbach*. Über diesen namhaften mittelhochdeutschen Dichter ist außer seinen Epen (neben *Willehalm* vor allem *Parzival* und *Titurel*) und einigen Gedichten nur wenig bekannt. Seine Lebenszeit fällt in die zweite Hälfte des 12. und in die erste Hälfte des 13. Jahrhunderts. Wahrscheinlich stammte er aus Mittelfranken. Möglicherweise konnte er von seinen Dichtungen leben, denn er stand nachweisbar im Dienste großer Gönner (der Grafen von Wertheim, der Herren von Durne sowie der Landgrafen von Thüringen). Sein Wissen bezog er vermutlich aus seinen Erfahrungen als Soldat und Ritter, mit Sicherheit aber auch aus seiner offensichtlich intensiven Beschäftigung mit lateinischen Philosophen, Theologen, Astronomen und Medizinern sowie mit Autoren der französischen Literatur. Schon während des Mittelalters war seine Wirkung enorm. Von kaum einem anderen mittelalterlichen Epos (Roman) existieren so viele Handschriften wie von *Parzival* und *Willehalm*. Bereits zu Lebzeiten soll Wolfram der Ruf vorangegangen sein, daß ‚nie ein Laie besser gedichtet habe'.
Die Geschichte des in 13.988 Versen geschriebenen *Willehalm*-Epos ist rasch erzählt. Die Handlung spielt während des 9. Jahrhunderts in der Provence. Es herrscht Krieg zwischen Christen und Heiden. Anlaß ist wie in Homers *Ilias* die Entführung einer Frau, diesmal der Raub der

heidnischen Königin Arabel durch Willehalm, den Sohn eines mächtigen christlichen Grafen von Narbonne. Arabel wird Willehalms Frau und liebt diesen. Seinetwegen sagt sie ihrer Familie ab und nimmt bei ihrer Konversion zum Christentum den Namen Gyburc an. Ihre ursprünglichen Verwandten, allen voran ihr Vater Terramer, eröffnen daraufhin einen Krieg gegen die Christen. Dieser beginnt mit einer Niederlage Willehalms auf dem Feld von Alischanz. Nachdem es diesem aber wiederum gelingt, ein neues Heer aufzustellen und Unterstützung beim König von Loy zu finden, kommt es zu einem Gegenschlag, bei dem die Heiden verlieren. Ausschlaggebend dafür ist der Einsatz von Rennewart, einem Sohn des Heidenfürsten Terramer, der unerkannt auf der Seite der Christen kämpft. Rennewart verschwindet unter rätselhaften Umständen nach der Schlacht. Dennoch gestattet der Sieger Willehalm die Überführung der gefallenen heidnischen Könige und sendet ein Vermittlungsangebot an Terramer. An dieser Stelle bricht der Text ab.

Wichtig an dieser ‚Erzählung' ist, daß im Krieg zwischen Christen und Heiden einander *Familienmitglieder* gegenüberstehen. Gyburcs erster Mann Tybalt kämpft gegen ihren zweiten Mann Willehalm; ihre Brüder treffen auf die Brüder Willehalms; Rennewart zieht für seine Schwester und seinen Schwager gegen seinen Vater und seine Brüder in die Schlacht ... In dieser verzweifelten Situation, die sich vor allem in Gyburc konzentriert – „Willehalm gewann Arabel, / deshalb starben viele Menschen unschuldig. / Die ihm Liebe gewährte und die Ehe versprach, / ließ sich als Gyburc taufen. / Heerscharen mußten das mit dem Leben bezahlen!" –, meldet sich in einem Fürstenrat der Christen diese zu Wort. Allgemein wird die Rede dieser Frau, die eigentlich im Verein der Männer zu schweigen hätte, als die bedeutendste und gehaltvollste Passage des gesamten Epos angesehen. Gyburc gewinnt darin – gerade weil sie sich schuldig für den Krieg fühlt (*ich trag al eine die schulde*) – nicht nur einen Blick für die Sinnlosigkeit des Krieges, der zugleich ein Glaubenskrieg ist, sondern erkennt darüber hinaus, daß sich auf beiden Seiten *Menschen* gegenüberstehen, die unabhängig von ihrer jeweiligen Religionszugehörigkeit zur Humanität und vor allem zur Liebe (*minne*) fähig sind. Den Grund hiefür erblickt Gyburc in der Tatsache, daß alle Menschen, auch die Heiden, Geschöpfe Gottes (*gotes handgetât*) sind. Deshalb erscheint es ihr als „eine große Sünde", daß „die, / die niemals die Botschaft der Taufe gehört haben, / wie Vieh erschlagen werden". Wie nicht nur die Rede selbst, sondern auch das übrige Werk zeigt, stellt Gyburc deshalb nicht die Wahrheit ihres Christentums in Frage. Vielmehr besitzt das ‚Heidentum' als Religion weder für sie noch für Wolfram eine Berechtigung oder einen eigenständigen Wert. Nichtsdestoweniger ringt sie sich zu der für ihre Zeit unerhörten Einsicht durch, daß davon die gebotene gegenseitige Achtung der Menschen *um ihrer Menschlichkeit willen* unberührt bleibt und als Grundlage des Umgangs *aller* Menschen untereinander, gleich welcher Religion sie angehören, zu gelten hat. Da die Rede Gyburcs – sieht man von kurzen Zitaten ab – bisher noch nicht in Anthologien zum Thema ‚Toleranz' Eingang gefunden hat, sei sie hier in ganzer Länge wiedergegeben.

Auch die Heiden sind Geschöpfe Gottes

Wolfram von Eschenbach: Willehalm
Gyburcs „Toleranzrede" (6. Buch, 306,1– 311,6)
Gyburcs wegen war es zu dem Konflikt gekommen.
Die stand nun auf und nahm in aller Form das Wort,
ehe der Rat der Fürsten auseinanderging:
„Wer hier drinnen so höflich wie treu ist,
möge meine Worte anhören.
Gott weiß, daß ich so große
Sorgenlast im Herzen trage,
daß ich sie kaum tragen kann."
Die vor ihr aufgestanden waren,
bat sie, Platz zu nehmen und nicht fortzugehen.
Als alle wieder saßen,
fuhr sie fort: „Das große Sterben,
das hier auf beiden Seiten geschehen ist
und für das mich die Christen
wie die Heiden hassen,
das vergelte ihnen Gott
an mir, wenn ich Schuld daran trage.
Euch, Fürsten des Römischen Reiches, mahne ich
das Ansehen des Christentums zu mehren.
Wenn Gott Euch so hoch ehrt,
daß Ihr im Kampf auf Alischanz
den jungen Vivianz rächen dürft
an meinen Verwandten und deren Heer
(die werden sich tapfer gegen Euch verteidigen)
und wenn Ihr die Heiden besiegt,

Literatur

so versündigt Euch nicht.
Hört auf den Rat einer unwissenden Frau:
verschont die Geschöpfe Gottes.
Der erste Mensch, den Gott
schuf, war ein Heide.
Glaubt mir, auch Elias und Enoch
sind gerettet, obwohl sie Heiden waren.
Heide war auch Noach,
der in der Arche gerettet wurde.
Ijob war gewiß doch ein Heide,
den Gott deshalb nicht verstoßen hat.
Denkt auch an die drei Könige,
deren einer Kaspar heißt
und die andern Melchior und Balthasar.
Wir müssen sie Heiden nennen,
die doch deshalb nicht verdammt sind;
Gott selbst hat
noch an der Brust der Mutter die ersten Gaben
von ihnen angenommen. Der Verdammnis
sind nicht alle Heiden zubestimmt.
Wir haben auch als wahr erkannt,
daß alle Mütter, die seit Eva
Kinder zur Welt brachten, zweifellos
Heiden gebaren,
mochten sie selbst auch getauft sein.
Die Christenfrau trägt immer erst ein Heidenkind,
wenn auch die Taufe das Kind umschließt.
Die Taufe der Juden sieht anders aus:
Sie nehmen sie durch die Beschneidung vor.
Wir alle waren anfänglich Heiden,
Den Geretteten muß es sehr schmerzen,
wenn der Vater seine eignen Kinder
dem Verderben anheimgibt.
Doch steht es in dessen Macht, sich ihrer zu erbarmen,
der stets wahre Barmherzigkeit gezeigt hat.
Glaubt aber auch, daß die Menschen
den Engeln ihren Platz abgewonnen haben,
wo sie ihren Sitz hatten,
die uns nun nachstellen,
im zehnten Himmelschor.

Die empörten sich so gegen Gott,
daß seine ewige Macht und Herrlichkeit
von ihnen verraten wurde.
Diese Kampfgenossen
wurden schon wegen ihrer Gedanken gestürzt.
Zur Tat ließ sie Gott nicht kommen,
der die unausgesprochenen Gedanken kennt.
Deshalb wurde der Mensch erschaffen.
Die Menschen wurden wie die Engel
Gottes Feinde.
Warum darf nun der Mensch
mehr Hoffnung haben als der Engel?
Das will ich Euch sagen:
Der Mensch wurde durch bösen Rat verführt;
der Engel aber hat sich selbst
die ewige Verdammnis
durch seine Arglist zugezogen,
und alle, die sich ihm anschlossen,
traf das gleiche traurige Los.
Noch heute verfolgen sie den Menschen,
als ob der Chor ihnen zustehe,
der doch denen zubestimmt ist,
die alles meiden,
was Gott erzürnt,
dessen Seligkeit unendlich ist.
Was die Heiden Euch auch angetan haben,
so sollt Ihr dennoch nicht vergessen,
daß Gott selbst denen verziehen hat,
durch die er den Tod fand.
Wenn Gott Euch dort den Sieg schenkt,
so seid im Kampf barmherzig.
Sein hohes Leben hat
für die Sünder
unser Vater Jahwe geopfert.
So lohnte er seinen Kindern,
daß sie seiner vergessen hatten.
Seine erbarmungsreiche Liebe
schließt alle Wunder ein.
Er wird in seiner Treue nicht müde,
die helfende Hand zu reichen,

die sowohl Wasser wie Land
am Anfang mit großer Kunst erschuf,
und ohne den keine Kreatur leben könnte,
soweit der Himmel reicht.
Die gleiche Schöpferhand läßt die Planeten
ihren schnellen Lauf vollenden
in Erdnähe und Erdferne.
Entsprechend ihrem ewigen Umlauf
bringen sie Wärme und Kälte,
lassen es zu einer Jahreszeit gefrieren
und später wieder den Saft in den Bäumen steigen,
wenn die Natur ihr Kleid wechselt
und der Mai sie lehrt,
sich zu mausern
und, wo Reif lag, Blumen aufzustecken.
Ich diene dem weisen Schöpfergott
statt Tervagant, dem Gott der Heiden.
Seine Macht hat mich von Mahomet weg
zur Taufe geführt.
Deshalb hassen mich meine Verwandten;
und die Christen hassen mich aus einem andern Grund:
Um irdischer Liebeslust willen,
glauben sie, habe ich diesen Krieg verursacht.
Doch wahr ist, daß ich auch dort Liebe,
viele Schätze großen Reichtums
und schöne Kinder bei einem Mann zurückgelassen habe,
von dem ich weiß,
daß er niemals schlecht gehandelt hat,
seit ich die Krone aus seiner Hand empfing.
Tybalt von Arabi
hat sich nie eine Untat zuschulden kommen lassen.
Ich allein habe die Schuld auf mich geladen
um der Gnade des Höchsten willen
und erst dann auch des Markgrafen wegen,
der soviel Ruhm erworben hat.
Ach, Willehalm, tapferer Kämpfer,
daß meine Liebe dir so bitter wurde!
Wieviele edle, tapfere Männer
haben in deinem Dienst
mutig kämpfend ihr Leben gelassen!

Glaubt mir alle,
der Verlust Eurer Verwandten
erfüllt mein Herz mit Trauer.
Wahrlich, mein Glück ist mit ihnen dahingegangen."
Sie weinte sehr, das Unglück übermannte sie.
Gybert, der Bruder des Landesherrn,
sprang auf und drückte die edle Königin
an seine Brust.
Aus tiefstem Herzen stiegen zu den Augen
viele Tränen auf und liefen über die Wangen.
Man löste die Versammlung auf. ❖

Vorformen der Ringparabel

Während des Mittelalters entstehen bereits jene Geschichten, die als mögliche Vorformen der berühmten Ringparabel zu Gotthold Ephraim Lessings (1729–1781) „dramatischem Gedicht" *Nathan der Weise* (1779) angesehen werden dürfen, jedenfalls mit dieser in einem motivgeschichtlichen Zusammenhang stehen. Lessing selbst gibt in einem Brief an seinen Bruder Karl vom 11. August 1778 als Inspirationsquelle seiner Parabel zwar die Novellensammlung *Il Decamerone* (entstanden zwischen 1349 und 1353) von Giovanni Boccaccio (1313–1375), konkret die 3. Novelle des 1. Tages an. Vermutlich wußte aber bereits er selbst, wie Friedrich Niewöhner in seiner wichtigen Untersuchung *Veritas sive varietas. Lessings Toleranzparabel und das Buch Von den drei Betrügern* (Heidelberg 1988) nachweisen konnte, daß Boccaccio seine Geschichte unter Heranziehung älterer Fassungen derselben gestaltet hatte. In der Tat lassen sich solche in den jeweiligen Kulturkreisen aller drei monotheistischen Religionen Judentum, Christentum und Islam schon in wesentlich früherer Zeit nachweisen. Dort tauchen sie wohl in unterschiedlicher Form auf – manchmal ist anstelle des kostbaren Ringes von einer kostbaren Perle oder einem Edelstein die Rede –, auch sind sie in höchst verschiedener Intention erzählt, immer wieder sogar in einer Absicht, die jener Lessings, nämlich zur Toleranz aufzufordern, radikal entgegengesetzt ist. Zugleich werden sie aber auch da und dort so erzählt, daß die traditionell negativen Muster, in denen sich die Religionen gegenseitig wahrnehmen, aufgelöst werden zugunsten einer gegenseitigen Wertschätzung und Achtung. Dadurch schaffen sie gemeinsam die Voraussetzungen dafür, daß aus ihnen die vielleicht wichtigste und berühmteste Parabel der Toleranz-Geschichte entstehen konnte.

Es würde zu weit führen, hier die gesamte Motivgeschichte nachzuzeichnen, die mit der Ringparabel verbunden ist. Dazu müßte nicht nur auf Verbindungen mit der wahrscheinlich ebenso alten Geschichten-Tradition um „die drei Betrüger" (*De tribus impostoribus*) sowie auf die Frage nach dem eigentlichen Ursprungsort der Geschichte – war es (wie F. Niewöhners genannte Untersuchung nahelegt) der Hof des Sultans Saladin (1138–1193), an dem auch Moses Maimonides (1135–1204), mit Sicherheit eine Schlüsselfigur in diesem Zusammenhang, zeitweise gewirkt hat? –, sondern ebenso auf „ein [ganzes] Stück europäischer Mentalitätsgeschichte" (K.-J. Kuschel) eingegangen werden. Da dies hier nicht möglich ist, sollen drei Fassungen angeführt werden, die einerseits zu den ältesten zählen, die bekannt sind, und sich andererseits auch als Fassungen erweisen, in denen Ansätze hinsichtlich dessen, was man später Toleranz nennen sollte, zumindest anklingen.

Die *erste* Fassung stammt aus dem arabischen Kulturraum, konkret aus Bagdad, aus der Zeit der abbasidischen Kalifen im 8. Jahrhundert. Hier soll 780/1 der christlich-nestorianische Patriarch Timotheus I. (780–823), Oberhaupt der ostsyrischen Kirche, ein sogenanntes Religionsgespräch mit dem als religiösen Puristen und Fanatiker gefürchteten Kalifen Al-Mahdi (er regierte zwischen 775 und 785) geführt haben. In diesem Gespräch, in dem zwar der Patriarch wahrscheinlich um sein Leben sprechen mußte, das aber doch von gegenseitiger Achtung zeugt, erzählt dieser ein Gleichnis von einer wertvollen Perle, die unter die Sterblichen fällt und in ihrer Echtheit nicht mehr identifiziert werden kann. Timotheus leugnet dabei, wie aus dem überlieferten Gesamttext hervorgeht, nicht seinen christlichen Standpunkt, er spricht jedoch mit seiner Behauptung, daß sich die Wahrheit eines Glaubens an den *guten Werken* erweist, seinen muslimischen Gesprächspartner direkt an, heißt es doch im Koran immer wieder „Wetteifert [...] nach den guten Dingen! Zu Gott werdet ihr (dereinst) allesamt zurückkehren. Und dann wir er euch Kunde geben über das, worüber ihr (im Diesseits) uneins waret." (Sure 5, 48; vgl. 2, 148 u.ö.)

Literatur

Gleichnis von der einen Perle

Religionsgespräch in Bagdad Ende des 8. Jahrhunderts
Unser siegreicher König, in dieser Welt sind wir alle wie in einem dunklen Haus in der Mitte der Nacht. Wenn des nachts und in dem dunklen Haus zufällig eine kostbare Perle mitten unter die Menschen fällt und alle sich ihrer Existenz bewußt werden, wird jeder danach trachten, diese Perle aufzuheben. Sie wird nicht jedermann zufallen, sondern nur einem. Während aber einer die Perle selbst bekommen wird, wird ein anderer ein Stück Glas, ein Dritter ein Stück Stein oder ein Stück Erde bekommen, aber jeder wird glücklich und stolz sein, daß er der wirkliche Besitzer der Perle ist. Wenn jedoch Nacht und Dunkelheit verschwinden und Licht und Tag heraufziehen, dann wird jeder, der glaubte, daß er die Perle habe, seine Hand nach dem Licht ausstrecken, das alleine zeigen kann, was jeder in der Hand hat. Der, welcher die Perle besitzt, wird triumphieren und glücklich und befriedigt mit ihr sein, während die, die ein Stück Glas oder ein bißchen Stein in der Hand halten, weinen und traurig sein werden. Sie werden seufzen und Tränen vergießen. In der gleichen Weise sind wir Menschenkinder in dieser vergänglichen Welt wie in Finsternis. Die Perle des wahren Glaubens fiel mitten unter uns alle, und sie ist zweifellos in der Hand von einem von uns, während alle von uns nur glauben, daß wir dieses kostbare Objekt besitzen. In der Welt jedoch, die kommt, vergeht die Dunkelheit der Sterblichkeit, der Nebel der Unwissenheit löst sich auf, da es das wahre und wirkliche Licht ist, das dem Nebel der Unwissenheit absolut fremd ist. Dann werden die Besitzer der Perle triumphieren, glücklich und befriedigt sein, und die Besitzer bloßer Stücke von Steinen werden weinen, seufzen und Tränen vergießen, wie wir vorher gesagt haben. Und unser siegreicher König sagte: ‚Die Besitzer der Steine sind in dieser Welt unbekannt, oh Katholikos.' Und ich antwortete: ‚Sie sind teilweise bekannt, oh unser siegreicher König.' Und unser siegreicher und sehr weiser König sagte: ‚Was meinst du mit 'teilweise bekannt', und wodurch sind sie als solche bekannt?' – Und ich antwortete ‚Durch gute Werke, oh unser siegreicher König, und fromme Taten'.

Die *zweite* Fassung ist die älteste christliche Quelle der Ringparabel. Sie findet sich in der ältesten europäischen Novellensammlung, die unter dem Titel *Il Novellino* (*Das Novellenbüchlein* oder *Die hundert alten Novellen*) – der Titel selbst taucht allerdings erst 1525 erstmals auf – Ende des 13. Jahrhunderts in der Toskana, wahrscheinlich in Florenz, zusammengestellt wurde, schon vor 1350 in Handschriften die Runde machte und 1525 in Bologna erstmals als Buch erschien. Da es sich um eine Sammlung handelt, die Geschichten aus mehreren Provinzen Italiens, aus etlichen Ländern Europas (England, Frankreich, Spanien, Griechenland, Kleinasien) und aus fernen Kulturen (Arabien, Indien) kompiliert, ist davon auszugehen, daß die meisten Texte wesentlich vor dem 13. Jahrhundert entstanden sind. Es überrascht nicht, daß in ihr als 73. Geschichte die Ringparabel auftaucht, verrät doch sowohl die Auswahl der Erzählungen als auch die Wertung der darin handelnden Personen eine geistige Weite, die für das 13. Jahrhundert ihresgleichen suchen darf. „Neugier auf das andere und Toleranz gegenüber dem anderen erscheinen hier, im Zusammenspiel mehrerer Erzählungen, in ihrer gegenseitigen Bedingtheit und Komplementarität – vielleicht zum erstenmal in der europäischen Literatur." (J. Riesz) Wer immer der Herausgeber, Autor oder Zusammensteller gewesen sein mag, er muß ein Mann gewesen sein, für den Wahrheit weder an den Grenzen einer bestimmten Kultur noch an den Grenzen einer bestimmten Religion haltmachte. In geradezu konsequenter Weise führt daher sein Ring-Gleichnis dahin, daß für den Erzähler, der sicherlich Christ war, sowohl der muslimische Sultan als auch der reiche Jude positiv figurieren, ersterer, weil er sich eines Besseren belehren läßt, letzterer, weil er schlicht klug ist. Darüber hinaus bleibt unwidersprochen, was der Jude aus der Geschichte an Deutung entnimmt: „Und so ist es mit dem rechten Glauben: Nur der Vater im Himmel weiß, welcher von den dreien [Ringen / Glauben] der richtige ist."

Wie der Sultan in Geldnot war und einen Juden erpressen wollte

Anonymus: Das Novellenbüchlein Nr. LXXIII

Als der Sultan einmal in Geldnot war, riet man ihm, einen Vorwand zu suchen, um gegen einen reichen Juden, der im Lande wohnte, vorzugehen und ihm seine unermeßlichen Reichtümer wegzunehmen. Der Sultan schickte nach dem Juden und fragte ihn, welches der rechte Glaube sei. Er dachte nämlich: Sagt er, der jüdische, werde ich sagen, daß er sich gegen meinen Glauben versündigt. Sagt er, der sarazenische, werde ich antworten: Weshalb hältst du dann am jüdischen Glauben fest? Als der Jude die Frage seines Herrschers vernommen hatte, antwortete er wie folgt: „Ein Vater, der drei Söhne hatte, besaß einen Ring mit einem sehr wertvollen Edelstein von so großer Kraft, wie es keinen andern je gegeben hat. Jeder der drei Söhne bat seinen

Vater, ihm nach seinem Tode den Ring zu vermachen. Als der Vater sah, daß jeder der drei ihn wollte, schickte er nach einem geschickten Goldschmied und gab ihm den Auftrag: ‚Meister, macht mir zwei Ringe, genau wie diesen, und setzt jedem einen Edelstein ein, der diesem ähnlich sieht.' Der Meister machte die Ringe so genau ähnlich, daß niemand außer dem Vater den echten erkennen konnte. Er ließ die Söhne einzeln zu sich kommen und gab jedem insgeheim einen Ring. Und jeder glaubte, den richtigen zu haben, und nur der Vater kannte den echten. Und so ist es mit dem rechten Glauben: Nur der Vater im Himmel weiß, welcher von den dreien der richtige ist; und seine Söhne, das heißt wir, glauben jeder für sich, den richtigen zu haben." Als der Sultan hörte, wie geschickt sich der Jude aus der Affäre zog, wußte er nicht, wie er gegen ihn vorgehen konnte, und ließ ihn ziehen.❖

Die *dritte*, hier wiedergegebene Fassung stammt zwar bereits aus nachmittelalterlicher Zeit, ist jedoch sicherlich früher entstanden, weil der Autor unübersehbar auf älteres, möglicherweise aus dem Arabischen stammendes Traditionsgut zurückgreift und dieses seiner Zeit gemäß bearbeitet. Veröffentlicht wurde sie 1551 in Adrianopel im Hauptwerk *Schewet Jehuda* (*Die Zuchtrute Judas*) des spanischen Juden *Salomon Ibn Verga* (2. Hälfte 15. Jh. in Sevilla – 1. Hälfte 16. Jh. in Neapel). Ibn Verga, ursprünglich angesehener Mann am Königshof von Kastilien, mußte 1492 als Jude sein Heimatland verlassen und nach Portugal fliehen, wo er zum Christentum gezwungen wurde. Unter dem Eindruck der unsäglichen Verfolgungen seiner Familie und seines Volkes floh er nicht nur zuerst in die Türkei und anschließend nach Italien (Rom, Neapel), sondern verfaßte er auch sein Buch, in dem er den Mitgliedern seines Volkes klar machen wollte, daß die Leiden einerseits eine Strafe für die gottlosen Taten, andererseits aber ebenso Anlaß für eine Anrufung Gottes seien. Im 32. Kapitel desselben reflektiert er die Bedrohung der Juden durch die Christen. Dabei erzählt er die Geschichte von zwei Brüdern und zwei Edelsteinen. In ihr wird dem aragonischen König Don Pedro (1094–1104) durch seinen Berater Nicolaus von Valencia nahegelegt, die Juden entweder zu bekämpfen oder dem Christentum gewaltsam zuzuführen. Der König ruft jedoch den jüdischen Weisen Ephraim Sancho zu sich, um sich von ihm sagen zu lassen, welches Gesetz das bessere sei, das jüdische oder das christliche. Sancho erzählt daraufhin die besagte Geschichte und bewirkt dadurch, daß der König anders handelt als ihm von seinem Berater empfohlen wird.

Welches ist der bessere Stein?

Salomon Ibn Verga: Die Zuchtrute Judas (Auszug)
Vor einem Monat reiste mein Nachbar in die Ferne, und um seine beiden Söhne zu trösten, ließ er ihnen zwei Edelsteine zurück. Nun kamen die beiden Brüder zu mir und verlangten von mir, ich sollte sie von der Eigentümlichkeit der Steine und deren Unterschied in Kenntnis setzen. Als ich ihnen bemerkte, daß dazu niemand geeigneter sei, als ihr Vater, der ja eine große Meisterschaft in der Kenntnis der Steine nach Wert und Form besitze, da er Juwelier sei, sie also an ihn sich wenden möchten, schlugen sie mich und schmähten mich wegen dieses Bescheides. – Da haben sie Unrecht getan, sprach der König, sie verdienen bestraft zu werden. – Der Weise versetzt darauf: So möchten denn deine Ohren, oh König, vernehmen, was soeben dein Mund gesprochen! Siehe, auch Esau und Jakob sind Brüder, von denen jeder einen Edelstein erhielt, und unser Herr fragt nun, welches der bessere sei. Möge unser Herr doch einen Boten an den Vater im Himmel senden, denn das ist der größte Juwelier, er wird den Unterschied der Steine schon angeben.
Da sprach der König: Siehst du, Nicolaus, die Klugheit der Juden? Wahrlich ein solcher Weiser verdient beschenkt und geehrt zu werden. Du aber müßtest Strafe erhalten, da du Falsches geredet hast wider die gesamten Juden. Da sprach Nicolaus: Wie dem auch sei, es war immer bei den heiligen Königen Brauch, alle Religionen der ihren zu unterwerfen; warum unterwirfst du diese nicht? Der König: Ich habe nie einen Erfolg bei einer Sache gesehen, die durch Zwang geschieht, denn so wie der Bezwinger nachläßt, kehrt sie zu ihrem früheren Zustande zurück, wie der in die Höhe geschleuderte Stein sofort, wenn die Kraft der Hand aufhört, wieder nach dem Mittelpunkte der Erde zurückfällt, oder der im Innern der Erde eingeschlossene Wind bald diese auseinanderreißt und zu seinem Elemente zurückkehrt. Darum rate ich dir, Nicolaus, verfahre mit diesem Volke nicht zwangsweise. Vielleicht aber vermagst du etwas über sie durch milde Belehrung und anhaltende tägliche Ermahnung, denn wenn schon der herabfließende Tropfen ungeachtet seiner Schwäche auf dem Marmor trotz aller seiner Härte einen Eindruck macht, einen um wie tieferen Eindruck müssen dann milde Zungen auf das weiche Herz von Fleisch machen?

Historik

Einleitung

Geschichtsschreibung steht seit jeher der Literatur nahe. Was bei aller Differenzierung bis in die Moderne herauf gilt, besaß sowohl für die Antike als auch noch für das Mittelalter eine noch viel größere Gültigkeit. Zwar wußte man seit Thukydides (ca. 455–395 v. C., *Der Peloponnesische Krieg* I 20–22) und Aristoteles (384–322 v. C., *Poetik* 1451 a 36ff.) um die Verschiedenheit, die darin gründete, daß sich die Historik im Unterschied zur Literatur um das kümmert, was geschehen *ist*, und nicht um das, was geschehen *könnte*, und daß es ihr ebenfalls im Unterschied zur Literatur nicht um das Fiktionale, sondern um die Prüfung der Überlieferungen auf ihren Wahrheitsgehalt geht. Zugleich betrachtete man aber die Geschichtsschreibung selbst als eine Form der Kunst. Sowohl Darstellung als auch Komposition des Erzählten waren oft viel wichtiger als Quellenkritik. Nicht von ungefähr bildete die Historik im System der *septem artes liberales* (der sieben freien Künste) einen Teil der Grammatik und der Rhetorik, d.h. der Wissenschaften des guten Redens und Schreibens (*artes bene dicendi et scribendi*). Nicht von ungefähr glichen sich die Historik als Befassung mit den *res gesta*, den geschehenen Taten, und das Heldenepos als *chanson de geste*, d.h. als Lied der Heldentaten, schon im Titel. Und nicht von ungefähr konnte sich noch im Hochmittelalter das Wortfeld um *historia* bzw. *historiare* auf die ästhetische Verbildlichung, Ausschmückung oder Inszenierung beziehen. Darüber hinaus geschah Geschichtsschreibung nicht ausschließlich um der Wahrheitsfindung willen, sondern in der Regel aus pädagogischer, politischer oder religiöser Absicht. Dadurch geriet sie zusätzlich in die Nähe der Literatur, denn um dies zu erreichen, mußte sie sich ihrerseits fiktionaler, konstruktiver und ästhetischer Vorgangsweisen bedienen. So ist wiederum anzunehmen, daß sie genauso wie die Literatur früher oder später mit der Toleranz-Problematik zu tun bekam.

In der Tat geschah dies zur selben Zeit wie in der Literatur: in der Zeit der Kreuzzüge, d.h. während des Hochmittelalters, zwischen 11. und 13. Jahrhundert. Um dies zu sehen, muß beachtet werden, daß sich damals in Europa ein *universalgeschichtliches* Konzept durchgesetzt hatte, d.h. die Vorstellung von einem einheitlichen, alle Menschen, ja die ganze Schöpfung umfassenden Prozeß mit einem Anfang und einem Ziel. Dieses Konzept war wesentlich durch die biblische Botschaft von dem einen Gott bestimmt, der nicht nur als der Urheber und Vollender der ganzen Welt, sondern ebenso als der eigentliche Akteur der ganzen Menschheitsgeschichte angesehen wurde. Es hatte aber auch andere Quellen wie die persisch-hellenistisch-jüdische Apokalyptik mit ihrem Vier- bzw. Drei-Reiche-Schema sowie das römische – vor allem von Vergil (70–19 v. C.) geprägte – Geschichtsbild mit seiner Zuspitzung der gesamten Weltgeschichte im Römischen Reich. Diese Modelle waren durch christliche Historiker wie Augustinus (354–430), Orosius (ca. 380–nach 418), Isidor von Sevilla (um 560–636), Beda Venerabilis (672/3–735) u.a. so weit christianisiert worden, daß sie – nach Phasen der Unterbrechung, in denen Weltchroniken nicht im Vordergrund standen – ab dem ausgehenden 11. Jahrhundert gemeinsam mit den biblischen Denkmustern heilsgeschichtliche Geschichtsbilder erzeugten, in denen sich biblische und allgemeine Geschichte nicht mehr voneinander unterscheiden ließen. Das bedeutete: Die gesamte Weltgeschichte wurde auf diese Weise christliche Heilsgeschichte. Damit jedoch erhob sich zwangsläufig die Frage nach der Stellung aller Nicht-Christen innerhalb dieses Konzepts, vor allem der sogenannten Heiden (die Juden als das Volk, zu dem Gott zuerst gesprochen hatte, behandelte man separat).

Die Antwort auf diese Frage fiel ambivalent aus: Auf der einen Seite schloß man sich der biblischen Überzeugung an, wonach am Ende der Zeiten alle Völker der Erde, somit auch die Heiden, in die Stadt Gottes, in das neue Jerusalem hinaufzögen, um den einen Gott der Heilsgeschichte zu verehren (gemäß Jesaja 2, 1–5; 45, 14–25; 60, 1–22; 63, 1–66, 24; Offenbarung des Johannes 7, 9–11; 21, 23–27; u.ö.). Man rechnete also mit einer Bekehrung der Heiden. Auf der anderen Seite sah man in den Phasen vor dem Ende der Geschichte immer noch das Böse, den Satan, den Antichrist am Werk. Solange es / er noch nicht definitiv im eschatologischen Endkampf unterworfen war, hatte es / er nach wie vor Macht (Offenbarung 12–14). Diese wiederum bediente sich vor allem – nicht nur – der Feinde der Christenheit, eben der Heiden. Dadurch sah man in den Heiden meist das Negative schlechthin: die Gottlosigkeit, die Feindschaft gegen das Kreuz Christi, die Verstocktheit, die Unsittlichkeit, das Ungebildete, das Brutale, das Triebhafte, das Knechtische. So lag es nahe, sie mit dem zu verbinden, was man in der Antike „Barbaren" genannt hatte. Barbaren aber wurden zum einen als Untermenschen betrachtet, die man versklaven, d.h. wie Tiere, ja wie Besitztümer behandeln durfte, und zum anderen als Subjekte ohne irgendwelche Rechte angesehen, mit denen man, sofern man dazu in der Lage war, beliebig verfahren konnte. Dadurch sprach man den heidnischen Völkern nicht nur jegliche positive Funktion im Geschehen der Weltgeschichte ab, machte sie somit historisch uninteressant, sondern stempelte sie darüber hinaus zum Ziel jedes Glaubenskampfes.

Vor diesem Hintergrund bedeutete es einen beachtlichen Schritt in Richtung Toleranz, wenn heidnischen Völkern wie den Arabern oder später den Eingeborenen Amerikas plötzlich Achtung hinsichtlich ihrer Kultur entgegengebracht wurde, wenn sie plötzlich in ihrer eigenen Geschichte Aufmerksamkeit und Interesse weckten, wenn sich ihre historische Bedeutung plötzlich nicht mehr bloß im Wider- oder Antichristlichen erschöpfte, wenn sie plötzlich als Menschen in den Blick kamen, wenn sie plötzlich so viel wert waren, daß man sich sogar um ihre Sprachen bemühte, und wenn ihnen mit einem Male Anerkennung als Subjekte unveräußerlicher Rechte – wie jener auf Leben, Besitz, Verteidigung usw. – widerfuhr. Derartiges geschah, wie vereinzelt auch immer, bereits in der Zeit der Kreuzzüge, später aber auch in der Zeit der Eroberung Amerikas durch die Spanier und Portugiesen. Und es geschah in Werken zur Geschichte und zur Kultur anderer, d.h. nicht-christlicher Völker. Natürlich geschah es nicht so, daß eigens auf das hingewiesen worden wäre, was man schreibend unternahm, sondern lediglich durch den Umstand, daß man es überhaupt tat, sowie durch die Form, in der man es tat. *Die folgenden Texte handeln somit nicht von Toleranz, sie drücken jedoch – wie anfangshaft und bescheiden auch immer – Toleranz aus.* Daß man dies jedoch bereits zu Lebzeiten ihrer Autoren verstehen konnte, belegt die Tatsache, daß sie zum Teil zensiert, zum Teil – sei es durch Verbot, sei es durch gezieltes Vergessen – gänzlich aus dem Verkehr gezogen wurden.

Historik

Wilhelm von Tyrus (um 1130–1186)

Eine der wichtigsten mittelalterlichen Chroniken über die Kreuzzüge wurde in der 2. Hälfte des 12. Jahrhunderts (ca. 1169 bis 1184) geschrieben und trug möglicherweise den Titel *Historia rerum in partibus transmarinis gestarum* oder *Historia belli sacri*, zu deutsch: *Geschichte der Ereignisse in den Ländern jenseits des Meeres* bzw. *Geschichte des heiligen Krieges*. Ihr Autor war *Wilhelm von Tyros*, ein Gelehrter, Geistlicher und Politiker von hohem Rang. Geboren wurde er um 1130 in Jerusalem. Er war somit den Arabern von Jugend an wesentlich näher als die meisten seiner abendländischen Zeitgenossen. Nahezu 20 Jahre lang absolvierte er Studien in ‚Artes liberales' und Theologie in Chartres und Paris sowie beider Rechte in Bologna. Hier lernte er fast alle Größen der Wissenschaften seiner Zeit kennen. 1166 kehrte er nach Palästina, konkret nach Akko zurück. Ein Jahr später wurde er Archidiakon von Tyros und einige Jahre darauf auch von Nazaret. Wegen seiner Bildung offenbar sehr geschätzt, kam er 1170 als Erzieher von Balduin IV., dem späteren König von Jerusalem, in die Heilige Stadt. Bis 1180 sollte er dessen politischer Hauptberater sein. Aber nicht nur das: Zwischen 1174 und 1184 hatte er – abgesehen von einer kurzen Unterbrechung 1176/77 – das Amt des Kanzlers des Königreiches von Jerusalem inne. Keine Überraschung, daß er auch kirchliche Würden und Funktionen übernahm: 1175 wurde er Erzbischof von Tyros, 1179 beteiligte er sich am 3. Laterankonzil und 1180 wäre er beinahe zum Patriarchen von Byzanz gewählt worden, wenn er politisch auf der damals mächtigeren Seite gestanden hätte. Was er nach dem Verlust der Kanzlerschaft von Jerusalem (spätestens 1185) tat, ist nicht bekannt. Überliefert ist allerdings das genaue Todesdatum: der 29. September 1186.

Von den Werken Wilhelms ist leider nur die Kreuzzugschronik erhalten geblieben. Sowohl sein Bericht über das 3. Laterankonzil als auch seine Geschichte der arabischen Herrscher von Mohammed bis Saladin (*Gesta orientalium principium*) sind verloren gegangen. Aber allein schon das vorhandene Werk über die Kreuzzüge, das insgesamt 23 Bücher umfaßt und eine Geschichte der arabisch-abendländischen Beziehungen von 614 bis 1184 mit unterschiedlicher Schwerpunktsetzung darstellt, verrät die Besonderheit dieses Autors. Diese wiederum ergibt sich weniger aus seiner klaren christlichen Position (Wilhelm widmet sein Werk den „venerabiles in Christo fratres"), aus seiner politischen Einstellung (Wilhelm ist ein Verfechter der Freiheit der Kirche gegenüber den politischen

Herrschern und ein offener Gegner der Johanniter und Templer) oder aus seinem Stil (Wilhelm schreibt lebendig und formbewußt) als vielmehr aus seiner Einstellung zu den Arabern. Hier ist es noch einmal nicht so sehr seine nüchterne Einschätzung ihrer politischen Bedeutung – er rechnete damit, daß die Araber letztendlich den Kreuzfahrern an Macht überlegen sein würden –, sondern vielmehr der Umstand, daß er sie nicht von vornherein im damals üblichen negativen Licht sieht, sondern zumindest einige von ihnen in ihrer Menschlichkeit und Kultur schätzt, und daß er ihnen als Jurist darüber hinaus Rechte einräumt, die ihnen genauso wie den Christen zustehen. Wie weit er selbst Arabisch beherrscht hat, ist umstritten. Gewiß ist jedoch, daß er sich in seinen Darstellungen um islamische Quellen bemühte. Er begnügte sich somit, ganz im Sinne der klassischen Historik, nicht mit der ungeprüften Übernahme von Überlieferungen. Daß er dabei zur Erkenntnissen gelangte, die in seiner Zeit alles andere als willkommen waren, bestätigt die Geschichte seines Werkes: Es fand zum einen keine große Verbreitung und es erfuhr zum andern dort, wo es übersetzt wurde – besonders in der während der ersten Hälfte des 13. Jahrhunderts in Nordfrankreich entstandenen französischen Ausgabe *L'Estoire de Eracles et la Conqueste de la Terre d'Outremer* –, massive Korrekturen, die vor allem eine Rücknahme all dessen bedeuteten, was das Werk in Richtung Toleranz bemerkenswert macht.

Wilhelm läßt – noch einmal – keinen Zweifel daran, auf wessen Seite er steht, und ist auch weit davon entfernt, Christentum und Islam auf die gleiche Ebene zu stellen, so findet er auch nicht gerade lobenswerte Worte für Mohammed. Das Judentum wird nicht einmal erwähnt, möglicherweise auch, da es keinen Machtfaktor darstellt. Auffällig ist jedoch für die Zeit Wilhelms sein Versuch, beide Seiten auch unter dem Aspekt der Menschlichkeit möglichst objektiv zu betrachten. Auf der Seite der Christen wie auf derjenigen der Heiden findet er Positives und Negatives. Er beobachtet und leidet unter dem immer größer werdenden Egoismus der Christen im Heiligen Land, ihrer wachsenden Uneinigkeit und Verderbtheit und ihrem Abgleiten von den ursprünglichen Zielen und Idealen, die schließlich zu immer größeren Gebietsverlusten führen. Wenn auch sein Wunsch die Ausbreitung des christlichen Glaubens ist, so wird in der Kreuzfahrergeschichte keineswegs die Vorgangsweise einer zwanghaften Bekehrung unterstützt, geschweige denn als Möglichkeit in Betracht gezogen. Auch ist Wilhelm weit davon entfernt, den Religionswechsel mancher Christen gutzuheißen, die sich etwa bei einer Gefangennahme durch den militärischen Gegner ein schwereres Los ersparen möchten. Nicht zu leugnen ist jedoch der Schmerz über die Uneinigkeit und Korruptheit mancher Christen, die es bekehrungswilligen Muslimen schwer machen, Christen zu werden. Die sozio-kulturellen Beziehungen zwischen den beiden Gruppen können sich aber auch positiv gestalten, wie es unter anderem in der (unten abgedruckten) Episode von König Balduin I. sichtbar wird. Im Sinne der ‚Humanitas' wird die Tapferkeit und Schlauheit der jeweiligen Gegner der christlichen Fürsten gerühmt, ja mehr noch Verständnis für die Kämpfenden gezeigt, die aus ihrer Sichtweise Freiheit, Frau und Kinder und ihre Heimat verteidigen. Militärische Fehler der Christen werden nicht den Gegnern angelastet. Unrecht wie Vertragsbruch, auf welcher Seite auch immer, wird als solcher gezeigt, auch wenn Wilhelm von seinem Hintergrund her mehr der christlichen Seite zuneigt.

Menschlichkeit und Rechtsfähigkeit der Araber

Wilhelm von Tyrus: Geschichte der Kreuzzüge
Chronikon X, 10 (11): Nachdem König Balduin [I. von Jerusalem] den Jordan überschritten hat [1101], gewinnt er reiche Beute aus den feindlichen Gebieten. Seine rühmenswertesten Taten werden nun beschrieben.
In diesen Tagen geschah es auf den Rat einiger Männer, die die Aufgabe hatten, den Zustand der angrenzenden Gebiete und die Schwäche der Feinde auszukundschaften, daß der König, nachdem er ohne Aufsehen ein gewaltiges Heer zusammengerufen hatte, den Jordan überschritt und in die Gebiete der Araber eindrang. Er rückte bis tief in die Wüste vor, die das vorher genannte Volk bewohnte, bis zu einem bestimmten Ort; dort überfiel er in der Nacht und völlig unerwartet die nichts Ahnenden. Sie erbeuteten manche der Männer noch in ihren eigenen Zelten, die Frauen aber mit allen Kindern und deren gesamten Besitz. Mit sich nahmen sie eine ungeheure Menge an Beute, dabei auch eine derartige Menge von Kamelen und Eseln, wie man sie noch nie gehört hatte. Die meisten Männer aber, die die Ankunft der Unseren schon von Ferne bemerkten, suchten überstürzt mit Hilfe ihrer schnellen Pferde ihr Heil in der Flucht und ihren Aufenthalt in noch entfernteren Gebieten der Wüste. Gleichzeitig gaben sie Zelte, Frauen und Kinder und ihre ganze Habe den Feinden preis. Es ereignete sich aber, während die Leute des Königs auf dem Heimzug waren und Herden wie auch Sklaven vor sich trieben, daß eine vornehme Frau, die Gemahlin eines großen und mächtigen Fürsten, die in das allgemeine Schicksal hineingerissen worden war, in demsel-

ben Zug der Gefangenen geriet. Diese war schwanger, und der Tag der Geburt stand bevor. Schwach wegen der Wehen, die sie bedrängten, wie sie bei einer Gebärenden üblich sind, gebar sie daher noch während des Marsches ein Kind.
Als der König dies hörte, befahl er, die Frau von dem Kamel, auf dem sie saß, herabzunehmen und ihr auf der Erde ein den Umständen entsprechendes bequemes Lager aus den Beutestücken zu bereiten. Und nachdem er ihr Speise und zwei Wasserschläuche gegeben hatte, gab er ihr nach ihrem Wunsch eine Magd und wählte zwei Kamele aus, deren Milch sie ernähren konnte. Er hüllte sie in seinen Mantel, mit dem er gekleidet war, und brach schließlich mit seinem Heer auf.
Am selben Tag aber oder am nächsten folgte der mächtige Fürst der Araber nach der Gewohnheit seines Volkes mit einem großen Gefolge seiner Leute den Spuren unseres Heeres. Er war voll Schmerz und Trauer, daß er seine Gattin, eine edle Frau, so kurz vor ihrem Niederkommen verloren hatte, da er im Vergleich zu diesem Verlust alle übrigen Vorkommnisse gleichsam für unbedeutend hielt. Da stieß er durch Zufall auf seine derart gebettete Gattin. Er sah und bewunderte die Menschlichkeit, die der König in überströmendem Maße gegen seine Frau zeigte, und begann den Namen der Lateiner und am meisten die Güte ihres Königs bis zu den Sternen zu erheben und demselben im Weiteren verbunden zu sein, wie viel er vermochte, so wie er es später in einer Zeit großer Bedrängnis durch einen deutlichen Beweis zeigte.

Chronikon X, 20 (21; Auszug): König Balduin I. flieht aus der Schlacht gegen die Ägypter und Askaloniter in das Castrum Ramallah [31. Mai 1102]. Durch die Wohltat eines bestimmten Arabers wird er gerettet, die anderen dort jedoch getötet.
Als der König, der von den feindlichen Heeren umzingelt war, sah, daß ihm sonst kein anderer Zufluchtsort möglich war, zog er sich mit den anderen in die kleine Stadt zurück, um doch wenigstens dem unmittelbar drohenden Tod auszuweichen, wenn er auch auf die Befestigung der Stadt nicht viel Hoffnung setzte. Und während er in der ganzen Nacht, da bekümmert über Leben und Rettung von schweren Sorgen gequält wurde, siehe, da fand sich in der Stille der tiefen Nacht nahe der Stadt der besagte vornehme Fürst Arabiens ein, dessen Gemahlin der König, wie wir vorher erwähnt haben, nur kurz zuvor so große Menschlichkeit erwiesen hatte. Er hatte sich vom Heer der Feinde allein und ohne Gefolge heimlich entfernt. Fürwahr in Erinnerung an die Wohltat, die ihm erwiesen worden war, und da er die Sünde der Undankbarkeit vermeiden wollte, sprach er mit gedämpfter Stimme zu denen, die innerhalb der Mauern waren, und sagte: „Ich habe eine geheime Bot-

schaft, die ich dem König überbringe. Laßt mich zu ihm führen, denn es ist eine, die förderlich ist." Nachdem dies dem König gemeldet worden war, genehmigte er die Übermittlung der Botschaft und befahl, jenen hereinzuführen. Nachdem dieser vorgelassen worden war, eröffnete er dem König, wer er wäre, rief ihm ins Gedächtnis, daß er von diesem eine Wohltat an der Person seiner Ehefrau empfangen hatte und versicherte, er wäre ihm in beständiger Rücksicht verbunden, ihm einen ähnlichen Dienst wieder zu leisten. Er unterrichtete den König, er habe das feindliche Lager verlassen, und eröffnete ihm die Absicht der Feinde, daß sie in aller Frühe den befestigten Ort durch Belagerung einschließen und alle darin Gefangenen töten sollten. Ebenso bat er den König, mit ihm die Stadt zu verlassen, und gelobte, ihn mit Gottes Hilfe sowie, weil er ortskundig wäre, ohne Schwierigkeit, in Sicherheit zu bringen. Zuletzt ging der König nur von sehr wenigen begleitet mit ihm, damit er nicht etwa die Aufmerksamkeit des feindlichen Heeres errege, wenn er ein größeres Gefolge bei sich hätte. Der König folgte jenem zum Gebirge und stieg hinauf. Dort trennte sich der vorhergenannte Vornehme von ihm, sagte ihm seinen Gehorsam und bei geeigneter Zeit seine eifrige Ergebenheit zu und kehrte zu den Heerestruppen der Feinde zurück.

In der Tat aber siegten die Feinde, indem sie diejenigen, die sich in die kleine Stadt begeben hatten, durch eine Belagerung einschlossen und von allen Seiten angriffen. Sie fingen sie mit Gewalt, und die Gefangengenommenen behandelten sie mit uneingeschränkter Willkür; teils töteten sie diese, teils legten sie ihnen Fußfesseln an und verkauften sie in immerwährende Sklaverei. Jedenfalls, so liest man, hätte sich bis zu jenem Tag im Königreich ein so großes Gemetzel an edlen und tapferen Männern nicht ereignet. [...]

Chronikon XX, 5 (Auszug): Der König [Amalrich I. von Jerusalem] zieht mit den Seinen nach Ägypten und greift diese, entgegen dem Bündnis, das er mit den Ägyptern geschlossen hat, an [1168; über den Grund des Vertragsbruchs kursieren zwei Versionen. Die Orden der Johanniter und der Templer verhalten sich unterschiedlich].

Unterdessen, sogleich nach unserem Aufbruch, bevor wir in das eigene Land zurückkehrten und ehe noch der König von einer Hilfe des Kaisers durch unsere Gesandtschaft benachrichtigt wurde, verbreitete sich ganz allgemein – so sagt man – das Gerücht, Sultan Savar von Ägypten hätte häufig Gesandte zu Noradin geschickt und heimlich seine Unterstützung erbeten. Er sagte, er wolle von dem Vertrag, den er mit dem König geschlossen hatte, zurücktreten, und da er sich ungern mit irgendeinem feindlichen Volk in einem Friedensvertrag verbinde, würde er, wenn er nun seiner Hilfe sicher sei, die Übereinkünfte brechen und sich von dem König völlig trennen. Deshalb wurde der

König, wie man sagt, von gerechter Empörung ergriffen, und nachdem er das gesamte Königreich zusammengerufen hatte, eilte er, mit den zusammengezogenen Fußtruppen und Berittenen nach Ägypten zu ziehen. Es gibt einige, die sagen, alles vorher Erwähnte wäre erdichtet gewesen und gegen Sultan Savar wäre gegen das (göttliche) Recht und Billigkeit Krieg geführt worden. Dieser wäre unschuldig und hätte solches nicht verdient. Verträge und die Bedingung der Übereinkünfte hätte er in aufrichtiger Treue eingehalten. Aber, da man das Geschehene für so bemerkenswert hielt, scheint diese Behauptung als Ausrede gesucht worden zu sein. Daher erklären sie, hätte auch der Herr, der gerechte Richter über Geheimes und das Gewissen, jede Gunst unsern Unternehmungen entzogen und den vorher genannten Anstrengungen, die ohne Gerechtigkeit waren, den erwünschten Erfolg verwehrt. Den Grund ferner und den Anstoß für dieses Übel, wie sie sagen, gab Gerbert mit dem Beinamen Assallit, der Meister des Hospitals, das in Jerusalem liegt [...] Die Brüder der Tempelritter aber entzogen sich demselben Vorhaben, entweder weil es ihnen gegen ihr Gewissen zu sein schien, oder weil der Meister des rivalisierenden Hauses für den Erfinder und Urheber dieses Plans gehalten wurde, und verweigerten ganz und gar, Streitkräfte zu stellen oder dem König zu folgen. Denn es erschien ihnen unannehmbar sowohl einem befreundeten (König-)Reich, das auf unsere Treue hoffte, gegen die Vertragsbedingungen als auch gegen die Heiligkeit der Rechtsbestimmungen denen, die es nicht verdient und Treue bewahrt haben, einen Krieg zu erklären. ❖

Rodrigo Jiménez de Rada (um 1170–1247)

Ein halbes Jahrhundert nach dem Werk Wilhelms von Tyros entsteht im Gebiet der anderen christlichen Front gegen die Muslime, in Spanien, ebenfalls eine *Historia Arabum* (Geschichte der Araber). Verfaßt wird sie von einem Erzbischof, dessen Lebensweg demjenigen Wilhelms in vielem ähnlich ist. Gemeint ist *Rodrigo Jiménes de Rada*, eine große kirchliche, politische und wissenschaftliche Persönlichkeit, die für die Geschichte Spaniens von überragender Bedeutung ist. Geboren wurde Rodrigo Jiménez um 1170 in der spanischen Provinz Navarra, in Puente de la Reina. Wie Wilhelm studierte er in Paris und in Bologna Theologie und Rechtswissenschaft. Auf Betreiben des Königs Alfons VIII. von Kastilien wurde er 1208 Bischof von Osma und ein Jahr später Erzbischof von Toledo. Als solcher war er ausschlaggebend an der Vorbereitung der

Schlacht von Las Navas de Tolosa (1212) beteiligt, in der die Reconquista mit einem entscheidenden Sieg über die arabische Herrschaft der Almohaden einen großen Auftrieb erhielt. Wie Wilhelm von Tyros nahm Rodrigo Jiménez an einem Laterankonzil teil, nämlich am vierten im Jahre 1215. Auf diesem verteidigte er genauso wie jener im Königreich Jerusalems die Unabhängigkeit und Vorrangstellung seiner erzbischöflichen Gewalt gegenüber politischen Ansprüchen aus Braga, Compostela, Tarragona und Narbonne. Dabei offensichtlich glücklicher als Wilhelm, gelang es ihm dank seiner guten Kontakte mit Rom sowie dank einer geschickten Parteinahme für die Politik König Ferdinands III. den Einfluß Toledos auf seine Suffraganbistümer zu stärken, ja neue Suffraganbistümer wie Jaén und Córdoba zu inkorporieren. Selbst in Anadalusien, konkret in Cazorla, erhielt er eine neue Herrschaft zugesprochen. 1245 trat er am 1. Konzil von Lyon auf. Am 10. Juni 1247 starb er in Vienne.

Seine *Historia Arabum*, die im Unterschied zu Wilhelms Geschichte der arabischen Fürsten erhalten geblieben und nicht so unverkennbarer Korrektur zum Opfer gefallen ist, erfuhr insofern ebenfalls eine Zurücknahme, als das andere große Werk von Rodrigo Jiménez, die 1243 abgeschlossene Geschichte Spaniens *De rebus Hispaniae* (oder *Historia Gothica* bzw. *Crónica del Toledano*) in ihrer Fortsetzung in der *Primera Crónica General*, der offiziellen königlichen Historie Spaniens (2. Hälfte 13. Jahrhundert), wieder, was das Bild der Muslime anbelangt, auf die überkommenen Feind-Klischees zurückgestutzt wurde. Um jedoch den Fortschritt der *Historia Arabum* zu erkennen, empfiehlt es sich, einen Vergleich anzustellen zu dem über 100 Jahre zuvor entstandenen Epos *Chanson de Roland*. (Die hier zitierte mittelhochdeutsche Fassung *Das Rolandslied des Pfaffen Roland* dürfte um 1150 verfaßt worden sein). Hier sind die Heere der Muslime einfach „Horden des Teufels" (*des tiuveles geswerme*), „Teufelsdiener" (*des tiuveles hîgen*) oder „Heiden" (*die haiden*), die „auf das Schlachtfeld / wie Hunde" (Vers 5157f.) fallen und nun ewig „Herodes / Gesellschaft leisten müssen." (V. 4758f.). Ihr „Stolz" (*grôz übermuot*) und ihr „Hochmut"(*grôzer hôchvart*) nützen ihnen vor den „wahren Gottesstreitern" (*die wâren gotes kemphen*) nichts. „Unwissend" (*haiden, die tumben*) und „vermessen" (*vermezzenlîchen*) wie sie sind, handeln sie von vornherein als „Verdammte" (*unsaelige*). (V. 285–298) Nicht einmal ihre „siebenhundert Götzen, / als höchster unter ihnen Mahomet" (*siben hundert apgot, / Machmet was der hêrest unter in*) (V. 3492f. u.ö.) können sie davor bewahren, „Todgeweihte" (V. 3531) zu sein, die zur ewigen, gnadenlosen Verdammnis bestimmt sind. „Der Himmelsrichter / läßt sie zuschanden werden." (V. 3365) „Der Teufel nahm die Seelen mit sich." (V. 4760). Man muß sich Texte wie diesen vor Augen halten, wenn man die Darstellungen von Rodrigo Jiménez würdigen will. Zwar lassen auch sie keinen Zweifel daran, daß der Islam eine heidnische Irrlehre ist, daß Mohammed „ein Unheil bringendes Gift gebar" und daß die Araber aus Spanien zu Recht vertrieben werden müssen. Sie ringen sich gleichzeitig aber doch dazu durch, in einzelnen arabischen Persönlichkeiten „gottgefälligen Lebenswandel", Gerechtigkeit, Klugheit, Weisheit und Barmherzigkeit zu erkennen. Eine unverkennbare Diskrepanz also, die natürlich verschieden interpretiert werden kann. Unleugbar zeichnet sich jedoch ab, daß eine Wahrnehmung der Araber *als Menschen* entstanden ist.

Die tugendhafte Vorbildlichkeit arabischer Herrscher

Rodrigo Jimenez de Rada: Geschichte der Araber
Prologus
Welche Mühen Spanien aufgrund der Menge an Unheil erduldet hat, habe ich, wie gewünscht, schon in früheren Werken dargelegt. Nun hielt ich es für angebracht, was die Zerstörungen der Araber betrifft, die hoffentlich die letzten sind und von denen nichts in den spanischen Landen unberührt geblieben ist, diesen ein angemessenes Ende zu setzen, sofern uns die Macht Gottes für die verbleibende Zeit vor deren Schwerthieben beschützen mag. Spanien wurde im Laufe von 532 Jahren und eigentlich noch länger wiederholt durch das Schwert zerschlagen; es entkam auch nicht der Zerteilung der Glieder durch (mehrere) Söhne und schon gar nicht entkam es, zerstückelt auf fünf Könige, den Qualen einer Wunde im Inneren, die von den Arabern und den Überläufern zu den Sarazenen zugefügt wurden.
Weil sich Gott aber in seiner Güte erbarmte, öffneten seit der Regierungszeit des edlen Aldefons, der bei Bilche in einer Feldschlacht Amiramomeninus mit seinen Arabern in die Flucht schlug, das abgestumpfte Schwert der Araber und die wieder gewonnene Tapferkeit der Goten den Christen den Weg zur Vergeltung. Und wie die Araber von Beginn an die christlichen Einwohner unter der Abgabenlast nötigten, so verbringen jetzt sie, nachdem die christlichen Fürsten ihre Festungen zurückerobert hatten, in gewöhnlicher Knechtschaft unter Tributzahlungen ihr Leben.
Ich will daher die Abfolge ihrer großen Zeit der Nachwelt bewahren und beginne bei ihren Anfängen zur Zeit Mohammeds, der der Gründer und Urheber ihrer Glaubensrichtung war. Von dessen Herkunft, Predigttätigkeit und

Historik

Herrschaft habe ich in angemessener Kürze dargelegt, was aus verlässlichen Berichten und den Schriften der Araber zu erfahren ist, um die Roheit und Verschlagenheit dieser Heiden aufzudecken. Der Leser möge freilich sein Interesse darauf lenken, wie die erfundene Offenbarung aus dem Herzen des verschlagenen Mohammed ein Unheil bringendes Gift gebar, mittels dessen er die begierigen Seelen gleichsam mit Fesseln umgarnte. Durch meine Darstellung sollen schon die Kinder lernen, sich von erfundenen Geschichten fern zu halten, um nicht von den Stricken Adams gefesselt zu werden; stattdessen sollen sie von den Ketten der Nächstenliebe aufgezogen werden.

Historia Arabum 10:

Çuleman aber, der Sohn des Abdelmelic, machte seine Neffen Omar und Izit, die Söhne des Valit, zu seinen Mitregenten. Inzwischen ging (sein Feldherr) Alohor wieder gegen Cordoba vor und unterdrückte die ebendort wohnenden Christen, die bis hin zur Plünderung gequält wurden, mit einer Gewaltherrschaft extremer Ausprägung. Die Araber aber, die für die erste Verwüstung verantwortlich gewesen waren, ließ er im Kerker mit Zwangsarbeit, rauen Ziegenhaardecken, Hunger und Mangel an allem quälen, und zwar so sehr, daß sich Würmer und kleine Läuse in den Decken tummelten. Mit Verhören terrorisierte er sie so sehr, daß sie ihre verborgenen Schätze offenbarten. Zu dieser Zeit ereignete sich eine Sonnenfinsternis, die von der sechsten bis zur neunten Stunde dauerte; dabei erschienen Sterne wie in der Nacht.

Weil aber Izit wegen seines gemäß seiner Glaubensrichtung gottgefälligen Lebenswandels von allen geschätzt und für besonders ehrwürdig gehalten wurde, nahm ihn sein Bruder Omar zum Schutz in seinem Reich auf. Omar wiederum war von außerordentlicher Güte und hielt sich, soweit er konnte, von Kriegshandlungen fern. Bei seiner Herrschaft legte er eine derartige Milde und Geduld an den Tag, daß ihm ganz besondere Ehrerbietung entgegengebracht wurde. Ihm wurde das außergewöhnliche Lob zuteil, nicht nur von seinen Untertanen, sondern auch von den Auswärtigen vor allen Fürsten gepriesen zu werden. Zudem wurde ihm eine so große Gottgefälligkeit zugeschrieben, wie es die verlässliche Überlieferung der Araber sonst für niemanden kannte. Beide Fürsten beendeten ihr Leben innerhalb weniger Tage.

Historia Arabum 19–22 (Auszug)

(19) Einer der Söhne mit Namen Hyssem folgte in der Regierung [...] Er regierte friedliebend das gesamte Land mit Gerechtigkeit und Liebe und wurde daher von seinen Untertanen sehr geschätzt.

(20) Im Jahr 177 nach arabischer Zählung schickte er einen seiner Getreuen namens Abdelmelic mit einem großen Heer aus, damit dieser die Länder der

Christen verwüste. So nahm dieser Narbonne und Girona sowie weitere, dazwischen liegende Gebiete ein und unterwarf sie. Er führte so viel Beute mit sich fort, daß ein Fünftel davon seinem Fürsten 45.000 Morabiten einbrachte, mit denen Hyssem die Moschee von Cordoba, die sein Vater begonnen hatte, fertigstellte. [...] Er errichtete auch andere Moscheen und ließ alte renovieren. Was er freilich erwerben konnte, teilte er freigiebig. [...] Wenn einer seiner Untertanen durch Selbstmord oder im Kampf starb, übergab er den väterlichen Sold dem Sohn, und sei er noch so klein, bis dieser erwachsen war und für den Kriegsdienst rekrutiert wurde. Hyssem errichtete auch eine Brücke in Cordoba, die noch heute steht. [...] Sie liegt in der Nähe der Porta Maior und ist nahe bei der Festung, die in der Sprache der Araber Alcaçar genannt wird. Mit so großer Sorgfalt kümmerte er sich um den Bau der Brücke, daß er selbst persönlich den Arbeitern beistand und den Ablauf der Errichtung leitete.

(21) Schließlich rief er einen Mann zu sich, der in der Astronomie sehr bewandert war, und fragte ihn, was er auf der Basis seiner Kunst an Aussagen über seine Herrschaft, sein Leben und seine Werke treffen könne. Da offenbarte ihm jener, wenn auch unter Angst und eingeschüchtert durch Drohungen, was er wahrgenommen hatte: „Du wirst vor allen Königen gesegnet sein; deine Hand wird die Feinde unterdrücken, aber du wirst dein achtes Herrschaftsjahr nicht vollenden." Als der König dies hörte, schwieg er lange, doch er entlohnte den Astronomen. Danach freilich begann er sich in den politischen Tugenden zu üben: er erwies sich allen gegenüber als freigiebig und ließ den Armen Gerechtigkeit widerfahren [...]

(22) Als Hyssem nun sieben Jahre, sieben Monate und sieben Tage regiert hatte, starb er und setzte seinen Sohn mit Namen Alhacam als Nachfolger im Reich ein. Dies geschah im Jahr 179 nach arabischer Zeitrechnung. [...] Alhacam war weise, tüchtig in seinem Tun und gesegnet, wie die Rechtspraxis dieser Zeit zeigt. 5.000 Diener stellte er zu seinem Schutz ab, davon 3.000 abgefallene Christen und 2.000 Eunuchen, von denen einige mit ihm unterwegs waren und die anderen die Festung bewachten. Er selbst sprach auch persönlich über die Armen Recht und verhörte die Übeltäter, damit er deren Vergehen ahnde. Zudem verteilte er freizügig Almosen, was die Ruchlosigkeit dieser Heiden normalerweise kaum zuläßt.

Historia Arabum 37:
Nach dem Tod des Almahadi nahm Hyssem die Herrschaft in Besitz und machte Alhameri zum *alhagib*, so wie dieser es zu den Zeiten von Almahadi gewesen war. Er festigte friedfertig sein Reich und stationierte Soldaten in den Städten, Bezirken und Dörfern, um das Eindringen von Feinden zu beob-

achten, aber auch zum Nutzen der Bürger, damit sie bereit seien, wenn sie das Geschrei der Eindringlinge vernähmen. Er ritt auch durch die Stadt, was bei allen geschätzt war, und zwar deshalb, weil der Zugang der Menschen zu ihm bei einer anderen Herrschaftspraxis nicht offen stünde; denn er war aus einem königlichen Geschlecht. Er selbst freilich bot sich so allen dar, damit sie ihm gehorchen und er von allen geschätzt werde. Als er unter Schutz umherging, betrachtete er den Ort der königlichen Gräber. Nach der Besichtigung der Gräber seines Vaters und seines Großvaters bemerkte er das Grab, in dem jener ihm ganz ähnliche Christ begraben worden war, den wir vorhin erwähnt haben. Da sagte er: „Diesen Platz wähle ich mir für mein Begräbnis!" ❖

Bernardino de Sahagún (um 1500–1590)

Der dritte Text in diesem Abschnitt stammt aus einer gänzlich anderen Zeit sowie von einem gänzlich anderen Schauplatz, dennoch gehört er in diesen Zusammenhang, weil er ebenfalls einem kulturgeschichtlichen Werk entstammt, das wohl nicht von Toleranz redet, sich aber sowohl durch die Tatsache, daß es überhaupt entstanden ist, als auch durch die Form, in dem es sein Thema beschreibt, Voraussetzungen für das schafft, was man später Toleranz nennen wird. Die Zeit, in der das Werk entsteht, sind die Jahre zwischen 1558 bis 1569, der Ort, an dem es geschrieben wird, ist Mexiko. Sein Titel lautet *Historia general de las cosas de Nueva España* (Allgemeine Geschichte der Angelegenheiten Neu-Spaniens). Verfasser ist der um 1500 in Sahagún (León) in Spanien geborene Franziskaner *Bernardino de Sahagún*. Aus seiner Jugend weiß man lediglich, daß er in Salamanca Theologie studiert hat und ebendort in den Franziskanerorden eingetreten ist. Jedenfalls kommt er 1529, in einer Zeit, in der der Genozid an den Azteken sowie die Verwüstung ihrer Kultur erst wenige Jahre zurückliegt, in México-Tenochtitlán an. Dort erlernt er sogleich die Sprache der Atzeken, das Náhuatl, weil er zunächst die Aufgabe erhält, im neugegründeten Franziskanerkolleg von Tlatelolco (ab 1536) die Söhne der aztekischen Oberschicht als Lateinlehrer zu unterrichten. Doch bald schon erhält er seitens der Ordensoberen den Auftrag, die Kultur des alten Mexiko, das Wissen und die Gebräuche der Azteken, zu dokumentieren. Er geht mit großem Eifer und Einsatz ans Werk, indem er eine Gruppe von Mitarbeitern, Zeichnern und Schülern um sich schart und unweit von Tlatelolco, im ruhigeren Tepe(a)pulco konsequent an seinem Werk arbeitet. In einem ersten Arbeitsschritt führt er eine unmittelbare Befragung der Eingeborenen durch. Zu diesem Zweck entwickelt er sogar eigene umfangreiche Fragebögen, wobei er diese sowohl durch schriftliche Aufzeichnungen als auch durch bildnerische Wiedergaben beantworten läßt. Nach Zusammentragung der fast drei Jahre lang gesammelten Erhebungen überprüft, systematisiert, erweitert und illustriert er wiederum über etliche Jahre hin das gewonnene Material in Tlatelolco. 1569 liegt ein Manuskript in Náhuatl vor. In den Jahren darauf entsteht eine zweisprachige Ausgabe in Náhuatl und in Spanisch. 1577 geht eine Kopie des Werkes über die Ordensoberen an den Vizekönig von Neu-Spanien sowie an den König von Spanien selbst. Zuvor bereits, ab 1570, hat sich jedoch das politische Klima um Sahagún wesentlich verschlechtert. Man entzieht ihm zunehmend die bislang gewährten Unterstützungen. 1575 verbieten Indienrat und Inquisition jegliches Schrifttum in Indianersprache. Am 22. April 1577 fordert ein eigener königlicher Brief von Sahagún die Abgabe sämtlicher Manuskripte und Materialien sowie die Einstellung der weiteren Arbeiten. Ein Jahr später, nachdem eine endgültige Fassung der *Historia general* den Ordensoberen übergeben worden ist, erfolgt die Beschlagnahmung mit der Begründung, daß aus dem Werk eine Wiederbelebung der aztekischen Kultur drohen könnte. Sahagún kann sich dagegen nicht wehren. Sein Werk erscheint erst zweieinhalb Jahrhunderte nach seinem Tod (1590) gleichzeitig in Mexiko und London (1829/30), nachdem es 1793 in der Medici-Bibliothek von Florenz wiederentdeckt worden war. Die Bedeutung des Werkes von Sahagún faßt Claus Litterscheid, der Herausgeber der 1985 in Barcelona und 1989 in Frankfurt erschienenen Neuausgabe folgendermaßen zusammen: „Sahagún [...] wollte eine Kultur kennenlernen und verstehen. Seine Arbeit ist deshalb untrennbar verbunden mit seinen aztekischen Informanten. Bei zunehmender Vertrautheit mit Sprache und Lebenszusammenhang der Azteken schwand seine europäische Distanz, und die ursprüngliche Absicht verschob sich. Es ging nicht mehr nur darum, Material für die Missionierung zu bekommen. Mehr und mehr ließ Sahagún die andere Sprache und Welt zur Geltung kommen. Natürlich teilte er nicht das Weltverständnis, das sich ihm offenbarte. Er wechselte nicht auf die Seite der Indianer. Doch vermittelt er uns seinen Respekt und oft auch seine Bewunderung für die fremde Kultur. Um eine vergangene, zerstörte Welt zu erforschen, sie neu zu entdecken, mußte Sahagún sich auf sie einlassen, und er tat dies in systematischer Form, seine Neugier wurde Wissenschaft, das Ergebnis ein Dialog der Kulturen." Unter dieser Rücksicht ist Sahagúns Werk nicht nur eine kulturgeschichtliche Quelle von kaum überschätzbar hohem Wert, sondern ebenso ein Anzeichen eines neuen Denkens, das sich nicht über Vorurteil, Konfrontation und Bevormundung, sondern über Offenheit, Lernbereitschaft und Anerkennung vollzieht. Der folgende Text gibt den Prolog des Werkes wieder.

Die hohe Kultur der Azteken

Bernardino de Sahagún: Allgemeine Geschichte der
Angelegenheiten Neu-Spaniens
Prolog (Auszug)

Der Arzt kann dem Kranken keine Medikamente verordnen, ohne zunächst zu wissen, aufgrund welcher Körpersäfte und Ursachen die Krankheit entstanden ist. Daher ist es wünschenswert, daß der gute Arzt in den Kenntnissen der Medikamente bewandert sei, um auf diese Weise für jede Krankheit das ihr entsprechende Gegenmittel anzuwenden. Die Prediger und Beichtväter sind Ärzte der Seelen, um seelische Krankheiten zu heilen. Es ist ratsam, daß sie über praktische Erfahrung mit den Medikamenten und den seelischen Krankheiten verfügen. Für den, der gegen die Laster des Staates predigt, um seine Lehre gegen sie zu stärken, und für den Beichtvater, um zu wissen, was zu fragen angemessen ist, und um zu verstehen, was sie zu seiner Arbeit sagen könnten, ist es sehr ratsam, daß beide das wissen, was für die Durchführung ihrer Aufgaben erforderlich ist. Es ist auch nicht angebracht, daß die Geistlichen bei dieser Bekehrung nachlässig werden, mit der Begründung, daß es in diesem Volk keine weiteren Sünden gebe als die Trunksucht, Diebstahl und Sinnenlust, denn es gibt in ihm noch viele andere, schwerere Sünden, die der Abhilfe bedürfen. Die Sünden der Götzenverehrung und abgöttischer Riten, des götzenhaften Aberglaubens, der Vorzeichen, der Mißbräuche und götzenverehrender Zeremonien sind noch nicht ganz verschwunden.
Um gegen diese Dinge zu predigen und überhaupt von ihrem Vorhandensein Kenntnis zu haben, ist es nötig zu wissen, wie sie sie in der Zeit ihrer Götzenverehrung ausübten, denn dadurch, daß wir dies in unserer heutigen Zeit nicht wissen, üben sie viele götzenverehrende Handlungen aus, ohne daß wir sie verstehen könnten. Und einige entschuldigen sie, indem sie sagen, es seien Torheiten oder Kindereien, deren Wurzeln, aus denen sie hervorgehen, sie nicht kennten (was die reine Götzenverehrung ist). Und die Beichtväter fragen sie nicht danach, noch denken sie daran, daß es solche Dinge gibt: weder können sie die Sprache, um sie danach zu fragen, noch würden sie sie verste-

hen, selbst wenn sie ihnen erzählt würden. Nun, die Geistlichen des Evangeliums, die jenen folgen werden, die zuerst kamen, um diesen neuen Weinberg Gottes zu bestellen, sollen nicht Anlaß haben, sich über die ersten zu beschweren, daß sie sie über die Dinge der Bewohner dieses Landes Neu-Spanien im Dunkeln gelassen hätten. Denn ich, Fray Bernardino de Sahagún, der ich das Gelübde des Ordens unseres Vaters von Assisi, des heiligen Vaters Franziskus von der Observanz, abgelegt habe und gebürtig aus der Stadt Sahagún in Campos bin, habe auf Geheiß des sehr ehrwürdigen Vaters, Vater Fray Francisco Toral, Provinzial dieser Provinz des heiligen Evangeliums und später Bischof von Campeche und Yucatán, zwölf Bücher der Dinge Gottes, oder, besser gesagt, der Götzenverehrung, der Menschen und der Natur dieses Landes Neu-Spanien geschrieben. Von diesen behandelt das erste die Götter und Göttinnen, die diese Einheimischen anbeteten, das zweite die Feste, mit denen sie sie ehrten, das dritte die Unsterblichkeit der Seele und die Orte, zu denen, wie sie sagten, die Seelen gingen, nachdem sie die Körper verlassen hatten, sowie die Fürbitten und Bestattungsfeiern, die sie für die Toten durchführten usw. Das vierte Buch behandelt die astrologische Weissagung, die diese Einheimischen anwendeten, um das gute oder schlechte Schicksal zu erfahren, das die Neugeborenen haben würden. Das fünfte Buch behandelt die Vorzeichen, die diese Einheimischen hatten, um die zukünftigen Dinge vorherzusagen. Buch sechs behandelt die Rhetorik und Moralphilosophie, derer sich diese Einheimischen bedienten. Das siebte Buch behandelt die Naturphilosophie, die diese Einheimischen erreicht hatten. Das achte Buch behandelt die Herrscher, deren Sitten und Art und Weise, den Staat zu regieren. Buch neun handelt von den Kaufleuten und anderen Handwerksberufen und deren Gebräuchen. Buch zehn behandelt die Laster und Tugenden, die der besonderen Eigenart des Lebens dieser Menschen entsprachen. Buch elf handelt von den Tieren, Vögeln, Fischen und Arten, die es in diesem Lande gibt, und von den Bäumen, Kräutern, Früchten, Metallen, Steinen und anderen Mineralien. Buch zwölf trägt den Titel „Die Eroberung von Mexiko".
Von diesen zwölf Büchern mit der Grammatik und dem Wörterverzeichnis als Anhang ist gerade in diesem Jahr, fünfzehnhundertneunundsechzig, eine Reinschrift angefertigt worden. Es war noch nicht möglich, sie ins Spanische zu bringen oder sie, gemäß dem Aufbau des Werks, mit erläuternden Randbemerkungen zu versehen. Ich weiß nicht, was im Jahre siebzig, das folgte, getan werden konnte. Denn seit dem erwähnten Jahr bis fast zum Ende dieses Jahres 1575 war es nicht möglich, sich mit diesem Werk zu befassen, und zwar, weil diejenigen, die es begünstigen müßten, ihm die Gunst entzogen. Als aber unser verehrter Vater Fray Rodrigo de Sequera, Generalbeauftragter all dieser Provinzen unseres Neu-Spaniens, Guatemalas usw., vom Or-

den unseres Vaters von Assisi, des heiligen Vaters Franziskus von der Observanz, in diesem Lande ankam, befahl er, daß diese Bücher alle ins Spanische übertragen werden sollten und auf diese Weise sowohl in Spanisch als auch in der mexikanischen Sprache gut leserlich geschrieben werden sollten.

Dieses Werk ist wie ein Schleppnetz, um all die Wörter dieser Sprache mit ihren eigenen und bildlichen Bedeutungen und all ihren Sprechweisen und den größten Teil ihrer alten Bräuche, der guten und der schlechten, ans Licht zu bringen. Es ist ein angenehmes Werk, denn mit bedeutend weniger Arbeit als der, die es mich hier kostet, sind die, die es wünschen, imstande, in kurzer Zeit viele der alten Bräuche und die ganze Sprache dieses mexikanischen Volkes kennenzulernen. Dieses ganze Werk ist sehr nützlich, um den hohen Grad der Vervollkommnung dieses mexikanischen Volkes kennenzulernen, der noch nicht bekannt ist, weil jener Fluch über es kam, den Jeremias im Auftrag Gottes gegen Judäa und Jerusalem schleuderte, wobei er im fünften Kapitel sagte: „Ich werde veranlassen, daß ein Volk von sehr weit her über euch kommt, ich werde es gegen euch herführen, ein starkes und kühnes Volk, ein altes Volk, gewandt im Kämpfen, ein Volk, dessen Sprache du nicht verstehen wirst und dessen Art zu sprechen du auch niemals gehört hast, das ganze Volk stark und tapfer, sehr gut geeignet zum Töten. Dieses Volk wird euch und eure Frauen und Kinder zerstören und alles, was ihr besitzt, und es wird alle eure Dörfer und Gebäude zerstören." Dies ist auf den Buchstaben genau diesen Indianern mit den Spaniern zugestoßen. Sie wurden derart über den Haufen gerannt und zerstört, sie selbst und ihre Sachen, daß ihnen keine sichtbare Spur von dem blieb, was sie vorher gewesen waren. So werden sie für Barbaren gehalten und für ein Volk niedrigster Vollkommenheit, wobei sie doch in Wahrheit in den Dingen der Staatsordnung viele andere Nationen, die sich für große Staatswesen halten, übertreffen, mit Ausnahme einiger willkürlicher Ungerechtigkeiten, die ihre Regierungsweise enthielt. In diesem wenigen, das mit großer Arbeit gesammelt wurde, scheint viel Nutzen zu liegen. Wie groß wäre dieser, hätte man alles zusammengetragen!

Was das Alter dieses Volkes betrifft, so gilt es als sicher, daß es seit mehr als zweitausend Jahren dieses Land bewohnt, das jetzt Neu-Spanien genannt wird. Denn aufgrund ihrer alten Gemälde gibt es Nachricht darüber, daß jene berühmte Stadt, die Tula heißt, schon vor tausend Jahren, oder um jene Zeit herum, zerstört wurde. Und bevor sie erbaut wurde, lebten jene, die sie erbauten, in vielen Ortschaften in Tollantzinco, wo sie viele sehr bemerkenswerte Bauwerke hinterließen. Denn was die Zeit anbetrifft, die sie dort waren und die sie brauchten, um die Stadt Tula zu bauen, und wie lange sie in Wohlstand blühte, bevor sie zerstört wurde, so ist es wahrscheinlich, daß mehr als tausend Jahre vergingen – woraus hervorgeht, daß dieses Land min-

destens fünfhundert Jahre vor der Menschwerdung unseres Erlösers bevölkert war. Diese berühmte und große Stadt Tula, sehr reich und von sehr weisen und mutigen Menschen bewohnt, hatte das unglückliche Schicksal Trojas. Die Cholulteken, welche jene sind, die aus ihr entkamen, traten den Nachlaß der Römer an, und wie die Römer erbauten sie ein Kapitol als ihre Festung. So erbauten die Cholulteken mit ihren Händen jene Erhebung, die bei Cholula liegt, die wie ein Berg oder ein großer Hügel aussieht und im Innern voller Schächte oder Höhlen ist. Viele Jahre später bauten die Mexikaner die Stadt Mexiko, welche ein zweites Venedig ist; und sie sind in ihrem Wissen und ihrer Staatsordnung wie die Venezianer. Die Tlaxcalteken scheinen im Schicksal den Karthagern gefolgt zu sein. Es gibt große Anzeichen für die alten Bräuche dieses Volkes, wie sie heutigentags in Tula und in Tollantzinco sichtbar sind und in einem Bauwerk, welches Xochicalco heißt, das in der Gegend von Quauhnauac liegt. Und fast in diesem ganzen Land gibt es Anzeichen und Spuren von uralten Gebäuden und Schmuckstücken.
Sicher ist es von großer Verwunderung, daß unser Herrgott so viele Jahrhunderte hindurch einen Wald so vieler götzenverehrender Völker versteckt hielt, deren üppige Früchte nur der Teufel erntete und im ewigen Feuer hortet. Auch kann ich mir nicht vorstellen, daß die Kirche Gottes nicht gedeihe, wo die Synagoge des Satans so viel Gedeihen erfuhr, gemäß dem, was der hl. Paulus sagt: „Gnade wird dort reichlich vorhanden sein, wo Frevel reichlich vorhanden war." Das Wissen oder die Weisheit dieses Volkes ist berühmt; sie soll groß gewesen sein, wie es im Buch zehn im Kapitel 29 deutlich wird: es wird von den ersten Bewohnern dieses Landes gesprochen, wo bestätigt wird, daß sie perfekte Philosophen und Astrologen und in allen Handwerkskünsten sehr geschickt waren. Die Charakterstärke, die unter ihnen mehr geschätzt wurde als jede andere Tugend und durch die sie sich zum höchsten Grad der Werte erhoben: sie hatten dafür großartige Übungen, wie in vielen Teilen dieses Werkes deutlich wird. Was die Religion und Verehrung ihrer Götter betrifft, so glaube ich nicht, daß es auf der Welt Götzenanbeter gibt, die ihren Göttern gegenüber in solchem Maße ehrerbietig sind, noch auf so große eigene Kosten, wie diese in Neuspanien. Weder die Juden noch irgendeine andere Nation hatten ein so schweres Joch, so voller Zeremonien, wie sie diese Einheimischen durch einen Zeitraum von vielen Jahren hindurch hatten – wie in diesem ganzen Werk deutlich wird.
Vom Ursprung dieses Volkes besagt die Erzählung, welche die Alten geben, daß sie über das Meer kamen, von Norden her. Und es ist sicher, daß sie in einer Art Wasserfahrzeug kamen. Von der Art, wie diese gearbeitet waren, weiß man nichts. Aber es wird in einer Sage, die es unter all diesen Einheimischen gibt, vermutet, daß sie aus sieben Höhlen hervorkamen, daß diese

Höhlen die sieben Boote oder Schiffe sind, in denen die ersten Bewohner dieses Landes ankamen. Demgemäß wird aus glaubwürdigen Vermutungen geschlossen, daß das Volk, das zuerst kam, um dieses Land zu bevölkern, von Florida her kam, an der Küste entlang kam und sich im Hafen Panuco einschiffte, den sie Panco nennen, was heißt: „Ort, an dem diejenigen ankamen, die das Wasser überquert hatten". Dieses Volk kam auf der Suche nach dem irdischen Paradies, und sie brachten als Namen „Tamoanchan" mit, was heißt: „wir suchen unser Haus". Und sie siedelten in der Nähe der höchsten Berge, die sie fanden. Bei ihrem Weg nach Süden auf der Suche nach dem irdischen Paradies irrten sie nicht, denn es ist die Meinung derer, die schreiben, daß es unterhalb des Äquators liegt und daß es ein sehr hoher Berg ist, der an seinem Gipfel dem Mond nahe kommt. Es scheint, daß sie oder ihre Vorfahren irgendein Orakel bezüglich dieser Angelegenheit hatten, entweder von Gott oder vom Teufel oder der Tradition der Altvorderen, das von Generation zu Generation bis zu ihnen weitergegeben wurde. Sie suchten, was auf menschlichem Wege nicht gefunden werden kann. Und unser Herrgott strebte danach, daß das unbewohnte Land bevölkert werden sollte, damit einige ihrer Nachkommen das himmlische Paradies bevölkerten, so wie wir es heute aus Erfahrung sehen. Aber warum halte ich mich damit auf, Rätsel zu erzählen? Denn es ist ganz sicher, daß alle diese Völker unsere Brüder sind, hervorgegangen aus dem Stamm Adams wie wir; sie sind unsere Nächsten, die wir verpflichtet sind zu lieben wie uns selbst.

Wie immer die alte Zeit auch gewesen sein mag, durch Erfahrung sehen wir jetzt, daß sie zu allen Handwerkskünsten befähigt sind und sie ausüben. Sie sind auch geschickt beim Erlernen aller geistigen Künste und der heiligen Theologie, wie man aus der Erfahrung mit jenen gesehen hat, die in diesen Wissenschaften unterrichtet wurden. Bezüglich ihres Verhaltens in Kriegsangelegenheiten hat man Erfahrung mit ihnen sowohl in der Eroberung dieses Landes als auch in anderen einzelnen Eroberungen, die danach hier durchgeführt wurden: wie stark sie sind beim Ertragen von harter Arbeit, Hunger und Durst, Kälte und schlafloser Nächte! Wie willig und bereit, jedweden gefährlichen Kampf zu wagen! Sie sind denn auch nicht weniger für unser Christentum geeignet, wenn sie nur in ihm gebührend ausgebildet würden. Es scheint sicher, daß unser lieber Herrgott in dieser unserer Zeit, in diesen Ländern und mit diesem Volk der Kirche das zurückgeben wollte, was ihm der Teufel in England, Deutschland und Frankreich, in Asien und Palästina geraubt hatte. Daher sind wir zutiefst verpflichtet, unserem Herrn zu danken und gläubig in diesem unseren Neu-Spanien zu arbeiten.❖

Humanismus

Einleitung

In einem überwiegenden Teil der wissenschaftlichen Literatur zur Toleranz wird der Humanismus der Renaissance- und Reformationszeit, d.h. der gesamteuropäische Humanismus des 15. und 16. Jahrhunderts, als jene geistige Bewegung angesehen, in der der Toleranz-Gedanke erstmals zum offenen Bekenntnis wurde. Als Beispiele führt man u.a. die Platonische Akademie von Florenz an, in der es üblich wurde, zum Zwecke des eigenen Denkens Quellen aus allen Religionen sowie allen Weisheitstraditionen der damals bekannten Welt als gleichwertige Autoritäten heranzuziehen. Aber ebenso denkt man an Erasmus von Rotterdam (1466/69–1536) und seine Position der „dritten Kraft" jenseits der konfessionellen Auseinandersetzung zwischen katholischen und reformatorischen Parteien sowie an Thomas More (1477/8–1535) und seine Formulierung eines toleranten Gemeinwesens in der Utopie. Dazu zählt man häufig auch noch jene – vor allem evangelischen – Theologen wie Sebastian Castellio (1515–1563), Sebastian Franck (1499–1542/3) oder einige Exponenten der sogenannten Wiedertäufer, die wesentlich vom Geist des Erasmus geprägt waren und selbst als Humanisten bezeichnet werden dürfen. Diese Darstellung ist sicherlich richtig, denn selbst wenn man – wie dieses Buch – darauf hinweist, daß erste wichtige Schritte in Richtung von Toleranz schon wesentlich früher gesetzt worden sind, so kann man doch nicht übersehen, daß erst mit dem Humanismus dieser Zeit die Forderung nach Toleranz immer ausdrücklicher wurde und – dank der Erfindung des Buchdrucks – zugleich eine Öffentlichkeit erzielte, die sich über alle wichtigen Bildungszentren Europas erstreckte.
Es ist kein Zufall, daß dieser Durchbruch im Humanismus erfolgte. Dessen Geschichte reicht bekanntlich wesentlich weiter zurück als in die Zeit von Renaissance und Reformation. Er beginnt im zweiten vorchrist-

lichen Jahrhundert in Rom im sogenannten Scipionenkreis (bezeichnet nach P.C. Scipio Aemilianus [185/4–129 v. C.]). Dort wiederum hat nicht etwa – im Sinne des modernen Verständnisses von ‚Humanismus' – eine besondere Besinnung auf den Menschen bzw. eine neue Form von Anthropologie eingesetzt. Vielmehr begann sich eine neue Auffassung von Sprache durchzusetzen. Diese widersprach der tonangebenden Philosophie darin, daß sie die Sprache nicht als ein Anhängsel zur Erkenntnis, sondern umgekehrt als Ort der Entstehung und des Vollzugs von Erkenntnis begriff. Entsprechend haben die „studia humanitatis" – ein Begriff, der schon bei Cicero (106–43 v. C.) vorkommt –, erst recht die „humaniora" – ein Begriff, den es erst seit dem 17. Jahrhundert gibt – wohl mit dem Menschen, konkret mit der Ausbildung seiner höchsten Fähigkeiten zu tun, primär aber ist mit ihnen eine intensive Beschäftigung mit der Sprache intendiert. Dies geschah sicherlich aus der grundsätzlichen, schon auf Alkmaion (5. Jh. v. C.), Heraklit (um 500 v. C.) und Aristoteles (384–322 v. C.) zurückgehenden Überzeugung, wonach der Mensch vor allen übrigen Lebewesen durch Vernunft *und* Sprache ausgezeichnet sei – das griechische Wort „Logos" bedeutet *sowohl* Vernunft *als auch* Sprache –, ebenso aber aus der unmittelbaren Erfahrung mit den zahlreichen Übersetzungen, die man in Rom ab dem 2. Jahrhundert vor Christus intensiv unternahm, um griechische Originale den gebildeten Römern zugänglich zu machen. Dabei entdeckte man, wie stark nicht nur die Erkenntnis des Menschen, sondern genauso das, was aus dieser folgt, nämlich sein ganzes Handeln, wesentlich von der *konkreten* Sprache abhängt, die er spricht. Daraus schloß man sogleich, daß die Erziehung eines Menschen entsprechend über eine besondere Bildung der Sprache bzw. verschiedener Sprachen zu geschehen habe – eine Überzeugung, die bis heute der Einrichtung der humanistischen Gymnasien zugrundeliegt. Von der Beherrschung der *bonae litterae*, der guten, schönen, in Inhalt *und* Form ausgeglichenen Sprache, erwartete man sich das Gelingen des Menschseins überhaupt.

Was hat dies alles mit Toleranz zu tun? Sprache geschieht, wie bereits erwähnt, für die Humanisten nicht abstrakt, sondern konkret. Dieser konkrete Vollzug der Sprache jedoch spielt sich in der Kommunikation ab. Diese wiederum führt kein Mensch für sich allein. Zu einer gesprochenen Sprache gehören mindestens zwei, die miteinander kommunizieren. Darin liegt: Entspringt und vollzieht sich menschliche Erkenntnis in der Sprache als Kommunikation, dann ist mit dieser *von Hause aus* ein Moment der *Relativierung* mitgegeben. Denn wird Kommunikation ernstgenommen, so darf zumindest prinzipiell jeder / jede, der / die an ihr teilnimmt, Anspruch darauf erheben, Wahres zu sagen. Es besteht mit anderen Worten von vornherein das Recht auf die jeweils eigene Meinung. Da diese jedoch immer an den oder die gebunden ist, der / die sie vertritt, so ergibt sich eine Pluralität bzw. eine Relativität der Ansichten von Wahrheit. Anders als die dominierende philosophische Tradition, die sich Erkenntnis sprachunabhängig vorstellte und folglich Erkenntnisse annehmen konnte, die absolut wahr und unbedingt gültig sind, weil ihnen nichts Relativierendes mehr anhaftet, betrachtete demnach der Humanismus Erkenntnis von Hause aus im Rahmen von sprachlicher Relativität. Nicht von ungefähr neigten fast alle humanistischen Denker einer skeptischen Grundposition zu. Schon Cicero traute der menschlichen Erkenntnis lediglich die Gewinnung von Wahrscheinlichem und Möglichem (des *probalile* bzw. *veri simile*) zu. Erasmus von Rotterdam entwickelte und entfaltete eine Form von christlicher Ironie. Michel de Montaigne (1533–1595) schrieb bezeichnenderweise nur noch *Essays* (Versuche), in denen er sich offen von der pyrrhonischen Skepsis sowie vom biblischen Buch Kohelet und seiner Hinterfragung der Eitelkeit alles Menschlichen inspirieren ließ. Und selbst dort noch, wo sich Humanisten der platonischen oder stoischen Philosophie anschlossen, versäumten sie nicht festzuhalten, daß der Weg zur höchsten Erkenntnis nur über die Ausschöpfung der verschiedenen Sprachen sowie über die Liebe als höchster Gestalt der Kommunikation führe.

So lag es in der Konsequenz dieses humanistischen Ansatzes, daß früher oder später in ihm der Toleranz-Gedanke auftauchte. Den Anlaß dazu sollten drei Ereignisse bilden: Zunächst 1453 die Eroberung von Konstantinopel durch die Türken. Sie ließ unter vielen anderen etliche Gelehrte nach Italien kommen, die Europa nicht nur die griechische Sprache, sondern die griechische Kultur der Antike neu erschlossen. Sodann 1492 die Vertreibung der Juden aus Spanien. Durch dieses Ereignis gelangten tausende sephardische Juden in mehrere Länder Europas und bewirkten dadurch eine neue Auseinandersetzung mit dem Judentum (besonders mit seiner Mystik – der Kabbala). Schließlich 1517 der Anfang der Reformation in Deutschland. Mit ihr begann die Zeit der Glaubenskriege, in der die gegenseitige Bekämpfung der Konfessionen so weit führte, daß sich zuerst bei einzelnen das Gewissen regte und die Frage nach der Gottgefälligkeit all der Grausamkeiten einstellte und daß sich später die Staaten angesichts der verheerenden Folgen dieser Auseinandersetzungen aus bloßen Opportunitätsgründen zum Toleranz-Gebot für die Religionsgemeinschaften durchrangen. Bei all diesen Anlässen waren es die Humanisten, die sich geistig sowohl den Katastrophen selbst als auch deren Wirkungen stellten und dabei immer mehr erkannten, daß die Konsequenz daraus nur in der Einübung von Toleranz liegen könne.

PLATONISCHE AKADEMIE IN FLORENZ

Die ersten beiden Texte, die hier wiedergegeben werden, stammen von Autoren der *Platonischen Akademie* in Florenz. Diese Akademie, die 1462 durch eine Schenkung von Cosimo de Medici in einer Villa in Careggi nahe von Florenz eine sichtbare Einrichtung erfuhr, bildete eines der wichtigsten und einflußreichsten Zentren des Humanismus überhaupt. Dabei war sie nicht eine Akademie im heutigen Sinn. Der Name ‚Akademie' sollte lediglich eine Reminiszenz an die Akademie Platons sein, dessen Philosophie hier am intensivsten betrieben wurde. Ansonsten bestand die Akademie außer dem Gebäude und einer Bibliothek, in der überwiegend Texte aus der griechischen und lateinischen Antike zu finden waren, vor allem aus einem Kreis von Gelehrten und Schriftstellern, die sich nach platonischem Vorbild zu Gesprächen – ‚Symposien' – trafen, bei denen über alle möglichen Themen der damaligen Philosophie und Theologie diskutiert wurden, öffentliche Vortragsveranstaltungen organisierten, in einem bescheidenen Ausmaß Privatunterricht in der Lektüre antiker Philosophen gaben und sowohl durch Korrespondenz als auch durch persönliche Begegnungen Kontakte mit der geistigen Elite ganz Europas pflegten.

Marsilio Ficino (1433–1499)

Im Zentrum des Akademie-Kreises stand *Marsilio Ficino* (1433–1499), ein umfassend gebildeter Arzt, welcher von Jugend an der Familie der Medici verbunden war. Er darf als einer der großen Wiederentdecker Platons in der Zeit des Renaissance-Humanismus gelten. Diesem widmete er nicht nur mehrere Werke – die *Theologia platonica* (1482), einen Kommentar zum ‚Symposion' (*In convivium Platonis sive de Amore* [1474]), eine platonisierende Auslegung des Christentums (*De christiana religione* [1474]) sowie neben einer verloren gegangenen Abhandlung weitere Auslegungen zu einzelnen Dialogen (1496) –, sondern ebenso seine ganze Übersetzungsfähigkeit. Zwischen 1462 und 1468 übersetzte er sämtliche Dialoge Platons ins Lateinische. Er erschloß damit für den Westen Europas erstmals das gesamte platonische Werk. Ein Gleiches hatte er bereits 1463 mit dem *Corpus Hermeticum* getan und ein Gleiches sollte er noch einmal 1492 mit den *Enneaden* des Plotin tun. Dazu kamen noch Übersetzungen von Werken einzelner Neuplatoniker, des Dionysios Areopagita und anderer klassischer Schriftsteller. Diese unglaubliche Leistung entsprang einer Überzeugung, die sich bereits bei etlichen Kirchenvätern in den frühchristlichen Jahrhunderten findet und die jetzt für die Geschichte des Toleranz-Gedankens von Bedeutung werden sollte. Sie lautet: Die Texte vieler antiker Philosophen bieten genauso eine Erschließung des Wesens Gottes wie die Texte der biblischen Offenbarung. Stellt man sich jedoch auf diesen Standpunkt, so folgt daraus für Ficino, daß man damit eine Religiosität selbst bei Menschen annimmt, die von der jüdisch-christlichen Religion nichts wissen konnten bzw. nichts wissen können. Obwohl Ficino, der 1473 auch zum Priester geweiht wurde, in seiner „religiösen Philosophie" (*pia philosophia*) letztlich das Christentum immer noch als die einzig wahre Religion betrachtete, ja für Islam und Judentum im Zweifelsfall überaus harte, den alten Vorurteilen anhängende Worte fand, so stieß er über diese Folgerung doch zu einer Entdeckung der natürlichen Religiosität aller Menschen vor. (Dies übrigens in deutlicher Nähe zu Nikolaus von Kues [1401–1464], der zur Akademie in Kontakt stand.) Er rang sich mit anderen Worten zu der Überzeugung durch, daß sich hinter der Verschiedenheit der einzelnen Religionen eine alle Menschen verbindende Ur-Religion verbirgt, die sich aus dem Wesen des Menschen heraus ergibt. Daß diese existiert, geht für ihn nicht nur daraus hervor, „daß sie Bestandteil jedes einzelnen Menschen ist, sondern auch daraus, daß alle Meinungen, Affekte, Sitten und Gesetze der Menschen sich ändern, nicht aber diese gemeinsame religiöse Anlage [*communi quadam religione*]". Im Hinblick auf sie fordert er daher dazu auf, Angehörige anderer Religionen „mit vernünftigen Argumenten zu überzeugen, mit Predigten zur Konvertierung zu bringen oder mit Geduld zu ertragen [*patientia tolerari*]", nicht sie zu töten, wie es seiner Meinung nach Talmud und Koran tun. Diese Haltung sollte die Basis dessen werden, was man später die religiöse Toleranz genannt hat.

Die eine Religion in der Unterschiedlichkeit der Riten

Marsilio Ficino: Über die christliche Religion (4. Kapitel, Auszug)
Nichts mißfällt Gott mehr als verachtet, nichts gefällt ihm mehr als angebetet zu werden, Menschen, die in irgend einem Teil göttliche Gesetze übertreten, bestraft er leichter, aus Undankbarkeit, Böswilligkeit und Stolz gegen ihn rebellierende vernichtet er kraft seiner Macht. Daher läßt die göttliche Vorsehung nicht zu, daß zu irgendeiner Zeit oder irgendwo auf der Welt jemand gänzlich ohne Religion ist, wiewohl sie es aber zuläßt, dass an verschiedenen Orten und Zeiten verschiedene Formen der Anbetung beobachtet werden. Vielleicht ist es gerade diese Verschiedenheit, die nach Gottes Willen im Universum eine wunderbare Anmut erzeugt.

Für den größten König ist es wichtiger, in Wirklichkeit als mit diesen oder jenen Gesten verehrt zu werden. So wurde König Alexander auf so viele Weisen, wie er Völkern gebot, verehrt, ob er nun selbst zu ihnen kam oder seine Vertreter sandte. Und alles das, was zu seinem Ruhm wie immer getan wurde, war ihm lieber als nicht verehrt zu werden. Dasselbe muß wohl auch gleichsam vom König der Welt geglaubt werden. Er will lieber auf jede beliebige, ja sogar unpassende, wenn nur menschliche Art, als aus Stolz auf keine Weise verehrt werden. Unbotmäßige, aber doch irgendwie unterwürfige Menschen korrigiert er entweder wie ein Vater oder züchtigt sie wenigstens nicht zu hart. Ruchlose aber, Menschen ohne jede Dankbarkeit und freiwillig sich auflehnend, verjagt er wie Feinde und tötet sie.

Wenn aber Gott keine menschliche Verehrung, die seinetwegen unternommen wurde, wie eine willentliche Unfrömmigkeit zurückweist, so billigt er dennoch diese [die christliche Religion] am meisten von allen, ja sogar einzig und allein. Gott ist in sich selbst das höchste Gute, die Wahrheit der Dinge, das Licht und der Schützer der Menschen. Jene also verehren Gott vor allen übrigen einzig und allein wahrhaft, die ihn in Handlung und Güte, in der Wahrheit der Zunge und der Klarheit des Geistes, soweit sie es können und soweit sie es schulden, eifrig verehren. So beschaffen aber sind diejenigen, wie ich darlegen werde, die Gott so anbeten, wie Christus der Lehrmeister des Lebens und seine Schüler sie gelehrt haben.

Giovanni Pico della Mirandola (1463–1494)

Noch weiter als Ficino ging dessen Freund *Giovanni Pico della Mirandola* (1463–1494), ebenfalls Angehöriger des florentinischen Akademie-Kreises. Er beschränkte sich nicht mehr bloß auf die lateinische und griechische Philosophie, sondern zog zugleich ägyptische, chaldäische, arabische und jüdische Weisheitsliteratur – vor allem die Kabbala – heran, um aus ihr die eine, alle Menschen verbindende Weisheit – eine „immerwährende Philosophie" (*philosophia perennis*) – herauszufinden. Zum Zwecke der Realisierung dieses Unternehmens, das die Vereinbarkeit aller Philosophien, Weisheitslehren und Religionen sichtbar machen sollte, versuchte er für Januar 1487 in Rom auf eigene Kosten einen Kongreß zu organisieren, an dem Philosophen von nah und fern teilnehmen sollten. Als Vorbereitung dazu verfaßte er 900 Thesen unter dem Titel *Philosophische, kabbalistische und theologische Schlußfolgerungen* (*Conclusiones philosophicae, cabalisticae et theologicae*), die 1486 publiziert wurden. Keine Überraschung, daß die Kirche in Rom dieses Vorhaben untersagte. Eine von Papst Innozenz VIII. eingesetzte Kommission verurteilte zunächst einige Thesen als häretisch. Nachdem sich Pico trotz einer Unterwerfungserklärung in einer *Apologia* (1487) verteidigte, wurde das Verdikt auf alle Thesen ausgedehnt. Daraufhin mußte Pico fliehen. Zwischen Lyon und Grenoble wurde er auf Betreiben der päpstlichen Gesandtschaft verhaftet. Erst auf Intervention der Medici kam er wieder frei. So verbrachte er unter dem besonderen Schutz von Lorenzo il Magnifico die weiteren Lebensjahre in Florenz. Obwohl er durch Papst Alexander VI. rehabilitiert wurde, blieb er umstritten. Möglicherweise starb er 1494, erst einunddreißigjährig, an Gift. Jedenfalls fielen seine Bemühungen nicht der Vergessenheit anheim. Aus seinem Werk mit den 900 Thesen wurde die Einleitung unter dem Titel *De dignitate hominis* (*Über die Würde des Menschen*) – 1496 bzw. 1504 erstmals publiziert – zu einem der berühmtesten Texte des Renaissance-Humanismus. In ihr praktiziert Pico bereits das, was er durch seinen geplanten Kongreß verwirklichen wollte: eine Synthese der unterschiedlichsten Weisheitslehren, wie sie sich in abend- und morgenländischen Traditionen der Esoterik, der Mystik, der Philosophie und der Theologie finden. Dabei fällt kein explizites Wort über Toleranz. Dennoch ist sie da. Wie so häufig in der Zeit vor den ausdrücklichen Toleranz-Schriften, die ab dem 16. Jahrhundert greifbar sind, findet sie sich weniger im expliziten Bekenntnis als in der bereits geübten intellektuellen Praxis, die das Werk begründet und in ihm zum Vorschein kommt.

Humanismus

Die immerwährende Philosophie aller Menschen

Giovanni Pico della Mirandola: Rede über die Würde des Menschen (Auszug)
Hochverehrte Väter! In den Schriften der Araber habe ich gelesen, der Sarazene Abdala habe auf die Frage, was sozusagen auf der Bühne dieser Welt als das Bewundernswerteste erscheine, geantwortet, nichts erscheine der Bewunderung würdiger als der Mensch. Dieser Ansicht pflichtet jener Ausspruch des Merkur bei: „Asklepius, ein großes Wunder ist der Mensch." Als ich über die Bedeutung dieser Worte nachsann, stellten die vielen Äußerungen mich nicht zufrieden, die über die Vortrefflichkeit der menschlichen Natur von vielen Leuten vorgetragen werden, es sei der Mensch der Mittler unter den Geschöpfen, den Wesen über ihm sei er vertrauter Freund, und Lenker sei er derer, die tiefer stehen als er; mit der Schärfe seiner Sinne, mit seinem Forschergeist und mit dem Lichte seines Verstandes begreife er die Natur, zwischen ewiger Dauer und verfließender Zeit sei er das Zwischenglied, sei (wie die Perser sagen) mit der Welt verbunden, ja sei sogar mit ihr vermählt und stehe nach dem Zeugnis Davids im Rang nur wenig unterhalb der Engel. [...]
[...]
[...] wer sollte überhaupt etwas anderes mehr bewundern? Asklepios von Athen hat unter Hinweis auf seine wechselnde und sich selbst verwandelnde Natur nicht ohne Recht von ihm gesagt, der Mensch werde durch die Gestalt des Proteus in den Mysterien symbolisch dargestellt. So wird verständlich, daß bei den Juden und bei den Pythagoreern jene Verwandlungsmythen weit verbreitet sind. Denn auch die geheimere Theologie der Juden kennt die Verwandlung bald des Enoch in einen heiligen Engel Gottes, den sie „malakh haschekhinah" nennen, bald die anderer Menschen in andere göttliche Wesen. Und auch die Pythagoreer lassen verbrecherische Menschen sich in die Gestalt von Tieren und, glaubt man Empedokles, sogar in Pflanzen wandeln. Ihnen folgte Mohammed, der immer wieder betonte, wer vom Pfad des göttlichen Gesetzes abweiche, werde zum Tier, und zwar verdientermaßen.[...]
[...]
Wer also sollte den Menschen nicht bewundern, der nicht zu Unrecht in den heiligen Schriften des Alten und des Neuen Testamentes bald mit dem Ausdruck „alles Fleisch", bald mit dem Ausdruck „alle Kreatur" mit vollem Recht bezeichnet wird, da er sich doch selbst zur äußeren Gestalt von allem Fleisch und zur Beschaffenheit von aller Kreatur ausprägt, ausbildet und umgestaltet? Deswegen schreibt der Perser Euantes in seinem Kommentar zur chaldäischen Theologie, der Mensch besitze keinen besonderen ihm angeborenen

Humanismus

Typus, dagegen viele von außen kommende und vom Zufall bestimmte. Darauf bezieht sich jener Ausspruch der Chaldäer: „Enosh hu shinnuim vekammah tebhaoth baal haj", das heißt: „Mensch, du Lebewesen von bunter und vielgestaltiger und sprunghafter Art." Doch wozu trage ich dies vor? Damit wir begreifen: Wir sind geboren worden unter der Bedingung, daß wir das sein sollen, was wir sein wollen. Daher muß unsere Sorge vornehmlich darauf gerichtet sein, daß man uns jedenfalls nicht das nachsagen kann, wir hätten, als wir in Ansehen standen, keinen Verstand gezeigt, dem Vieh und vernunftlosen Tieren ähnlich. Vielmehr soll jener Ausspruch des Propheten Asaph für uns gelten: „Götter seid ihr und Söhne des Höchsten alle", damit wir nicht das gütigste Geschenk des Vaters, den freien Willen, den er uns verliehen hat, mißbrauchen und ihn gebrauchen statt zu unserem Heil, zu unserem Schaden. [...]
[...]
Aus diesem Grunde wollte ich die Lehren nicht nur in einer Richtung (wie einige für gut befanden), sondern jeder Schule vorführen, damit nach diesem Vergleich mehrerer Schulen und nach der Untersuchung vielfältiger philosophischer Strömungen jener Wahrheitsfunke, von dem Platon in seinen Briefen spricht, für unseren Geist noch heller strahle, so wie die Sonne bei ihrem Aufgang aus dem Meer. Was hätte es für einen Sinn gehabt, die Philosophie nur der Lateiner zu behandeln, die des Albertus nämlich, des Thomas, Scotus, Aegidins, Franciscus und Henricus, auf die Philosophen der Griechen und Araber dagegen zu verzichten, da sich doch alle Weisheit von den Barbaren zu den Griechen und von den Griechen zu uns verbreitet hat? So haben es die Philosophen unserer Zeit für sich immer als ausreichend erachtet, in ihrer Philosophie auf den Erkenntnissen von Fremden zu fußen und fremde Anregungen weiter auszuarbeiten. Wie sollte man mit den Peripatetikern über die Naturgesetze reden, wenn nicht auch die Akademie der Platoniker herangezogen wurde, deren Lehre von den göttlichen Dingen nach Augustinus' Zeugnis unter allen Philosophien als unantastbar galt und jetzt von mir soweit ich weiß, zum ersten Mal (dies Wort möge kein Mißfallen erregen) seit vielen hundert Jahren in einer öffentlichen Diskussion kritisch vorgeführt wurde? Wozu sollte ich die Ansichten noch so vieler anderer untersuchen, wenn ich wie einer, der zu einem Gastmahl von Weisen ohne Beitrag kommt, nicht etwas vorgewiesen hätte, was mein eigen war vom eigenen Talent hervorgebracht und ausgeführt? Es bringt wahrhaftig keine Ehre (wie Seneca sagt), nur aus einem Kommentar Weisheit zu schöpfen und – als hätten die Erkenntnisse der Vorfahren unserer eigenen Bemühung den Weg verstellt, als hätte die Naturkraft sich bei uns gleichsam erschöpft – nichts hervorzubringen aus sich selbst, was, wenn es schon nicht die Wahrheit klar aufwiese,

doch wenigstens eine entfernte Andeutung von ihr vermittelte. Wenn schon bei seinem Acker ein Bauer, bei seiner Ehefrau ein Gatte Unfruchtbarkeit ungern sieht, so wird doch sicher gegen eine unfruchtbare Seele der mit ihr eng verbundene göttliche Geist desto mehr Abneigung empfinden, je edler die Nachkommenschaft wäre, die er von ihr begehrt.

Deswegen war ich nicht damit zufrieden, neben den allgemein bekannten Lehren viel von der alten Theologie des Hermes Trismegistos, viel von den Lehren der Chaldäer und des Pythagoras und viel aus den geheimen Mysterien der Juden anzuführen, sondern habe auch sehr viel zur Diskussion gestellt, was ich in der Naturwissenschaft und Theologie entdeckte und weiter ausspann. [...]

[...]

Ich komme nun zu dem, was ich den alten Geheimlehren der Juden entnahm und zur Stärkung unseres heiligen katholischen Glaubens beigebracht habe. Damit diese Gedanken nicht von Leuten, die sie nicht kennen, für ausgedachte Flausen oder für Fabelgeschichten angesehen werden, will ich, daß alle wissen, was sie sind und wie beschaffen sie sind, woher sie stammen, von welchen und von wie berühmten Autoren sie bestätigt werden, und schließlich wie entlegen, wie göttlich und wie notwendig sie für die Menschen unserer Tage sind zur Verteidigung des Glaubens gegen die frechen Verleumdungen der Juden.

Es schreiben nicht nur die berühmten jüdischen Gelehrten, sondern auch die aus unseren Reihen stammenden Esra, Hilarius, Origenes, daß Moses nicht nur das Gesetz, das er in fünf Büchern aufgezeichnet der Nachwelt hinterließ, sondern auch des Gesetzes geheimere authentische Erläuterung auf dem Berg aus Gottes Hand empfangen habe. Jedoch sei ihm von Gott geboten worden, dem Volk zwar das Gesetz bekanntzumachen, seine Auslegung aber weder niederzuschreiben noch vor dem Volke auszubreiten. Vielmehr solle er selbst sie nur dem Jesus Nave, dann jener der Reihe nach den anderen, die ihm im Amt des Hohenpriesters folgten, mit der Verpflichtung zu strengem Schweigen offenbaren. Denn es genügte, durch eine einfache Erzählung bald Gottes Macht, bald seinen Zorn auf Missetäter und seine Nachsicht mit den Guten sowie seine Gerechtigkeit gegen alle kennenzulernen und durch die göttlichen heilbringenden Gebote zu einem guten und glücklichen Leben sowie zur Ausübung des wahren Glaubens angeleitet zu werden. Die tieferen Mysterien dagegen und die unter der Hülle des Gesetzes und unter einem Mantel nüchterner Worte sich verbergenden Geheimnisse erhabenster Göttlichkeit dem Volk bekanntzumachen, was anderes hätte dies bedeutet, als das Heilige Hunden vorzuwerfen und Perlen auszustreuen unter die Schweine? Diese Mysterien geheimzuhalten vor der breiten Masse und

Humanismus

nur die Vollkommenen in sie einzuweihen – nur unter diesen künde er Weisheit, sagt Paulus – entsprang somit nicht einem menschlichen Entschluß, sondern der Weisung Gottes. Die alten Philosophen haben sich an diesen Brauch höchst gewissenhaft gehalten. Pythagoras hat nichts geschrieben, von einigen spärlichen Aufzeichnungen abgesehen, die er bei seinem Tode seiner Tochter Damo zur Aufbewahrung übergab. Die Sphinx-Statuen, die für die Tempel der Ägypter in Stein gehauen wurden, forderten dazu auf, die geheimen Lehren durch die Verschlüsselung in Rätsel vor der Entehrung durch die nicht eingeweihte Menge zu bewahren. Und Platon sagt, wenn er in einem Brief an Dionysios einiges über die höchsten Dinge ausführt: „Ich muß in Rätseln sprechen, damit, falls dieser Brief etwa in fremde Hände fällt, das Geschriebene nicht von anderen verstanden wird." Und Aristoteles pflegte zu sagen, die Bücher der Metaphysik, in denen er das Göttliche behandelt, seien veröffentlicht und seien es auch wieder nicht. Wozu noch mehr der Beispiele? Origenes behauptet, Jesus Christus, der Lehrmeister des Lebens, habe den Jüngern vieles offenbart, was jene nicht hätten niederschreiben wollen, damit es nicht Gemeingut der breiten Masse werde. Hauptsächlich Dionysios Areopagita bestätigt dies, wenn er sagt, die tieferen Geheimnisse seien von den Stiftern unserer Religion ἐκ νοὸς εἰς νοῦν διὰ μέσου λόγου, das heißt von Geist zu Geist, ganz ohne Buchstaben, nur durch Vermittlung durch das Wort weitergegeben worden. Da die authentische Auslegung des Gesetzes, wie Gott sie Moses übergab, nach Gottes Weisung nur in genau derselben Weise weitergegeben wurde, nannte man sie Kabbala, ein Wort, das in der Sprache der Juden dasselbe ausdrückt wie das Wort „Übernahme" in der unseren; denn nicht durch schriftliche Dokumente, sondern durch geregelte Nachfolge im Besitz der Offenbarungen übernahm der eine jene Lehre vom anderen wie eine Erbschaft.

Nachdem aber die Juden von Kyros aus der Babylonischen Gefangenschaft entlassen waren und unter Zerubbabel auch der Wiederaufbau des Tempels abgeschlossen war, da dachten sie an eine Wiederherstellung auch des Gesetzes. Als nun Esra – damals der Vorsteher der Kirche – nach der Bereinigung der Fehler in den Büchern Mosis klar erkannte, daß infolge von Verbannung, Mord, Flucht und Gefangenschaft des Volkes Israel der von den Vorfahren eingeführte Brauch, die Lehre nur von Mund zu Mund zu überliefern, nicht beibehalten werden könne, sowie daß es noch dahin kommen werde, daß die ihm durch Gottes Huld geschenkten Geheimnisse himmlischer Lehre verlorengingen, weil die Erinnerung daran ohne Vermittlung schriftlicher Aufzeichnungen nicht lange fortbestehen konnte, da beschloß er, die Eingeweihten, die damals noch lebten, zu versammeln, damit ein jeder offenlegen sollte, was er von den Mysterien des Gesetzes noch im Gedächtnis hatte. Hin-

zugezogen werden sollten Schreiber, und die Ergebnisse sollten in siebzig Bücher eingetragen werden. So viele Eingeweihte nämlich waren im Sitzungssaal versammelt. Damit ihr nun in dieser Sache nicht mir allein zu glauben braucht, ihr Väter, hört Esra selbst, der folgendes berichtet: „Vierzig Tage waren vergangen; dann redete der Höchste und sagte: ‚Was du früher geschrieben hast, mache öffentlich bekannt, es mögen Würdige und Unwürdige lesen; die eben erst zusammengestellten siebzig Bücher aber sollst du aufbewahren, um sie an die Weisen deines Volkes zu übergeben. Denn sie enthalten die Ader der Erkenntnis, den Quell der Weisheit und den Strom des Wissens.' Und so habe ich es gemacht." Soweit Esra im Wortlaut. Dies aber sind die Bücher der Wissenschaft der Kabbala. Mit Recht hat Esra besonders deutlich davon gesprochen, daß diese Bücher die Ader der Erkenntnis, das heißt die unaussprechliche Theologie von einer nicht materiellen Gottheit, den Quell der Weisheit, das heißt die vollendete Metaphysik der intelligiblen und engelhaften Formen, und den Strom des Wissens, das heißt die fest gegründete Philosophie von den Erscheinungen in der Natur enthalten.
Papst Sixtus IV., der unmittelbare Vorgänger von Innozenz VIII., unter dessen Regierung wir glücklich leben dürfen, hat mit größter Teilnahme und mit sehr großem Eifer zum allgemeinen Nutzen unseres Glaubens für eine Übersetzung dieser Bücher ins Lateinische gesorgt. Bei seinem Tod waren schon drei davon den Lesern, die Latein verstehen, zugänglich. Heute genießen diese Bücher bei den Juden so große Verehrung, daß niemand sie berühren darf, bevor er vierzig Jahre alt geworden ist. Als ich mir diese Bücher für einen nicht geringen Preis erworben, sie dann mit größter Sorgfalt und unermüdlicher Ausdauer durchgelesen hatte, fand ich in ihnen (Gott ist mein Zeuge) nicht sowohl mosaische Glaubenswahrheit, als vor allem christliche. Dort fand ich das Geheimnis der Dreieinigkeit, dort die Fleischwerdung des Wortes, dort des Messias göttliche Natur. Von der Erbsünde, ihrer Sühnung durch Christus, vom himmlischen Jerusalem, vom Sturz der Dämonen und den Ordnungen der Engel, vom Fegefeuer und den Höllenstrafen las ich dort nichts anderes, als was wir jeden Tag bei Paulus und Dionysios, bei Hieronymus und Augustinus lesen. Soweit ihr Inhalt aber die Philosophie betrifft, meint man geradezu Pythagoras zu hören und auch Platon, deren Lehrsätze dem christlichen Glauben so sehr verwandt sind, daß unser Augustinus Gott unendlichen Dank abstattet dafür, daß ihm die Bücher der Platoniker in die Hand gelangten. Und in der Sache gibt es so gut wie keinen strittigen Punkt zwischen uns und den Juden, in dem sie aus den Büchern der Kabbalisten nicht so zu widerlegen und zu überführen wären, daß nicht ein einziger Schlupfwinkel übrigbleibt, in den sie sich verkriechen können. In dieser Frage ist mein wichtigster Gewährsmann der hochgebildete Antonius Cronicus, der mit eigenen

Ohren, als ich bei ihm zu Gaste war, gehört hat, wie sich der Jude Dactylus, ein Kenner dieser Wissenschaft, den Ansichten der Christen über die Trinität völlig und vorbehaltlos anschloß. ❖

Thomas Morus (1478–1535)

Der nächste Text ist dem staatsphilosophischen Dialog *Utopia* von *Sir Thomas More* (1478–1535) entnommen, der 1516 zum ersten Mal in Löwen unter dem langen Titel *Ein wahrhaft herrliches, nicht weniger heilsames denn kurzweiliges Büchlein von der besten Verfassung des Staates und von der neuen Insel Utopia* (*Libellus vere aureus nec minus salutaris quam festivus de optimo reipublicae statu deque nova insula Utopia*) publiziert wurde und seither als eines der Grundlagenwerke des politischen Denkens der Neuzeit gilt, das sich nicht nur großen Interesses, sondern aufgrund seiner literarischen Qualität auch großer Beliebtheit erfreut. Der Autor dieses kleineren Buches ist der 1935 von Papst Pius XI. heiliggesprochene Humanist, Jurist, Richter, Historiker und Staatsmann Thomas Morus. Schon zu Lebzeiten war er als einer der geistigen Mittelpunkte des gesamteuropäischen Humanismus bekannt. Als ein enger Freund von Erasmus von Rotterdam, Juan Luis Vives, John Colet und vielen anderen Exponenten dieser Bewegung trat er sowohl durch die Übersetzung antiker Autoren (vor allem Lukians) als auch durch die Auseinandersetzung mit theologischen Strömungen seiner Zeit in Erscheinung (herausragend seine *Antwort auf Luther, Responsio ad Lutherum*, von 1523, sowie seine Apologie gegen William Tyndal in zwei Schriften zwischen 1529 und 1533). Noch bekannter wurde er jedoch durch seine steile politische Karriere, die ihn, der eigentlich bürgerlicher Herkunft war, bis zum Lord High Chancellor unter König Heinrich VIII. führte. Von dieser hohen Funktion trat er nach nicht einmal zweijähriger Amtszeit 1531 zurück, weil er die – durch Ehescheidungsprobleme bestimmte – Kirchenpolitik des Königs mißbilligte. Als er sich zusätzlich weigerte, diesen als Oberhaupt der Kirche Englands anzuerkennen, wurde ihm 1535 der Hochverratsprozeß gemacht. Thomas More blieb dennoch seinem Gewissen treu und akzeptierte dafür nach monatelanger Haft im Londoner Tower, in welcher er noch einmal tief spirituelle Schriften verfaßte, am 6. Juli 1535 die Enthauptung.

Über die Deutung der *Utopia* ist im Laufe der seit ihrem Erscheinen vergangenen Geschichte viel gerätselt worden. Zur Diskussion stand nicht nur, ob die darin geäußerten Gedanken jene von Thomas More oder jene des Erzählers Raphael Hythlodeus seien, sondern ebenso, wie das Utopische, d.h. die Ansiedelung eines gesellschaftlich-politischen Wunschbildes im Nirgendwo, gedeutet werden müßte: Handelt es sich dabei um eine Kritik an den seinerzeitigen politischen Verhältnissen in England? Oder ist ein prinzipieller Entwurf eines idealen Gemeinschaftswesens beabsichtigt, wie man ihn bereits aus dem Mythos vom Goldenen Zeitalter, aus Platons Staat, aus dem Traum Scipios in Ciceros *De re publica*, aus der Idealisierung des augusteischen Zeitalters durch Vergil, aus den mittelalterlichen Ausmalungen der sogenannten Paradiesesinseln (*insulae fortunatae*), aus den chiliastischen Zukunftsvisionen eines Joachim von Fiore oder eines Roger Bacon sowie aus den neutestamentlichen Schilderungen über das Gemeinschaftsleben (*vita communis*) der frühen Christengemeinden (Apostelgeschichte 2, 44ff.; 4, 32ff.) kannte? Nicht von ungefähr wurde das Buch von allen möglichen ideologischen Seiten, die vom Kommunismus bis zum Katholizismus reichten, vereinnahmt. Richtig dürfte wohl sein, was 1964 Eberhard Jäckel dazu in seinem Nachwort zur Ausgabe von Gerhard Ritter (Berlin 1922, Stuttgart 1964 u.ö.) geschrieben hat: „Die *Utopia* gleicht [...] einem prismatischen Edelstein, der von verschiedenen Gesichtspunkten aus in ganz verschiedenen Formen und Farben erscheint, und manchmal will sie einem wie ein närrisches Kaleidoskop vorkommen, das man schüttelt und schüttelt, nur um fortgesetzte neue Bilder vor die Augen zu bekommen." Jedenfalls weist More der religiösen Toleranz einen *utopischen* Ort zu. Darin liegt sowohl, daß für ihn Toleranz in der Realität offensichtlich noch keinen Platz hat, als auch, daß Toleranz etwas ist, was idealerweise sein sollte. (Man beachte, daß im Englischen *U*topia genauso ausgesprochen wird wie *Eu*topia, was soviel wie vorbildlicher Ort heißt.) Der Text enthält also in einem eine indirekte Beschreibung dessen, was ist, und eine Sichtbarmachung dessen, was als Norm zu gelten hätte. Wenngleich dann letztlich wieder alle Aussagen durch eine ironische Mischung von Ernst und Scherz in der Schwebe bleiben – ähnlich wie im *Lob der Torheit* (*Encomion moriae, Laus stultitiae*) des Erasmus von Rotterdam, welches dieser 1509 keinem anderen als Thomas More gewidmet hatte, wofür sich selbiger revanchierte, indem er ihm das Manuskript der *Utopia* vor dem Erscheinen 1516 zusandte –, so halten sie doch unzweideutig einen Spiegel vor, der wiedergibt, in welcher letztlich unaufhebbaren Spannung zwischen Faktizität und Kontra-Faktizität sich Toleranz manifestiert.

Die natürliche Religion der Utopier

Thomas Morus: Utopia
Von den religiösen Anschauungen der Utopier (zweites Buch; Auszug)

Die religiösen Anschauungen sind nicht nur über die ganze Insel hin, sondern auch in den einzelnen Städten verschieden, indem die einen die Sonne, andere den Mond, die einen diesen, die anderen jenen Planeten als Gottheit verehren. Es gibt Gläubige, denen irgendein Mensch, der in der Vorzeit durch Tugend oder Ruhm geglänzt hat, nicht nur als ein Gott, sondern sogar als die höchste Gottheit gilt. Aber der größte und weitaus vernünftigste Teil des Volkes glaubt an nichts von alledem, sondern nur an ein einziges, unbekanntes, ewiges, unendliches, unbegreifliches göttliches Wesen, das die Fassungskraft des menschlichen Geistes übersteigt und durch dieses gesamte Weltall ergossen ist, als wirkende Kraft, nicht als materielle Masse; ihn nennen sie Vater. Ihm allein, sagen sie, dient Ursprung, Wachstum, Fortschritt, Wandel und Ausgang aller Dinge zum Wohlgefallen, und keinem anderen außer ihm erweisen sie göttliche Ehren.

Freilich darin kommen auch alle anderen mit diesen Gottesverehrern überein trotz aller Glaubensunterschiede, daß sie nämlich ein höchstes Wesen annehmen, dem wir die Schöpfung des Weltalls und die Vorsehung zuschreiben müssen, und diese Gottheit nennen sie alle übereinstimmend in der Landessprache Mythras. Nur darin gehen die Meinungen auseinander, daß er bei jedem wieder anders aufgefaßt wird; dabei ist aber jeder einzelne überzeugt, was er für seine Person für das Höchste hält – es mag sein, was es will –, das sei doch schließlich immer dasselbe Wesen, in dessen alleiniger göttlicher Erhabenheit und Majestät wir den Inbegriff aller Dinge (nach dem übereinstimmenden Urteil aller Völker) zu erblicken haben. Indessen machen sie sich alle nach und nach los von der Mannigfaltigkeit abergläubischer Vorstellungen, und statt dessen verschmelzen ihre Anschauungen zu der geschilderten einen Religion, die alle anderen an Vernünftigkeit – wie mir scheint – übertrifft. Unzweifelhaft wären die anderen Religionsvorstellungen schon längst verwelkt, wenn nicht jedes Unglück, das einem Menschen zufällig widerstößt, während er sich mit dem Plane trägt, die Religion zu wechseln, von ihm aus Furcht als eine Schickung des Himmels ausgedeutet würde, statt als zufälliges Ereignis, gewissermaßen als ob die Gottheit, deren Verehrung der Gläubige aufgeben wollte, den frevelhaften, gegen sie gerichteten Vorsatz rächend strafte.

Doch seit sie durch uns von Christi Namen, Lehre, Wesen und Wundern Kenntnis erhalten hatten und ebenso von der wunderbaren Standhaftigkeit der vielen Märtyrer, deren freiwillig vergossenes Blut so zahlreiche Völker weit und breit zu seiner Nachfolge bekehrt hat, da war es kaum zu glauben, wie willig auch sie dieser Lehre zustimmten, vielleicht weil es ihnen Gott im Verborgenen eingab, vielleicht aber auch deshalb, weil ihnen das Christentum derjenigen heidnischen Lehre sehr nahe zu stehen schien, die bei ihnen selbst am stärksten verbreitet ist. Freilich mochte ich glauben, daß auch der Umstand von erheblichem Gewicht war, daß sie hörten, Christus habe die gemeinschaftliche (kommunistische) Lebensführung seiner Jünger gutgeheißen, und daß diese in den Kreisen der echtesten Christen noch heute üblich sei. Jedenfalls, von welcher Bedeutung das auch gewesen sein mag, nicht wenige traten zu unserer Religion über und wurden mit dem geweihten Wasser getauft.

Aber da unter uns vier Genossen (so viele waren wir nämlich nur noch, denn zwei waren gestorben) leider keiner Priester war, so müssen sie bis heute, obschon im übrigen eingeweiht, doch den Genuß der Sakramente entbehren, die bei uns nur die Priester austeilen dürfen. Doch verstehen sie deren Bedeutung und wünschen sich nichts sehnlicher; ja sie disputieren bereits eifrig miteinander über die Frage, ob ohne Auftrag des christlichen Papstes einer von ihnen gewählt und so den Charakter als Priester erwerben könne. Und es schien in der Tat, als würden sie einen wählen, doch zur Zeit meiner Abreise hatten sie die Wahl noch nicht vollzogen. Auch die anderen, die der christlichen Religion noch nicht zustimmen, halten doch niemanden davor zurück und fechten keinen Übergetretenen an. Nur einer aus unserer christlichen Gemeinschaft wurde während meiner Anwesenheit verhaftet. Es war ein frisch Getaufter, der gegen unseren Rat öffentlich über die Verehrung Christi mit mehr Eifer als Klugheit predigte; er geriet dabei so ins Feuer, daß er bald unser Glaubensbekenntnis über alle anderen erhob, ja diese obendrein alle zusammen in Grund und Boden verdammte, sie unheilig nannte und ihre Bekenner als ruchlose Gotteslästerer, würdig des höllischen Feuers, begeiferte. Als er lange so weiterpredigte, ließ man ihn verhaften, verklagte ihn und machte ihm den Prozeß, nicht wegen Religionsverletzung, sondern wegen Erregung von Aufruhr im Volke, verurteilte und bestrafte ihn mit Verbannung. Denn das ist eine ihrer ältesten Verfassungsbestimmungen, daß keinem seine Religion Schaden bringen darf.

Schon ganz zu Anfang ihrer Geschichte hatte nämlich Utopus erfahren, daß die Inselbewohner vor seiner Ankunft beständig untereinander über ihre Religionsanschauungen gestritten hatten; es war ihm auch nicht entgangen, daß eine allgemeine Spaltung daraus entstanden war, so daß sie nur noch in einzelnen Religionsparteien für das Vaterland kämpften, und daß ihm diese Verhältnisse Gelegenheit geboten hatten, sie alle miteinander zu besiegen. Sobald er den Sieg erfochten hatte, bestimmte er deshalb: jeder dürfe der Re-

Humanismus

ligion anhängen, die ihm beliebe; jedoch noch andere Leute zu seiner Religion zu bekehren dürfe er nur in der Weise versuchen, daß er seine Meinung freundlich und ohne Anmaßung auf Vernunftgründen aufbaue, nicht indem er die anderen Anschauungen mit Heftigkeit herabsetze. Sollte es ihm nicht durch Zureden gelingen, die anderen zu überzeugen, so solle er keinerlei Gewalt anwenden und Schmähungen unterdrücken. Wer in dieser Sache zu gewaltsam vorgeht, wird mit Verbannung oder Sklavendienst bestraft.
Diese Bestimmung hat Utopus getroffen, nicht nur mit Rücksicht auf den Frieden, der, wie er sah, durch beständigen Zank und unversöhnlichen Haß von Grund auf zerstört wird, sondern weil er der Meinung war, daß eine solche Festsetzung auch im Interesse der Religion liege. Er hatte nicht die Vermessenheit, über die Religion irgend etwas endgültig zu bestimmen, da es ihm nicht sicher war, ob Gott vielleicht selber eine mannigfache und vielfältige Art der Verehrung wünsche und daher dem einen diese, dem anderen jene Eingebung schenke. Jedenfalls hielt er es für anmaßend und unsinnig, wenn einer mit Gewalt und Drohungen verlangte, daß seine Ansicht über die Wahrheit auch allen anderen einleuchten müsse. Wenn aber wirklich ein Glaube die meiste Wahrheit besitzt und alle anderen nichtig sind, so meinte doch Utopus, es sei leicht vorauszusehen, daß die Macht der Wahrheit sich von selber dereinst einmal durchsetzen und offenbar werden müßte, wenn ihre Sache nur mit Vernunft und Mäßigung betrieben würde. Wenn man sich aber mit Waffen und Aufruhr darum stritte, so wären immer die minderwertigsten Menschen am hartnäckigsten, und so würde wegen ihres Streites der kostbare Schatz der heiligen Religion von dem nichtigsten abergläubischen Wahn verschüttet, wie die Saat von Dornen und Unkraut erstickt wird. Daher hat er diese ganze Frage unentschieden gelassen und jedem einzelnen überlassen, welchen Glauben er für richtig halten will; nur das eine hat er feierlich und streng verboten, daß einer so tief unter die Würde der menschlichen Natur sinke, daß er meint, die Seele ginge zugleich mit dem Leibe zugrunde oder die Welt treibe aufs Geratewohl und ohne göttliche Vorsehung ihren Lauf. Und deshalb glauben die Utopier, daß nach diesem Leben Strafen für unsere Verfehlungen festgesetzt, Belohnungen für unsere Tugenden uns bestimmt sind. Wer das Gegenteil glaubt, den zählen sie nicht einmal unter die Menschen, weil er die erhabene Natur seiner Menschenseele auf die niedere Stufe einer elenden tierischen Körperlichkeit herabsetzt; noch viel weniger denken sie also daran, ihn unter die Bürger zu rechnen: würden ihm doch alle bürgerlichen Einrichtungen und moralischen Grundsätze keinen Pfifferling gelten, wenn ihn nicht die bloße Furcht in Schranken hielte. Oder kann es jemandem zweifelhaft sein, daß er versuchen würde, die Staatsgesetze seines Landes entweder heimlich und mit List zu umgehen oder mit Gewalt um-

zustoßen, sofern das seinen privaten Wünschen dienlich wäre, da er ja über die Gesetze hinaus nichts fürchtet, über sein körperliches Leben hinaus nichts erhofft? Deshalb wird einem so Gesinnten keine Ehre zuteil, kein obrigkeitlicher Posten übertragen, er kann kein öffentliches Amt versehen. So gerät er überall als ein von Natur unbrauchbarer und aussichtsloser Mann in Verachtung. Indessen erhält er keine eigentliche Strafe, weil die Utopier überzeugt sind, daß es niemand in der Hand hat, zu glauben, was ihm beliebt; vielmehr zwingen sie ihn weder mit irgendwelchen Drohungen, seine Gesinnung zu verheimlichen, noch lassen sie Verstellung und Lüge zu, die ihnen als nächste Geschwister des Betruges überaus verhaßt sind. Wohl aber hindern sie ihn, seine Meinung öffentlich zu verfechten, und auch das nur vor dem gemeinen Volk. Denn anderswo, vor den Priestern und ernsten, gebildeten Männern in stillem Kreise, lassen sie es zu, ja sie ermahnen ihn sogar dazu, weil sie darauf vertrauen, sein Wahnsinn werde endlich doch der Vernunft weichen.

Es gibt auch noch andere, und gar nicht wenige (man läßt sie nämlich gewähren, da ihre Meinung nicht ganz unbegründet ist und sie nicht bösartig sind), die in den entgegengesetzten Fehler verfallen und auch die Tierseelen für ewig halten, freilich an Würde nicht für vergleichbar mit unseren Menschenseelen und auch nicht zu gleicher Glückseligkeit geschaffen. Denn daß den Menschen eine unbegrenzte Seligkeit erwartet, halten sie fast sämtlich für sicher und ausgemacht, und betrüben sich deshalb zwar immer in Krankheitsfällen, aber nie in Todesfällen, es sei denn, daß sie den Sterbenden angstvoll und widerwillig vom Leben sich losreißen sehen. Das halten sie nämlich für ein sehr übles Anzeichen dafür, daß die Seele ohne Hoffnung und mit schlechtem Gewissen, in irgendeiner dunklen Vorahnung drohender Strafe, vor dem Tode zurückschaudert. Überdies meinen sie, Gott werde die Ankunft eines Menschen ganz und gar nicht willkommen sein, der nicht freudig herbeieilt, wenn er gerufen wird, sondern ungern und widerstrebend sich herbeischleppen läßt. Diese Art von Tod hat deshalb für die Zuschauer etwas Grauenhaftes; daher trägt man auch die so Gestorbenen trauernd und schweigend aus der Stadt, betet zu Gott, er möge der abgeschiedenen Seele gnädig sein und ihre Sünden ihr aus Gnaden verzeihen, und begräbt dann den Leichnam unter der Erde.

Dagegen die Toten, die frohgemut und voll guter Hoffnung dahingegangen sind, betrauert niemand, sondern mit Gesang geleitet man sie zur Bestattung, empfiehlt ihre Seelen mit großer Bewegung der Hut Gottes, verbrennt zuletzt ihre Körper ehrfurchtsvoll, doch nicht schmerzlich bewegt, und errichtet ein Denkmal auf der Grabstätte mit den Ehrentiteln des Verstorbenen. Heimgekehrt von der Bestattung, spricht man von seinem Charakter und seinen Taten, und kein Abschnitt seines Lebens wird dabei häufiger und

Humanismus

lieber durchgenommen als sein seliger Tod. Diese Ehrung des Gedächtnisses rechtschaffener Menschen halten sie für einen höchst wirksamen Anreiz zur Tugend bei den Lebenden, und zugleich glauben sie den Verstorbenen mit dieser Verehrung eine große Freude zu machen; sie stellen sich nämlich vor, diese wären bei den Gesprächen über sie zugegen, wenn auch unsichtbar für den stumpfen Blick der Sterblichen. Denn es würde ja schlecht zum Lose der Seligen passen, wenn sie nicht die Freiheit hätten, überall hinzugehen, wohin sie wollen, und andererseits wäre es undankbar von ihnen, wenn sie ganz die Sehnsucht verloren hätten, ihre Freunde wiederzusehen, mit denen sie zu ihren Lebzeiten gegenseitige Liebe und Sympathie verband; sie vermuten vielmehr, daß diese Neigungen ebenso wie alle anderen guten Eigenschaften guter Menschen nach dem Tode eher sich verstärken als vermindern. Demnach glauben sie, daß die Toten unter den Lebenden umherwandeln als Zuschauer und Zuhörer ihrer Worte und Taten. Mit um so größerer Zuversicht greifen sie ihre Aufgaben an, im Vertrauen auf diesen Schutz, und der Glaube an die Gegenwart der Vorfahren schreckt sie zugleich vor heimlicher Schandtat zurück.

Auf Wahrsagerei und die anderen Phantastereien eines nichtigen Aberglaubens, wie sie bei anderen Völkern in hohem Ansehen stehen, geben sie gar nichts und lachen darüber. Die Wunder dagegen, die ohne jede natürliche Veranlassung erfolgen, verehren sie als Taten und Zeugnisse der allgegenwärtigen Gottheit. Solche Wunder sollen dort häufig vorkommen, und zuweilen in wichtigen und zweifelhaften Fragen flehen sie darum in großer Zuversicht durch öffentliches Bittgebet, und zwar mit Erfolg.

Die Betrachtung der Natur und das daraus entspringende Lob des Schöpfers halten sie für eine Gott wohlgefällige Form seiner Verehrung. Doch gibt es auch solche Gläubige, und gar nicht wenige, die aus religiösen Gründen alle geistige Arbeit vernachlässigen, sich nicht im geringsten um die Erkenntnis des Zusammenhanges der Dinge bemühen und sich überhaupt keinerlei Muße gönnen; nur durch praktische Tätigkeit und Pflichterfüllung gegen die Mitmenschen in guten Werken, behaupten sie, könnten wir der künftigen Seligkeit nach dem Tode näherkommen. Daher pflegen die einen Kranke, die anderen bessern Wege aus, reinigen Kanäle, stellen Brücken wieder her, stechen Rasen aus, schaufeln Sand und graben Steine aus, zerspalten und zersägen Bäume, karren Holz, Getreide und anderes in die Städte, kurzum, sie benehmen sich wie Diener, ja dienstbarer als die Sklaven, nicht bloß zu gemeinnützigen Zwecken, sondern ebenso gegenüber Privatleuten. Denn was es nur irgendwo an mühsamer, schwieriger und schmutziger Arbeit gibt, von der die meisten Mühe, Ekel oder Verzagtheit zurückschreckt, die nehmen sie freiwillig und heiteren Sinnes gänzlich auf sich. Anderen Leuten verschaffen

sie so behagliche Muße, sie selber stecken beständig in Arbeit und Plage. Und doch rechnen sie es niemandem an, schimpfen nicht auf die Lebensweise der anderen und rühmen sich nicht ihrer eigenen. Je mehr diese Leute sich als Sklaven aufführen, desto größere Ehre wird ihnen allgemein erwiesen.
[...]
[...] Da die Religion ja dortzulande zwar nicht bei allen dieselbe ist, aber doch in allen, freilich verschiedenen und vielfachen Formen auf die Verehrung der göttlichen Natur als das einheitliche Ziel trotz Verschiedenheit der Wege hinausläuft, so sieht und hört man in den Tempeln auch nichts, das nicht für alle Religionsformen gemeinhin passend erschiene. Was etwa der einzelnen Kultusgemeinschaft eigentümlich ist, das besorgt jeder einzelne innerhalb der vier Wände seines Hauses. Den öffentlichen Kult dagegen verrichten sie in einer Form, die keiner Religion in ihren Besonderheiten zu nahetritt. So erblickt man denn kein Götterbild im Tempel, damit es jedem unbenommen bleibt, in welcher Gestalt er sich Gott in der glühendsten Verehrung vorstellen will. Sie rufen Gott unter keinem Sondernamen an, sondern nur als Mythras, also mit dem Ausdruck, der für sie alle das all-eine Wesen der göttlichen Majestät bezeichnet, mag man dieses nun so oder so auffassen. Es werden auch keine Gebete abgefaßt, die nicht jeder einzelne ohne Verletzung seiner Sonderreligion aussprechen könnte. Im Tempel also kommen sie an den Endfesttagen abends noch nüchtern zusammen, um Gott für das glücklich vollbrachte Jahr oder den Monat, dessen letzter Tag dieser Feiertag ist, Dank zu sagen. Am nächsten Tage, der ja ein Anfangsfesttag ist, strömt das Volk morgens in den Tempel zusammen, um für das kommende Jahr oder für den Monat, den sie mit dieser Feier eröffnen, Glück und Heil zu erbitten. Aber an den Endfesten, ehe sie zum Tempel gehen, fallen zu Hause die Ehefrauen ihren Männern, die Kinder ihren Eltern zu Füßen und beichten ihnen, was sie gesündigt haben, sei es durch eine Tatsünde oder durch fahrlässige Pflichterfüllung, und bitten um Verzeihung für ihren Fehler. So wird jedes Wölkchen häuslichen Zwistes, das etwa am Himmel aufgestiegen war, durch solche Abbitte verscheucht, so daß die Utopier mit reinem und frohgestimmtem Herzen dem Gottesdienst beiwohnen können. Sie haben nämlich eine Scheu, mit verstörtem Gemüt dabei zu sein; und wenn sie sich bewußt sind, Haß oder Zorn gegen jemanden zu hegen, gehen sie deshalb nicht zum Gottesdienst, ehe sie sich nicht versöhnt und von den Leidenschaften gereinigt haben, aus Furcht vor schneller und schwerer Strafe.
[...]
[...] In diesen Gebeten ruft sich ein jeder Gott als den Urheber der Schöpfung und Regierung und aller anderen Güter der Welt ins Gedächtnis und sagt für zahllose empfangene Wohltaten Dank, vor allem aber dafür, daß er durch

Gottes Güte im glücklichsten aller Staaten zur Welt gekommen ist und Anteil an der Religion haben darf, die, wie er hoffen darf, die meiste Wahrheit besitzt. Sollte er sich darin irren oder sollte es in beider Hinsicht etwas Besseres geben, das auch Gott besser gefällt, so bitte er, seine Güte möge es ihn erkennen lassen. Denn er sei bereit, Gott zu folgen, wohin er auch von ihm geführt werde. Sollte aber diese Staatsform die beste und seine Religion die richtigste sein, dann möge Gott ihm Beständigkeit darin verleihen und auch alle anderen Menschen zu derselben Lebensweise und Gottesanschauung bekehren, falls es nicht sein unerforschlicher Wille sei, sich an dieser Mannigfaltigkeit der Religionen zu erfreuen. Endlich betet der Andächtige, Gott möge ihn nach einem leichten Tod in sein Reich aufnehmen; wie bald oder wie spät, das wage er freilich nicht vorauszubestimmen; immerhin, soweit es ohne Verletzung der göttlichen Majestät geschehen könne, würde es ihm viel mehr am Herzen liegen, selbst den schwersten Tod zu erleiden, um bald zu Gott zu kommen, als durch ein noch so glückliches Leben länger von ihm ferngehalten zu werden. Nach diesem Gebete werfen sie sich abermals zu Boden, erheben sich bald darauf wieder und gehen zum Mittagessen. Den Rest des Tages verbringen sie mit Spielen und militärischen Übungen.

Juan Luis Vives (1492–1540)

Ein weiterer Humanist von gesamteuropäischer Bedeutung ist *Juan Luis Vives*. Er stammte aus Spanien, wo er 1492 in Valencia geboren wurde. Seine Familie war jüdischer Abstammung. Vives lernte durch diesen Umstand schon früh kennen, was religiöse Intoleranz bedeutete. Sowohl seine Eltern als auch etliche Verwandte erlitten wegen eines angeblichen Rückfalls in ihre frühere Religion die Verfolgung durch die Inquisition. Möglicherweise auch deshalb lebte er seit seiner Studienzeit, die er in Valencia begonnen und in Paris fortgesetzt hatte, nicht mehr in seiner Heimat. Den größten Teil seines Lebens verbrachte er in Brügge. Unterbrechungen dieses Aufenthaltes hingen von den beruflichen Angeboten ab, die Vives als Pädagoge, Philologe und freier Schriftsteller erhielt. So begegnet man ihm als Erzieher von Fürstenkindern in Brüssel (1516) und in London (1526–1528), als Sprachlehrer in Löwen (1521–1523) und am Corpus Christi College in Oxford (1523–1525) sowie als Berater am Hof des Herzogtums Nassau in Breda (1537–1539). Entscheidend für seinen geistigen Werdegang wurde die Begegnung mit großen Humanisten seiner Zeit, unter anderen mit Erasmus von Rotterdam, Guillaume Budé und Thomas More. Letzterer brachte ihn für einige Jahre nach England (1523–1528), wo er nicht nur unterrichtete, sondern zugleich Berater der Königin Katharina sowie ihrer Tochter, der späteren Königin Maria, wurde. Hier erlebte er noch einmal die Auswüchse religiöser Intoleranz. Im Zuge der Gründung der anglikanischen Kirche durch die Ehescheidungsaffäre Heinrichs VIII. mußte er England verlassen und stürzte dadurch in große Armut. Wirtschaftlich und gesundheitlich zerrüttet starb er mit 48 Jahren am 6. Mai 1540 in Brügge. Er hinterließ ein großes Oeuvre, das theologische, philosophische, philologische, pädagogische, sozialkritische und politische Schriften umfaßt. Wie alle Humanisten gab auch er klassische Texte heraus. Unter ihnen ist besonders die auf Bitten des Erasmus edierte kritische Ausgabe des „Gottesstaates" (*De civitate Dei*) von Augustinus 1522 in Basel zu nennen.

Für den Toleranz-Gedanken wurde vor allem die 1529 publizierte Schrift *De concordia et discordia in humano genere* (*Über Eintracht und Zwietracht im Menschengeschlecht*) von Bedeutung. Mit ihr stellt sich Vives in eine Linie mit Werken wie *De pace fidei* (1453) von Nikolaus von Kues, *Adagio dulce bellum inexpertis* (1515), *Institutio principis christianis* (1516) und *Querela pacis* (1517) von Erasmus von Rotterdam sowie *Krieg Büchlin des Friedes* (1539) von Sebastian Franck. Ihr Anliegen ist wie jenen ein doppeltes – ein *konkretes* und ein grundsätzliches: Ein *konkretes*, sofern es einen philosophisch-theologischen Beitrag zur Schaffung des Friedens in der von Kriegen und gegenseitigen Verfolgungen geprägten Zeit des frühen 16. Jahrhunderts leisten will. Ein *grundsätzliches*, sofern es sich um den Nachweis bemüht, daß Frieden nicht nur ein gesellschaftlich-politischer Zustand ist, der sein kann oder auch nicht sein kann, sondern zum einen die Voraussetzung dafür, daß Menschsein überhaupt gelingen kann, und zum anderen ein Wert, auf den der Mensch *kraft seines Wesens* verpflichtet ist. Frieden ist mit anderen Worten die *conditio humana* schlechthin, von deren Verwirklichung nichts Geringeres als das Gelingen der Schöpfung, die nach christlicher Überzeugung auf den Menschen hinzielt, abhängt. Vives bietet demnach in seiner Schrift kein politisches Gelegenheitswerk, sondern eine fundamentale Anthropologie, Ethik, Pädagogik und Gesellschaftslehre. Womit nicht gesagt ist, daß er sich dabei in die bloße Theorie verlieren würde. Keineswegs, Vives scheut sich nicht, die gesellschaftlichen und kirchlichen Mißstände seiner Zeit anzuprangern und heiße Eisen anzupacken. Ein Beispiel für Letzteres ist die Erwähnung der Indianer, von denen man 1529 erst seit wenigen Jahrzehnten überhaupt wußte. Vives anerkennt sie, was damals keine

Selbstverständlichkeit war, als Menschen und fordert daher auch ihnen gegenüber eine friedvolle Gesinnung. Es ist gut möglich, daß sich wenige Jahre später Bartolomé de Las Casas (1474–1566) bei seiner Verteidigung der Indios auf Vives bezog.

Das Gebot der Liebe

Juan Luis Vives: Über Eintracht und Zwietracht im Menschengeschlecht (Buch 4, Kapitel 12; Auszug)
Zu Anfang hatte die Natur alle vereint, aber die Schlechtigkeit trennte sie. Von neuem suchten die Menschen allerlei Formen der Wiedervereinigung. Zum Beispiel die Gemeinschaft durch Bürgerrechte, durch die Religion, durch Blutsbande und Verwandtschaftsverhältnisse, durch Verträge und Bündnisse, durch Ämter, Stände und Genossenschaften. Aber die Bande, die die einen zusammenhielten, trennten die anderen. So dachten die, die in einer Stadt vereint waren, daß sie wie durch Mauern umzäunt von anderen Städten getrennt wären. Die, die sich in derselben Religion fanden, waren von denen, die eine andere hatten, getrennt. Auf diese Weise war der Heide dem Juden durch die jeweils eigenen Anschauungsweisen und Gebräuche fremd. Der Grieche war vom Barbaren durch die Angehörigkeit zu einer Stadtgemeinde getrennt. Der Athener vom Spartaner durch die Bürgerrechte. Der Einwohner Iberiens war mit jenem Italiens durch ein Bündnis verbunden, das ihn gleichzeitig vom Karthager entzweite. All dies haftete dem menschlichen Geschlecht durch die Schuld des alten Adam an. Der neue Adam jedoch, frei von jeglicher Sünde und durch Gott vom Himmel her gesandt, zerstörte alle Kreise, alle Trennungen und Grenzen, stellte den Menschen wieder in seiner ursprünglichen und eigentlichen Natur her, damit, wenn er selbst Vater und Fürst aller sein und durch sein Blut erwirkt haben wird, daß alle Menschen derselben Stadt, derselben Religion und derselben [Vorstellung über die] Glückseligkeit anhängen, die menschlichen Unterscheidungen aufhören, und wir alle eine neue und einzige Schöpfung sind, in der es keine Unterschiede durch Volkszugehörigkeit, Abstammung, Stand und Vermögen mehr gibt, sondern nur mehr Glieder eines einzigen Körpers, verbunden durch ein einziges Wohlwollen und ein einziges Empfinden.
Da Christus unter den Seinen, die bereits der Sklaverei der Ungerechtigkeiten und Sünden entrissen waren und wieder in der Gnade des Vaters standen, nur dies erwirken wollte, sah er, daß er eben das nur dadurch leicht erreichen konnte, daß alle Menschen zueinander Liebe fänden und ihr Dasein überein-

stimmend in dieser Gemeinsamkeit des Lebens gestalteten. Deshalb stellte Gott nur ein Gebot auf, um seine Vergebung zu erlangen, nämlich, *daß wir uns gegenseitig lieben*. Die menschliche Philosophie kennt viele Prinzipien, das Heidentum viele Gesetze, Mose zahllose Zeremonien, Gebote und Vorschriften. Derjenige, der nicht liebt, braucht viele Regeln, Gebote, Grundsätze, Gesetze, Drohungen, Abschreckungen oder Verlockungen, um rechtschaffen handeln zu wollen, und dieses wurmzerfressene Gewebe bedarf obendrein ständig vieler Ausbesserungen. Wo jedoch die Liebe anwesend ist wie ein Feuer, das alles Schadhafte und Zerstörte verbrennt und reinigt, nimmt sie die Stelle aller nur vorstellbaren Gesetze ein.

Deshalb sind die einzigen Worte Gottes, der allwissend ist und alles mit der größten Selbstverständlichkeit erreicht, kurz, aber von höchster Kraft und Wirkung: *Das ist*, sagt Christus, *mein Gebot, daß ihr euch gegenseitig liebt*. Nachdem er das gesagt hatte, erhob sich wie ein Gesang, der von einem Vorsänger angestimmt worden ist, ein wunderbares Konzert all jener, die ihm nachfolgten und die nichts anderes als Liebe, Güte, Wohlwollen, Friede und Eintracht verkündeten. Was sonst sind die Evangelien, die Schriften der Apostel und der heiligen Väter, wenn nicht Ausrufe der Liebe, Aufrufe zur Liebe, ein loderndes, zugleich aber überaus heilsames, den Himmlischen ähnliches Feuer? Das befiehlt, das will Gott, daß der Mensch den Menschen allein durch die Tatsache, daß er Mensch ist, liebt, daß er somit weder auf die Rasse, den Stand, noch auf irgendwelche anderen Dinge außer auf das Menschsein und auf Gott blickt. Die, die diesem Gebote folgen, sind genau die Israeliten Gottes, die vom Herrn geliebt werden. *Mit ihnen ist*, wie der heilige Paulus sagt, *der Friede*. Der Jude liebte seinen jüdischen Bruder, war aber durch die Gebote seiner Religion so weit von den Heiden entfernt, daß seine Lehrer nicht einmal zögerten hinzuzufügen, daß der Feind mit Haß zu verfolgen sei. Unser Herr, als Vater aller Menschen, der alle mit der Liebe eines Vaters umarmt, versöhnt jedoch alle mit allen, wie Brüder unter sich. Und auf diese Weise will er, daß wir für alle dasselbe Empfinden haben, das er selbst empfunden hatte, er, der für alle kam und, soweit er vermochte, alle wieder zur Rettung und zum Leben lenkte: Freunde, Feinde, Verwandte, jene aus demselben Stamm, jene aus derselben Gemeinde, jene aus demselben Dorf, die Fremden, sofern man überhaupt sagen konnte, daß etwas dieser Natur, die alles umfaßt, fremd sein konnte.

Wenn man Sokrates fragte, woher er sei, antwortete er: *Ich bin von dieser Welt*. Dasselbe antworteten Anaxagoras, Demokrit und Diogenes. Kann es nun sein, daß diese Männer, die bloß ein schwaches Licht durch eine ganz enge Ritze wahrnahmen, alle Menschen als ihre Mitbürger sahen, derjenige jedoch, der weiß, daß wir alle einen gemeinsamen Vater haben, der auf die Er-

Humanismus

de niederkam, um Gott mit den Menschen und diese unter sich zu versöhnen, dies nicht tut? Deshalb wird der Christ denen, die außerhalb der Kirche und der Gemeinschaft der Gnade des Leibes Christi stehen, kein Unheil, den Tod oder Unglück wünschen. Ist es nicht barbarisch zu denken, daß das wahrhafte Wesen des Christentums genau darin bestehen soll, die Türken oder andere Araber leidenschaftlich zu verachten? Beziehungsweise daß sich derjenige, der viele von ihnen tötet, als Märtyrer betrachten dürfte, als ob das nicht der grausamste und perverseste Räuber besser könnte?

Man muß die Türken lieben, weil sie Menschen sind, und jene, die den Worten *Liebet eure Feinde* folgen wollen, müssen sie so lieben, daß wir, was der wahrhaftigen Liebe eigen ist, gute Wünsche für sie hegen und ihnen das einzige und höchste Gut wünschen, nämlich die Erkenntnis der Wahrheit. Diese erhalten sie niemals durch unsere Beleidigungen und Verfluchungen, sehr wohl aber auf die Art und Weise, in der wir sie erlangt haben, nämlich durch die Hilfe und Güte der Apostel, d.h. durch Argumente, die der menschlichen Natur und Vernunft entsprechen, durch guten Lebenswandel, durch Mäßigung und Zurückhaltung, sowie durch untadeliges Verhalten, so daß wir selbst die ersten sind, die durch unsere Werke bezeugen, was wir lehren und fordern, und auf keinen Fall durch unser schlechtes Beispiel ihren Glauben an unsere Worte erschüttern. Dieses Empfinden und diese Haltung werden wir nicht nur gegenüber den Gottlosen haben, die uns keinen Schaden zufügen, sondern vielmehr auch gegenüber jenen, die uns verfolgen und Leid zufügen. So fordern es das Naturgesetz, die Gebote Christi, die Nachfolge des himmlischen Vaters und unsere eigenen Interessen. Denn gibt es etwas, das mit dem Wesen und den Gesetzen der Natur übereinstimmender ist als die Tatsache, daß sich jeder Mensch gegenüber den anderen so verhalten solle, wie er selbst von den anderen behandelt werden möchte? Wir möchten aber sogar von jenen, die wir zu Tode hassen, geliebt werden, und wollen, daß sie uns unsere Schlechtigkeit mit Wohlwollen abgelten. Wir gehen sogar so weit, uns darüber zu beschweren, daß wir genau von denen, die wir zutiefst hassen, Beleidigungen erfahren und von ihnen nicht so behandelt werden, wie wir es von guten Freunden erwarten. Wenn wir also unser Verhalten überdenken, so verletzen wir, indem wir uns anderen gegenüber nicht auf dieselbe Weise verhalten [wie uns selbst gegenüber], zweifelsohne das Recht und die Gesetze der Natur. Um uns zusätzlich davon zu überzeugen, bietet uns Christus nicht die menschliche Weisheit als Vorbild an, sondern die göttliche Natur, die nichts haßt und allen wohltut, sogar den ärgsten Feinden.

Nun wird vielleicht jemand einwenden: Ein zu hochgestelltes Vorbild ist schwierig nachzuahmen für die menschliche Schwäche. Wenn es aber das Ziel unserer Bestrebungen ist, die ewige Glückseligkeit zu erlangen, was

Humanismus

nichts anderes heißt, als sich mit Gott zu vereinen und mit ihm eins zu werden, so mußt du ihm, um dich mit ihm vereinen und mit ihm eins werden zu können, zuerst ähnlich werden. Denn erwartest du etwa, mit Gott eins zu werden, wenn es so große Unterschiede im Willen, im Geist, im Fühlen und im Handeln gibt? Allerdings wird uns nur die Liebe mit ihm vereinigen, denn was seine Macht, seine Weisheit und seine unendlichen Werke anbelangt, so kannst du ihm nicht ähnlich werden. Allein mit der Liebe erreichst du Gott. Wenn er also so unendlich und ausufernd liebt, daß er Freunde und Feinde gleichermaßen liebt, über Gute und Böse diese seine Sonne, von der so viele Wohltaten ausgehen, scheinen läßt, seinen Regen auf die Felder sowohl der Gerechten als auch der Ungerechten ergießt, damit sie Getreide und Nahrung hervorbringen, wirst du dann im Gegensatz dazu dermaßen gering und niedrig lieben, daß du dich nur deinen Freunde zuwendest, so wie es die Gottlosen beziehungsweise die ruchlosen und verbrecherischen Menschen tun? Worauf gründest du jedoch deine Hoffnung, daß du seine göttliche Natur nachahmst und ihr ähnlich wirst, so daß du dich mit ihm zur ewigen Glückseligkeit vereinigen kannst?

Es ist das, was Christus, seine Apostel und Märtyrer taten, denn sie wußten, daß es nichts gibt, was der Majestät des allmächtigen Gottes näher ist und daß, sobald sie jene Nähe eingenommen hatten, der Schritt zur Vereinigung mit der Göttlichkeit ein kleiner sein würde. Wo sind hingegen jene, die sagen, es sei großartig und schön, nicht zu verzeihen, sich an seinem Feind zu rächen, zornerfüllt zu sein und bis zum Haß zu gehen, ganz im Sinne der griechischen Redensart *der Zorn des Menschen ist süßer als der Honig*, es ist angenehm, sich an jenem, der zuerst Schaden angerichtet hat, zu rächen? Welch außerordentliche Dummheit! Kann etwa irgend etwas schöner und großartiger sein als das, was der überirdischen Natur Gottes ähnlich ist und ihr nahe steht? Seine Natur ist Quelle, Ursprung, Vorbild, Norm und Maß aller schönen, großen und bewundernswerten Dinge. Was jedoch gibt es in Wahrheit, das ihm mehr zu eigen wäre als Erbarmen, Verzeihung, Güte und überbordende Großzügigkeit sogar gegenüber den Feinden und Undankbaren? [...]

Was werden wir also über die Tatsache sagen, daß der Christ seine Feinde und Verfolger nicht anders betrachtet als der starke Mann seine Arbeiten und den wahren Grund seines Ruhmes sieht? Warum eigentlich, sagt Cicero, sollte Milo den Clodius, der Ursprung und Grund seines Ruhmes war, hassen? Glauben wir etwa, daß der Mensch mit der Verfolgung von Menschen etwas erreicht? Wie wichtig und wie erstrebenswert ist dem gegenüber dieser Tausch, den Haß der Menschen geduldig zu ertragen, um so die Gnade und die besondere Zuwendung des allmächtigen und höchsten Gottes zu erlangen. Als der heilige Paulus vom Stachel seines Fleisches, mehr als ihm lieb war, gepeinigt wurde, bat er den Herrn dreimal, ihn von diesem zu befreien. Er erhielt von ihm bekanntlich die Antwort: *Meine Gnade muß dir genügen, denn die Tugend vervollkommnet sich in der Schwäche.* Als er das hörte, zögerte er nicht weiter und betrachtete seine Schwächen von nun an anders, nämlich als einen Magneten und eine Anziehung des göttlichen Wohlwollens, und zwar in jenem Ausmaß, in dem sie ihm gut taten, das heißt in den Besitz eines so großen Gutes kommen ließen. Wie sollte er seine Schwächen hassen, von denen er sagt, daß er stolz auf sie sei, als er sah, daß sie ihm Zutritt zur göttlichen Gnade verschafften? Sind in jedem von uns die Schwächen und Stacheln des eigenen Fleisches nicht abscheulicher als die äußeren Feinde? Er jedoch haßt sie nicht, vielmehr nimmt er sie mit Gefallen und Freude auf, wie Werke, auf die eine unvorstellbare Belohnung wartet.

Wird er nun die Menschen hassen, wenn er weiß, daß für ihre Förderung und Liebe eine so große Belohnung vorgesehen ist, und daß umgekehrt eine ebenso große Strafe wartet, sobald er sie haßt, sie ablehnt und ihnen feindlich begegnet? In Wahrheit soll sich auch niemand zu viel anmaßen beziehungsweise sich übersteigert dem Haß der Laster – nicht dem Haß der Menschen – hingeben, damit dabei nicht die Grenze des Notwendigen überschritten wird. Auf keinen Fall nämlich dürfen Menschen unter dem Vorwand gehaßt werden, daß [nicht sie, sondern] die Laster gehaßt würden, nur weil bei dieser Unterscheidung mit zu wenig Rücksicht und Verstand vorgegangen wurde. Diesbezüglich sind gutes Urteil und Klugheit entschieden gefordert, und jenen, die dies nicht haben, sei angeraten, nicht den Haß auf die Laster der Menschen zu richten, sondern sich dieser selbst zu erbarmen und ihnen in der naturbedingten Schwäche die Zuneigung zuzuwenden, derer sie selber bedürftig sind.

Mystik / Spiritualität

Einleitung

Zwischen der Theologie als rationaler Auslegung eines Glaubens und der Spiritualität als Ausdruck eines konkreten Lebens aus dem Glauben klaffen in der Geschichte aller drei monotheistischen Weltreligionen immer wieder erhebliche Unterschiede. Damit ist nicht ausgeschlossen, daß sich in den maßgebenden Gestalten dieser Religionen oft theologisches Wissen und tief spirituelles Leben vereinigen. Daß diese Einheit jedoch keine Selbstverständlichkeit ist, zeigt zum einen die Skepsis, ja Ablehnung, auf welche die wissenschaftliche Beschäftigung mit den Inhalten der jeweiligen Offenbarungen gelegentlich gestoßen ist, zum anderen aber auch die Forderung nach einer Ergänzung der theologisch-philosophischen Spekulation durch eine existentiell überzeugende Spiritualität. Insofern überrascht es nicht, daß die Wege, die in diesen beiden Bereichen zur Toleranz führten, unterschiedlich verlaufen sind und auf der Basis verschiedener Argumentationen verfolgt wurden. Ebensowenig ist es verwunderlich, daß der Durchbruch zur ausdrücklichen Forderung nach Toleranz in den beiden Bereichen zu verschiedenen Zeiten eingesetzt hat und dann auch noch mit unterschiedlichem Nachdruck postuliert wurde. Immerhin handelt es sich um zweierlei Paradigmen der Wirklichkeitsbewältigung: einmal um Wissenschaft, das andere Mal um ein religiöses Bekenntnis, das nicht aus Theorie, sondern aus konkreter Lebenserfahrung heraus spricht.

Um den Weg der Spiritualität zu begreifen, empfiehlt es sich, bei ihrer höchsten Form, bei der Mystik anzusetzen. Dies nicht nur deshalb, weil erwiesenermaßen jene Bewegungen und Gestalten der Spiritualität, die zur Toleranz hingedrängt haben, aus der Mystik entsprungen sind, sondern auch deshalb, weil sich an der Mystik die spezifische Argumentation der Spiritualität für die Toleranz am besten sichtbar machen läßt.

Mystik / Spiritualität

Mystik als die uneingeschränkteste und unmittelbarste Form jenes „Kostens" und „Sehens" Gottes, von dem Psalm 34 (Vers 9) spricht, hat freilich auf den ersten Blick wenig mit Toleranz zu tun. Zum einen nämlich gibt es streng genommen nicht ‚die' Mystik, sondern allemal nur konkrete Realisierungen von Mystik: jüdische Mystik, christliche Mystik, islamische Mystik usw. Dem entsprechend existiert keine jüdische Mystik ohne Wörtlichnahme der Tora bzw. ihrer Auslegungen, der Halacha und der Agada, keine christliche Mystik ohne Nachahmung Jesu (*imitatio Christi*) und Bezugnahme auf das Neue Testament und keine islamische Mystik (keinen Sufismus) ohne Durchbuchstabierung des Koran. Mystik scheint somit immer religionsspezifisch und nicht religionsverbindend zu sein. Zum anderen tritt Mystik fast nie religionssprengend auf. Zwar wird sie immer wieder als solche empfunden und seitens orthodoxer Gläubiger verfolgt, und zweifellos strebt sie in der Regel eine existentielle Verursprünglichung des Glaubens an, aus dem sie erwächst, doch so gut wie nie zielt sie darauf ab, den eigenen Glauben, dem sie entstammt, zu verlassen. Dennoch gibt es zwei Gründe, warum jede Mystik von Hause aus Voraussetzungen für Toleranz mit sich bringt, ja im Grunde „immer tolerant ist" (Carsten Colpe).

Zum Ersten findet die unmittelbare Gotteserfahrung, auf die sich die Mystiker und Mystikerinnen berufen, primär im Inneren des Menschen, genauer im Inneren der Seele statt. Dieses Innere der Seele eignet jedoch *jedem* Menschen, nicht nur dem Erleuchteten oder dem spezifisch Gläubigen. Die prinzipielle Möglichkeit einer unmittelbaren Begegnung ist mit anderen Worten *allen* Menschen *gleichermaßen* gegeben. Zum Zweiten stellt die mystische Begegnung mit Gott, besonders das ekstatische Einswerden mit ihm, keine Leistung des Menschen dar, sondern ist allemal eine Gnade Gottes, d.h. einzig und allein durch diese bedingt und verwirklicht. Wenn demnach Gott in dieser Weise unmittelbar erfahren wird, so hat nicht ein Mensch aus eigenem Streben und Bemühen etwas erreicht, sondern dann ist in ihm jene Gnade durchgebrochen, in der sich Gott dem Menschen als solchem immer schon genähert hat und nähert. Daraus folgt wiederum zweierlei: Zum einen ist *jeder* Mensch *gleich unmittelbar* zu Gott. Hierin gibt es zwischen den Menschen keinerlei Unterschiede. Zum anderen ist es offensichtlich der Wille *Gottes*, dem Menschen *in dieser Weise* nahe zu sein. Er selbst durchstößt damit die Grenzen der Religionen und Konfessionen. Er selbst ist durch die Form seiner Anwesenheit in jedem Menschen die erste Forderung nach Toleranz.

Diese Überzeugung der Mystik findet ihre Bestätigung in einem Argument, das aus jener philosophischen Tradition stammt, die das jüdische,

❖ Mystik / Spiritualität

christliche und islamische Denken gleichermaßen geprägt hat – aus der neuplatonischen Philosophie, die im 3. Jahrhundert bei Plotin (203/4–269/70) ihren ersten klassischen Ausdruck gewinnt. Das Argument lautet: Wenn Gott jenes vollkommene Wesen ist, über das hinaus nichts Vollkommeneres gedacht werden kann (*id ipsum quo maius cogitari non possit*), das in diesem Sinne unendlich und absolut ist, so kann er nicht nur *jenseits* der Welt als dem Bereich des Endlichen und Geschaffenen sein, er muß vielmehr auch *in* der Welt sein. Angenommen nämlich, er wäre nur jenseits der Welt und nicht ebenso in dieser, so wäre er selbst endlich, denn damit würde er an etwas grenzen bzw. an ein Ende stoßen, jenseits dessen nicht er, sondern etwas Anderes wäre. Es verlöre auf diese Weise seine Un-Endlichkeit und seine Absolutheit, weil er etwas gegenüberstünde, das außerhalb seiner wäre und eine Kluft zwischen ihm und jenem Anderen errichtete. Da dies nicht sein kann, weil Gott sonst nicht mehr Gott wäre, muß gefolgert werden, daß er sowohl außerhalb als auch innerhalb der Welt ist. In einer Formulierung des christlichen Mystikers Meister Eckhart (um 1260–1328): „Gott ist in allen Dingen. Je mehr er in den Dingen ist, umso mehr ist er außerhalb der Dinge; je mehr drinnen, umso mehr draußen, und je mehr draußen, umso mehr drinnen."

Eckhart spricht mit seiner Redeweise von den „Dingen" zusätzlich etwas an, was für die Argumentation in Richtung Mystik und Spiritualität nicht weniger wichtig ist. Es fragt sich nämlich, *wie* Gott in der Welt ist. Offensichtlich kann dies wiederum nicht so vorgestellt werden, daß sich Gott in den einzelnen Bestandteilen der Welt aufteilte, sozusagen portionalisierte, oder irgendwo mehr und irgendwoanders weniger anwesend wäre. Eine solche Vorstellung würde ihn abermals verendlichen, weil er sich damit teilte und durch die Teilung Grenzen – Endlichkeiten – an sich selbst erzeugte. Kann dies erneut nicht der Fall sein, weil es dem Wesen Gottes widersprechen würde, so muß geschlossen werden: Gott ist in allem – „in allen Dingen" – jedesmal *als Ganzer*. Wird dieser Gedanke schließlich auf den Menschen bzw. auf die menschliche Seele angewandt, so folgt daraus, daß Gott in jedem Menschen als Ganzer anwesend ist und nicht im einen mehr und im anderen weniger. Daher gilt für den Bagdader Sufi Dschunaid (gest. 910), was für alle Mystiker gilt: „Wer sich selbst kennt, der kennt seinen Herrn." Ja mehr noch: *Gott* – nach der bekannten Formel des Augustinus (354–430) *mir innerlicher als ich mir selbst je sein kann* (*Deus interior intimo meo*) – wird trotz, besser: *in* all seiner Transzendenz identisch mit menschlichem Ich. In diesem Sinne kann ein Sufi um das Jahr 900 behaupten, daß „nur Gott das Recht

Mystik / Spiritualität

hat, Ich zu sagen", und der iranische Mystiker Husain Ibn Mansur al-Halladsch (um 858–922) in arabischen Versen beten: „Es hat mein Geist gemischt sich mit dem Deinen / wie Wein vermischt mit klarem Wasser sich. / Wenn etwas Dich berührt, rührt es auch mich an, / denn immer bist und überall Du ich."

Wie weit all diese Positionen an die Schwelle von Toleranz führen können, illustriert ein Gedicht des islamischen Mystikers Muhyiddin Ibn Al-'Arabi (1165–1240), der aus Spanien (Murcia, Sevilla) stammte und um 1201 nach Mekka pilgerte, wo ihm Visionen zuteil wurden, die er in seinem Buch *Al-Futuhat Al-Makkiya* (*Die Mekkanischen Offenbarungen*) niederschrieb, dann über Kairo, Konya (Türkei) und Bagdad nach Damaskus zog, wo er zum Teil hoch verehrt, zum Teil aber auch als Ketzer verfemt bis zu seinem Tod lebte:

„Mein Herz ist für jede Form aufnahmefähig geworden.
Es ist daher ein Weideplatz für indische Weisheit,
Ein Kloster für christliche Mönche.
Ein Tempel für Götzen,
Eine Ka'ab für einen muslimischen Pilger,
Die Gesetzestafeln der Tora
Und die Buchrolle des Koran.
Ich hänge in der Religion der mystischen Liebe an.
Wohin auch immer deren Kamele ihren Weg nehmen!
Die ist meine Religion und mein Glaube!"
(Zitiert bei K.-J. Kuschel: Vom Streit zum Wettstreit der Religionen, Düsseldorf 1998, 293)

Deutsche Mystik

Zumindest die Mystiker selbst sprechen nicht ausdrücklich von Toleranz. Ihr ganzes Sinnen und Trachten gilt der Vereinigung mit Gott. Was daraus zu schließen ist, daß es nach ihrer Überzeugung eine Möglichkeit derselben für *jeden* Menschen gibt, egal welcher Religion oder Weltanschauung er anhängt, erläutern sie nicht selbst. Das geschieht erst durch spirituelle Bewegungen, die sich durch ihre Predigten, Traktate, Briefe und sonstigen Aufzeichnungen inspirieren lassen. Dennoch ist es wichtig, dieses Fundament zu kennen. Deshalb empfiehlt es sich, in diesem

❖ Mystik / Spiritualität

Abschnitt mit zwei Texten aus der mittelalterlichen deutschen Mystik der ersten Hälfte des 14. Jahrhunderts zu beginnen, deren Grundgedanken nachweislich zu jenen Männern und Kreisen führt, die im Zuge der Reformationszeit unverhohlen den Ruf nach einer Schonung der Häretiker und damit den Ruf nach einer Achtung der Gewissens- und Religionsfreiheit, d.h. den Ruf nach Toleranz erhoben haben. Autor des einen Textes ist der bereits zitierte Meister Eckhart, Autor des zweiten Johannes Tauler.

Meister Eckhart (um 1260–1328)

Meister Eck(e)hart (um 1260–1328) stammte aus Thüringen, wo er in Hochheim bei Erfurt oder in Gotha um 1260 geboren wurde. Schon in jungen Jahren erfuhr er eine starke Förderung durch den Dominikanerorden, in den er eingetreten war. Nachdem man ihn zum Studium nach Köln geschickt hatte, sandte man ihn 1293/4 zum Studium der Sentenzen nach St. Jacques in Paris, in die damalige geistige Metropole Europas. Nach einem Priorat in Erfurt und einem Vikariat in Thüringen versetzte man ihn um 1300 wiederum nach Paris zum Erwerb des Magisteriums. Gleich darauf wählte ihn 1303 das Erfurter Ordenskapitel zum ersten Provinzial der sächsischen Dominikanerprovinz. Vier Jahre später übertrug man ihm gleichzeitig das Amt eines Generalvikars der böhmischen Provinz. 1310 hätte er Provinzial der süddeutschen, alemannischen Ordensprovinz werden sollen. Doch das Generalkapitel von Neapel entsandte Eckhart neuerlich nach Paris, wo er an seinem lateinischen Philosophie-Werk zu schreiben begann. Spätestens ab 1314 wirkte er bis 1322 als Prediger in etlichen Frauenklöstern in Straßburg. Den Höhepunkt seiner wissenschaftlichen Laufbahn erreichte er 1323/4 durch seine Berufung auf den ehemaligen Lehrstuhl Albert des Großen in Köln. Hier ereilte ihn aber ein Inquisitionsverfahren, das der damalige Erzbischof von Köln, Heinrich von Virneburg, veranlaßt hatte und das vor allem Sätze aus dem deutschsprachigen Schrifttum als häretisch einstufte. Eckhart appellierte an den Papst und reiste 1327 zu dessen damaliger Residenz nach Avignon. Dort bewirkte er zwar eine Reduktion der Anzahl der inkriminierten Stellen, doch die von Papst Johannes XXII. erlassene Bulle „In agro dominico" vom 27. März 1329 verurteilte immer noch 28 Sätze „ihrem Wortlaut nach" als „häretisch" bzw. als „übel klingend und sehr kühn". Eckhart erlebte diese Verurteilung nicht mehr. Er war bereits 1328, vermutlich in Avignon, gestorben. Das geistige Vermächtnis, das er hinterließ, lebte in seinen Werken fort: Zum einen in einem hochspekulativen philosophischen *Opus*, zum anderen in einem pastoralen, von beachtlicher literarischer Qualität geprägtem Predigt- und Unterweisungswerk, das ihn einerseits umstritten, andererseits aber auch über die Jahrhunderte hinweg zu einem der größten Mystiker des Christentums werden ließ.

„Gott ist allen Kreaturen gleich nahe"

Meister Eckhart: Deutsche Predigten
Predigt 5 (Auszug)
[...] Und alle die Werke, die unser Herr je wirkte, die hat er mir so zu eigen gegeben, daß sie für mich nicht weniger lohnwürdig sind als meine eigenen Werke, die ich wirke. Da nun uns allen sein ganzer Adel gleich eigen und gleich nahe ist, mir wie ihm, weshalb empfangen wir denn nicht Gleiches? Ach, das müßt ihr verstehen! Wenn einer zu dieser Spende kommen will, daß er dieses Gut gleicherweise und die allgemeine und allen Menschen gleich nahe menschliche Natur empfange, dann ist es dazu nötig, daß, so wie es in menschlicher Natur nichts Fremdes noch Ferneres noch Näheres gibt, du in der menschlichen Gesellschaft gleich stehst, dir selbst nicht näher als einem andern. Du sollst alle Menschen gleich wie dich lieben und gleich achten und halten; was einem andern geschieht, sei's bös oder gut, das soll für dich so sein, als ob es dir geschehe.

Predigt 13 (Auszug)
Hast du dich selbst lieb, so hast du alle Menschen lieb wie dich selbst. Solange du einen einzigen Menschen weniger lieb hast als dich selbst, so hast du dich selbst nie wahrhaft lieb gewonnen, – wenn du nicht alle Menschen so lieb hast wie dich selbst, in einem Menschen alle Menschen: und dieser Mensch ist Gott und Mensch. So steht es recht mit einem solchen Menschen, der sich selbst lieb hat und alle Menschen so lieb wie sich selbst, und mit dem ist es gar recht bestellt. Nun sagen manche Leute: Ich habe meinen Freund, von dem mir Gutes geschieht, lieber als einen andern Menschen. Das ist unrecht; es ist unvollkommen. Doch muß man's hinnehmen, so wie manche Leute übers Meer fahren mit halbem Winde und auch hinüber kommen. So steht es mit den Leuten, die den einen Menschen lieber haben als den an-

Mystik / Spiritualität

dern; das ist natürlich. Hätte ich ihn so recht lieb wie mich selbst, was immer ihm dann widerfahre zur Freude oder zum Leide, sei's Tod oder Leben, das wäre mir ebenso lieb, wenn es mir widerführe wie ihm, und dies wäre rechte Freundschaft.

Predigt 27 (Auszug)
[...] Wahrhaftig! wer in solcher Weise getreu wäre, in dem hätte Gott so unaussprechlich große Freude, daß, wenn man ihm diese Freude nähme, man ihm sein Leben und sein Sein und seine Gottheit gänzlich nähme.
Ich sage aber noch mehr – erschrecket nicht! denn diese Freude ist euch nahe und ist in euch! –: Es ist keiner von euch so grobsinnig noch so klein an Fassungskraft noch so weit davon entfernt, daß er diese Freude nicht mit Freude und mit Erkenntnis so, wie sie wahrheitsgemäß ist, in sich finden könnte, noch ehe ihr heute aus dieser Kirche kommt, ja, noch ehe ich heute meine Predigt beendige; er kann's ebenso gewiß in sich finden, erleben und haben, wie Gott Gott ist und ich Mensch bin! Des seid gewiß, denn es ist wahr, und die Wahrheit sagt es selbst. Und das will ich euch dartun mit einem Gleichnis, das steht geschrieben in einem Evangelium.
Unser Herr saß einmal an einem Brunnen, denn er war müde. Da kam ein Weib, die war eine Samariterin, von den Heiden, und sie brachte einen Krug und ein Seil mit und wollte Wasser schöpfen. Und unser Herr sprach zu ihr: „Weib, gib mir zu trinken!" Und sie antwortete ihm und sprach: „Warum heischest du von mir zu trinken? Bist du doch einer von den Juden, ich aber bin eine Samariterin, und unser Glaube und euer Glaube haben keine Gemeinschaft miteinander!" Da antwortete unser Herr und sprach: „Wüßtest du, wer von dir zu trinken heischt und erkenntest du die Gnade Gottes, leichtlich heischtest du von mir zu trinken, und ich gäbe dir von dem lebendigen Wasser. Wer da trinkt von diesem Wasser hier, den wird wieder dürsten; wer aber von dem Wasser trinkt, das ich gebe, den dürstet nimmermehr, und von ihm wird entspringen ein Born des ewigen Lebens." Das Weib merkte auf die Worte unsers Herrn – denn sie ging nicht gern oft zu dem Brunnen – und sprach: „Herr, gib mir zu trinken von diesem Wasser, auf daß mich nicht mehr dürste!" Da sprach unser Herr: „Geh und bring deinen Mann!" Sie aber sprach: „Herr, ich habe keinen Mann." Da sprach unser Herr: „Weib, du sprichst wahr: du hast aber fünf Männer gehabt, und den du nun hast, der ist nicht dein." Da ließ sie Seil und Krug fallen und sprach zu unserm Herrn: „Herr, wer bist du? Es steht geschrieben: Wenn der Messias kommt, den man heißet Christum, der wird uns alle Dinge lehren und wird uns die Wahrheit kund tun." Da sprach unser Herr: „Weib, ich bin es, der ich mit dir spreche", und dieses Wort erfüllte ihr ganzes Herz. Da sprach sie: „Herr, unsere Eltern

beteten unter den Bäumen auf dem Berge, eure Eltern aber aus dem Judenvolk, die beteten im Tempel: Herr, welche von diesen (beiden) beten Gott am allerwahrsten an, und welches ist die (rechte) Stätte? Belehre mich darüber!" Da sprach unser Herr: „Weib, die Zeit wird kommen und ist (schon) jetzt da, da die wahren Anbeter nicht allein auf den Berge oder im Tempel beten werden, sondern im Geiste und in der Wahrheit den Vater anbeten; denn Gott ist ein Geist, und wer ihn anbeten will, der muß ihn anbeten im Geiste und in der Wahrheit, und eben solche Anbeter sucht der Vater" (Johannes 4, 6/24). Das Weib ward so gotterfüllt und von der Fülle Gottes so überfließend und überquellend voll, daß sie anhub zu predigen und zu rufen mit lauter Stimme und alles, was sie mit ihren Augen erblickte, zu Gott bringen und Gottes so voll machen wollte, wie sie selbst erfüllt war. – Seht, dies geschah ihr, als sie ihren „Mann" wieder hatte.

Predigt 28 (Auszug)
[...] Das Leben läßt Lust und Licht besser erkennen als alles, was man in diesem Leben unterhalb Gottes erlangen kann, und in gewisser Weise reiner, als es das Licht der Ewigkeit zu verleihen vermag. Das Licht der Ewigkeit (nämlich) läßt uns immer (nur) uns selbst und Gott erkennen, nicht aber uns selbst ohne Gott. Wo man aber nur sich selbst im Blick hat, da nimmt man den Unterschied von Gleich und Ungleich schärfer wahr. Das bezeugen Sankt Paulus (einerseits) und anderseits die heidnischen Meister: Sankt Paulus schaute in seiner Verzückung Gott und sich selbst in geistiger Weise in Gott; und doch erkannte er in ihm nicht anschaulich eine jegliche Tugend aufs genaueste; und das kam daher, daß er sie nicht in Werken geübt hatte. Die heidnischen Meister hingegen gelangten durch Übung der Tugenden zu so hoher Erkenntnis, daß sie eine jegliche Tugend anschaulich genauer erkannten als Paulus oder irgendein Heiliger in seiner ersten Verzückung.

Predigt 36 (Auszug)
Gott ist in allen Kreaturen gleich „nahe". Der weise Mann sagt: Gott hat seine Netze und Stricke über alle Kreaturen ausgespreitet (vgl. Ezechiel 12,13), so daß man ihn in einer jeglichen finden und erkennen kann, wenn man's nur wahrnehmen will. Ein Meister sagt: Der erkennt Gott recht, der ihn in allen Dingen gleicherweise erkennt. Ich habe auch einmal gesagt: Daß man Gott in Furcht dient, das ist gut; daß man ihm aus Liebe dient, das ist besser; daß man aber die Liebe in der Furcht zu fassen vermag, das ist das allerbeste. Daß ein Mensch ein ruhiges oder rastliches Leben in Gott hat, das ist gut; daß der Mensch ein mühevolles Leben mit Geduld erträgt, das ist besser; aber daß man Ruhe habe im mühevollen Leben, das ist das allerbeste. Ein Mensch ge-

Mystik / Spiritualität

he übers Feld und spreche sein Gebet und erkenne Gott, oder er sei in der Kirche und erkenne Gott: erkennt er darum Gott mehr, weil er an einer ruhigen Stätte weilt, so kommt das von seiner Unzulänglichkeit her, nicht aber von Gottes wegen; denn Gott ist gleicherweise in allen Dingen und an allen Stätten und ist bereit, sich in gleicher Weise zu geben, soweit es an ihm liegt; und der (nur) erkennte Gott recht, der ihn als gleich erkennte.

Predigt 42 (Auszug)

[...] Gott ist namenlos, denn von ihm kann niemand etwas aussagen oder erkennen. Darum sagt ein heidnischer Meister: Was wir von der ersten Ursache erkennen oder aussagen, das sind wir mehr selber, als daß es die erste Ursache wäre; denn sie ist über alles Aussagen und Verstehen erhaben. Sage ich demnach: Gott ist gut – es ist nicht wahr; ich (vielmehr) bin gut, Gott aber ist nicht gut! Ja, ich möchte darüber hinaus sagen: Ich bin besser als Gott! Denn, was gut ist, das kann besser werden; was besser werden kann, das kann zum Allerbesten werden. Nun aber ist Gott nicht gut; darum kann er nicht besser werden. Weil er denn nicht besser werden kann, so kann er (auch) nicht das Allerbeste werden; denn fern ab von Gott sind sie alle drei: „gut", „besser" und „allerbest", denn er ist über alles erhaben. Sage ich weiterhin: Gott ist weise – es ist nicht wahr; ich bin weiser als er! Sage ich ferner: Gott ist ein Sein – es ist nicht wahr; er ist (vielmehr) ein überseiendes Sein und eine überseiende Nichtheit! Daher sagt Sankt Augustinus: Das Schönste, was der Mensch über Gott auszusagen vermag, besteht darin, daß er aus der Weisheit des inneren Reichtums schweigen könne. Schweig daher und klaffe nicht über Gott, denn damit, daß du über ihn klaffst, lügst du, tust du Sünde. Willst du nun aber ohne Sünde und vollkommen sein, so klaffe nicht über Gott! Auch erkennen (wollen) sollst du nichts von Gott, denn Gott ist über allem Erkennen. Ein Meister sagt: Hätte ich einen Gott, den ich erkennen könnte, ich würde ihn nimmer für Gott ansehen! Erkennst du nun aber etwas von ihm: er ist nichts davon, und damit, daß du etwas von ihm erkennst, gerätst du in Erkenntnislosigkeit und durch solche Erkenntnislosigkeit in Tierischkeit. Denn, was an den Kreaturen nichterkennend ist, das ist tierisch. Willst du nun nicht tierisch werden, so erkenne nichts von dem im Wort unaussprechbaren Gott! – „Ach, wie soll ich denn tun?" – Du sollst ganz deinem Deinsein entsinken und in sein Seinsein zerfließen, und es soll dein „Dein" in seinem „Sein" ein „Mein" werden so gänzlich, daß du mit ihm ewig erkennest seine ungewordene Seinsheit und seine unnennbare Nichtheit. ❖

Mystik / Spiritualität

Johannes Tauler (um 1300–1361)

Im Unterschied zu Eckhart war *Johannes Tauler* (um 1300–1361) kaum umstritten. Jedoch nicht nur deshalb fand er ein wesentlich stärkeres, über alle Konfessionsgrenzen hinweg reichendes Echo als jener – und selbst als sein Ordensmitbruder Heinrich Seuse (um 1295–1366) –, sondern wegen seines Verzichts auf Spekulation und seiner gleichzeitigen Hinwendung zum konkreten menschlichen Leben mit all seinen Höhen und Tiefen. Seine Predigten sprachen nicht allein die Zeitgenossen, sondern zahllose Menschen seit dem Mittelalter bis zum heutigen Tage unmittelbar an. Geboren wurde Johannes Tauler um 1300 in Straßburg. Schon mit 14 Jahren trat er in den Dominikanerorden ein. Nach einem Studium in Philosophie und Theologie erhielt er die Priesterweihe und widmete sich von da an fast ausschließlich der Predigtmission in Frauenklöstern sowie vor städtisch-bürgerlichem Publikum. Ob er mit Meister Eckhart persönlich zu tun hatte, ist ungewiß. Vermutlich dürfte er über ihn und seine Gedanken eher aus zweiter Hand erfahren haben. Immerhin weilte Eckhart zwischen 1314 und 1322 in Straßburg. Und jedenfalls reiste Tauler 1339, während eines vierjährigen Exils in Basel, das seine Ordensgemeinschaft auf sich nehmen mußte, weil sie aus Straßburg wegen ihrer Parteilichkeit für Papst Johannes XXII. vertrieben worden war, nach Köln, wo Eckhart zuletzt gewirkt hatte. 1346 predigte er noch einmal im Kloster St. Gertraud in Köln. Es ist also kaum anzunehmen, daß er von Eckhart nicht wenigstens eingehend gehört hat. Möglicherweise weilte er 1355/6 ein drittes Mal in Köln. Während seines ganzen Lebens blieb aber Straßburg der Mittelpunkt, zu dem er immer wieder zurückkehrte. Hier starb er auch am 16. Juni 1361. Von Johannes Tauler sind ca. 80 deutsche Predigten erhalten, die schon zu Lebzeiten zu festen Textverbänden zusammengestellt wurden. (Die älteste Handschrift, die sogenannte Engelberger Handschrift 124, datiert auf das Jahr 1359.)
Sowohl bei Eckhart als auch bei Tauler äußert sich ihre Überzeugung, daß Gott jedem Menschen gleich unmittelbar in seiner Seele nahe ist, vor allem dann, wenn sie auf die „Heiden" sprechen kommen, welche wiederum für sie besonders die antiken Philosophen sind. An diesen demonstrieren sie, daß Gott offensichtlich auch ein Gott der Nicht-Christen ist und seine Nähe selbst Menschen schenkt, die vom christlichen Glauben (noch) keine Ahnung hatten bzw. haben. Anders, so argumentieren sie, hätten diese nicht zu jenen Einsichten gelangen

können, die aus ihren Werken sprechen. Erwartungsgemäß äußert sich Eckhart, der selbst ein bedeutender Philosoph war und ein beachtliches philosophisches Werk hinterlassen hat, dazu häufiger und ausführlicher als Tauler, der fast ausschließlich Seelsorger und Prediger sein wollte, doch entsprechende Texte finden sich auch bei diesem. Ihrer beider Ansicht hatten bereits die Kirchenväter der frühchristlichen Jahrhunderte vertreten, als sie vor allem Sokrates und Platon in einen Rang neben Mose und die Propheten des Alten Testamentes stellten. Eckhart und Tauler reihen sich somit in eine alte Tradition ein. Allerdings entwickelt sich diese erst dadurch, daß sie durch die Mystiker im späten Mittelalter – in einem gänzlich anderen kulturellen und gesellschaftlichen Umfeld – erneuert wird, zu einem Boden für den Toleranz-Gedanken.

Womit schon die Heiden vertraut waren

Johannes Tauler: 44. Predigt (Fest der Geburt des Johannes des Täufers II; Auszug)
[...] Wer oft in seinen Grund sich kehrte und ein vertrautes Verhältnis zu ihm hätte, der erhielte wohl manchen erhabenen (kurzen) Blick auf diesen inneren Grund, der ihm noch klarer und deutlicher zeigte, was Gott ist, deutlicher als seine leiblichen Augen die Sonne am Himmel zu sehen vermögen.
Mit diesem Grunde waren (schon) die Heiden vertraut; sie verschmähten vergängliche Dinge ganz und gar und gingen diesem Grunde nach. Dann aber kamen die großen Meister Proklos und Platon und gaben denen, die das nicht selbst finden konnten, eine klare Auslegung. Sankt Augustinus sagt, daß Platon das Evangelium „Im Anfang war das Wort ..." schon völlig ausgesprochen habe bis zu der Stelle: „Es ward ein Mensch von Gott gesandt." Das geschah freilich mit verborgenen, verdeckten Worten. Aber die Heiden fanden die Lehre von der heiligen Dreifaltigkeit. Das, meine Lieben, kam (ihnen) alles aus diesem inneren Grunde zu: sie lebten für ihn, sie pflegten seiner.
Es ist doch ein schwerer Schimpf und eine große Schande, daß wir armen Nachzügler, die wir Christen sind und so große Hilfe haben – die Gnade Gottes, den heiligen Glauben, das heilige Sakrament und noch manch andere große Unterstützung –, recht wie blinde Hühner herumlaufen und unser eigenes Selbst, das in uns ist, nicht erkennen und gar nichts darüber wissen: das ist die Wirkung unseres zerteilten und nach außen gerichteten Wesens, und daß wir zuviel Nachdruck auf die Sinne legen, wenn wir tätig sind, auf unse-

re (eigenen) Vorhaben, (das Beten der) Vigilien, Psalter und ähnlicher Übungen, die uns so stark beschäftigen, daß wir niemals in uns selbst kommen können. ❖

Sebastian Franck (1499–1542)

Was die Mystiker vorbereiteten, erhebt der von Erasmus von Rotterdam (1466/69–1536) geprägte Schriftsteller und Spiritualist *Sebastian Franck* (1499–1542) zur expliziten Forderung. Bei ihm kommt erstmals zum Ausdruck, daß nur Gott selbst weiß, wer die wirklich Gläubigen sind, und daß folglich kein Mensch beurteilen könne, wer ein Nichtgläubiger, ein Häretiker oder ein Heide sei. Franck zog daraus sogar die existentiellen Konsequenzen: Nachdem er in seiner Jugend in Donauwörth und während seiner Studien in Ingolstadt und Heidelberg katholisch erzogen und gebildet worden war, ja sogar für einige Jahre als katholischer Priester der Diözese Augsburg gewirkt hatte, nachdem er weiters relativ bald zum Luthertum übergetreten sein muß, da er schon 1527 in der Gegend von Nürnberg als protestantischer Prediger im Einsatz war, und nachdem er schließlich kurze Zeit den Täuferkreisen in Nürnberg nahegestanden hatte, entzog er sich jeder Glaubensgemeinschaft. Damals jedoch weder Papist noch Lutheraner noch Angehöriger einer einflußreichen ‚Sekte' zu sein, bedeutete so viel wie Rechtlosigkeit und Vogelfreiheit. Die Konsequenz war ein Leben ohne Bleibe, ohne Heimat und ohne Sicherheit. Die Biographie Sebastian Francks bietet dafür ein Beispiel: Nach seiner Ablehnung Luthers (dem er übrigens während seiner Studienzeit in Heidelberg begegnet war) und nach seiner Loslösung vom Täufertum zog er zuerst nach Straßburg, wo er kurze Zeit als freier Schriftsteller tätig sein und wertvolle Kontakte zu Leuten wie dem Naturphilosophen, Mediziner und Theologen Paracelsus (1493/4–1541) – seinem nachmaligen Gegner –, dem Straßburger Reformator Martin Bucer (1491–1551), dem mystischen Spiritualisten Kaspar von Schwenckfeld (1489–1561) und möglicherweise sogar dem 1553 in Genf verbrannten spanischen Theologen, Arzt und Naturphilosophen Michael Servet (geb. 1511) unterhalten konnte. 1531 nach kurzer Haft wegen seiner ungewöhnlichen Ansichten aus der Stadt verwiesen, brachte er sich und seine Familie als Seifensieder in Esslingen durch. Schon 1533 arbeitete er als Buchdrucker in Ulm. 1539 neuerlich verbannt, begab er sich mit sei-

ner Familie nach Basel, wo es ihm gelang, 1541 das Bürgerrecht zu erwerben und abermals als Buchdrucker zu arbeiten. Franck konnte sich dieses Lebens in Sicherheit und bescheidenem Wohlstand jedoch nicht mehr lange erfreuen. Er starb schon ein Jahr später, im Herbst 1542.
So entbehrensreich und armselig sich seine Existenz gestaltete, so erfolgreich waren seine Bücher. Bereits zu Lebzeiten hatte er eine große Leserschaft, die seine Publikationen nicht nur wegen ihrer brisanten Inhalte, sondern vor allem auch wegen ihrer weithin anerkannten und gefürchteten literarischen und didaktischen Qualitäten schätzte. Nicht weniger groß war der Erfolg und Einfluß, den sein Werk in den Jahrhunderten nach seinem Tod fand. Am berühmtesten wurden wohl seine Geschichtswerke *Chronica, Zeytbuoch und Geschycht Bibell* (1531 und 1536), *Chronica und Beschreibung der Tuerken* (1530), das kosmographische *Weltbuch: spiegel und bildtnisz des gantzen erdtbodens* (1533) und *Germaniae Chronicon* (1538), ebenso aber das Erasmus (*Querela pacis*) nachempfundene *Krieg Büchlin des Friedes* (1539), die theologische Anthologie *Die Guldin Arch darein der kern und die besten hauptsprüch der Hayligen Schrift [...] getragen, verfasset und eingeleybt sind [...]* (1538) sowie die theologisch-philosophische Schrift *Paradoxa ducenta octoginta. Das ist CCLXXX Wunderred und gleichsam Rhäterschafft [...]* (1534), kurz *Paradoxa* genannt, sowie seine deutsche Übersetzung von Erasmus' „Lob der Torheit" (*Encomium Moriae, Laus stultitiae*) und seine lateinische Paraphrase der *Theologia Deutsch*.
Der folgende Text ist den *Paradoxa* von 1534 entnommen. Franck bringt in diesem Buch nicht nur seine gesamte Theologie, sondern zugleich sein Toleranz-Denken besonders prägnant zum Ausdruck. Was darin zu lesen ist, mußte für die damalige Zeit, in der die gegenseitige Verfolgung und Bekämpfung der christlichen Konfessionen – mit unvorstellbaren Folgen für die Betroffenen – das Sagen hatte, unerhört klingen:

„Ein geborner Deutscher ist vonn natur gleych wie ein Türck
Hayd etc. und nit eins loth besser oder böser
Die leyblich geburt thut nichts zu diesem handel
Es sind alles zu mal menschen kinder
und haben ein unpartheyische gleychen werkmeyster Gott
der kein person ansihet
Also ist der beste Mensch Türck oder Hayd
von natur eben so wol ein mensch
und so gut gemacht
als S. Peter" (*Güldin Arch*, 96a).

Mystik / Spiritualität

Weil Gott ohne Ansehen der Person und ohne jegliche Parteinahme – „Dit hooghste goedt is oock so onpartijdigh / [...] sonder eenigh aensin der personen" (*Communio sanctorum*, Fol. 57f.) – jedem Menschen gleich nahe ist, ist „zu verstehen / das Juden / Türcken / Heiden recht leben können bey jiren glauben / und Gott angenehm werden" (*Sendbrieff Seb. Francken von Wörd an etliche in der Eyffel*, Bl. O ii.b). Mehr noch: In *jedem* Menschen, egal welchen Ranges oder welcher Würde, egal welcher Konfession oder Überzeugung und egal welcher Volks- oder Kulturzugehörigkeit, begegnet *Christus*:

„Summa suchet Christum nit hie oder dort
oder gedencket auch nit das er mehr bey uns
denn bei euch sey. Er ist kein außnemer der Personen
wir stehen im gleich theur. er ist allem volck eben nahe
ob es schon eußerlich Heiden
Jüden
Türcken oder Christen genant werden. Wer nur recht und wol lebt
den laß dir ein rechter bruder
fleisch und blut sein in Christo" (Ebd. Bl. Oo ij).

Aus all dem folgt für Franck, daß kein Mensch um seines Glaubens oder seiner Zugehörigkeit zu einer bestimmten Religion bzw. Kirche willen verfolgt werden darf. Im Gegenteil, selbst dann, wenn er als Ketzer, Häretiker oder Heide betrachtet werden muß, ist davon auszugehen, daß ihm Gott unter Umständen näher steht als den offiziellen Repräsentanten der sogenannten Orthodoxie. Deshalb kann der Ketzer, Häretiker oder Heide der eigentlich Gläubige, der eigentliche Christ, sein. Dies wiederum darf nicht nur vermutet werden, denn die Geschichte der Kirche illustriert und bestätigt, daß selbst die Apostel und Heiligen nach den Orthodoxie-Kriterien bestimmter Zeiten als Ketzer und Ungläubige hätten verfolgt werden müssen. In seinem Werk *Paradoxa*, das genau diese paradoxen Zusammenhänge klar macht, gemäß denen vor Gott weise ist, was in den Augen der Menschen als Skandal oder als Dummheit erscheint, finden sich in der Vorrede einerseits und in den „Wunderreden" – so interpretiert Franck den Ausdruck „Paradox" – Nr. 82 sowie Nr. 92/3 andererseits die folgenden Passagen.

Mystik / Spiritualität

„Der höchste Gott ist unparteiisch"

Sebastian Franck: Paradoxa
Vorrede (Auszug)

Und dieser Sieg und Sitz des Buchstabens, sage ich, wird auf der Seite des Antichrists bis zum Ende bleiben, so daß sie mit dem Buchstaben der Schrift die Heiligen (die den Sinn Christi und den Geist der Schrift, von Gott gelehrt, für sich haben) totschlagen und also Christum mit dem buchstabischen Christus töten und die Scheide wider das Schwert, die Laterne wider das Licht brauchen. Also muß Christus als ein Verführer, als ein falscher Prophet und Ausleger der Schrift um Gottes Willen umkommen. Denn der äußere Sieg des äußerlichen Buchstabens muß auf seiten des Antichrists sein und bleiben, und Christus mit der Wahrheit und dem Sinn des Geistes muß vor der Welt dahintenbleiben und zum Tode verdammt werden. Denn es ist dem Tier der Sieg und Macht gegeben, wider die Heiligen zu streiten und sie äußerlich mit dem Schwert der Schrift, des Buchstabens und der Tyrannei zu überwinden (Offenbarung 13; Daniel 7). Christus hat den Sinn der Schrift für sich, der Antichrist den Buchstaben, wie er klingt und lautet; damit schlägt er, selbst als Christus im Eifer und Namen Christi, ihm und den Seinen das Haupt ab. Darum bleibt die Schrift und ihr Buchstabe ewig des Teufels Sitz, Sieg und Schwert. Diese Wunderrede aber wird die Welt nicht glauben, bis sie es einmal zu spät erfahren wird.

Hieraus folgt, daß der Buchstabe und grammatische Sinn der Schrift auch nicht der Probierstein und die Goldwaage der Geister sein kann, sondern derselben Geist, Sinn, Auslegung und Verstand ist allein gleich Gottes Wort, also allein die Probe der Geister. Der Buchstabe dagegen ist ein gewisses Zeichen und die Hoffarbe des Antichrists und ein rechter Silenus des Alkibiades, wie ihn Erasmus nennt.

Demnach, weil der Buchstabe der Schrift gespalten und mit sich selbst uneins ist, kommen alle Sekten daraus. Der sticht den toten Buchstaben da an, dieser dort. Der versteht ihn, wie er da lautet, jener wie er dort klingt. Nun sind gewiß alle Sekten aus dem Teufel und eine Frucht des Fleisches (Galaterbrief 5), an Zeit, Raum, Person, Gesetz und Element gebunden. Allein das freie, unsektische, unparteiische Christentum, das an der Dinge keines gebunden ist, sondern frei im Geist auf Gottes Wort stehet und mit dem Glauben, nicht mit den Augen begriffen und gesehen werden kann, ist aus Gott. Seine Frömmigkeit ist weder an eine Sekte, eine Zeit, eine Stätte, ein Gesetz, eine Person noch an ein Element gebunden. Weil nun bis ans Ende Gutes und Böses in einem Netz und Acker dieser Welt beieinander sein werden (Matthäus 13), und Jerusalem mitten unter den Heiden zerstreut liegen soll (Lukas 21), halte ich

Mystik / Spiritualität

nichts von einer Absonderung und Sekte. Ein jeder kann für sich selbst wohl fromm sein, wo er ist, darf aber nicht hin und her laufen, um eine besondere Sekte, Taufe, Kirche zu suchen, anzurichten und auf einem Haufen zu sehen und darf nicht seinem Anhang zuliebe glauben, fromm sein und Dienstbarkeit heucheln.

[...] Die Kirche ist ja nicht etwa ein besonderer Haufen und eine mit Fingern zu zeigende Sekte, gebunden an ein Element, eine Zeit, Person und Stätte, sondern ein geistlicher, unsichtbarer Leib aller Glieder Christi, aus Gott geboren, und in einem Sinn, Geist und Glauben; aber nicht in einer Stadt oder etwa an einem Ort äußerlich versammelt, daß man sie sehen und mit Fingern zeigen könnte, sondern die wir glauben und nicht anders sehen als mit gleich geistlichen Augen des Gemüts und des inneren Menschen: die Versammlung und Gemeinde aller recht gottesfrommen und gutherzigen, neuen Menschen in aller Welt, durch den Heiligen Geist in dem Frieden Gottes mit dem Band der Liebe zusammengegürtet, außer der kein Heil, kein Christus, kein Gott, Verstand der Schrift, Heiliger Geist noch Evangelium ist.

In und bei dieser bin ich, nach ihr sehne ich mich in meinem Geist, wo sie zerstreut unter den Heiden und dem Unkraut verkehrt, und glaube an diese Gemeinschaft der Heiligen. Ich kann sie zwar nicht zeigen, bin aber gewiß, daß ich in der Kirche bin, sei ich auch wo ich will, und suche sie deshalb, wie auch Christum, weder hier noch dort. Denn ich weiß eben nicht, welches Steine an diesem Tempel und Körner auf dem Acker sind. Die kennt Gott allein, weshalb er auch die Sonderung allein seinen Engeln und nicht uns befohlen hat, die Schafe von den Böcken, das Unkraut vom Weizen zu scheiden. [...]

Paradoxon 82: Gott ist auch der Heiden Gott

Vor dem unparteiischen Gott ist die Welt allzeit in gleichem Ansehen gewesen und der Liebhaber der Menschen hat allzeit alle Menschen gleich lieb gehabt (Buch der Weisheit 11). Die Welt war aber alle auf einen Haufen von Gott in die Kreatur abgetreten und es war kein Aufrichtiger mehr unter allen Menschenkindern (Römerbrief 3; Psalm 14; Micha 7). Da erwählte sich Gott ein Volk mitten aus den abgöttischen Heiden (Josua 24). Dem wollte er wohltun und ihm seine Kraft und Liebe erzeigen im Angesicht aller anderen Heiden und die anderen bösen Kinder hinter die Tür setzen, als wollte er sie nimmer, das erwählte Volk aber an seinen Tisch setzen und an ihm alles gut, lieb, treu etc. erweisen, innerlich und äußerlich, nicht aus seinem Verdienst, daß es besser oder lieber wäre als die anderen (war es doch gleich den anderen abgöttisch gewesen, Josua 24), sondern weil er damit die anderen verwegenen Heiden zum Eifer treiben wollte, damit sie auch zu dem Gott Abrahams eilten und zu ihren Brüdern wieder an den Tisch gesetzt würden.

Mystik / Spiritualität

Item um seiner Wahrheit willen, die er aus Gnaden zugesagt hat, wie er oft durch Moses Israel sagen läßt (Deuteronomium 8; 9) und den Heiden durch Paulus (Brief an Titus 2; 3; 2. Brief an Timotheus 1). Gleich als wenn ein Vater viele streitige, störrische Kinder hat, setzt er manchmal eins aus ihnen zu sich an den Tisch, beweist ihm alle Liebe, Freundschaft, Zucht und Ehre, wirft die anderen hinter die Tür, daß sie vor diesem Kinde schamrot und eifrig werden, zum Vater zu laufen, um der Stang zu begehren. Womit der Vater dann nicht allein zufrieden ist, sondern sie mit Freuden aufnimmt, in seine Arme empfängt und eben das mit seinem Kreuz und Hinter-die-Tür-Setzen wollte, daß sie eifrig gemacht, auch herbeigelockt würden, wie Lukas 15 wohl ersehen wird.

Also ist in summa alles mit Abraham, dem lieben Kind, darum angefangen, daß er den verlorenen Sohn dadurch finde und gewinne. Das wollte Gott in Israel der ganzen Welt zeigen und allen Heiden, die er hinter die Tür setzte und sie aufs Maul schlagen ließ, daß sie sich zu dem Gott Israels eifrig bekehrten. Da es nun Israel auch nicht will verstehen, sondern die Israeliten meinten, sie wären sonst so fromm, daß Gott sie vor anderen liebte, und sich eines besonderen Vorteils bei Gott versahen mit Verachtung der anderen – so setzt er Israel hinter die Tür durch Christum und nimmt die Heiden hervor, aber eben aus der genannten Ursache, daß er sie zum Eifer reize, daß sie sich von ihrer Abgötterei zu Gott bekehren, wie er ihnen zuvor durch Moses (Deuteronomium 32) gedroht hatte, er wolle sie eifrig machen ob eines Volkes, das nicht sein Volk genannt sei. Davon lies Hosea 2; Jesaja 65; Römerbrief 9; 10;11. Und er macht aus den steinharten Heiden Kinder Abrahams (Matthäus 3; Römerbrief 2; 9).

Also liebt der liebe unparteiische Gott noch heut alle zugleich herzlich ohne Ansehen der Person, der Namen und der Völker, die Heiden wie die Juden, die Heiden durch die Juden etwa, damit sie von ihrer Abgötterei, die [den Menschen] in der Not läßt, abfielen zu dem einigen starken Gott Israels, der alle Abgötter schlägt und ihr Volk, Opfer, Gottesdienst durch sein Volk zuschanden macht, auf daß beide (Heiden und Juden) ein Volk Gottes würden (Judith 5). Das drückt Gott deutlich aus in der Verheißung Abrahams, daß er durch ihn und seinen Samen die Heiden wolle suchen, finden und gebenedeien (Genesis 22). Deshalb hat Gott den Abraham nicht erwählt, wie es die Juden nach dem Vermögen des toten Buchstaben (wie alle Dinge) verstehen, daß er und seines Fleisches Samen selig werde, wie es Paulus auslegt (Römerbreif 2; 9), sondern aus der oben angezeigten Ursache. Er wollte mit diesem Volk und auch mit Christo ein Schauspiel aufrichten für die ganze Welt, das die Juden nicht verstehen und noch heute viel vermeintliche Christen nicht verstehen wollen. Sondern eine jede Sekte schwört tausend Eide wie die Juden, der gemeine Gott gehörte ihr allein. Es wollte auch in Petrus nicht [eindringen], daß Gott auch der Heiden Gott wäre, sondern ihm hing immerzu als einem Juden die alte Larve an, Gott wäre der Juden allein, also daß es ihm gleich schmachvoll und unwürdig deuchte, daß der Heilige Geist auch auf die Heiden fiele, bis er samt anderen Juden sehen und erfahren mußte, daß Gott kein Anseher der Personen und Völker ist, sondern wer unter allen Völkern (wie er selbst in Apostelgeschichte 10 spricht) Gott fürchtet und Recht tut, Gott angenehm ist.

Deshalb haben wenige und allein die geistlich Gesinnten in Israel, wie Simeon (Lukas 2) dieses Geheimnis verstanden, daß Gott ohne Unterschied auch der Heiden Gott wäre und die Verheißung Abrahams und seines Samens auf die Geburt des Geistes und nicht des Fleisches geht, da er spricht: alle Heiden werden in seinem Samen gesegnet (Genesis 22). Also sucht Gott auch der Heiden Heil und ist allenthalben ein Gott, gerecht gegen alle Völker; ein Gott, der zu seines Volkes Missetat ebensowenig durch die Finger sieht als zu der der Heiden; ja, der den Heidenmenschen höher hinanhebt als die des Herrn Willen wissen, aber nicht tun (Lukas 12). Also macht Gott mit Abraham einen Bund nicht seiner Gerechtigkeit wegen, sondern der Heiden willen. Darauf zielt alle Wohltat, Israel bewiesen, die um der Offenbarung willen, um die ganze Welt davon zu überzeugen, ihres Gottesdienstes wegen geschah.

Daher der Bund und die Bundeszeichen öffentlich mit Israel geschehen sind, denn als Gott dieses Volk annahm, schlug er vorher Lärm vor der ganzen Welt, hängte ihnen seine Livree, seine Losung und sein Bundeszeichen an, damit er die Welt sehen lassen wollte, was er in und mit diesem Volke könnte. Aber er verheißt doch immerzu daneben einen anderen Bund, womit er zu verstehen geben will, daß dieser figürliche Bund und Lärm ein Ende nehmen werde und alle Heiden [in seinen Bund] eingenommen werden. Welchen [Bringer des anderen Bundes] Simeon öffentlich verkündigt hat: ein Licht zu erleuchten die Heiden und Israel. Er setzt ja die Heiden voran an die Spitze nach Art der Liebe.

Darum ist dieses Spiel und der Bund mit dem widerspenstigen Israel alles um der Heiden willen angefangen, die er oft seine Erbschaft nennt und das auserwählte Volk, alles um der Heiden, nicht um der Juden Frommheit willen, die oft Strafe verdient hätten; noch tut Gott dem Haufen um seiner Verheißung willen (den Heiden zu gut, die er durch dieses Volk suchen wollte) Gutes, straft sie doch sonderlich, damit die Heiden Gott nicht als ungerecht oder als einen Anseher der Person ansähen, der zu seines Volkes Sünde durch die Finger sehe. Aus dieser Ursache mußte es auch äußerlich gestraft, gehandhabt und beieinander gehalten werden.

Mystik / Spiritualität

Paradoxa 92–93: Es ist ein gleiches Leben auf Erden / Alle Menschen – ein Mensch (Auszug)

Wenn man aller Dinge eben wahrnimmt und sie im Grunde ansieht, so ist ein gleiches Leben auf Erden, und es hat der unparteiische Gott, der alle Dinge allen Menschen zugleich erschaffen und in ein gleiches Leben gestellt hat, mit gleicher Liebe nicht einen um ein Haar besser oder böser gemacht, sonst hätten die Versäumten über Gott zu klagen. Er hat uns auch alle, wie ein Töpfer seine Töpfe in gleicher Liebe und Sorge und Acht und nicht den einen golden, den anderen irden gemacht, sondern wir sind alle eines Fadens und es ist eben der Esel wie der Sackträger. Da findet sich in allen Adamskindern ein gleiches Herz und ein gleicher Wille zu leben, zu haben, zu herrschen, zur Wollust, Üppigkeit und eitlem Wesen von Natur, und ob sich gleich mit den Ländern die Kleidung und Sprache verkehrt, so verkehrt sich doch nicht das Herz, der Mut und der Wille.

Denn das will der Türke eben in seiner Kleidung, Sprache und Gestalt, was der Deutsche, der Ungar, der Spanier, der Franzose in seiner Rüstung und Sprache. Der Wolf und Fuchs verkehren nur die Haut und die Stimme, aber nimmer das Gemüt. Durchziehe alle Länder, so sucht eben ein jeder in seiner Sprache und Art, was der andere in der seinen. Wir sind alle gleich gesinnt, alle gleich Fleisch (Genesis 6), alle gleich Kinder des Zorns und einer von Natur nicht um ein Haar besser als der andere, tragen deshalb alle wohl gleich Wasser an einer Stange. Ist einer fromm, so sind sie alle fromm. Darum haben auch alle Menschenkinder einen Reim, daß sie eitel, lügenhaft, schalkhaftig, Heuchler und unnütze Buben alle auf einem Haufen sind, kein Aufrichtiger unter ihnen allen, auch nicht einer (3Esra 4; Römerbrief 3; Psalm 39; 14; 65; 115; Jesaja 9).

Deshalb wer einen natürlichen Menschen sieht, der sieht sie alle. Alle Menschen ein Mensch. Es ist alles Adam. Wer in einer Stadt ist, der ist in der ganzen Welt; findet er schon andere und andere Sitten, Sprachen, Kleidung, so ist doch das Gemüt, das Herz und der Sinn und Wille in allen gleich. Die Alten haben eben dasselbe mit ihren spitzen Schuhen gemeint, was wir jetzt mit unseren breiten zweischnäbeligen meinen. Der Türke will eben das mit seinem Spitzhut, was der Deutsche mit seinem breiten Barett. In summa: alle Menschen sind ein Mensch. Es wird auch der Mensch oft per Synekdochen in der Schrift für alle Menschen genommen, z.B. Genesis 6: Non permanebit spiritus meus; item: Homo cinis et pulvis bei Ijob etc. Darum haben auch alle Menschen ein Urteil, einen Titel und Namen. Wer nun selig werden will, der muß den Menschen ausziehen, aus Gott wiedergeboren, ein neuer Mensch werden und kein natürlicher Mensch mehr sein (Johannes 3), sonst liegt er in gemeinem Verderben, Fluch und Verdammnis. Darum bleiben alle Menschen ein Mensch, der Unterschied ist nur äußerlich, im Angesicht und Ansehen vor der Welt; die innere Wahrheit ist bei ihnen allen eins und gleich.

Wie nun alle Menschen einander gleich sehen am Gemüt und allein der Unterschied am äußeren Ansehen ist, also sind alle Menschen einander gleich am Gut und ist nur der Unterschied in dem äußeren Anblick. Denn wie ungleich wir einander sind unter den Augen, im äußeren Schein, so gleich sind wir einander im Gemüt und Blut. Also wie ungleich wir einander sind äußerlich am Gut, vor den Augen der Menschen, so gleich leben wir in der Wahrheit vor Gott. Der Arme hat so genug und lebt so wohl als der Reiche, ob es wohl weder der Reiche noch der Arme glaubt. Er liegt und schläft auch so wohl. Denn Gott ist wunderbarlich, was er nicht an Gut gibt, das gibt er an Mut. Was er nicht auf den Tisch gibt, das gibt er in den Mund. Was er nicht an Bett gibt, das gibt er an Schlaf.

Was ist es, daß der Fürst besser liegt als der Bauer, wenn er nur so wohl schläft? Was ist's, daß der Reiche Fasanen und Kapaunen vor sich stehen hat, wenn dem Armen sein Brei so wohl schmeckt? Halt des Reichen leckerhaftigen, empfindlichen, übersättigten Mund gegen seine Forellen und des Armen gegen seine Suppe, so findest du aufs wenigste gleichen Geschmack, wo nicht der Arme besser lebt und ihm sein Mus oder Kraut besser schmeckt, denn jenem seine Fische. Der Unterschied ist nur im Schein und der Speise, aber nicht im Geschmack und Mund. Lieber, halt einen vollen übersättigten Magen gegen köstlichere Speise und des Armen leeren hungrigen Magen gegen ein Stück Brot, so mußt du sagen, daß der Arme wohl lebt, jener Reiche übel. Der Hunger und Durst macht aus Brot Lebkuchen und aus einem frischen Trunk Wasser Malvasier.

Daß wir aber alle gleich leben, findet sich auch im Ausgang, denn der Arme lebt ebenso lange wie der Reiche. Ja, länger und gesünder – was nicht geschähe, wo ihm etwas am Wohlleben abginge und er nicht so wohl als der Reiche zu leben hätte. Darum ist und bleibt es ewig wahr, wie ungleich wir einander sind und aussehen unter Augen, so gleich sind wir einander im Gemüt. Und wie ungleich wir von außen im Schein uns untereinander verhalten und leben, so gleich leben und haben wir alles im Grunde. Der Unterschied aller Dinge ist allein im Schein. Die Wahrheit ist sich selbst allenthalben gleich, der Schein aber nicht weniger. Denn sind wir alle eines unparteiischen Gottes Geschöpfe, der uns alle gleich liebet (Buch der Weisheit 11), so hat er uns auch alle in ein gleiches Leben, Wesen, Hab und Gut gestellt. Wovon nun gesehen wird, daß es einem mangle und abgehe, das geschieht und ist nur im Schein, wie wir einander unter Augen sind, aber nicht am Gemüt. Also sind wir allein im Schein und Wahn unterschieden und nicht am Leben und Gut selbst. Denn Gott ist aller Leben ein gleiches Leben, und wie die Sonne kein Ansehen der Person kennt, sondern dem Armen leuchtet wie dem Reichen, dem Frommen wie dem Bösen, also ist der unparteiische Gott ein gleicher Gott aller nach dem äußeren Wesen (Matthäus 5).❖

SPIRTUALISTEN UND WIEDERTÄUFER (16. JAHRHUNDERT)

Von großer Bedeutung für die Erringung des Toleranz-Gedankens war schließlich das Auftreten und Leiden der sogenannten *Wiedertäufer*, die sich selbst ursprünglich „christliche Brüder und Schwestern" nannten, jedoch diesen Namen („Widerthauffer") schon kurz nach ihrem ersten Auftreten 1525 in Zürich deshalb erhielten, weil sie sich gegen die Taufe unmündiger Kinder aussprachen und daher die Erwachsenen unter ihrer Anhängerschaft neu tauften. Die Geschichtsforschung ist sich heute einig darüber, daß sich die Einflüsse ihrer Gedanken bis in die Moderne herauf verfolgen lassen: „Die Täuferbewegung verkündete als erste in der neueren Geschichte ein Programm für einen neuen Typus einer christlichen Gesellschaft. Diese Gesellschaft ist in der modernen Welt, besonders in Amerika und England, langsam verwirklicht worden – eine absolut freie und unabhängige Gesellschaft und ein Staat, in dem jeder Mensch nur als Mensch zählt und sowohl in der Kirche als auch im Staat mitbestimmt." (R.M. Jones) „Könnten wir die geistigen Prozesse so analysieren wie der Chemiker seinen Stoff", meint ein anderer Forscher, „so würde sich in der Freiheitsbewegung des 17. und 18. Jahrhunderts ohne Zweifel das Element des Täufergeistes der Reformationszeit wiederfinden."(J. Kühn) Wer jedoch waren die Wiedertäufer und was wollten sie?

Der amerikanische Historiker Harold S. Bender, an dessen aufschlußreichen Untersuchungen sich auch diese Ausführungen orientieren, charakterisiert sie folgendermaßen: „Man wird sich erinnern, daß das Täufertum in der Schweiz, und zwar in Zürich, am Beginn des Jahres 1525 entstanden ist. Es verbreitete sich rasch fast über den ganzen deutschsprechenden Teil Europas – den Rhein hinunter bis zu den Niederlanden, sowohl in Flandern als auch in den nördlichen Provinzen, durch Deutschland bis zur Nord- und Ostsee und hinauf bis nach Königsberg in Ostpreußen. Das Täufertum gewann Anhänger in allen Klassen, auch einige niedere Adelige, obwohl es in hohem Maß eine Bewegung der Unterklassen war. Es war im wesentlichen eine irenische, kreative evangelische Bewegung mit großer Anziehungskraft, die sich als Wiederherstellung des neutestamentlichen Christentums und als Vollendung der von Luther und Zwingli begonnenen, aber dann nicht weitergeführten Reformation begriff. [...] Das Hauptanliegen der Täufer war ein wahrhaft christliches ‚Leben', d.h. ein Leben voll von überzeugter Nachfolge, ein nach der Lehre und dem Vorbild Christi gestaltetes heiligmäßiges Leben, das in einer heiligen brüderlichen Gemeinschaft zum Ausdruck gebracht werden sollte. Sie glaubten wirklich, daß dieses Ideal auf dieser Welt mit der Hilfe der Gnade Gottes erreicht werden könne, wenn das Individuum sich freiwillig dazu verpflichtete und die Kirche sich nur aus solcher Art verpflichteten Individuen in einer wahren Liebesgemeinschaft konstituierte. Diese Vision versuchten sie offen und beharrlich angesichts der härtesten Verfolgungen durch die Machthaber, Katholiken und Protestanten, Lutheraner und Reformierte, Kirche und Staat zu realisieren."

Obwohl es während Verbreitung des Täufertums auch zu gewaltsamen Ausschreitungen, ja zu Exzessen des Fanatismus und Intoleranz kam – vor allem im Zusammenhang mit dem revolutionären Auftreten von Thomas Müntzer (1485–1525) und den tragischen Ereignissen in Münster (1534–1535) –, war der weitaus größte Teil der Wiedertäufer nicht nur friedfertig, sondern auch tolerant gegenüber allen Andersdenkenden. Was man für sich selbst erwartete, nämlich Duldung und Anerkennung, das gestand man auch jenen Menschen zu, die einem anderen christlichen Bekenntnis oder gar einer anderen Religion anhingen. Diese Haltung war, wie die folgenden Texte illustrieren, durch und durch theologisch bzw. spirituell motiviert. Sie besaß trotzdem eine weitreichende politische Sprengkraft, bedeutete sie doch, daß auch der Staat keinen Zwang in religiösen, auf Gewissensentscheidung beruhenden Dingen ausüben durfte, was wiederum in Zeiten, wo sich eben das Prinzip *cuius regio, eius religio* (wer die Macht hat, bestimmt über die Religion) durchzusetzen begann, an gesellschaftlich-politischer Brisanz kaum zu überbieten war. Die Wiedertäufer vertraten diese Auffassung dennoch. Sie verschafften ihr allerdings weniger durch ihre theologisch-systematischen Werke als vielmehr durch ihre Bereitschaft, für sie sogar Flucht, Kerker, Folter und Tod auf sich zu nehmen – was ihnen erschreckend oft widerfuhr –, Anerkennung und Gefolgschaft. Der Charakter ihrer schriftlichen Hinterlassenschaften hingegen entspricht der

Tatsache, daß die meisten ihrer Anhänger eher niedrigeren und damit wenig gebildeteren Gesellschaftsschichten entstammten. Zumeist stellen sie reine Bekenntnisschriften – ohne vertiefende Reflexionen – dar, die aus einem unmittelbaren Anlaß heraus entstanden sind. In der Regel handelt es sich um Briefe, Flugschriften, Predigten, Voten oder Aufzeichnungen über Ereignisse und Auseinandersetzungen. Aus diesem Grunde wird im Folgenden auch kein einheitlich-zusammenhängender Text wiedergegeben, sondern eine lose Folge von kurzen Texten, die sowohl von Wiedertäufern selbst als auch von Gegnern geschrieben wurden, gemeinsam aber doch ein gutes Bild von dieser für die Geschichte des Toleranz-Gedankens so wichtigen Bewegung vermitteln mögen. (Es sei noch einmal darauf verwiesen, daß die meisten Hinweise zur Auffindung der zitierten Texte auf die Untersuchungen von Harold S. Bender zurückgehen.)

Die anschließende Textsequenz beginnt mit dem Bericht eines radikalen Gegners der Wiedertäufer, mit einer Charakterisierung derselben durch *Heinrich Bullinger* (1504–1575), den Zürcher Reformator und Nachfolger Zwinglis. Sie findet sich in dessen Anklage- bzw. Verteidigungsschrift *Der Widertäufferen ursprung, fürnemen und gemeine irer leer Artickel, ouch ire Gründ und warumb sy sich absünderind unnd ein eigne kirchen anrichtend, mit widerlegung und antwort uff alle und jede gründ und artickel* aus dem Jahre 1561. Obwohl Bullinger darin für die Verfolgung derselben plädiert und das grausame Vorgehen der Zürcher Behörden gegen sie theologisch und ethisch rechtfertigt, so charakterisiert er sie gleichzeitig doch sehr treffend und gibt damit zu verstehen, daß nicht zuletzt auf die bloße Aufforderung zur gegenseitigen Toleranz bereits der Tod stand. Sozusagen zur Bestätigung seiner Charakterisierung folgen Zitate bzw. kürzere Texte von Vertretern unterschiedlicher Ausrichtungen der Wiedertäufer. Es beginnt mit *Hans Denck* (ca. 1500–1527), einem aus Ingolstadt stammenden Humanisten, der in Nürnberg nicht zuletzt unter dem Eindruck der Lehren von Andreas von Karlstadt (1486–1541) und Thomas Müntzer zum Täufertum fand, was ihm Ausweisung und Verfolgung einbrachte. Mit nur 27 Jahren starb er vermutlich an der Pest in Basel. Es folgt ein Zitat aus einem Brief, den der mährische Wiedertäufer *Kilian Aurbacher* 1534 an den Straßburger Reformator Martin Bucer (1491–1551) richtete. Ihm schließen sich zwei Texte von *Menno Simons* (1496–1561) an. Menno gilt als Gründer der sogenannten Mennoniten, einer Täufer-Gemeinschaft, die sich von Ostfriesland ausgehend über die Niederlande in Nord-, Ost- und Mitteleuropa, schließlich sogar in Nordamerika ausbreitete. Menno selbst wirkte vor allem in Holland

Mystik / Spiritualität

und Norddeutschland. Er stand für eine radikal irenische Ausrichtung der Wiedertäufer, dir vor allem die gewaltsamen Exzesse in Münster unmißverständlich verurteilte. Dennoch wurde er seitens der kirchlich-staatlichen Obrigkeiten verfolgt, weil er den Regierenden und Herrschenden das Recht absprach, Gewissenszwang in Glaubensfragen auszuüben. Vor allem nachdem er 1536/7 das Amt des Ältesten seiner Gemeinde übernommen hatte, führte er ein unstetes Leben. Ständig auf der Flucht vor seinen Verfolgern wirkte er in Groningen, in Emden, am Niederrhein, im Holsteinischen und im Preußischen. Die Textreihe endet mit zwei Absätzen aus Werken des Flandrischen Glasmalers *David Joris* (1501/2–1556), der viele Jahre hindurch in Basel unter dem Pseudonym Jan van Brugge auftrat. Joris selbst verstand sich zumindest zeitweilig als ein Prophet der Endzeit. Als solcher trat er nicht immer so friedfertig auf wie etwa die Mennoniten. Dennoch setzte er sich für die Achtung der Gewissensfreiheit ein und prangerte die Verfolgung von sogenannten ‚Ketzern' durch Kirche und Staat an. Wie durch ein Wunder entging er mehrmals der Gefangennahme und Hinrichtung. Umso heftiger wurde nach ihm als einem der gefährlichsten Häretiker im ganzen deutschen Sprachraum geahndet. Weil dies zu seinen Lebzeiten nicht gelang, wurde ihm sogar noch postum, als seine wahre Identität bekannt geworden war, 1559 in Basel der Ketzerprozeß gemacht und seine Leiche samt seiner Werke öffentlich verbrannt.

„Gott allein hat Jurisdiktion im Geist über die Seelen und die Leiber"

Heinrich Bullinger

Man kann und soll nicht Gewalt anwenden, um jemanden zu zwingen den Glauben anzunehmen, denn der Glaube ist ein freies Geschenk Gottes ... Es ist falsch, jemand durch Gewalt oder Zwang zu nötigen, den Glauben anzunehmen, oder jemanden wegen seines Irrglaubens zu töten. Es ist ein Irrtum, daß in der Kirche irgendein anderes Schwert als das des göttlichen Wortes gebraucht werden soll ... Die weltliche Herrschaft soll von der Kirche getrennt werden und kein weltlicher Herrscher soll Autorität in der Kirche ausüben ... Der Herr hat befohlen, einfach das Evangelium zu predigen, und niemanden zu zwingen, es anzunehmen ... Es ist das Werk des großen Richters, das Unkraut von der guten Saat zu trennen ... Dies wird nur Christus beim jüngsten

Gericht tun. Denn in der Parabel vom Unkraut und dem Weizen kamen die Diener zu ihrem Herrn und sagten: ‚Willst du denn, daß wir hingehen und es ausjäten?' Er sprach: ‚Nein! Auf daß ihr nicht zugleich den Weizen mit ausraufet, so ihr das Unkraut ausjätet. Lasset beides miteinander wachsen bis zur Ernte und um der Ernte Zeit werde ich zu den Schnittern sagen: Sammelt zuvor das Unkraut und bindet es in Bündlein, daß man es verbrenne'. Weil das Feld die Welt bedeutet und das Unkraut die Kinder des Bösen oder der schlechten Lehre und der Herr eindeutig befohlen hat: ‚Lasset sie beide zusammen wachsen', soll es die Obrigkeit nicht übernehmen, das Unkraut durch Strafe oder Tod zu beseitigen ... Paulus gibt eine bestimmte Anweisung, wie sich die Gemeinde zu einem Häretiker verhalten soll, indem er sagt: ‚Einen ketzerischen Menschen meide, wenn er einmal und abermahl ermahnet ist.' So lehrt Paulus die Kirche, einen Häretiker auszuschließen (Titus 3,10), nicht aber ihn zu foltern, zu mißhandeln, oder zu töten ... Es ist das Kennzeichen der wahren Kirche Christi, daß sie andauernd Verfolgung erleidet, aber niemand verfolgt ... Einen Sünder hinzurichten, bevor er bereut hat, bedeutet, seine Seele zu zerstören. Deshalb soll man ihn nicht töten, sondern auf seine Bekehrung warten, damit nicht Leib und Seele zerstört werden. Oft gibt ein Mensch einen verhängnisvollen Irrtum auf und wendet sich der Wahrheit zu. ❖

Hans Denck
Beim rechten Evangelium wird solche Sicherheit sein, auch in den äußerlichen Dingen, daß jeder jeden, sei er Türke oder Heide, der glaubt, was er will, sicher in seines Gottes Namen unbehelligt in seinem Land wohnen oder durch sein Land ziehen lassen wird. Es soll niemand einem vergelten, der Heide, Jude oder Christ ist, sondern jedermann im Namen seines Gottes vergönnen, durch jegliches Land zu ziehen. ❖

Kilian Aurbacher
Es ist niemals recht, jemand in Glaubensangelegenheiten zu nötgen, was immer er glaubt, er sei Jude oder Türke. Auch wenn einer nicht rechtschaffen glaubt noch glauben will, d.h. daß er keine rechtschaffene Kenntnis der Seligkeit hat noch haben will, Gott nicht vertraut und sich ihm nicht unterwirft, sondern auf die Kreatur vertraut und sie liebt, der wird selbst seine eigene Schuld tragen, und niemand wird am jüngsten Tag für ihn einstehen ... Und also halten wir uns nach dem Vorbild Christi und seiner Apostel und verkündigen das Evangelium gemäß der Gnade, die er uns anvertraut hat; wir zwin-

gen niemand. Wer aber willig und bereit ist, der folge ihm nach, wie Lukas in der Apostelgeschichte zeigt. Wie es dann auch eine öffentliche Wahrheit ist, daß Christi Volk ein freies, ungedrungenes und ungezwungenes ist, das Christus mit Verlangen und willigem Herzen annimmt, was die Schrift bezeugt. ❖

Menno Simons

Der Glaube ist ein Geschenk Gottes; daher kann er niemand von weltlicher Obrigkeit oder mit dem Schwert aufgezwungen werden. Er muß nur durch die reine Lehre des heiligen Wortes Gottes, durch demütiges und inniges Gebet vom Heiligen Geist als Gnadengeschenk erworben werden. Ferner wünscht der Herr des Hauses nicht, daß das Unkraut ausgejätet wird, bevor der Erntetag gekommen ist, wie es das Gleichnis der Schrift sehr klar lehrt und darlegt ... Ferner meine ich: Wenn die Regierenden Christus und sein Königreich richtig verstünden, würden sie meiner Meinung nach eher den Tod wählen, als mit weltlicher Gewalt und dem Schwert die Regelung geistlicher Angelegenheiten in die Hand zu nehmen, die nicht der menschlichen Obrigkeit, sondern allein dem großen und allmächtigen Gott unterworfen sind. Aber jetzt werden die Obrigkeiten von ihren Theologen belehrt, daß sie Menschen, die ihrer Lehre nicht gehorchen, verhaften, einsperren, foltern und erschlagen sollen, wie man es leider in vielen Städten und Ländern sehen kann ...

Liebe Herrscher und Richter, wenn ihr euch die zitierten Schriftstellen zu Herzen nehmt und sorgfältig über sie nachdenkt ... werdet ihr bemerken, daß ihr nicht mit eurer irdischen und zeitlichen Gewalt das regeln sollt, was zur Gerichtsbarkeit und zum Königreich Christi, des Fürsten aller Fürsten gehört. Ihr solltet nicht mit eurem eisernen Schwert über Angelegenheiten richten und strafen, die dem Urteil des Allerhöchsten allein überlassen sind, nämlich den Glauben und zu diesem gehörende Dinge. Diese Auffassung vertraten auch Luther und andere am Anfang ihrer Tätigkeit, aber als sie eine höhere und angesehenere Stellung erreicht hatten, vergaßen sie diese gänzlich. ❖

David Joris

Die Magistrate müssen über alles, was die Leiber, die Güter, die Häuser und die Felder angeht, mit Mäßigung urteilen ... Doch was den Glauben angeht, dürfen sie nichts vor der Zeit tun und müssen die Entscheidung des gerechten Richters und des Hirten der Schafe abwarten ... Lieber tausend Tode erleiden und alles verlieren, als die Gefahr auf sich laden, einen gläubigen Christen oder eine gerechte Seele zum Tod zu führen. Wenn jemand sagt: Das sind keine Christen oder Gerechten, die man tötet, sondern Ketzer, Verführer und Schurken, so gebe ich zur Antwort, daß viele Gerechte in der Welt mit Christus als Ketzer und Übeltäter hingeschlachtet worden sind ... Gott allein hat Jurisdiktion im Geist über die Seelen und die Leiber, aber die Menschen haben nur Jurisdiktion über die Leiber; die geistlichen Dinge, die den Glauben betreffen, gehören nicht zu ihrem Machtbereich ...

Edle, weise und kluge Herren, ziehet in Betracht, was geschähe, wenn man unseren Gegnern alle Freiheit ließe, die Häretiker zu töten. Wie viele Menschen blieben auf der Welt, wenn jeder über den anderen Macht besäße, sobald er ihn als Ketzer betrachtet: So sehen die Juden oder die Türken die Christen an, und die Christen sich selbst untereinander. Die Papisten und die Lutheraner, die Zwinglianer und die Wiedertäufer, die Calvinisten und die Adiaphoristen exkommunizieren sich gegenseitig. Muß es denn sein, daß die Menschen einander wegen dieser Meinungsverschiedenheiten hassen und töten: Greift doch nicht zum Schwert, wenn jemand schlechte oder irrige Meinungen vertritt, betet für ihn und erweckt ihn für die Liebe, für den Frieden und für die Freiheit ... ❖

Philosophie

Einleitung

Daß die Philosophie als das Bemühen der bloßen Vernunft, mit den letzten und umfassenden Fragen des Menschen ins Reine zu kommen, zu einem Königsweg der Toleranz werden würde, lag auf der Hand. Schon Denker, die noch nicht auf eine autonome, von Religion und Theologie unabhängige Philosophie bauen konnten, nahmen sie in Anspruch, um einen gegenüber den Religionen neutralen und unabhängigen Standort gewinnen zu können. Beispiele dafür sind Petrus Abaelard, Moses Maimonides, Ibn Kammuna, Ibn Ruschd (Averroes), Ramón Llull, Nikolaus von Kues u.a. Für jeden von ihnen bildete sie ein Forum, auf dem die Religionen einander begegnen konnten und ihre Rechtfertigung nachzuweisen hatten. Erwartungsgemäß entsprach zunächst für jeden die jeweils eigene Religion den Vorgaben der Vernunft am allermeisten. Dadurch schien die Vernunft in ihrer Autonomie wiederum nicht wirklich anerkannt bzw. ernstgenommen zu sein. Doch immerhin: Wie sehr sie auch vereinnahmt wurde, als überparteiliche und somit urteilsfähige Instanz jenseits aller Weltanschauungen gewann sie zunehmend an Bedeutung und wurde sie wenigstens ‚pro forma' in Anspruch genommen. So bedurfte es nur des entsprechenden Anstoßes und Befreiungsschlages, daß sich die Philosophie emanzipierte und endgültig als eine eigene, von niemandes Gnaden abhängige Instanz etablieren konnte.
Dazu kam es erst in der Neuzeit, mit aller Konsequenz wohl nicht vor dem 17. Jahrhundert. Das überrascht nicht, denn vor der Neuzeit hatte sich die Philosophie noch nicht einmal als eigenständige Wissenschaft gegenüber der Theologie wirklich durchsetzen können. Natürlich war der Differenzierungsprozeß zwischen Philosophie und Theologie zu zwei gleichberechtigten Partnern schon im 11./12. Jahrhundert in den Klosterschulen von Bec, Laon, Poitiers, Chartres und St. Viktor in Gang

gekommen. Zweifellos hatten große Scholastiker wie Thomas von Aquin (1224/5–1274), Johannes Duns Scotus (1266–1308), Wilhelm von Ockham (1285–1349) u.a. bereits ausgefeilte Wissenschaftstheorien entwickelt, in denen zwischen Philosophie und Theologie klar unterschieden wurde. Und erwiesenermaßen war seit Ende des Mittelalters ein neues, rasch zunehmendes Interesse für kosmologische Fragestellungen erwacht, das seinerseits die Verselbständigung der Philosophie gegenüber der Theologie begünstigte. Gewiß, das Gros aller Gelehrten hing *de facto* aber dennoch der alten, auf die Antike zurückgehenden Vorstellung von Weisheit (*sapientia*) an, die eine Unterscheidung von Philosophie und Theologie gerade nicht vorsah oder zumindest in ihrer letzten Zuspitzung deren Aufhebung bedeutete. Ganz im Sinne des Augustinus (354–430) stellte man die *sapientia* über jede Wissenschaft (*scientia*). Philosophie und Theologie bildeten daher als Ausdrücke dieser Weisheit über Jahrhunderte zwei *synonyme* Größen, die man nicht wirklich unterscheiden mußte. Abgesehen davon implizierte Weisheit nicht bloß Theorie oder Spekulation, sondern zugleich Praxis und Leben. Hier jedoch herrschten andere Verhältnisse. Was im Bereich der reinen Wissenschaft durchaus oder gerade noch akzeptabel war, konnte gleichzeitig in der kulturellen und gesellschaftlichen Lebenswelt geradezu tabuisiert sein. Genau dies war hinsichtlich der Autonomisierung der Fall. Eine theologieunabhängige, d.h. übersetzt in die kulturell-gesellschaftliche Realität: eine gegenüber den religiösen Autoritäten freie und sich selbst bestimmende geistige Betätigung war bis tief in die Neuzeit hinein ein Ding der Unmöglichkeit. Deshalb hatten auch alle Theologen und Philosophen – später zusätzlich die Naturwissenschaftler –, die für die Differenzierung der Wissenschaften aus wissenschaftlichen Gründen eintraten, alle Hände voll zu tun, um zu beteuern, daß die Wahrheit letztlich – in Gott – *eine* sei und daß sich folgedessen Theologie und Philosophie aufs Ganze gesehen nicht widersprechen konnten.

Der entscheidende Anstoß, der dazu führte, daß sich die Philosophie verselbständigen und damit zu einem gegenüber den Religionen unabhängigen Forum der Toleranz werden konnte, kam deshalb nicht aus dem binnenwissenschaftlichen Raum, sondern von außen, sprich aus den politischen und gesellschaftlichen Entwicklungen. Konkret waren es die konfessionellen Auseinandersetzungen, die mit der Vertreibung der Juden aus Spanien 1492 begannen, schon im 16. Jahrhundert im Gefolge der Reformation in Deutschland, der Hugenottenkriege in Frankreich sowie der Abspaltung der Anglikanischen Kirche von der katholischen an Schärfe und Grausamkeit erheblich zunahmen und im

Dreißigjährigen Krieg (1618–1648) einen kaum mehr überbietbaren Ausbruch an Gewalt erreichten. Diese Ereignisse ließen in immer mehr Menschen, die ihre Zeit mit geistiger und moralischer Sensibilität betrachteten, die Überzeugung reifen, daß es eine Frage des physischen, gesellschaftlichen und kulturellen Überlebens sei, ob sich diesseits und jenseits der Religionen ein unabhängiges und autonomes Forum bildete, das *allen* Menschen aufgrund einer sie *alle* verbindenden Würde zugänglich ist. Jedenfalls waren die meisten Theologen, Philosophen, Philologen, Juristen, Staatsmänner und Politiker, die in dieser Richtung dachten, von den genannten Ereignissen unmittelbar oder indirekt betroffen: Jean Bodin (1529/30–1596), Michel de Montaigne (1533–1592), Hugo Grotius (1583–1655), René Descartes (1596–1650), Baruch de Spinoza (1632–1677) u.a. Aufgrund der damaligen anthropologischen Überzeugungen war es klar, daß die allen Menschen gemeinsame Würde nur in der menschlichen Vernunftfähigkeit begründet sein könne. Und so schlug die Stunde der Philosophie, die sich selbst als höchsten Ausdruck menschlicher Vernunfttätigkeit verstand.

Gleichzeitig schlug eine wichtige Stunde für die Toleranz, denn im Gefolge der Autonomisierung der Philosophie verstummte der Ruf nach ihr nicht mehr. Im Gegenteil, nahezu alle bedeutenden Philosophen und Staatsdenker, die seit dem 17. Jahrhundert die geistige Führung Europas mitübernahmen, wurden zu Inspiratoren, Vorkämpfern und Vorbereitern jener Toleranz-Gesetzgebungen, die Ende des 18. / Anfang des 19. Jahrhunderts in Österreich, England, Frankreich und Nordamerika erlassen werden sollten: Thomas Hobbes (1588–1679), John Locke (1632–1704), Pierre Bayle (1647–1704), Gottfried Wilhelm Leibniz (1646–1716), Samuel von Pufendorf (1632–1694), Christian Thomasius (1655–1728), Charles-Louis de Sécondat Montesquieu (1689–1755), François Marie Arouet Voltaire (1694–1778) u.a. Aus ihrer Reihe werden im folgenden Texte von drei Philosophen wiedergegeben, die zum einen wiederum die Einflußbereiche der drei monotheistischen Religionen Judentum, Christentum und Islam repräsentieren und zum anderen wenig bekannt sind oder noch kaum einmal Eingang in eine Toleranz-Anthologie (wie der vorliegenden) gefunden haben.

Ibn Ruschd Averroes (1126–1198)

Es wird überraschen, daß den Beginn noch einmal ein Denker des Mittelalters, genauer ein Autor des 12. Jahrhunderts macht, nämlich der arabische Philosoph, Theologe, Arzt und Richter *Abu al Walid Muhammed Ibn Ahmad Ibn Ruschd*, bekannt unter dem lateinischen Namen *Averroes* (1126–1198). Der Grund hiefür liegt weniger darin, daß Averroes selbst in seiner Einschätzung der Fähigkeiten der menschlichen Vernunft und der daraus resultierenden Selbständigkeit derselben gegenüber den Religionen für mittelalterliche Verhältnisse verblüffend weit ging, sondern vor allem in seiner Wirkungsgeschichte, konkret im sogenannten *Averroismus*, der bis ins 16. Jahrhundert jüdische und christliche Philosophen gleichermaßen stark beeinflußte. Ohne auf diese Wirkungsgeschichte eingehen und ohne alle Ansichten berücksichtigen zu müssen, welche die Averroisten vertraten bzw. welche ihnen angedichtet wurden, kann bezüglich des Toleranz-Themas eine Position sogleich hervorgehoben werden – die Position nämlich, daß der Vernunft gegenüber dem religiösen Glauben und der Theologie als seiner Auslegung ein Vorrang gebührt. Genau diese These war es, die den Averroismus im 15. und 16. Jahrhundert, als er vor allem in Italien (Bologna, Padua) blühte, brisant und untergründig einflußreich machte. Zwar wäre es übertrieben, in diesem Zusammenhang bereits von Aufklärung zu sprechen, wie es gelegentlich geschah und geschieht, denn sowohl Averroes selbst als auch die späteren Averroisten waren darauf bedacht, die absolute Vernunftgemäßheit ihrer jeweils eigenen Religion zu beweisen. Eine zuvor nicht gekannte Aufwertung der menschlichen Vernunft gegenüber den Religionen war jedoch gegeben, und diese sollte in der Geschichte des Toleranz-Gedankens eine nicht zu unterschätzende Rolle spielen.
Averroes stammte aus einer vornehmen Richter-Familie in Córdoba. Auch er selbst übte nach einer eingehenden Ausbildung in allen Wissensgebieten seiner Zeit und Kultur das Amt eines Richters in Sevilla (1169) und später in Córdoba (ab 1171) aus. Durch den Philosophen Abubaker (Ibn Tufail) vermittelt, kam er wahrscheinlich schon 1169 an den Hof des Kalifen Abu Ja'qub Jusuf. Wie Abubaker wirkte er hier seit 1182 als Leibarzt des Kalifen. Auch unter dessen Nachfolger Ja'qub al-Mansur war er sowohl als oberster Richter von Córdoba als auch als Leibarzt des Herrschers tätig. Vermutlich auf Veranlassung orthodoxer islamischer Kreise fiel er 1195 in Ungnade. Wie nicht anders zu erwarten, empfand man sein Denken als häretisch und religionsfeindlich.

Mit Ausnahme seiner medizinischen und naturwissenschaftlichen Schriften wurden alle Werke verbrannt und ihre Lektüre verboten. Averroes selbst mußte ins Exil, zuerst in der Nähe von Córdoba, später nach Marrakesch in Marokko. Seine Rehabilitierung erlebte er wohl noch, doch Córdoba sah er nicht wieder, da er am 11. Dezember 1198 in Marrakesch starb. Aus seinem Werk, das kaum im arabischen Original überliefert wurde, sondern überwiegend aus lateinischen und hebräischen Übersetzungen bekannt ist, ragen die Kommentare zum Werk des Aristoteles hervor. Ihretwegen wurde er sowohl von den christlichen als auch von den jüdischen Denkern des Mittelalters (und darüber hinaus) besonders geschätzt und kurz als „der Kommentator" bezeichnet. Aber nicht diese Kommentare machen ihn im Zusammenhang mit der Toleranz wichtig. Vielmehr ist es das letzte Kapitel seines um 1180 geschriebenen Werkes *Widerlegung der Widerlegung (tahafut al-tahafut, Destructio destructionum)*, das er gegen die Schrift *Widerlegung der Philosophen (tahafut al-falasifa)* des persischen Philosophen *al-Ghazali* (1058–1111) verfaßte. In diesem Kapitel versucht Averroes nicht allein einen Standpunkt zu gewinnen, der hinsichtlich eines bestimmten Themas – des Glaubens an die Auferstehung – gegenüber „allen Religionen" und Philosophien neutral ist und es nicht einmal notwendig macht, den Koran heranzuziehen. Vielmehr vertritt er auch die These, daß „jeder Gelehrte die Pflicht hat, die beste Religion seiner Zeit für sich zu wählen, auch dann, wenn ihm alle Religionen gleich wahr erscheinen", und „weiterhin zu glauben, daß auch die beste Religion einmal abgelöst wird durch eine noch bessere" (Übersetzung von F. Niewöhner).

Die Pflicht zur besten der Religionen seiner Zeit

Averroes: Die Widerlegung der Widerlegung (Auszug)
Nach Abschluß dieser Frage geht al-Ghazali zu der Behauptung über, daß die Philosophen die leibliche Auferstehung leugnen würden. [In der Tat:] Obwohl von der Auferstehung in verschiedenen Religionen seit mindestens tausend Jahren die Rede ist, findet sich dieses Thema bei keinem der älteren Philosophen; und jene Philosophen, deren [diesbezügliche] Theorien uns bekannt wurden, sind jüngeren Datums. Die ersten, bei denen ausdrücklich von der leiblichen Auferstehung gesprochen wird, sind – wie aus den Psalmen und vielen Büchern, die den Israeliten zugeschrieben werden, hervorgeht –

die Propheten Israels, die auf Mose folgten. Bestätigt ist die [Lehre von der] leibliche Auferstehung aber auch im Neuen Testament; sie wird von der Überlieferung Jesus zugeschrieben. Im Grunde ist es [freilich bereits] eine Theorie der Sabier, deren Religion laut Ibn Hazm die älteste ist.

Aber gerade die Philosophen – und das ist nur natürlich so – halten diese Lehre für die wichtigste und glauben am festesten an sie. Der Grund dafür liegt [für sie] darin, daß sie [die Lehre] zu einer Ordnung unter den Menschen führt, auf der das menschliche Sein als solches beruht, und durch sie der Mensch das größtmögliche ihm angemessene Glück erlangen kann. [In diesem Sinne] ist sie eine Bedingung für das Vorhandensein der ethischen und geistigen Tugenden sowie der praktischen Verhaltensweisen des Menschen. Die Philosophen meinen nämlich, daß der Mensch in dieser Welt nicht ohne praktische Verhaltensweisen und weder in dieser noch in jener (nächsten) Welt ohne geistiges Leben sein kann, daß sich jedoch in keiner dieser beiden [Welten] ohne die ethischen Tugenden Vollendung erreichen läßt. Die ethischen Tugenden wiederum werden nur durch die Kenntnis und Verehrung Gottes, [konkret] durch die von den Gesetzen der verschiedenen Religionen vorgeschriebenen Dienste wie Opferungen, Gebete und demütige Bitten, mittels derer Gott, den Engeln und den Propheten Lob dargebracht wird, stark.

Die Philosophen glauben also, daß mit den religiösen Gesetzen notwendige gemeinschaftliche Handlungsformen [Künste] verbunden sind, deren Prinzipien der natürlichen Vernunft [einerseits] und der göttlichen Eingebung [andererseits] entstammen, was insbesondere für dasjenige [gilt], was allen Religionen gemeinsam ist, obwohl die Religionen auch hierin mehr oder weniger unterschiedlich sind. Darüber hinaus sind die Philosophen der Ansicht, daß man über die allgemeinen religiösen Fragen [Prinzipien] weder positiv noch negativ etwas sagen dürfe, wie zum Beispiel darüber, ob es verpflichtend sei, Gott zu dienen oder nicht, beziehungsweise (mehr noch) darüber, ob Gott existiere oder nicht. Sie bekräftigen dies [diese Ansicht] auch gegenüber anderen religiösen Fragen [Prinzipien], wie jener nach dem jenseitigen Glück und dessen Möglichkeiten. Denn alle Religionen stimmen in der Annahme einer Existenz nach dem Tod überein, auch wenn sie sich in der Beschreibung dieser Existenz voneinander unterscheiden, und ebenso sind sie betreffs des Wissens, der Eigenschaften und Seinsvollzüge Gottes eins, auch wenn sie sich in ihren Meinungen über das Wesen und die Akte des [ersten und obersten] Prinzips wiederum unterscheiden. Alle Religionen kommen sodann bezüglich der Taten, die zum Glück in der nächsten Welt führen, überein, obwohl sie in der konkreten Bestimmung dieser Taten [erneut] uneins sind.

Kurz gesagt, die Religionen sind gemäß den Philosophen insofern verpflichtend, als sie *so* zur Weisheit führen, daß alle Menschen an dieser teilhaben können. Philosophie führt nur eine begrenzte Zahl begabter und gebildeter Leute zur Kenntnis des Glücks. Diese [wenigen] vermögen daher [von sich aus] nach der Weisheit zu streben, während die Religionen prinzipiell auf die Unterweisung aller Menschen setzen. Und dennoch finden wir keine Religion, die nicht auch die besonderen Bedürfnisse der Gelehrten berücksichtigte, wenngleich sie sich in erster Linie um das kümmert, was die Masse im Sinn hat. Sofern darüber hinaus die Gelehrten sowohl in ihrer Existenz als auch in der Erreichung ihres Glücks der Gemeinschaft mit der Masse bedürfen, ist die allgemeine Lehre [der Religion] ebenso für Sein und Werden der Angehörigen dieser kleinen Gruppe notwendig – und dies sowohl in der Zeit ihrer Jugend und ihres Heranwachsens, was niemand bezweifelt, als auch in der Zeit, in der sie die Vortrefflichkeit, die sie auszeichnet, erreicht haben. Es gehört nämlich zu der wesensmäßigen Auszeichnung eines gelehrten Mannes, daß er die Lehren, in denen er erzogen wurde, nicht verachtet und sie in der bestmöglichen Weise erklärt. Wenn er einen Zweifel gegenüber den religiösen Überzeugungen [Prinzipien] äußert, in denen er erzogen worden ist, oder wenn er sie im Widerspruch zu den Propheten interpretiert und von ihrem Weg abweicht, so verdient er es mehr als jeder andere, als Ungläubiger gebrandmarkt zu werden, und die Strafe zu erhalten, die in der Religion, in der er aufgezogen worden ist, auf Unglauben steht.

Er ist des weiteren verpflichtet, für sich die beste der Religionen seiner Zeit zu wählen, selbst wenn in seinen Augen alle [Religionen] gleichermaßen wahr sind. Er muß glauben, daß die beste [der Religionen] durch die Einführung einer noch besseren abgelöst werden wird. Aus diesem Grund wurden die Gelehrten, die das Volk in Alexandria lehrten, Muslime, als der Islam zu ihnen gelangte, und die Gelehrten des Römischen Reiches Christen, als die Religion Jesu dort eingeführt wurde. Und niemand bezweifelt, daß es unter den Israeliten viele Weise gab, was insbesondere aus den Schriften, die man unter den Israeliten findet und die Salomo zugeschrieben werden, klar ersichtlich ist. Niemals hat die Weisheit unter den Inspirierten, d.h. den Propheten, aufgehört, und daher ist es das wahrste aller Worte, daß jeder Prophet ein Weiser, aber nicht jeder Weise ein Prophet ist. Die Weisen, das sind diejenigen, von denen es heißt, sie seien die Erben der Propheten.

Da nun schon unter den Prinzipien der beweisführenden Wissenschaften Postulate und Axiome vorausgesetzt werden, muß dies noch viel mehr von den Religionen gelten, die ihren Ausgang von der göttlicher Eingebung sowie von der [menschlichen] Vernunft nehmen. Jede Religion existiert aufgrund der Inspiration und verbindet sich mit der Vernunft. Derjenige, der eine natürliche Religion, die ausschließlich auf Vernunft beruht, für möglich hält, muß zugestehen, daß diese Religion weniger vollkommen ist als jene, die aus Vernunft *und* Offenbarung entspringt. Alle Philosophen stimmen darin überein, daß die Anleitungen für [menschliches] Handeln nur aufgrund von Autorität übernommen werden, denn es gibt keinen Beweis für die Notwendigkeit von [ethischen] Handlungen als das gelebte Ethos, das [wiederum] aus ethischen Handlungen und ihrer Übung erwächst.❖

Uriel da Costa (1583/4–1640)

Der zweite Philosoph, der hier Berücksichtigung finden soll, gehört zu dem Kreis jener jüdischen Denker, die nach der Vertreibung der Juden 1492 aus Spanien und Portugal in die vergleichsweise liberalen und toleranten Niederlande, vor allem nach Amsterdam, emigriert waren. Dieser Kreis, zu dem nicht zuletzt Baruch de Spinoza stieß, dessen *Tractatus theologico-politicus* (1670) mit seinem 20. Kapitel über Religions- und Gewissensfreiheit zu einem der wichtigsten Toleranztexte der europäischen Philosophie werden sollte, war von Hause aus für die Entdeckung der Toleranz prädestiniert. Zum Ersten standen viele dieser Emigranten bereits in ihrer Heimat Spanien oder Portugal vor der Entscheidung, zum Christentum zu konvertieren und dafür im Lande bleiben zu dürfen oder an ihrem jüdischen Glauben festzuhalten und dafür ihr Land verlassen zu müssen. Sie wurden damit nicht allein zu einem Religionsvergleich gezwungen, sondern zugleich veranlaßt, ihre eigene Religion kritisch zu reflektieren. Zum Zweiten waren die Juden von der iberischen Halbinsel nicht die einzigen Flüchtlinge, die aus Gewissensgründen bzw. aufgrund ihrer Ansichten in religiösen und politischen Dingen nach Holland kamen. Sie trafen somit auch in ihrer neuen Umgebung wieder auf eine gemischt-religiöse Szene, die sie erneut herausforderte. Zum Dritten gingen die im Exil neu entstandenen religiösen Gemeinden aus Identitäts- und Überlebensgründen sehr rasch dazu über, ihrerseits eine überraschend repressive Orthodoxie zu bilden, die sich nicht einmal scheute, nun selbst Exkommunikations- und Verfolgungsmaßnahmen zu treffen. Was das Judentum betrifft, so ist abermals Spinoza das bekannteste Beispiel. Er wurde am 27. Juli 1656 aus der Amsterdamer Synagoge ausgeschlossen. Die Emigranten mußten sich aufgrund dessen noch einmal fragen, wie sie es mit ihrer Religion halten wollten. Keine Überraschung also, daß ausgerechnet hier die Idee einer natürlichen Religiosität, die unabhängig von allen Religionen und Konfessionen jedem Menschen angeboren ist und deren Ausübung letztlich das eigentlich Entscheidende ist, rasch an Boden gewann.

Ein besonders typischer Vertreter dieses jüdischen Amsterdamer Kreises ist der aus Portugal stammende *Uriel* (christlich Gabriel) *da Costa* (1583/4–1640). Gebürtig aus Porto aus einer vermögenden Familie, die zum Katholizismus konvertiert war, studierte er zunächst an der Universität Coimbra kanonisches Recht. Möglicherweise veranlaßt durch seine Beschäftigung mit dem Protestantismus, vielleicht aber auch beeindruckt vom jüdischen Glauben seiner Mutter – deren Familie den Verfolgungen durch die Inquisition ausgesetzt war –, übersiedelte er 1614 nach Amsterdam und trat hier dem Judentum bei. Allerdings wurde er auch dieses Glaubens nicht froh. Rasch gewann er den Eindruck, daß das „pharisäische" Judentum, das er bereits im Talmud am Werk sah, gegenüber der mosaischen Tora einen Abfall darstellte. Der Konflikt mit der Synagoge war bald unausweichlich. Den Anstoß dazu gab seine Schrift *Thesen gegen die Tradition (Esame das tradiçoes phariseas)*, die er 1616/7 gegen die „pharisäische" Tradition geschrieben hatte. 1618 zeigten ihn die Leiter der jüdischen Gemeinde bei den Amsterdamer Behörden an. Uriel da Costa kam für 10 Tage ins Gefängnis und durfte von da an nichts mehr publizieren. In den weiteren Jahren, die von Not und Vereinsamung gekennzeichnet waren, kam es noch zweimal zu Versöhnungen und neuerlichen Verstoßungen mit bzw. seitens der jüdischen Gemeinde. In Wirklichkeit kritisierte er allerdings jegliche Offenbarungsreligion immer schärfer. Kompromißlos bestand er auf der natürlichen Religiosität jedes Menschen. Seine erst 1687 erschienene Autobiographie *Exemplar humanae vitae (Beispiel eines menschlichen Lebens)* gibt davon Zeugnis. Nach ihrer Fertigstellung schied er 1640 freiwillig aus dem Leben.

Der hier ausgewählte Text bildet den Schluß der Autobiographie. In dieser Selbstdarstellung schildert Uriel da Costa die Geschichte seines religiösen Werdegangs. Im Zentrum steht erwartungsgemäß seine Konversion zum Judentum sowie seine Auseinandersetzung mit diesem. Daß dieser Konflikt zur Zeit der Abfassung des Textes noch anhält, läßt sich unschwer sowohl aus der Diktion als auch aus dem Bild erkennen, das darin von der Synagoge gezeichnet wird. An ihr bleibt nicht nur kein gutes Haar, sie wird darüber hinaus von einer geradezu wüsten Polemik überzogen, die freilich für die Literatur der damaligen Zeit nicht ungewöhnlich war. Deshalb gibt sich Uriel nicht der Hoffnung hin, daß es in einer anderen Religion – etwa im Christentum, das er aus eigener Erfahrung ja ebenfalls kannte – viel besser stünde. Im Gegenteil, er ist überzeugt davon, daß von allen bestehenden Religionen ähnlich verheerende Wirkungen ausgingen. Deshalb empfiehlt er eine ursprüngliche Religiosität, die dem Menschen mit seiner Natur mitgegeben sei und die alle Menschen miteinander verbinde. Ausdrücklich erinnert er an sie sogenannten Noachitischen Gebote (vgl. dazu in diesem Buch den Abschnitt über *Religiöse Fundamente*). Diese seien Bestandteil jenes Bundes, den Gott noch *vor* der Erwählung Israels mit *allen* Menschen abgeschlossen habe. Von ihrer Einhaltung erwartet sich Uriel nicht zuletzt das Ende der gegenseitigen Ausgrenzung, Verfolgung und Bekämpfung der Religionen untereinander. Mit ihr verbindet er somit die Hoffnung auf Toleranz als Grundgesinnung aller Menschen.

Das Gesetz der Natur und die Widernatürlichkeit der Religionen

Uriel da Costa: Beispiel eines menschlichen Lebens (Auszug)
Jetzt, ich flehe dich an, belehre mich, ob du noch eine andere Religion kennst außer jenen, an die du erinnert hast und von denen du die beiden letzten als unecht betrachtest und sie nicht so sehr Religionen nennst als vielmehr Abfall von der Religion. Schon höre ich dich eingestehen, du kenntest noch eine Religion, die wahrhaft Religion ist und durch deren Mittlerschaft die Menschen Gott wohlgefällig sein können. Wenn nämlich alle Völker, ausgenommen die Juden – es gehört sich, daß ihr euch immer von den anderen absondert und nicht mit den Plebejern und Namenlosen verbindet – die sieben Gebote beachten wollten, die, wie ihr sagt, Noah und die anderen beachtet haben, die vor Abraham waren, so ist dies für sie genügend für das Heil. Also gibt es bereits eine Religion nach eurem Zugeständnis, auf die ich mich stützen kann, auch wenn ich meinen Ursprung von den Juden herleite. Denn ich werde mit meinen Bitten bei euch erreichen, daß ihr es duldet, wenn ich mich der anderen Schar zugeselle, oder wenn ich es nicht bei euch durchsetzen sollte, so werde ich mir die Freiheit durch mich selbst nehmen.
O du blinder Pharisäer, der du jenes Gesetz vergessen hast, welches das ursprüngliche ist und von Anbeginn war und immer sein wird, du tust lediglich der anderen Gesetze Erwähnung, die später zu existieren begonnen haben und die du selbst verdammst, ausgenommen das deine, über das auch, du magst wollen oder nicht, andere urteilen nach der rechten Vernunft, welche

der wahre Maßstab jenes natürlichen Gesetzes ist, das du vergessen hast und das du gern beerdigen möchtest, um dein überschweres und verabscheuungswürdiges Joch auf den Nacken der Menschen zu legen und sie ihres gesunden Verstandes zu berauben und den Wahnsinnigen ähnlich zu machen. Aber da wir einmal darauf gekommen sind, so gefällt es uns, hier ein Weilchen zu verweilen und die Vorzüge dieses ursprünglichen Gesetzes nicht ganz und gar zu verschweigen. Sag also, daß dieses Gesetz allen Menschen gemeinsam und angeboren ist, allein dadurch, daß sie Menschen sind.

Dieses schmiedet alle untereinander mit wechselseitiger Liebe zusammen, ohne eine Trennung zu kennen, die Ursache und Ursprung allen Hasses und der größten Übel ist. Dieses ist Lehrmeisterin des guten Lebens, unterscheidet zwischen Gerecht und Ungerecht, zwischen Häßlich und Schön. Was immer das Beste ist im Gesetz des Moses oder irgendeinem anderen, das enthält das Gesetz der Natur ganz und vollkommen in sich, und wenn man nur ganz geringfügig von diesem natürlichen Maßstab abweicht, erhebt sich sogleich Streit, sogleich entsteht eine Trennung der Herzen, und man kann keine Ruhe finden. Wenn man aber viel abweicht, wer wird dann noch genügen, um die Übel und schauererregenden Ungeheuerlichkeiten zu durchmustern, die von dieser Verfälschung ihren Ursprung und Zuwachs beziehen? Was enthält das Gesetz des Moses oder irgendein anderes als bestes, das die menschliche Gesellschaft berücksichtigt, damit die Menschen gut miteinander leben und gut zusammenpassen? Sicherlich ist das erste, die Eltern zu ehren, hierauf, fremdes Gut nicht anzutasten, sei es, daß dieses Gut im Leben, sei es in der Ehre, sei es in anderen Gütern besteht, die für das Leben förderlich sind. Was davon, bitte, enthält nicht das Gesetz der Natur und der rechte Maßstab in sich, der dem Verstand innewohnt? Natürlicherweise lieben wir unsere Kinder, und die Kinder die Eltern, der Bruder den Bruder, der Freund den Freund. Natürlicherweise wollen wir, daß alles Unsrige unversehrt bleibt, und bringen unseren Haß denen entgegen, die unseren Frieden stören, die das, was unser ist, uns entweder mit Gewalt oder mit Heimtücke wegnehmen wollen. Aus diesem unseren natürlichen Willen folgt das offensichtliche Urteil, daß wir nicht das begehen dürfen, was wir an anderen verurteilen. Denn wenn wir andere verurteilen, die das Unsrige antasten, verurteilen wir bereits uns selbst, wenn wir Fremdes antasten wollten. Und siehe da – schon erhalten wir leicht, was immer wesentlich ist in jedem beliebigen Gesetz. Was die Speisen betrifft, so wollen wir dies den Ärzten überlassen; denn jene werden uns nutzbringend genug belehren, welche Speise gesundheitsfördernd ist, welche im Gegenteil schadet. Was aber andere Zeremonien, Riten, Vorschriften, Opfer, Zehnten betrifft (ein außergewöhnlicher Betrug, daß einer als Müßiggänger fremde Arbeit ausbeutet!) – wehe, deshalb beklagen wir, daß wir in so viele Labyrinthe geworfen sind wegen der Bosheit der Menschen. Weil sie dies einsehen, sind die wahren Christen großen Lobes wert, die dies alles in die Verbannung gehen ließen und nur das festhielten, was moralisch auf das gute Leben abzielt. Wir leben nicht gut, wenn wir viele Nichtigkeiten beachten, sondern wir leben nur dann gut, wenn wir vernunftgeleitet leben.

Jemand wird sagen, das Gesetz des Moses oder das des Evangeliums enthalte noch etwas Höheres und Vollkommeneres, nämlich unsere Feinde zu lieben, was das natürliche Gesetz nicht anerkennt. Dem antworte ich, wie ich weiter oben sagte: Wenn wir von der Natur abweichen und irgendetwas Größeres finden wollen, erhebt sich sogleich Streit, wird die Ruhe gestört. Was nützt es, wenn mir Unmögliches befohlen wird, das ich nicht erfüllen könnte? Kein anderes Gut wird daraus folgen als Traurigkeit des Herzens, wenn wir es als unmöglich ansetzen, seinen Feind aus natürlichem Antrieb zu lieben. Wenn es aber nicht ganz und gar unmöglich ist, seinen Feinden aus natürlichem Antrieb Gutes zu tun – dies kann noch diesseits der Liebe geschehen –, weil der Mensch, allgemein gesprochen, eine natürliche Neigung zu Mitgefühl und Barmherzigkeit hat, dürfen wir bereits nicht mehr schlechthin bestreiten, daß eine solche Vollkommenheit im Gesetz der Natur eingeschlossen ist.

Jenes wollen wir nun betrachten, welche Übel entstehen, wenn vom natürlichen Gesetz sehr weit abgewichen wird. Wir sagten, daß zwischen Eltern und Kindern, Brüdern und Freunden ein natürliches Band der Liebe bestehe. Ein solches Band löst und zerreißt das positive Gesetz, sei es dasjenige des Moses, sei es irgendeines beliebigen anderen, wenn es vorschreibt, daß Vater, Bruder, Gatte und Freund den Sohn, den Bruder, die Gattin und den Freund töte oder verrate um der Religion willen, und ein solches Gesetz will etwas Größeres und Höheres, als daß es von Menschen erfüllt werden könnte; und wenn es erfüllt würde, wäre es das höchste Verbrechen wider die Natur: denn sie schreckt vor solchen Taten zurück. Aber was soll ich noch dies erwähnen, wenn die Menschen zu einem solchen Grad des Wahns gelangt sind, daß sie die eigenen Kinder den Götzen, die sie gänzlich sinnlos verehrten, zum Brandopfer darbrachten und sich dabei von jenem natürlichen Maßstab so weit entfernten und die natürlichen väterlichen Gefühle so sehr beschmutzten? Um wieviel süßer wäre es gewesen, wenn die Sterblichen sich innerhalb ihrer natürlichen Grenzen gehalten und dermaßen scheußliche Erfindungen niemals erfunden hätten! Was soll ich von den Schrecken und tiefgreifenden Ängsten reden, in welche die Bosheit der Mitmenschen andere gestürzt hat? Von ihnen wäre jeder einzelne frei, wenn er nur auf die Natur hörte, die solches überhaupt nicht kennt. Wie viele gibt es, die an ihrem Heil verzweifeln, die sich, von schillernden Ansichten getränkt, Martyrien unterziehen, die aus eigenem Antrieb ein gänzlich elendes Leben führen, indem sie ihren Leib

Philosophie

elendiglich kasteien, Einsamkeit und Rückzug von der geselligen Gemeinschaft mit anderen suchen, beständig gepeinigt von inneren Qualen, da sie die Übel, die sie als künftige fürchten, bereits als gleichsam gegenwärtige betrauern? Diese und andere unzählige Übel hat eine falsche Religion, die von den Menschen boshaft erfunden wurde, den Sterblichen gebracht. Bin nicht ich selbst einer von vielen, der ich durch solche Betrüger sehr getäuscht worden bin und mich, da ich ihnen glaubte, zugrunde gerichtet habe? Ich rede als einer, der es erfahren hat.

Doch sie sagen: „Wenn es kein anderes Gesetz geben sollte als das Gesetz der Natur und die Menschen nicht aus dem Glauben beziehen könnten, daß ein anderes Leben bevorstehe, und keine ewige Strafen fürchten wollten, was gibt es dann noch, warum sie nicht ununterbrochen Schlimmes tun sollten?" Ihr habt euch derartige Erfindungen ausgedacht – vielleicht verbirgt sich noch mehr dahinter; es ist nämlich zu befürchten, daß ihr die Last wegen der Vorteile für euch anderen habt aufbürden wollen – darin jenen ähnlich, die, um die Kinder zu verängstigen, Gespenster vorspiegeln oder irgendwelche gräßlichen Namen erdenken, bis die Kleinen, vom Schrecken eingeschüchtert, sich deren Willen fügen und ihren eigenen Willen aus Überdruß und Enttäuschung zügeln. Aber dies nützt wenigstens, solange das Kind Kind ist. Sobald es jedoch die Augen seines Geistes öffnet, verlacht es den Betrug und fürchtet das Gespenst nicht mehr. So sind diese eure Erfindungen lächerlich, die allein Kindern oder Toren Furcht einflößen können; andere aber, die eure Erfindungen kennen, lachen euch aus. Ich unterlasse es jetzt, über die Rechtmäßigkeit dieses Betrugs zu diskutieren, da ihr selbst, die ihr solches vorspiegelt, unter den Rechtsregeln jene habt, daß Schlechtes nicht getan werden dürfe, damit Gutes einträte. Außer ihr zählt es etwa nicht unter das Schlechte, zum schlimmen Vorbild für andere zu lügen, indem ihr den Kleinen die Gelegenheit gebt, wahnsinnig zu werden. Wenn aber auch nur der Schatten wahrer Religion oder Furcht in euch wäre, hättet ihr euch ohne Zweifel nicht wenig fürchten müssen, da ihr so viele Übel auf den Erdkreis brachtet, soviel Zwietracht unter den Menschen erregtet, soviel Ungerechtes und Frevelhaftes einführtet, daß ihr nicht gezögert habt, gewissenlos Eltern gegen ihre Kinder und Kinder gegen ihre Eltern aufzuhetzen.

Eines wollte ich euch fragen, und zwar: wenn ihr euch dies irgendwann ausdenkt wegen der Bosheit der Menschen, um sie mit erdichteten Schrecken in Pflicht zu halten, da sie sonst schlimm leben würden, kommt euch dann in den Sinn, daß ihr gleichermaßen von Bosheit erfüllte Menschen seid, die ihr nichts Gutes gewährleisten, nichts außer immer nur Schlimmem anrichten, anderen schaden, gegen niemanden Barmherzigkeit üben könnt? Ich sehe schon, daß ihr mir zürnt, weil ich es gewagt habe, euch nach etwas Derartigem zu fragen, und daß jeder einzelne von euch wacker für die Gerechtigkeit seiner Handlungen streitet. Da ist keiner, der nicht sagt, er sei fromm, barmherzig, wahrheits- und gerechtigkeitsliebend. Also redet ihr entweder falsch, wenn ihr solches über euch verbreitet, oder ihr klagt fälschlich die Bosheit aller Menschen an, die ihr mit euren Gespenstern oder erdichteten Schrecken heilen wollt, verleumderisch gegen Gott, den ihr gleichsam als grausamsten Henker und schrecklichen Folterer den Menschen vor Augen führt, verleumderisch gegen die Menschen, die ihr zu einem so bejammernswerten Elend geboren sein laßt, als ob das, was jedem im Leben zustößt, nicht schon genug wäre.

Aber mag es so sein, daß die Bosheit der Menschen groß ist – was auch ich selbst zugestehe, und ihr selbst seid mir Zeugen dafür, weil ihr maßlos boshaft seid, andernfalls wäret ihr nicht fähig, solche Lügengespinste zu spinnen –: sucht die wirksamsten Heilmittel, die unterhalb eines größeren Eingriffs diese Krankheit von allen Menschen insgesamt austreiben, und legt die Gespenstermasken ab, die nur gegenüber Kindern und Toren Wirkung zeigen. Wenn aber diese Krankheit unter Menschen unheilbar ist, laßt von euren Lügen ab und versprecht nicht wie törichte Ärzte Heilung, die ihr nicht verbürgen könnt. Seid es zufrieden, unter euch gerechte und vernünftige Gesetze auf Dauer zu stellen, die Guten mit Belohnungen auszuzeichnen, die Schlechten mit der verdienten Strafe zu treffen, jene, die Gewalt erleiden, befreit von den Gewalttätern, damit sie nicht ausrufen, es geschehe keine Gerechtigkeit auf Erden und es gebe keinen, der den Schwachen der Hand des Stärkeren entreißen könnte.

In der Tat: wenn die Menschen der rechten Vernunft folgen wollten und nach der menschlichen Natur leben, würden alle einander gegenseitig lieben, alle miteinander gegenseitig Mitleid empfinden. Jeder einzelne würde die Not des anderen, soweit er vermöchte, erleichtern oder wenigstens keiner den andern ohne Veranlassung kränken. Was dagegen geschieht, geschieht wider die menschliche Natur; und vieles geschieht, weil die Menschen für sich unterschiedliche Gesetze, die der menschlichen Natur zuwiderlaufen, erfunden haben und einer den andern durch Übeltaten reizt. Viele gibt es, die verstellt umhergehen und sich als äußerst religiös ausgeben und die Arglosen täuschen, indem sie den Deckmantel der Religion mißbrauchen, um einzufangen, wen sie können. Diese können zu Recht mit dem Dieb in der Nacht verglichen werden, der die vom Schlaf Eingelullten und solches nicht Ahnenden aus dem Hinterhalt angreift. Diese pflegen im Munde zu führen: „Ich bin Jude, ich bin Christ; glaube mir, ich werde dich nicht täuschen." O ihr schlimmen Bestien! Jener, der nichts davon sagt und sich nur als Menschen bekennt, ist viel besser als ihr. Denn wenn ihr ihm als einem Menschen nicht glauben wollt, könnt ihr euch hüten; wer aber wird sich vor euch hüten, die

❖ Philosophie

ihr, umhüllt mit dem Lügengewand erlogener Heiligkeit, wie ein Dieb in der Nacht die Unvorsichtigen und Schlafenden durch Schlupflöcher hindurch anfallt und elend erwürgt?

Über eines unter vielem staune ich – und es ist wirklich erstaunlich, wie Pharisäer, die unter Christen leben, so große Freiheit genießen können, daß sie sogar Gerichtsbarkeit ausüben dürfen. Und ich kann wahrhaftig sagen, daß, wenn Jesus von Nazareth, den die Christen so sehr verehren, heute in Amsterdam predigte und es den Pharisäern gefiele, jenen erneut mit Geißeln zu schlagen, deswegen weil er ihre Überlieferungen bekämpfte und ihnen Heuchelei vorwürfe, sie dies freizügig tun könnten. Dies ist gewiß schandbar und etwas, das in einem freien Gemeinwesen nicht geduldet werden dürfte, das verkündet, Menschen in Freiheit und Frieden zu schützen und sie dennoch nicht schützt vor den Verbrechen der Pharisäer. Und wenn einer keinen Verteidiger oder Rächer hat, ist es nichts Erstaunliches, wenn er durch sich selbst versucht, sich zu verteidigen und empfangenes Unrecht zu rächen.

Da habt ihr die wahre Geschichte meines Lebens; und welche Rolle ich in diesem völlig nichtigen Theater der Welt gespielt habe in meinem völlig nichtigen und ungefestigten Leben, habe ich euch vorgeführt. Nun urteilt gerecht, ihr Menschensöhne, und bringt ohne irgendeinen Affekt euer Urteil freimütig und wahrheitsgemäß vor: dies ist nämlich besonders der Männer würdig, die wahrhaft Männer sind. Wenn ihr aber etwas gefunden habt, das euch zum Mitleid mitreißt, so erkennt und beklagt den elenden Zustand der Menschen, an dem auch ihr selbst Teilhaber seid. ❖

Herbert von Cherbury (1582/3–1648)

Für eine Philosophie aus dem christlichen Kulturbereich wird ein Text aus dem Werk des häufig genannten und zitierten, in Wirklichkeit aber schon seit langem nicht mehr im Original gelesenen englischen Philosophen, Historikers und Politikers *Edward Herbert von Cherbury* (1582/3–1648) ausgewählt. Es steht ebenso unter dem Eindruck der konfessionellen Auseinandersetzungen und Kriege wie jenes vieler anderer Philosophen und Dichter der damaligen Zeit in ganz Europa. Herbert erlebte sie nicht allein in seiner Heimat England, sondern ebenso auf seinen Reisen durch Deutschland und Italien sowie während seiner Jahre als englischer Botschafter in Paris (1619–1624). Nach einer kränklichen Kindheit in Eyton-on-Severn in Shropshire absolvierte er zunächst in Oxford und anschließend in London ein philosophisch-humanistisches Studium, bei dem er nicht nur alte, sondern auch lebende Sprachen in einem für seine Zeit ungewöhnlichem Ausmaß erwarb. Seinem lebenslangen Ziel, höhere politische Ämter zu erklimmen, kam er 1603 näher, als er zum Ritter des Bath-Ordens geschlagen wurde. Wegen seiner exzentrischen Lebensweise jedoch umstritten, reichte es zunächst (1605) nur für das Amt eines Sheriffs (Grafschaftsverwalter) von Montgomeryshire. Von 1608 bis 1616/7 durchreiste er Europa. Wichtig wurden dabei seine Aufenthalte in Paris (1608/9) und in Rom (1615/6), wo er mit den Konsequenzen der Religionsspaltungen aus der Nähe konfrontiert wurde. Nach einem kurzen Studium in Padua – beim averroistischen Aristoteliker Cesare Cremonini (1550?–1631) – kehrte er nach England zurück. Den Höhepunkt seiner politischen Karriere bildeten seine Jahre als Botschafter König Jakobs I. in Paris. In dieser Zeit schrieb er sein Hauptwerk *De veritate*, das er 1624 auf eigene Kosten ebenda publizierte, nachdem er es Hugo Grotius (1583–1645) und Daniel Tielenus (1563–1633) zur Durchsicht gegeben hatte. 1624 erhielt er die irische Pairswürde von Castle Island, 1629 die Baronswürde von Cherbury und 1632 die Mitgliedschaft im königlichen Kriegsrat in London. Im Bürgerkrieg zwischen Royalisten und Parlamentariern 1643/4 nahm er um der Erhaltung seines Besitzes willen sowie aus gesundheitlichen Gründen für keine Partei Stellung. So gelang es ihm 1645, seitens des Parlaments in London eine Pension zu erhalten. Von da an lebte er – sieht man von wenigen Reisen, wie z.B. jener nach Paris, wo er 1647 Pierre Gassendi (1592–1655) traf, ab – überwiegend in London. Hier starb er am 5. August 1648. Hier wurde er auch ohne religiöse Zeremonie in St. Giles-in-the-Fields begraben.

Herberts Hauptwerk *Über die Wahrheit, sofern sie sich unterscheidet von der Offenbarung, vom Wahrscheinlichen, vom Möglichen und vom Falschen* (*De veritate prout distinguitur a revelatione, a verisimili, a possibili, et a falso*) – zu seinen Lebzeiten in drei Auflagen (1624, 1633 und 1645) sowie in französischer Übersetzung (1639) erschienen – darf als ein Grundlagenwerk der neuzeitlichen Religionsphilosophie gelten. Obwohl es von Anfang an heftiger Kritik ausgesetzt war, unter dem Atheismusverdacht und als Angriff auf das Christentum auf alle möglichen religiösen Indices kam, dem Verdikt vieler Vorurteile zum Opfer fiel und aufgrund seines komplizierten Lateins schon bald nicht mehr gelesen wurde, bleibt es insofern bedeutsam, als es in vielfacher Hinsicht die Position der Aufklärung vorwegnimmt, die Ende des 18. Jahrhunderts klassisch von Kant (1724–1804) vertreten werden sollte. Diese Position spricht dem

Menschen *als solchem*, d.h. prinzipiell *jedem* Menschen, die Fähigkeit zu, Wahrheit erkennen und entsprechend Wahrheitsansprüche beurteilen zu können. Damit konzidiert sie ihm das Vermögen, eine von *jeder* Religion und *jeder* sonstigen Weltanschauung unabhängige Stellung einzunehmen und auf der Basis derselben so etwas wie eine „katholische und orthodoxe Kirche" (*ecclesiae vere catholicae et orthodoxae censurae*), d.h. eine alle Menschen umfassende und in fundamentalen Erkenntnissen übereinstimmende Friedensgemeinschaft zu errichten. Herbert erblickt darin einen *universalen* Heilswillen Gottes, sofern dieser *jeden* Menschen mit *denselben* allgemeinen Vorstellungen darüber ausgestattet hat, was bzw. wer Gott sei, worin sowohl das religiöse als auch das moralische Verhalten bestehe und worauf der Mensch letztlich hoffen dürfe. In der Überzeugung schließlich, daß diese von Gott geschenkten Vorstellungen als Anweisungen dafür gelten können, was allen Menschen Glück und Frieden bringen wird, sieht Herbert darin einen Ausweg aus den Religionskriegen sowie eine Grundlage für die gegenseitige Toleranz aller Weltanschauungen. Er verleugnet deshalb weder seinen eigenen christlichen Glauben noch schließt er – allem Deismus zum Trotz, als dessen „Vater" (*the great patron of deism*) er seit dem frühen 18. Jahrhundert fälschlicherweise gehandelt wurde – eine Offenbarung Gottes aus. Dennoch hält er daran fest, daß jede Religion bzw. jede Offenbarung jenen Kriterien von Wahrheit entsprechen muß, welche dem Menschen angeborenermaßen zur Verfügung stehen. Angesichts dieser fällt die Entscheidung darüber, was „aus der Wahrheit ist" und „was von Gott stammt".

Im Folgenden wird kein Text aus dem genannten Hauptwerk *Über die Wahrheit ...* zitiert, weil sich in ihm kaum ein geeigneter für eine Anthologie wie die vorliegende anbietet. Deshalb ist eine andere Textpassage, welche die Grundgedanken des Hauptwerkes konzentrierter und übersichtlicher wiedergibt als dieses selbst, ausgewählt worden. Sie entstammt dem Geschichtswerk *The Life and Raigne of King Henry the Eighth* (*Leben und Herrschaft Heinrichs VIII.*), das 1649 erstmals publiziert worden und ab 1719 regelmäßig gemeinsam mit der Autobiographie *The Life of Edward Lord Herbert of Cherbury, written by himself* (*Das Leben von Edward Lord Herbert von Cherbury, von ihm selbst verfaßt*) ediert worden ist.

Philosophie

Allgemeine Kriterien zur Beurteilung aller Religionen

Edward Herbert von Cherbury: Geschichte Heinrichs VIII. (Auszug)
Wenn niemand außer dem Bischof von *Rochester* oder seinen Anhängern diese Redeweise gebrauchten, beunruhigte es mich weniger. Da aber so viele Religionen und verschiedene Sekten (wie sie jetzt über die ganze Welt hin sichtbar geworden sind) nicht nur den Namen der wahren Kirche für sich beanspruchen, sondern zwischen Einladungen und Drohungen auf nichts anderes hinarbeiten, als uns zu veranlassen, unseren Glauben zugunsten eines einfachen Gehorsams aufzugeben, möchte ich dringend um Erlaubnis bitten, vorschlagen zu dürfen, was ich (in diesem Fall) für angebracht halte, daß wir Laien und weltlichen Personen tun. Nicht, daß ich – sollte eine bessere Hilfe angeboten werden – meine Meinung anderen zur Vorschrift machen möchte, aber ich wäre froh, wenn wir dies für die bedeutendste Angelegenheit hielten, die uns jetzt und in Zukunft beschäftigen wird.

Denn wenn es bei allen menschlichen Tätigkeiten schwierig ist, die Ausgewogenheit oder überhaupt den Gleichmut zu finden, die uns davor bewahren, in Extreme zu verfallen, wird dies bei der religiösen Verehrung noch schwieriger sein. Denn es ist anzunehmen, daß hier nicht nur der Weg zwischen [den Extremen] schmaler, sondern auch die Klippen auf beiden Seiten gefährlicher sind. Und weil jeder Mensch von Gott als freier Weltbürger erschaffen wurde, und zu nichts so sehr gezwungen ist, als jene Mittel zu erkunden, durch die er seine ewige Glückseligkeit erreichen kann, wird es angebracht sein zu erforschen, welcher Unterweisung und welcher Führung er sich anvertraut. Denn so wie sich verschiedene Lehrer nicht nur in Sprache, Habitus und Ritus (oder zumindest einigen von diesen) unterscheiden, sondern sich ebenso entschieden wie gegensätzlich in ihren Lehren präsentieren, muß viel Umsicht angewandt werden. Wenn der Mensch also davon ausgeht, wird er entdecken, daß ihn diese Führer verschiedene Wege weisen, wobei der erste nicht weiter als bis zu den Gesetzen und Religionen eines jeden Menschen Heimatland oder Diözese führt, ohne jene Grenzen zu überschreiten. Der zweite hingegen, der viel weiter gelangt, verzweigt sich in die ganze Verschiedenheit von Religionen und Philosophien, die nicht nur gegenwärtig vorkommen, sondern auch in früheren Zeiten vorgekommen sind, bis man in der Lage ist zu entscheiden, welche die beste ist. Aber bei jedem von beiden werden keine kleinen Schwierigkeiten auftreten. Denn wenn jeder Mensch sich nur all dessen sicher sein sollte, was zu Hause gedacht wird, ohne sich darüber hinaus zu erkundigen, wie kann er dann seinem Gewissen antworten? Wenn er aber darüber hinaus ins Ausland blickt, werden ihm von verschiedenen Hierarchien und sichtbaren Kirchen der Welt die Schrecken der ewigen Verdammnis verkündet werden, sollte er an irgendeine Lehre außer die ihre glauben. Und [es wird deutlich werden], daß sich auch unter ihnen ebenso fähige und verständige Personen finden, die ihren Lehrern, wie in allen anderen Angelegenheiten, gleichkommen. Soll es angemessen sein, daß einer glaubt, Gott habe allein seine Kirche und Religion inspiriert und den Rest verlassen, wenn doch die Menschheit so sehr eines Ursprungs ist, daß sie nicht nur denselben *Pater Communis* in Gott hat, sondern als ganze von denselben Vorfahren abstammt? Soll jeder Mensch ohne weitere Prüfung seinen Priestern in welcher Religion auch immer Glauben schenken, und wenn er es getan hat, ihre Lehre seinen Glauben nennen? Andererseits: Wenn er Widersprüche beweisen muß, bevor er zufrieden sein kann, wieviel Muße muß er sich dann verschaffen? Wieviel Vermögen und Kapital muß er verbrauchen? Wieviele Sprachen muß er lernen? Und wieviele Autoren muß er lesen? In wieviele Zeiten muß er Einblick gewinnen? Wieviele Glaubensrichtungen muß er prüfen? Wieviele Auslegungen muß er vergleichen? Und wieviele Widersprüche versöhnen? Wieviele Länder muß er bereisen? Und wieviele Gefahren muß er durchstehen? Kurz, wäre unser Leben unter diesen Bedingungen nicht eine ständige Wanderung? Und wenn jeder Mensch in andere Länder reiste, um den Weg zum Himmel kennenzulernen, ohne daß er schließlich sagen könnte, er habe sie alle kennengelernt und erwogen, was bleibt ihm dann zu tun? Muß er all das annehmen, was ein jeder Priester ihn mit dem Anspruch auf Inspiration lehrt, weil es so sein könnte? Oder muß er all das lassen, weil es anders sein könnte? Es ist sicher unmöglich, alle Religionen ihren verschiedenen und widerlichen Riten, Lehrsätzen, Traditionen und Glaubensinhalten entsprechend zu erfassen, auch wenn es für eine Epoche (nach unglaublichen Mühen und Aufwendungen) möglich wäre, sie herauszufinden und aufzuzählen. Andererseits ist es ebenso gottlos, alle Religionen undifferenziert zu verwerfen, denn es gibt keine Nation, die nicht auf die eine oder andere Art Gott verehrt hätte. Es wird also notwendig sein zu unterscheiden. Auch wenn kein Mensch in der Lage sein wird, mittels Vergleich festzustellen, welches die vollkommenste unter den vielen, auf der ganzen Welt bekannten Religionen, ist (da jede von so großer Ausdehnung ist, daß keine menschliche Verstehenskraft ausreicht, sie bis in die äußersten Tiefen und Bedeutungen zu verstehen), so müßte aber zumindest jeder Mensch in seiner spezifischen Religion die wesentlicheren und ausdrücklicheren Teile in Anspruch nehmen und vom Rest trennen können, ohne daß er so sehr durch die Drohungen und Verheißungen irgendeiner anderen Religion bewegt würde, daß sie ihm verhaßt würde und er von diesem Weg abwiche; denn es gibt keine [andere] ordentliche Methode, die so einsichtig, verfügbar und kurzgefaßt ist, um jedermann zu seinem ersehnten Ende zu führen. Nachdem er deshalb so wieder zu sich selbst gefunden und zugleich die Hilfe des höch-

Philosophie

sten Gottes erbeten hat, den alle Nationen anerkennen, muß er zweitens daran arbeiten herauszufinden, welche inneren Mittel Gottes Vorsehung mitgeteilt hat, um Wahres nicht nur von Falschem, sondern eben auch von Wahrscheinlichem und Möglichem zu unterscheiden. Jedes einzelne verlangt eine spezifische Überprüfung und Erwägung. Er wird deshalb auch nicht auf eine partikuläre Einsicht fliegen, die ihn bald zur Häresie führt, sondern wird sich nach einer angemessenen Trennung der eher zweifelhaften und widersprüchlichen Teile an allgemeine, authentische und universale Wahrheiten halten und sich konsequenterweise kundig machen, was in den verschiedenen Artikeln, die ihm vorgelegt werden, so gedacht ist, wie es ursprünglich dem Herzen eingeschrieben und gemeinsam in allen Gesetzen und Religionen überliefert wird, von denen er in der ganzen Welt hört. Dies kann ihn sicher niemals täuschen, weil er damit herausfinden wird, wie weit die Eindrücke von Gottes Weisheit und Gutheit in der ganzen Menschheit verbreitet sind, und in welchem Maß seine allgemeine Vorsehung sich ausgebreitet hat. Wenn er so mit denselben Schritten zu Gott aufsteigt, mit denen dieser zu uns herabsteigt, kann er nicht fehl gehen der göttlichen Majestät zu begegnen. Es sollte ihn auch nicht beunruhigen, wenn er diese Wahrheiten verschiedentlich mit Schwierigkeiten oder Irrtümern vermischt findet, da es seine Aufgabe ist, sie in ein System und eine Ordnung zurückzuführen, ohne auf mehr Punkten zu bestehen als auf jenen, die überall klar feststehen. Was auch nicht schwierig ist, da sie nur wenig und zur Verbindung untereinander geeignet sind. So daß es unsere verschiedenen Lehrer interessieren wird, es uns in dieser Lehre nach zu tun, bevor sie zu irgendeiner spezifischen Anweisung kommen, denn sonst handeln sie wie jene, die uns überreden wollen, das Tageslicht zu leugnen und nur bei ihrem Kerzenlicht zu studieren. Es wird ganz gewiß der Mühe wert sein zu fragen, wie weit uns diese allgemeinen Erkenntnisse führen, bevor wir uns irgendwelchen von ihren dunklen und scholastischen Geheimnissen oder übernatürlichen und privaten Offenbarungen anvertrauen. Nicht, daß sie nicht auch einen berechtigten Platz in unserem Glauben forderten, wenn sie aufgrund berechtigten Zeugnisses geäußert werden, aber eben daß sie nicht als so unparteiische und unfehlbare Prinzipien verstanden werden können, um die ganze Menschheit zu erziehen. So werden wir unter den vielen angenommenen niedrigeren und fragwürdigen Gottheiten, die in den vier Erdteilen der Welt verehrt werden, einen Höchsten finden, der uns so gelehrt wird, daß er über alle anderen hinaus hoch verehrt werden muß.

Unter den vielen Riten, Zeremonien, Büchern usw. die uns als Instrumente oder Teile seiner Verehrung überliefert werden, wird man die Tugend so herausragend finden, daß sie allein das Übrige zusammenfaßt und subsummiert. Insofern als es kein heiliges Tun gibt, das am Ende nicht auf sie zurückgeführt

wird. Gutes Leben, Nächstenliebe, Glaube an und Liebe zu Gott, sind so notwendige und wesentliche Teile der Religion, daß alles Übrige in ihnen enthalten und von ihnen bestimmt ist.
Unter den vielen Sühneriten, Reinigungsopfern und Sühneopfern für unsere Sünden, die in den verschiedenen Erdteilen und zu unterschiedlichen Zeiten gelehrt wurden, werden wir entdecken, daß uns nichts hilft ohne aufrichtiges Bedauern unserer Sünden und eine wahre Reue gegenüber Gott, den wir beleidigt haben.
Und schließlich finden wir unter den unterschiedlichen Orten und Arten von Lohn und Strafe, die frühere Zeiten überliefert haben, Gottes Gerechtigkeit und Barmherzigkeit nicht begrenzt, sondern so, daß er beide auch über den Tod hinaus ausbreiten kann, und konsequenterweise Belohnung und Strafe ewig sind. Diese sollten deshalb meiner Meinung nach als allgemeine und unzweifelhafte Wahrheiten zuerst anerkannt werden. Sie werden uns zumindest vor Gottlosigkeit und Atheismus bewahren und zusammen ein Fundament für den Gottesdienst und die Hoffnung auf ein besseres Leben legen. Daneben werden sie den menschlichen Geist von unsicheren und widersprüchlichen Punkten zu einer soliden Praxis der Tugend zurückführen oder, wenn wir abfallen, zu einer ungeheuchelten Reue, und bezwecken, daß unser sündhaftes Leben durch Gottes Gnade gebessert wird, ohne die Entschuldigung so leicht, billig oder käuflich zu machen, wie es manche von ihnen [den verschiedenen Religionen oder Philosophien] tun. Schließlich werden sie uns für eine allgemeine Eintracht und allgemeinen Frieden disponieren. Denn wenn wir hinsichtlich dieser ewigen Ursachen und Mittel unseres Heils übereinstimmen, warum sollten wir uns [dann] hinsichtlich des Übrigen so sehr unterscheiden? Zumal diese Prinzipien nichts an Glauben oder Tradition, die zu Gottes Ehre beitragen, in welcher Epoche oder Art sie auch immer dazukamen, ausschließen. Jeder Nation soll der Glaube an irgendwelche frommen Wunder gestattet sein, die zur Ehre Gottes beitragen, ohne daß wir uns diesbezüglich gegenseitig verärgern oder beleidigen müßten. Die oben erwähnten allgemeinen Wahrheiten der Religion sind sicherere Bande der Einheit, als daß sie irgend etwas, das aus den Traditionen herausragt (ob geschrieben oder nicht), lösen könnte. Laßt uns deshalb diese katholischen und allgemeinen Erkenntnisse aufrichten und festmachen. Sie werden uns nicht hindern zu glauben, was auch immer aufgrund der Autorität der Kirche sonst noch glaubwürdig gelehrt wird. So daß wir Laien, ob die Lehrer des Ostens, Westens, Nordens oder Südens usw. und besonders, ob Euer Gnaden von *Rochester, Luther, Eck, Zwingli, Erasmus, Melanchthon* usw. im Recht sind, auf jenen katholischen und unfehlbaren Fundamenten der Religion aufbauen, und welche Überbauten des Glaubens auch immer aufsteigen. Jene Fundamente sollen sie dennoch abstützen.

Recht

Einleitung

Toleranz bedeutet grundsätzlich, daß sich Menschen gegenseitig als Menschen und somit als gleich*berechtigt* anerkennen. Dadurch ist bereits gesagt, daß Toleranz die *gegenseitige* Zuerkennung von *Rechten* ist. Man wird sogar noch mehr sagen müssen, daß Toleranz gesellschaftlich und politisch gesehen erst dort zum Durchbruch kommt, wo Gesetze formuliert werden, die prinzipiell *jeden* Menschen als *gleichrangiges Rechtssubjekt* betrachten. So liegt es auf der Hand, daß sich die Entdeckung der Toleranz auch in der Geschichte des Rechts abspielt. In der Tat schafft das Recht schon sehr früh Ansätze, die in letzter Konsequenz ebenso früh zur Toleranz hätten führen können. Doch da das Recht niemals isoliert von der geistig-kulturellen Situation ausgelegt wird, in der es seine Formulierung und Anwendung findet, bedurfte es in seinem Bereich genauso wie in allen anderen Bereichen, in denen sich Wege in Richtung Toleranz ergeben haben, langer und vielschichtiger Entwicklungen, um Deklarationen über Menschenrechte – um diese geht es ja letztlich – Wirklichkeit werden zu lassen.

Den Beginn bildet das Völkerrecht, das *ius gentium*. Es wird bereits von den Römern in vorchristlicher Zeit, besonders von Cicero (106–43 v. C.), entwickelt. Vordergründig regelt es den friedlichen oder kriegerischen Umgang zwischen den Römern und Völkern, die nicht zum römischen Herrschaftsbereich im engeren Sinne gehören. Dazu zählen unter anderem Regelungen, die den Umgang mit Gesandtschaften bestimmen, welche zwischen Volksgemeinschaften hin und her geschickt werden, aber auch Regeln, die bei der Erklärung eines Krieges oder bei der Beendigung desselben einzuhalten sind. Es geht jedoch um mehr, denn der Grund für die Einhaltung dieser Spielregeln liegt – sieht man vom Fall einer rein opportunistisch motivierten Politik ab – in der Anerkennung,

daß die Mitglieder anderer Volksgemeinschaften *Menschen* sind und *als solche* behandelt werden müssen. Das bedeutet nicht, daß deshalb alle Menschen als kulturell und gesellschaftlich gleichrangig respektiert werden. Keineswegs. Manche sind für die Römer, aber nicht nur für sie, sondern für die meisten europäischen Kulturen bis tief in die Neuzeit, unter Umständen Barbaren, die man bei Gelegenheit versklaven kann, oder Leibeigene, über die man weitgehend verfügen darf. Es impliziert jedoch, daß selbst solche Menschen immer noch als Menschen, sprich als vernunftbegabte Wesen Anerkennung verdienen, die nicht mit Tieren oder gar mit Dingen gleichzusetzen sind. Deshalb taucht schon bei den römischen Stoikern die Überzeugung auf, daß auch Sklaven Menschen sind und sich in dieser Eigenschaft von ihren Gebietern bzw. von den Freien, Herrschenden oder Siegern in nichts unterscheiden. Ganz offensichtlich ist das, was diese Gemeinsamkeit schafft, keine bloße Vereinbarung zwischen Menschen oder Volksgemeinschaften, sondern die *gemeinsame Natur*, die jedem Menschen, egal welchem gesellschaftlichen Stand oder welchem Volk er angehört, sein *Wesen* gibt. Aus diesem Grund identifiziert bereits Cicero, nach ihm aber auch der viel gelesene römische Jurist Gaius (2. Hälfte des 2. Jh. n. C.) das Völkerrecht mit dem *Naturrecht*. Dessen Eigenschaft wiederum ist es, daß es unabhängig davon gilt, was sich die einzelnen politischen Gemeinschaften selbst als Gesetz geben. Es ist, wie man schon im 5. vorchristlichen Jahrhundert in Kreisen der griechischen Philosophen ausgedrückt findet, nicht durch menschliche Satzung oder Vereinbarung gültig, sondern aufgrund seiner Verankerung in der Ordnung des Kosmos bzw. aufgrund göttlicher Verfügung. Die Christen werden darin spätestens seit Augustinus (354–430), der das antike Gedankengut auch in diesem Bereich christianisiert, jene Ordnung sehen, die Gott als Schöpfer der Welt aller Wirklichkeit zugrundegelegt hat. Innerhalb dieser Ordnung ist jeder Mensch ein Abbild Gottes. Neuzeitliche Denker schließlich, denen es um einen religionsneutralen Standpunkt gehen wird, werden noch einmal ein Naturgesetz postulieren, das nicht bloß aller menschlichen Satzung, sondern darüber hinaus jeglicher göttlichen Einflußnahme *vorausgeht*.
So selbstverständlich diese Überlegungen sein mögen und so unwillkürlich sie vielen Exponenten der philosophischen, theologischen und juridischen Tradition über die Lippen zu kommen scheinen, so wenig wurden sie jahrhundertelang gesellschaftlich und kulturell wirksam. Wie in diesem Buch bereits dargelegt, war es alles andere als ausgemacht, daß die Angehörigen anderer Kulturen und Glaubensgemeinschaften als Menschen respektiert wurden. Betrachtete man sie auch nicht gerade als

Untermenschen, so sah man in ihnen doch wenigstens keine berücksichtigenswerten oder geschichts- bzw. kulturrelevanten Subjekte als vielmehr sichtbare Inkarnationen des Kulturlosen, Feindlichen und Bösen. Nicht von ungefähr bildete noch zu Beginn des 16. Jahrhundert ausgerechnet die Frage, ob die Indios überhaupt Menschen seien, den Anstoß dafür, daß die Schule von Salamanca das neuzeitliche Völkerrecht begründete. Und wie die berühmt gewordene Disputation von Valladolid (Kastilien) zwischen 7. Juli 1550 und 4. Mai 1551 zeigt, bei der Bartolomé de Las Casas (1474–1566) als Anwalt der Indios und Juan Ginés Sepúlveda (1489/90–1573) als Verteidiger der Conquistadoren aufeinanderstießen, war es nicht einmal damals ausgemacht, wie die Frage zu beantworten sei. Im Gegenteil, eine große Mehrheit all jener spanischen und portugiesischen Kreise, die mit der Eroberung Amerikas zu tun hatten, sah in den Indios schlicht Wilde (*barbari, homunculi*), mit denen sie beliebig verfahren durften. Sie fühlte sich deshalb in dieser ihrer Ansicht mit Berufung auf die griechisch-christliche Tradition, die zwar im Prinzip anderes gesagt, faktisch aber eben das Gegenteil zugelassen hatte, im Recht. Bezeichnenderweise setzte noch derselbe Kaiser Karl V., der am 20. November 1542 in Barcelona die *Nuevas Leyes* zum Schutz der Indios erlassen sollte, in denen er verbot, daß „irgendein Indio zum Sklaven gemacht werde", wenige Jahre zuvor Papst Paul III. wegen seines Breves *Pastorale officium* bzw. wegen seiner Bulle *Sublimis Deus* von 1537 unter Druck, worin dieser ebenfalls die Sklaverei untersagt hatte, weil die Indios „Menschen und deshalb fähig zum Glauben und zum Heil sind". Wie nicht anders zu erwarten, mußten Männer wie die Dominikaner Pedro de Córdoba (1481/82–1521), Antonio de Montesino (ca. 1485–1540) oder der bereits genannte Las Casas ihren Einsatz für die Anerkennung der Menschenwürde der Indios mit massiver Verleumdung, Verachtung und Repression seitens jener büßen, welche die Conquista als natur- und gottgemäßes Recht der Spanier und Portugiesen betrachteten. So unklar war und blieb die Situation selbst damals noch. Was für die allgemein-kulturelle und groß-politische Lage galt, das galt erst recht für die einzelnen Personen. So konnte, um sogleich auf die drei Autoren der nachfolgenden Texte einzugehen, derselbe Bartolomé de Las Casas für die Rechte der Indios kämpfen und gleichzeitig für die Verfolgung der Juden und Muslime Verständnis zeigen bzw. zeitweise – was er später freilich sehr bereute – die Haltung von Negersklaven empfehlen. Ebenso konnte derselbe Francisco de Vitoria (1483–1546) einerseits den Indios die vollwertige Rechtspersönlichkeit zusprechen und andererseits ihre gelegentliche Zwangsmissionierung gutheißen. Nicht anders konnte derselbe Hugo Grotius (1583–1645) in der Zeit des Dreißigjährigen Krieges den Frieden der christlichen Konfessionen beschwören und im selben Atemzug die Katholiken (*Papisten*) als Antichristen anprangern. Es ist daher auch nicht zu erwarten, daß sich in ihren Texten Toleranz im vollen Sinne findet. Selbst in jenen Passagen, die im folgenden abgedruckt sind, lassen sich vielmehr Sätze lesen, die nach heutigem Verständnis als ausgesprochen intolerant qualifiziert werden müssen. Dennoch bilden auch diese Texte, vor allem wenn man den historischen Kontext berücksichtigt, in dem sie entstanden sind, *Wege zur Toleranz*, sofern sie *die* wesentliche Voraussetzung dafür schaffen, daß Toleranz überhaupt möglich wird, nämlich die Anerkennung jedes Menschen als Träger unveräußerlicher Rechte.

Bartolomé de Las Casas (1474–1566)

Bartolomé de Las Casas ist als der große Anwalt der Bewohner Spanisch-Amerikas in die Geschichte eingegangen. Er wird dazu jedoch erst im Laufe seines Lebens. Als er 1502 erstmals nach España (Haiti) reist, kommt er als Eroberer. Wie sein Vater und sein Onkel, die mit Kolumbus nach Amerika gereist und von dort bereits mit Indios nach Spanien zurückgekehrt waren, sucht er nach Gold. Noch als Priester, der er seit 1507 ist, betreibt er eine Kommende auf Kuba (Concepción de la Vega). Erst die Begegnung mit den dominikanischen Bettelmönchen unter der Leitung von Pedro de Córdoba, die Adventspredigt des Antonio Montesino am 21. Dezember 1511, die Absolutionsverweigerung durch einen Beichtvater 1512, der von ihm die Freilassung der leibeigenen Indios fordert, sowie das Erlebnis des Massakers von Caonao (ebenfalls im Jahr 1512), bei dem über 2000 Indios von Spaniern grundlos ermordet werden, führt zu einem nachhaltigen Gesinnungswandel. Las Casas verzichtet auf seinen Besitz, wird (offiziell allerdings erst 1522) Dominikaner und setzt sich von da an am spanischen Königshof für die Rechte der Indios ein. Schon 1515/6 ist er mit Montesino am Hof Ferdinands von Aragon und nach dessen Tod (1516) bei den geistlichen Regenten Jiménez de Cicernos und Hadrian Florensz von Utrecht (dem späteren Papst Hadrian VI.) vorstellig, um die Einhaltung und Korrektur bzw. Erweiterung der bereits bestehenden Gesetze von Burgos und Valladolid (1512/3) zu erreichen. Cicernos ernennt ihn zum „procurador y defensor universal de los Indios" (zum universalen Anwalt und Verteidiger der Indios). Ab 1517 studiert er in Valladolid Recht (Kanonistik) und gewinnt über die flämischen Berater des Kaisers Einfluß auf Karl V. Nach dem Scheitern eines friedlichen Missionsprojektes in Cumaná (1522), mit dem er eine Alternative zur Conquista realisieren will, zieht er sich längere Zeit nach Española zurück. Zwischen 1535 und 1537 bemüht er sich abermals um eine friedliche Missionierung der Mayas in Guatemala und Nicaragua. Im April 1542 gelingt ihm eine Audienz bei Karl V. in Valladolid, bei der er diesem wichtige Denkschriften übergibt. Unter seinem Einfluß erläßt der Kaiser am 20. November 1542 die *Neuen Gesetze*, die den Indios die Menschenwürde zuerkennen und ihre Versklavung verbieten. Im Jahr darauf ernennt ihn Papst Paul III. auf Empfehlung Karls V. zum Bischof von Chiapas in Westindien. Dieses Amt übt er jedoch nur 6 Jahre lang (von 1544 bis 1550) aus, da er zum einen in seiner Diözese auf große Widerstände seitens der Grundbesitzer (der *encomenderos*) stößt und zum anderen wieder nach Spanien zurück muß, um in Aranda de Duero, Alcalá und Salamanca auf die Überprüfung der Einhaltung der *Nuevas Leyes* hinzuwirken und die Auseinandersetzung mit dem bereits genannten Juan Ginés Sepúlveda über die Frage nach der Legitimität der Conquista gegen die Indios zu führen (in Valladolid vom 7. Juli 1550 bis 4. Mai 1551). Den Rest seines Lebens verbringt Las Casas in Spanien (Valladolid, Sevilla, Toledo, Madrid), wo er sich weiter am kaiserlichen und königlichen Hof – 1556 wird Philipp II. König von Spanien – für seine Lebensaufgabe im Dienste der Indios vielfältig einsetzt und einen großen Teil seines umfangreichen (zeit)historischen, theologischen, juristischen und sozial-politischen Werkes verfaßt. Er stirbt am 18. Juli 1566 im Kloster Nuestra Señora de Atocha in Madrid.

Das Gesamtwerk von Bartolomé de Las Casas ist groß. Es umfaßt in der spanischen Gesamtausgabe (*Obras Completas*), die seit 1988 in Madrid erscheint, bisher 15 Bände. In seiner ganzen Breite wurde es allerdings erst in den letzten Jahrzehnten bekannt. Noch bis tief ins 20. Jahrhundert hinein las man meist nur die *Brevissima relación de la destruycion de las Indias* (*Kurzer Bericht von der Verwüstung der Westindischen Länder*). Dieses kleine Buch, geschrieben 1542, aber erst 1552 in Sevilla publiziert, wurde trotz – oder gerade wegen – seines Verbots durch das Heilige Tribunal von Zaragoza 1660 zu einem publizistischen Welterfolg. Es war schon im späten 16. Jahrhundert in allen damaligen Weltsprachen zu lesen. Als Grund für diesen Erfolg müssen meist politische und ideologische Umstände gelten, für die es sich verschiedentlich verwenden ließ. Entsprechend umstritten ist es bis zum heutigen Tag. Dabei gehört es nicht einmal zu jenen Schriften von Las Casas, die man zu seinen zentralen und aussagekräftigsten zählen darf. Aus diesem Grund, aber natürlich auch deshalb, weil es bis heute überall greifbar und im Buchhandel leicht zu erwerben ist, wird hier kein Text aus ihm gewählt, sondern die kleine Abhandlung *Principa quaedam ex quibus procedendum est in disputatione ad manifestandam et defendendam iustitiam indorum* (*Einige Prinzipien, von denen man bei der Disputation ausgehen muß, um das Recht der Indios offenzulegen und zu verteidigen*) auszugsweise abgedruckt. Las Casas verfaßte diese 1545/6. Publiziert wurde sie 1552 in Sevilla. In ihr faßt der Jurist Las Casas unabhängig von den konkreten politischen Ereignissen, aber doch in unverkennbarem Bezug auf sie die theologischen und rechtlichen Grundsätze und Argumentationen zusammen, an denen er sich in seinem Einsatz für die Rechte der Indios orientiert. Wie kaum an einem anderen Ort bringt er in ihr in aller Kürze sowohl seine naturrechtliche als auch seine theologische Position auf den Punkt. Sie kann daher als ein kleines Resümee dessen betrachtet werden, was sich in allen anderen Darstellungen, Traktaten, Denkschriften, Predigten und Briefen – verteilt über die gesamte Schaffenszeit – wesentlich breiter ausgeführt findet. Wie alle anderen Werke stellt sie eine Antwort auf jene Fragen dar, die der Dominikaner Antonio Montesino in seiner epochemachenden Adventspredigt vom 21. Dezember 1511 in Santo Domingo (Española) gestellt hat: „Sagt: Mit welchem Recht und mit welcher Gerechtigkeit haltet ihr diese Indios in einer so grausamen und schrecklichen Knechtschaft? Mit welcher Befugnis habt ihr diese Völker blutig bekriegt, die ruhig und friedlich in ihren Ländern lebten, habt sie in ungezählter Menge gemartert und gemordet? [...] Was tut ihr, um sie im Glauben zu unterweisen, daß sie Gott, ihren Schöpfer, erkennen, getauft werden, Messe hören, Sonn- und Feiertage halten? Sind sie keine Menschen? Haben sie keine vernunftbegabten Seelen? Seid ihr nicht verpflichtet, sie zu lieben wie euch selbst? Das versteht ihr nicht? Das fühlt ihr nicht?" Las Casas betritt die Schwellen zur Toleranz aber nicht allein mit Hilfe des Naturrechts und der theologischen Anthropologie. Ebenso ausschlaggebend ist dabei für ihn die spirituelle Erfahrung, daß ihm in den geschundenen und ermordeten Indios Christus selbst begegnet: „[...] ich hinterlasse in Westindien Jesus Christus, unseren Gott, gegeißelt und bedrängt, geohrfeigt und gekreuzigt, und zwar nicht einmal, sondern Tausende von Malen, insofern die Spanier die Menschen dort niedermachen und zerstören und ihnen den Raum zur Umkehr und Buße stehlen und ihnen das Leben vor der Zeit nehmen. [...] Da sah ich, daß sie [die Spanier] mir das Evangelium und mithin Christus verkaufen wollten und daß sie ihn geißelten und ohrfeigten und kreuzigten. Also stimmte ich zu, ihn zu kaufen [...]" Man mag dies auf den ersten Blick als einen inklusivistischen Standpunkt eines religiösen Glaubens ansehen. Anders gewendet besagt es jedoch, daß hier ein Christ in Fremden und Andersgläubigen den Inbegriff dessen findet, was ihm heilig und verehrungswürdig ist, nämlich den eigenen Gott. Gewiß bedeutet das noch nicht, daß die Fremden und Anderen auch in ihrem eigenen Glauben, in ihrer eigenen Religiosität, gewollt werden. Immerhin werden sie aber genauso geschätzt, wie sich ein Christ selbst schätzt. Auch ihnen begegnet *derselbe* Gott – jener Gott, der nach einem Wort des Augustinus (354–430) jedem Menschen innerlicher ist als er sich selbst sein kann. Zumindest ein Fundament für Toleranz ist damit gelegt.

Die universelle Gültigkeit des Natur- und Völkerrechts

Bartolomé de Las Casas: Einige Rechtsprinzipien zur Behandlung der westindischen Frage (Auszug)
Erstes Prinzip
Die Herrschaft über die Dinge, die niedriger als der Mensch sind, kommt allen Menschen auf der Welt, ohne daß irgendeiner – sei er gläubig oder ungläubig – ausgeschlossen ist, allgemein aufgrund der göttlichen Gerechtigkeit und Anordnung zu, im besonderen aber aufgrund des Natur- und Völkerrechts.
Der erste Punkt, nämlich daß es sich aufgrund der göttlichen Gerechtigkeit und Anordnung so verhält, wird bewiesen nach Genesis 1,26: „Laßt uns den Menschen nach unserem Bild und unserer Ähnlichkeit machen, und er herrsche über die Fische des Meeres und über die Vögel des Himmels und über die Landtiere und über die ganze Erde." Und weiter unten (Genesis 1,28): „Erfüllt die Erde und macht sie euch untertan, und seid Herren über die Fische des Meeres", etc. In diesen Worten zeigt sich, daß Gott der menschlichen Natur eine solche Macht eingegeben hat. Denn er sprach, „das Land lasse junges Grün wachsen", und aus dem so Gesagten ist den Bäumen die Macht des Wachsens gegeben worden, zu den Menschen sprach er, „herrscht über die Fische des Meeres" etc., und in gleicher Weise ist den Menschen mit diesem Wort die Macht über die geschaffenen Dinge gegeben worden, und sie sind hinsichtlich des Gebrauchs und Besitzes Herren über diese geworden, „denn er sprach und sie sind geworden" (Psalm 148,5).
[...]

Der zweite Punkt, nämlich daß es sich aufgrund des Naturrechts so verhält, erhellt, weil von dem, was Gott bei der Erschaffung aller Dinge einem jeden Ding zugeteilt und ihm gemäß seiner Natur und Beschaffenheit zugeordnet hat, gesagt wird, es erstrecke sich aufgrund göttlicher Vorsehung auf dieses von Gesetzes oder Naturrechts wegen. Und es gebührt eben dieser Sache von der natürlichen Ordnung her, sei es, um die Spezies irgendeiner Sache festzulegen – wie Materie und Form, die wegen der Spezies bestehen und diese selbst festlegen –, oder sei es, um diese zu vervollkommnen, wie z.B. daß der Mensch Hände hat und daß die anderen Lebewesen ihm dienen, oder um sie zu bewahren, wie Gesundheit und ähnliches. Weshalb einer jeden geschaffenen Sache natürlicherweise das gebührt, was ihr gemäß der Anordnung der göttlichen Weisheit zugeordnet wurde; daher kommt es, daß all jenes, was einer Sache zugeordnet ist, ihr von Rechts wegen gebührt und gesagt wird, daß es ihres sei.

Und weil aufgrund der göttlichen Vorsehung in der natürlichen Ordnung alle unter dem Menschen stehenden Dinge auf den Nutzen des Menschen hingeordnet sind, ist es folgerichtig, daß der Mensch die natürliche Herrschaft über diese behauptet und innehat und sie dem Menschen der göttlichen Gerechtigkeit gemäß gebühren. Deswegen sagt der Philosoph [Aristoteles]: In einer bestimmten Art sind wir das Ziel aller Dinge und nutzen gleichsam für uns alles, was ist. Und [Pseudo-]Dionysios sagt: Man muß sehen, daß die wahre Gerechtigkeit Gottes darin liegt, allen Dingen das ihnen Eigne zuzuteilen gemäß der Würde eines jeden einzelnen der existierenden Dinge und die Natur eines jeden in seiner entsprechenden Ordnung und Stärke zu bewahren.

Und der Philosoph beweist, daß der Besitz äußerer Dinge dem Menschen gerechterweise zukommt und ihm natürlich ist, wobei er das Beispiel von der Jagd auf Waldtiere gibt, denn dadurch, sagt er, eignet der Mensch sich an, was von Natur aus sein ist. Darüber handelt auch der hl. Thomas.

Der dritte Punkt aber (nämlich, daß die Herrschaft über die niedrigeren Dinge dem Menschen vom Völkerrecht her zukommt) zeigt sich daraus: Nachdem allgemein allen Menschen von der Schöpfung des ersten Menschen an von der göttlichen Güte oder durch die göttliche Vorsehung die geschaffenen Dinge überlassen wurden und nachdem ihnen die Macht oder Erlaubnis, sie in Besitz zu nehmen und sich ihrer zu bedienen, gegeben worden war, hatte jeder einzelne Mensch die Macht, sich um den Besitz einer jeden Sache, die ursprünglich Gemeingut war, zu bemühen und sie allein durch den Besitz zu der seinen zu machen. Ja, eben dadurch, daß er sich ihrer bemächtigte, wurde sie aufgrund göttlichen Zugeständnisses die seine, sei es, daß er sich jener Sache nach seinem Belieben bemächtigt hatte, wenn er allein lebte, oder aufgrund einer Übereinkunft oder eines gemeinsamen Beschlusses, wenn er

Recht

schon in Gemeinschaft mit anderen lebte; und zwar deswegen, damit er diese Dinge hierauf als sein Eigen hatte.
Daher hat die Übereinkunft oder der gemeinsame Beschluß, oder auch der Beschluß der ganzen Gemeinde und Masse, d.i. das aus der natürlichen Vernunft abgeleitete Völkerrecht, eingeführt und anerkannt, daß die Länder und Dinge geteilt und angeeignet wurden, damit jeder wisse, was sein Eigen ist, und dafür Sorge trage, um so einen friedlichen Umgang der miteinander lebenden Menschen möglich zu machen und wegen anderer Vorteile, welche von den Rechtsgelehrten angezeigt werden.
Deshalb wurde damals jeder ein direkter Herr über den Teil der Dinge, die ursprünglich gemein und in niemands Besitz waren, dessen er sich sowohl aufgrund göttlicher Anordnung als auch vom Naturrecht her bemächtigt hatte, als auch aufgrund der Übereinkunft oder des gemeinsamen Beschlusses und der Anerkennung der Menschen, die damals zusammenlebten oder später um zusammenzuleben zusammenkamen.
Weil aber der Akt der Gerechtigkeit, durch den etwas jemandem zu eigen wird, dem Akt der Gerechtigkeit, der darin besteht, jedem das Seine zu geben, vorhergeht und weil jeder beliebige Mensch aufgrund der göttlichen Gerechtigkeit und Anordnung und aufgrund des Natur- und Völkerrechts Herr über die niedrigeren Dinge geworden ist, wie bewiesen wurde, deshalb ist es Sache der menschlichen Gerechtigkeit, jedem beliebigen Menschen unverletzlich die Herrschaft über seine Dinge zu bewahren, was bedeutet, jedem zu geben, was sein ist.
Aus diesem Prinzip folgt erstens: Bei den Ungläubigen gibt es gerechterweise eine Herrschaft über die Dinge.
Was bewiesen wird, weil Gott für jedes vernunftbegabte Geschöpf ohne Unterschied und allen Völkern zum Dienst die anderen Geschöpfe, die niedriger als der Mensch sind, geschaffen hat (wie aus dem Gesagten klar ist) und auch weil er keinen Unterschied zwischen Gläubigen und Ungläubigen gemacht hat. Also dürfen auch wir keinen Unterschied machen.
Zweitens folgt: Keiner Person, weder einer Privat- noch einer öffentlichen Person, ist es erlaubt in irgendeiner Weise ohne legitimen Grund irgendeinem Menschen, sei er gläubig oder ungläubig, gegen seinen Willen etwas wegzunehmen, nachdem er schon Herr darüber geworden ist.
Es beweist sich dadurch, daß es niemandem, auch denen nicht, die öffentliche Macht genießen, erlaubt ist, eine Ungerechtigkeit zu begehen, die der Gerechtigkeit, durch die einem jeden sein Recht bewahrt wird, entgegengesetzt ist; und niemandem ist es erlaubt, die göttliche Ordnung und das Natur- und Völkerrecht zu verletzen. Und wenn er im geheimen eine solche Sache wegtrüge, beginge er einen Diebstahl, der der Gerechtigkeit, die jedem das

Seine gibt, entgegengesetzt ist, insofern Diebstahl das Nehmen oder die Einziehung einer fremden Sache gegen den Willen ihres Herrn ist; wenn aber offen und gewaltsam, dann begeht er einen Raub, der Gewalt und Zwang einschließt und durch den einem entgegen der Gerechtigkeit genommen wird, was sein ist [...]

Zweites Prinzip
Die Herrschaft eines Menschen über andere Menschen, wie sie die Aufgabe des Beratens und Leitens (officium consulendi et dirigendi), die man anders Jurisdiktion nennt, einschließt, stammt vom Natur- und Völkerrecht.
Dies wird so bewiesen: Wenn etwas einer Sache natürlich ist, dann muß ihr auch das natürlich sein, ohne das jenes nicht besessen werden kann. Der Natur nämlich mangelt es nicht an den notwendigen Dingen nach dem Philosophen [Aristoteles]. Aber es liegt in der Natur des Menschen, ein soziales Lebewesen zu sein, was sich darin zeigt, daß ein Mensch allein nicht ausreicht für all das, was zum menschlichen Leben notwendig ist. Also sind die Dinge, ohne die die menschliche Gemeinschaft nicht bewahrt werden kann, dem Menschen natürlicherweise angemessen. Dazu gehört es aber, daß es einen gibt, der den Vorsitz hat und die ganze Gemeinschaft leitet, denn ohne einen, der die menschliche Gemeinschaft lenkt und leitet, kann sie nicht bewahrt werden.
Dies wird so bewiesen: Weil, wenn es viele Menschen gibt und jeder sich nur um das kümmert, was ihm entspricht, die Menge in verschiedene Teile zersprengt werden würde, wenn es nicht gleichzeitig einen gibt, der für das, was sich auf das Wohl der Menge bezieht, Sorge trägt. Wie der Körper des Menschen und jedes beliebigen Lebewesens auseinanderfallen würde, gäbe es nicht eine gemeinsame leitende Kraft im Körper, die das Gemeinwohl aller Glieder anstrebte. Das Eigene und das Gemeinsame ist nämlich nicht dasselbe; den eignen Dingen nach sind sie freilich verschieden, dem Gemeinsamen nach aber kommen sie überein.
Die Ursachen verschiedener Dinge aber sind verschieden. Weil es etwas gibt, was zu dem privaten Gut eines jeden führt, muß es auch etwas geben, was zu dem Gemeingut vieler führt. Viele nämlich streben von sich aus zu vielen Dingen, einer aber nur zu einer Sache. Und deshalb sagt der Philosoph [...], daß, wann immer vieles einer Sache zugeordnet wird, sich immer eine Sache als hauptsächlich leitend findet, wie man in den verschieden natürlichen Dingen sehen kann.
Denn in der Gesamtheit der Körper werden die anderen Körper durch den ersten Körper, d.h. den himmlischen, in der Ordnung der göttlichen Vorsehung gelenkt, und nach Augustinus werden alle Körper durch das vernunftbegabte

Geschöpf gelenkt, auch in einem menschlichen Körper lenkt die Seele den Körper; und unter den Teilen der Seele werden der zornmütige und der begehrliche Teil von der Vernunft gelenkt. Ebenso gibt es unter den Gliedern des Körpers ein Hauptglied, welches alle anderen bewegt, sei es das Herz oder der Kopf.
Also muß es in jeder Menge natürlicherweise etwas geben, was lenkt. Natürlich ist es also, daß jede Gemeinschaft von Menschen oder auch jedes gemeinschaftliche Zusammenleben vieler einen Leiter hat, der das Gemeinwohl anstrebt und sich darum kümmert. Ansonsten nämlich würde eine Gemeinschaft nicht bewahrt, sondern zersprengt werden, wie Salomo (Sprüche 11,14) bezeugt: „Wo kein Herrscher ist, geht das Volk zugrunde". Deswegen heißt es bei Jesus Sirach 17,17: „Über jedes Volk hat er ein Oberhaupt gesetzt".
Also stammt die Herrschaft eines einzigen Menschen über andere, insoweit die Aufgabe des Beratens und Leitens sie einschließt, vom Naturrecht. Und dies wird bekräftigt, da die Natur einige zum Herrschen geeignete Menschen hervorgebracht hat, wie durch den Philosophen klar ist, wo er sagt, daß diejenigen, die stark im Geiste sind, natürlicherweise die Herren und Leiter der anderen sind, diejenigen aber, denen es an Vernunft mangelt, sind natürlicherweise die Diener (servi: auch Sklaven), d.h., sie sind darauf angelegt, jenen zu gehorchen und von ihnen gelenkt und geleitet zu werden, und zwar aufgrund der obengenannten Notwendigkeit, in Gemeinschaft zu leben und folgerecht einen Leiter zu haben, und aufgrund der Geeignetheit einiger zum Herrschen. Als die Menschen aber sahen, daß sie ohne einen Leiter nicht gemeinsam leben können, erwählten sie am Anfang in gemeinsamem Beschluß und in Übereinkunft der ganzen Menschenmenge einen oder einige, die diese ganze Menge Leute leiten und regieren und vor allem die Sorge um das Gemeinwohl tragen sollten.
Und somit ist klar, daß die Herrschaft des Menschen über den Menschen eingeführt oder abgeleitet wurde vom Naturrecht und daß sie vervollkommnet oder bekräftigt oder auch zur Wirklichkeit gebracht wurde durch das Völkerrecht. [...]
[...]
Aus diesem zweiten Prinzip folgt erstens, daß es bei den Ungläubigen Herrschaft und Jurisdiktion über Menschen gibt, insoweit dies die Aufgabe des Beratens einschließt.
Dies wird bewiesen, weil jeder Mensch – sowohl der Ungläubige wie der Gläubige – ein vernunftbegabtes und soziales Lebewesen ist und folgerecht die Gemeinschaft oder das Leben in Gemeinschaft allen Menschen natürlich ist. Also wird es sowohl allen Ungläubigen wie Gläubigen natürlich sein, einen König oder Leiter zu haben.

Die Schlußfolgerung wird bewiesen, da das Natur- und Völkerrecht allen Menschen gemeinsam und bei allen allgemeingültig ist, so im Decretum [Gratiani], wo es heißt: „Das Naturrecht ist allen Nationen gemeinsam". Und im [selben] Decretum heißt es: „Eben dies wird Völkerrecht genannt, weil sich dieses Rechts beinahe alle Völker bedienen." [...]
[...]
Zweitens folgt: Es ist keiner Privatperson und ohne legitimen Grund auch keiner öffentlichen Person erlaubt, einem Herrn, König oder Richter, sei er gläubig oder ungläubig, der Obiges nicht weiß, die Herrschaft oder Jurisdiktion, die er innehat und über seine Untergebenen ausübt, in irgendeiner Weise wegzunehmen oder sich anzueignen oder auch ihn daran zu hindern.
Dies wird damit bewiesen, daß es nicht erlaubt ist – auch denen nicht, die über öffentliche Macht verfügen – einem, und wäre er auch ein Ungläubiger, eine Ungerechtigkeit oder ein Unrecht zuzufügen. Ein Unrecht erwüchse einem solchen Herrn, nähme man ihm sein Recht oder seine Herrschaft und Jurisdiktion, welche Rechte er über seine Untergebenen hat, oder beraubte man ihn dessen oder hinderte ihn auch nur daran. Denn es ist keinem erlaubt, das Natur- oder Völkerrecht, mittels deren sich Herrschaft, Recht oder Jurisdiktion auf einen zeitlichen Herrn erstrecken (wie schon bewiesen wurde), zu überschreiten oder gegen diese zu verstoßen; ebenso erwüchse den Untergebenen jenes Herrn ein Unrecht.
Es liegt nämlich im Interesse der Untergebenen, einen eigenen und natürlichen Herrn aus dem eignen Vaterland und aus ihrem Volk zu haben, und daß ihr Herr frei ist und frei die Untergebenen regieren und für den Nutzen ihres Staates sorgen kann. [...]

Drittes Prinzip
Jeder Mensch, jede Sache, jede Jurisdiktion und jede Regierung oder Herrschaft sowohl über Dinge wie über Menschen, wovon die vorhergenannten zwei Prinzipien handeln, sind frei, oder es wird zumindest vorausgesetzt, daß sie es sind, solange nicht das Gegenteil bewiesen wird.
Dies wird so bewiesen: Beim Ursprung des vernunftbegabten Geschöpfs wurden alle frei geboren [...] und bei gleicher Natur hat Gott nicht den einen zum Sklaven des anderen gemacht, sondern allen gleicherweise das freie Entscheidungsvermögen zugestanden. Der Grund dafür ist, daß das vernunftbegabte Geschöpf (an sich betrachtet) sich nicht auf ein anderes wie auf ein Ziel hinordnet, d.h., der Mensch ordnet sich nicht auf den Menschen hin, so der hl. Thomas.
Denn Freiheit ist ein den Menschen von Beginn der vernunftbegabten Natur an mit Notwendigkeit und an sich angeborenes Recht, gemäß Decretum, wo

von einer Freiheit aller gesprochen wird. Sklaverei aber ist ein akzidentieller, den Menschen nur zufällig und angelegentlich verbundener Akt. Jedes Einzelne gehört zu einer Spezies gemäß dem, was es an sich ist, und nicht gemäß dem, was es akzidentiell ist. Wir sagen, dies sei akzidentiell, was außerhalb der Intention liegt, wie aus Aristoteles und dem hl. Thomas klar ist. Ein Urteil über die Dinge aber muß entsprechend dem, was ihnen an sich zukommt, und nicht entsprechend dem, was ihnen akzidentiell zukommt, gefällt werden.
Nachdem also nicht bewiesen wurde, daß einer oder etwas ein Sklave ist, muß man zugunsten und entsprechend der Freiheit urteilen. Also muß man annehmen, daß der Mensch frei ist, solange nicht das Gegenteil bewiesen wird.
[...]
Bezüglich der Regierung und Jurisdiktion muß man aus diesen Gründen das gleiche schließen, d.h., da die Könige oder Leiter der Völker und jede Jurisdiktion am Anfang ursprünglich aus der freien Zustimmung des Volkes oder aus der Übereinkunft der gesamten Menschenmenge hervorgingen, gab es also vorher keinen König, Leiter oder Herrn der Völker. Also war jener frei, d.h. er hatte keinen anderen Höheren neben oder über sich, und er hatte über freie Menschen, die ihn mit freier Zustimmung gewählt hatten, die oberste Jurisdiktion und Leitung, wenn eben diesem vom Volk die höchste Regierungsgewalt anvertraut worden war, wie wir voraussetzen.
Ebenso war das Volk am Anfang ursprünglich frei, wie schon klar ist. Also konnte es ursprünglich keinen vom Volk gewählten Leiter geben außer einen freien. Außerdem sind die Knechtschaft oder auch Verpflichtung sowohl der Dinge wie der Menschen und auch der Treueid des Menschen zu einem Menschen aus dem sekundären Völkerrecht eingeführt worden [...]
Also stammt die gemeinsame Freiheit aller, sowohl der Dinge wie der Menschen, aus dem primären Recht. Das nämlich stammt aus dem primären Völkerrecht, was am Beginn des vernunftbegabten Geschöpfes und bald nachdem die Menschen zu existieren begonnen haben, ins Sein gebracht wurde, als da sind Treue und Verträge zu wahren, die gemeinsame Freiheit aller und ähnliches. Und dies wird das primäre Völkerrecht genannt.
Das andere aber, was am Beginn des vernunftbegabten Geschöpfs nicht ins Sein gebracht, sondern erst später, nachdem die Schlechtigkeit der Menschen zunahm, festgelegt wurde, als da sind Sklaverei, Kriege, Gefangenschaft und solches, dies wird sekundäres Völkerrecht genannt. [...]
Aus diesem dritten Prinzip folgt: Alle Nationen und Völker, wie ungläubig sie auch immer sein mögen, die Länder und unabhängige Reiche besitzen, die sie von Anfang an kultiviert und bewohnt haben, sind freie Völker, die dem

Recht nach keinen Höheren neben sich anerkennen außer den ihren. Ihr Oberer oder ihre Oberen haben die volle Macht und die Rechte des höchsten Fürsten in ihren Reichen, wie sie jetzt der Kaiser im Reich hat.
[...]

Viertes Prinzip
Jeder geistliche oder weltliche Leiter einer Menge freier Menschen ist verpflichtet, seine Regierung auf das Wohl der Menschenmenge auszurichten und diese um ihrer selbst willen zu regieren.
Dies wird zuerst mit Vernunftgründen hierauf mit autoritativen Belegen bewiesen. Und zuerst in bezug auf jenen, der weltlich regiert, folgendermaßen: Erster Vernunftgrund. Frei ist, was um seiner selbst willen ist (so Aristoteles in seiner „Metaphysik") und was nicht auf ein anderes hingeordnet ist, sondern auf welches eher andere hingeordnet sind. Daher muß, was immer dessentwegen geschieht, auf dessen Nutzen hingeordnet sein. Nun geschieht aber die Regierung einer Gemeinschaft freier Menschen wegen der freien Menschen. Also muß sie auf das Wohl und den Nutzen dieser hingeordnet werden.
Zweiter Vernunftgrund. Es ist notwendig, daß die Regel für all das, was auf das Ziel einer Regierung und Ordnung hingeordnet werden soll, von dem Ziel her genommen wird; denn eine jede Sache ist dann am besten geordnet, wenn sie in geeigneter Weise auf ihr Ziel hingeordnet und von diesem abgeleitet wird. Nun ist aber das Ziel einer jeden versammelten Gemeinschaft ihr Wohl, welches darin besteht, daß die Menschen, die gelenkt werden müssen, dahin gebracht werden, zu tun, was getan werden muß, damit ihre Mängel ergänzt und ihre Sitten gebessert werden, damit sie tugendhaft sind und in Frieden leben, damit sie sich verteidigen und vermehren, damit sie durch ihre Regenten geschützt werden und gedeihen. Also ist der Leiter verpflichtet, seine Regierung auf das Ziel und Wohl der Menschenmenge hinzuordnen und von dem Ziel, d.h. von dem Wohl und öffentlichen Nutzen her, die Regeln für seine Regierungsform zu nehmen.
Dritter Vernunftgrund. Jeder Teil ist um des Ganzen willen, und das Wohl eines Teils ist auf das Wohl des Ganzen hingeordnet, da das Sein eines Teils wegen des Seins des Ganzen ist. Nun ist aber der Leiter einer Gemeinschaft ein Teil von ihr. Also ist der Leiter um ihretwillen, und sein Wohl, das das Wohl eines Teils ist, d.h. die Regierung, und, was immer anderes es gibt, muß auf das Wohl des Ganzen hingeordnet sein und nicht umgekehrt, denn das Wohl des Volkes ist göttlicher als das Wohl eines einzelnen Menschen [...]
Vierter Vernunftgrund. Das letzte Ziel eines jeden Handelnden oder Wirkenden, insofern er handelt oder wirkt, ist er selbst. Wir gebrauchen nämlich et-

❖ Recht

was von uns Bewirktes um unser selbst willen; und wenn ein Mensch zuweilen etwas wegen eines anderen tut, kommt dies seinem eignen Wohl, insofern es nützlich, erfreulich oder ehrenvoll ist, zugute. Aber die Gemeinschaft oder Menschenmenge ist die ursprüngliche und wirkende Ursache ihrer Könige und Leiter, wie oben bewiesen wurde. Also sind die Könige oder Leiter der Gemeinschaft um des Wohls der Menge willen da und auf diese hingeordnet. Also sind sie verpflichtet, ... wie oben, etc.

Fünfter Vernunftgrund. Aus dem, was auf ein anderes hingeordnet ist, sagt man, erwachse diesem Hilfe, nicht aber irgendein Hindernis. Die Könige oder Leiter einer versammelten Menge aber sind auf die Sorge und Förderung von deren Wohl hingeordnet. Also müssen aus ihnen Wohl und Hilfe hervorgehen. So ist eine gerechte und gute Regierung. Also ist jeder König oder Leiter verpflichtet, die Regierung auf das Wohl der Menge auszurichten und diese um ihrer selbst willen zu leiten.

Und obgleich die vorher genannten Vernunftgründe auch für den geistlichen Regenten gelten, werden dennoch im besonderen für diesen noch einige vorgelegt. Erstens: Bei allen geordneten Zielen gehört es sich, daß das letzte Ziel das Ziel aller vorhergehenden Ziele ist, oder anders: die Ordnung in den Zielen folgt der Ordnung der Agentien. Denn wie das höchste Agens alle Zweit-Agentien bewegt, so müssen auch alle Ziele der Zweit-Agentien auf das Ziel des höchsten Agens hingeordnet werden. Was immer nämlich das höchste Agens tut, tut es um seines Ziels willen. Das höchste Agens aber ordnet die Handlungen aller niedrigeren Agentien hin, insofern es sie alle zu ihren Handlungen und folgerecht zu ihren Zielen bewegt.

Dies zeigt sich z.B. im Falle eines Heerführers. Was immer dieser tut, tut er wegen seines Ziels, welches der Sieg ist, und deshalb mahnt er die Offiziere und die anderen Hauptleute des ganzen Heeres, sich bei ihren Handlungen tapfer zu verhalten, um ihre Ziele zu erreichen; z.B. soll sich das Feldzeichen jeder einzelnen Abteilung nach dem Hauptfeldzeichen des ganzen Heeres richten. Allein dieses aber zeigt den Beginn des Angriffs gegen die Feinde an, damit so der Sieg errungen wird.

Gott aber ist das erste Agens, das alles bewegt und auf sich selbst hinordnet als auf das letzte und umfassende Ziel aller von ihm geschaffenen Dinge. Jeder geistliche Leiter aber – auch der Papst – ist gerade in geistlichen Angelegenheiten ein Zweit-Agens. Also muß er alle seine Handlungen und sein Ziel auf das Ziel, welches Gott selbst ist, hinordnen.

Wenn nun auch alle Geschöpfe auf Gott als das Ziel hingeordnet sind, ist doch das vernunftbegabte Geschöpf vor allen anderen und in besonderer Weise auf Gott als auf sein letztes Ziel hingeordnet; deswegen, weil es durch seine Tätigkeit, nämlich indem es dieses erkennt und liebt, zum letzten Ziel des Universums selbst gelangen kann. Also muß es das Ziel des Zweit-Agens, d.i. jedes geistlichen Leiters, auch des Papstes, sein, und darauf muß es sich durch seine Tätigkeiten hauptsächlich ausrichten, daß das vernunftbegabte Geschöpf, d.h. die Menschen, ihr Ziel, welches Gott ist, erreichen.

Dies geschieht, sobald die geistliche Herrschaft auf das Heil und Wohl der Menge ausgerichtet wird. Denn es ist das Wohl eines jeden, daß er sein Ziel erlangt. Ein Übel aber ist es für ihn, wenn er von dem rechten Ziel abgelenkt und daran gehindert wird. Das Urteil über das Ziel der Gemeinschaft und das Ziel eines einzelnen Menschen muß nämlich dasselbe sein. Also ist der Papst und jeder geistliche Leiter oder Hirte verpflichtet, seine Leitung auf das Wohl und geistliche Ziel der ganzen Gemeinschaft auszurichten, nämlich darauf, wie sie Gott erkennt und liebt, damit schließlich das ewige Heil erlangt wird. Dies aber bedeutet, die Gemeinschaft um ihrer selbst willen zu leiten.

[...]

Aus diesem vierten Prinzip und seinen Beweisen folgt erstens: Jede weltliche Macht muß sich in den Dingen, die sich auf das geistliche Ziel beziehen, der geistlichen Macht unterwerfen. Sie muß von dieser die Gesetze und Regeln nehmen, nach denen sie ihre weltliche Regierung ausrichtet, um dem geistlichen Ziel angemessen zu sein und diejenigen, die zu ihm streben, nicht zu behindern.

Es wird so bewiesen: Wann immer etwas auf ein Ziel hingeordnet wird, unterliegt alles der Anordnung dessen, auf den jenes Ziel hauptsächlich bezogen ist, wie sich an dem vorgelegten Beispiel vom Heer zeigt. Alle Teile des Heeres nämlich und ihre Handlungen oder Taten sind auf das Wohl des Führers, welches der Sieg ist, gleichsam als auf das letzte Ziel hingeordnet, und deswegen kommt es dem Führer zu, das ganze Heer zu lenken.

Nun sind aber alle Menschen auf der Welt und die Mächte, die sich in ihnen und bei ihnen finden, auf das letzte Ziel der Glückseligkeit hingeorduet. Und die Pflege und Sorge für diese Glückseligkeit, d.h. wie alle Menschen durch den Glauben und die Liebe Gott selbst (auf den alles und im besondern das vernunftbegabte Geschöpf hingeordnet ist) erlangen und zu ihm hinreichen können, erstreckt sich hauptsächlich auf die geistliche Macht, vorzüglich die, die beim Papst liegt.

Also muß sich die weltliche Macht der geistlichen unterwerfen und von dieser die Regeln ihrer weltlichen Regierung nehmen, und mit diesen muß sie ihre Handlungen ordnen, inwieweit sie zur Erlangung eben dieser Glückseligkeit geeignet sind und denen, die dorthin streben, kein Hindernis in den Weg legen.

Oben im zweiten Vernunftgrund hieß es: Es ist notwendig, daß die Regel für die Lenkung und Ordnung aller, die auf das Ziel hingeordnet werden müssen,

Recht

von dem Ziel her genommen wird, wie aus dem Philosophen klar ist. In gleicher Weise befiehlt die Kunst, die von dem Ziel handelt, der Kunst und gibt ihr Regeln, die von den Dingen handelt, die auf das Ziel bezogen sind; wie die Staats- der Militärkunst, die Militär- der Reitkunst etc. Die Kunst aber, die bei dem geistlichen Leiter liegt und besonders beim Papst, ist die Kunst der Künste, wie Gregor [der Große] sagt und es sich in den Decretales findet. Alle anderen Künste und weltlichen Regierungen handeln von den Dingen, die auf das Ziel bezogen sind. Also ergibt sich dasselbe wie früher.

Zweitens folgt: Alle indianischen Nationen und Völker müssen geistlich und weltlich zu ihrem Wohl und um ihrer selbst willen gelenkt und geleitet werden, so daß – was immer in der weltlichen Regierung hinsichtlich der indianischen Völker getan oder angeordnet wird – die Könige Spaniens verpflichtet sind, in jeder Art und Weise zu deren geistlichem und weltlichem Nutzen zu handeln und beizutragen.

Bezüglich der geistlichen Regierung gibt es keinen Zweifel, denn es handelt sich um vernunftbegabte, durch das Blut Christi erlöste Seelen, und diese werden von der Vorsehung Gottes in besonderer Weise um ihrer selbst willen geleitet. Bezüglich der weltlichen Regierung aber erfolgt der Beweis durch die fünf in diesem vierten Prinzip angeführten Vernunftgründe.

Und ein Grund ist, daß sie alle freie Nationen und Völker sind, die freie Länder bewohnen, da sie keinen ihnen oder ihren Ländern und einzelnen Gütern übergeordneten Herrn kennen. Dies ist klar, weil es noch bis vor 53 Jahren auf der Welt keinerlei Kenntnis von ihnen gab.

Ebenso besitzen sie Ländereien und weitestgehend unabhängige Reiche und in ihnen Leute, die Herrschaft, freie Jurisdiktion und das Recht des Befehlens seit unvordenklichen Zeiten ausüben. Diese Ländereien haben sie am Anfang kraft göttlicher Autorität und göttlicher Gewährung und nach Natur- und Völkerrecht rechtmäßig in Besitz genommen und bebaut, als sie sie unbesetzt und zu den Gütern oder zum Besitz von niemandem gehörig fanden. Dies alles geht klar aus dem ersten und dritten Prinzip hervor.

Die Fürsten Spaniens haben aufgrund ihrer Hingabe im Glauben vom Apostolischen Stuhl die Sorge und Aufgabe empfangen, sich zu bemühen, in diesem ganzen riesigen Westindien den katholischen Glauben zu verkünden und die christliche Religion zu verbreiten. Dies geschieht notwendigerweise durch die Bekehrung dieser Völker zu Christus, was zu bewirken sich unsere Fürsten aus eignem Antrieb, ja sogar mit ihrem persönlichem Versprechen und durch die Annahme des in der Konzessionsbulle enthaltenen formellen Auftrags verpflichtet haben.

Deswegen sind die Leiter und Oberen dieses Landes allein um des Wohls der Eingeborenen und Bewohner willen eingesetzt worden, und folgerecht sind sie es Gott, der Kirche Gottes und eben diesen Völkern und Stämmen schuldig, sie mit einer guten, ja der besten Regierung zu lenken und zu leiten. Diese besteht darin (wie im zweiten Vernunftgrund zu sehen war), die Völker und Stämme zu dem zu geleiten, was zu tun ist, um ihre Mängel zu ergänzen, ihre Sitten zu bessern, ihnen das Leben, die Freiheit, die Herrschaft sowohl über Dinge wie über Menschen, ihren Status und ihre Jurisdiktion zu bewahren etc. All dies bezieht sich auf das Recht der Einzelnen und der Gemeinschaften oder auch der natürlichen Herren, damit der Glaube und die christliche Religion ihnen nicht lästig, hassenswert, untragbar, schrecklich, völlig verabscheuenswert und verderblich wird.

Und da die indianischen Völker von Natur aus sehr bescheiden und zurückhaltend, sehr friedlich und sanftmütig sind, können sie leichter verletzt werden, ja, sie werden sogar sehr stark von den Spaniern verletzt, bedrängt und unterdrückt. Aus diesem Grund sind die Könige Spaniens aus Heilsnotwendigkeit gehalten, sie gegen diese nicht bloß irgendwie, sondern wirkungsvoll durch die Handhabung der Gerechtigkeit und durch andere günstige Mittel zu verteidigen. Und sie sind schließlich gehalten, ihre ganze Regierung so zu ordnen, zu handhaben und einzurichten, daß die Indios in Frieden und Ruhe leben, da ihre Güter und Rechte gewahrt und alle äußerlichen Hindernisse aus dem Weg geräumt, ja sogar gänzlich beseitigt wurden, und bereitwilliger, lieber und leichter den katholischen Glauben annehmen und mit guten Sitten erfüllt werden; und dazu sind sie auch gehalten, damit die an den wahren Gott, den Schöpfer und Erlöser, Glaubenden das Ziel des vernunftbegabten Geschöpfs, d.h. die ewige Glückseligkeit erlangen. ❖

Francisco de Vitoria (1483–1546)

Ob Las Casas seinen Ordensmitbruder *Francisco de Vitoria* jemals persönlich kennen gelernt hat, ist ungewiß. Jedenfalls war er über die Vorlesungen *De Indis* (*Über die Indios*), die dieser Ende 1538 oder Anfang 1539 in Salamanca gehalten hatte, genau informiert. Ausdrücklich lobte er sie als „ein helles Licht über Spanien" in der düsteren Zeit der Conquista, zugleich kritisierte er sie aber auch, weil sie in seinen Augen zu viele politische Rücksichten nahmen und sich in entscheidenden Punkten auf das Hypothetische zurückzogen, um angesichts der Verbrechen der Spanier an den Indios nicht Partei beziehen zu müssen. Jedenfalls gehören die Vorlesungen zu den epochemachenden Ereignissen des spanischen *siglo d'oro*. Darüber hinaus zählen sie zu den Grundtexten der europäischen Rechtsgeschichte. Mit ihnen nimmt das neuzeitliche Völkerrecht seinen Anfang. Wie aufregend die in ihnen geäußerten Argumentationen sind, wußten bereits die Zeitgenossen, denn das Echo war gewaltig. Sogar der Kaiser, Karl V., der Vitoria noch kurz zuvor – in einem Brief vom 31. Januar 1539 – seine Hochschätzung mitgeteilt hatte, fühlte sich zu einer Reaktion veranlaßt. Diese Reaktion in einem Brief an den Prior von San Estaban in Salamanca vom 10. November 1539 war allerdings ein Verdikt. Der Kaiser untersagte nicht nur Vitoria, sondern allen „magistri" von Salamanca, über die Rechtsstellung der Indios zu sprechen, zu schreiben oder gar zu publizieren. Er sah in Äußerungen wie den *Relectiones* des Vitoria eine Brüskierung sowohl der kaiserlichen als auch der päpstlichen Hoheit. Vitoria hielt sich an das Verbot. Er gab zum Thema ‚Indios' keine Stellungnahme mehr ab. Ebenso enthielt er sich einer Herausgabe seiner Vorlesungen. Diese wurde erst elf Jahr nach seinem Tod von Schülern besorgt (1557 in Lyon, 1567 in Salamanca). Selbst dann provozierten sie noch derartig heftige Kontroversen, daß sie Papst Sixtus V. auf den Index der verbotenen Bücher setzen wollte, was allerdings unterblieb, weil der Papst 1590 starb und seine Nachfolger Urban VII. und Gregor XIV. daran kein Interesse mehr hatten.

Was war der Grund dafür, daß Vitorias Vorlesungen *De indis* dermaßen umstritten waren? Zunächst lag er sicherlich in der politischen Brisanz des Themas überhaupt. Immerhin ging es darum, ob die Spanier Amerika zu Recht erobert und die Indios zu Recht unterworfen, ausgebeutet und massenhaft ermordet hatten, ja dies weiterhin im Namen des Kaisers und des Papstes taten. Sodann stand prinzipiell nichts Geringeres als der Jurisdiktionsanspruch von Kaiser und Papst zur Debatte: Hatten diese auch berechtigte Gewalt über Menschen, die bisher mit dem christlichen Abendland nicht einmal in Berührung standen und darüber hinaus keine Christen waren? Was diese Frage anbelangt, so hatte schon Kardinal Tommaso de Vio Cajetan (1469–1534) die aufsehenerregende Meinung geäußert, daß es „Ungläubige" gibt, die „weder *de iure* noch *de facto* im Hinblick auf die zeitliche Gewalt christlichen Fürsten unterworfen sind", und daß daher „gegen solche Ungläubige kein [christlicher] König und Kaiser, auch nicht die Römische Kirche einen Krieg führen [dürfe], um ihre Länder zu besetzen oder sie der zeitlichen Gewalt zu unterwerfen". Ein solcher Krieg könnte niemals gerecht sein, sondern bedeutete „schwerste Sünde". Vitoria schließt sich dieser Meinung an. Er spricht den Indios volles Menschsein und folglich auch die Fähigkeit

zur Gemeinschaftsbildung zu. Deshalb haben sie im Rahmen des Völkerrechtes dieselben Rechte und dieselben Pflichten wie alle anderen Völker der Menschheitsgemeinschaft, die er als „una res publica" des „totus orbis" begreift. Sowohl die Rechte als auch die Pflichten des *ius gentium* bzw. des *ius inter gentes* resultieren einzig und allein aus der natürlichen Vernunft: „Was die natürliche Vernunft als bindend für alle Völker erkennt, heißt Völkerrecht." (nach *Justinian*) Daraus folgt, daß es keinerlei Rechtstitel geben kann, der es entweder dem Kaiser oder dem Papst gestatten würde, bisher unbekannte Völker zu unterwerfen. Vielmehr sind auch diese Völker für sich selbst in jeder Hinsicht rechtsfähig, d.h. kompetent, ihre eigenen Gemeinschafts- und Staatsformen zu finden und sich selbst zu regieren. Was immer gegen sie im Sinne einer bloßen Eroberung, Plünderung oder Unterwerfung unternommen wird, ist daher genauso wie die Versklavung eines einzelnen Menschen ein Verstoß gegen das Völkerrecht und somit ein schweres Vergehen vor dem Urheber dieses Rechts, nämlich vor Gott selbst. Was dies für die Conquista in Amerika bedeutet, ist überdeutlich: Sie kann nicht als gerechter Krieg, sondern muß als eine eklatante Verletzung des Völkerrechts mit all den damit zusammenhängenden Vergehen gegen die Menschenrechte (Mord, Raub) betrachtet werden.
Vitoria selbst schreckte offensichtlich vor der Tragweite seiner Aussagen zurück. Er ahnte wohl, daß er damit der Vorstellungs- und Fassungskraft seiner Zeit weit voraus war. Vor allem aber wußte er, daß er mit ihnen die allerchristlichsten Institutionen in die Pflicht nahm und sie in die Verantwortung für das einbezog, was in Amerika nicht mehr rückgängig zu machen war und was nach wie vor im Namen des Kreuzes dort geschah. Deshalb schwächte er seine Thesen dahingehend ab, daß er sich zum einen auf den Standpunkt des Nicht-genau-Wissens zurückzog und zum anderen einige Gründe vorbrachte, die das Vorgehen der Conquistadoren in Grenzen legitimierte. Was Ersteres anbelangt, so weigerte er sich unter anderem darüber zu entscheiden, ob die Berichte über die Greueltaten der Spanier in Westindien stimmten oder nicht. Dieselbe Haltung nahm er in der Frage ein, ob sich Conquistadoren und Missionare wirklich darum bemüht hätten, die Indios durch Verkündigung, Erziehung und lebendiges Beispiel vom Christentum zu überzeugen. Was Letzteres betrifft, so gestand Vitoria den Einsatz von Gewalt zu, wenn beispielsweise das natur- und völkerrechtlich verbürgte Gastrecht bzw. Handelsrecht verletzt werden. Das implizierte: Wo die Indios gegen diese beiden Rechte verstoßen hätten, seien auch kriegerische Reaktionen seitens der Spanier berechtigt gewesen. Ein Gleiches gilt für Vi-

toria dann, wenn bereits zum Christentum bekehrte Indios von ihren Herrschern gezwungen würden, wieder vom Christentum abzufallen und Götzendienst zu pflegen. Dagegen sei das Kriegsrecht ebenso anzuwenden wie im Falle der Opferung von Menschen oder im Falle von rücksichtsloser Tyrannei. Schließlich behauptet Vitoria sogar, daß die Ureinwohner Amerikas – im damaligen Sprachgebrauch nennt er sie häufig „Barbaren" – der spanischen Zivilisation unterlegen seien und deshalb erzogen und entwickelt gehörten wie Kinder durch ihre Eltern. Erziehung rechtfertige aber auch um des guten Zieles willen gelegentliche Härte und Strenge. Handelten mit anderen Worten die Spanier aus eben dieser Absicht, so seien sie selbst bei der Anwendung von Gewalt im Recht.

Vitorias Vorlesungen sind daher von Ambivalenz gekennzeichnet, die ihm schon seine Zeitgenossen – nicht nur Las Casas – vorwarfen. Auch der im folgenden abgedruckte Text wird dies unverkennbar deutlich machen. Man mag darin politischen Opportunismus erblicken. Eine Rolle könnte auch seine Biographie gespielt haben. Der aus Burgos stammende Francisco de Vitoria soll von Hause aus friedfertig und scheu gewesen sein, jeglicher härteren Konfrontation abgeneigt. Eine Ursache dafür wird möglicherweise darin gelegen haben, daß seine Mutter jüdischer Abstammung war und er daher zeit seines Lebens die Gefahr religiöser Auseinandersetzungen zu spüren bekam. Eine weitere Ursache ist jedoch mit Sicherheit darin zu sehen, daß Vitoria während seiner Studienzeit in Paris (1508 bis 1512), aber auch während seiner Lehrtätigkeit am Pariser Dominikanerkolleg St. Jacques (1512–1523) zutiefst vom humanistischen Denken des Erasmus von Rotterdam (1466/69–1536) beeinflußt wurde und genauso wie sein Bekannter Luis Vives (1492–1540) daraus eine irenisch-tolerante Weltanschauung bezog. (Ein Brief des Erasmus an Vitoria, der seinerseits durch einen Brief von Luis Vives an Erasmus veranlaßt wurde, datiert auf den 29. November 1527.) Diese Geisteshaltung behielt er offenbar auch während seiner Lehrtätigkeit am Dominikaner-Konvent San Gregorio in Valladolid (1523–1526) und an der Universität von Salamanca (1526–1546) bei. So gab er – darin Erasmus durchaus ähnlich – dem häuslichen und politischen Frieden Vorrang vor der konsequenten Formulierung und Umsetzung von Prinzipien, die er in seiner Tragweite bereits klar erkannt hatte. Deshalb stellen seine Vorlesungen *Über die Indios* gewiß noch kein Dokument der weltanschaulichen Toleranz im engeren Sinne dar, sie bilden jedoch einen wichtigen Schritt in deren Richtung. „Vitorias streng rationale Argumentation, verbunden mit einem immensen Arsenal von Autoritäten, bot nachfolgenden Theologen und Juristen Fundamente, auf denen man weiterbauen konnte. Die Diskussionen kamen nun nicht mehr zur Ruhe. So haben etwa Juan de la Peña, Melchior Cano, Diege de Covarrubias, um nur einige zu nennen, die Synthese des Meisters in wichtigen Punkten ergänzt und zugunsten der neuen Völker erweitert." (U. Horst)

Niemand darf zum Glauben gezwungen werden – auch Indios nicht

Francisco de Vitoria: Über die Indios (Auszug)
3. Aber dennoch kann in Frage gestellt werden, ob es erlaubt sei, die Ungläubigen zu zwingen. Dazu ist zu bemerken, daß manche Ungläubige christlichen Herrschern und damit Christen untertan sind, manche solchen Herrschern aber nicht untertan sind. Wir sprechen jetzt über die erste Gruppe und hernach über die andere. Es wird also zuerst eine Frage gestellt, die die Ungläubigen betrifft, die Christen untertan sind, nämlich: Gründet es auf dem göttlichen Recht, daß sie nicht zum Glauben gezwungen werden? Es scheint nämlich, daß dies vom menschlichen Recht her verboten ist, weil Sigibutus an der besagten Stelle getadelt wird. Denn der Mensch muß gerne zum Glauben kommen, weil Gott, der Herr, einen fröhlichen Geber liebt (2. Korintherbrief 9,7). Ferner, weil es keinen Grund gibt, weshalb das menschliche Recht zum Verbot dieser Maßnahme veranlaßt gewesen sein sollte. Nach dem göttlichen Recht scheint kein Verbot zu bestehen; denn im ganzen Evangelium gibt es keine Stelle, die verbietet, Ungläubige zum Glauben zu zwingen, und auch keine andere Stelle, weil in jenem Kapitel Maiores keine Autorität der Heiligen Schrift angeführt wird. Und auch der heilige Thomas sowie die Lehrer, die die angeführte Meinung haben, hätten die Schrift angeführt. Aber sie arbeiten eher mit der menschlichen Vernunft, so wie Durandus, der mit der Vernunft folgenden Beweis führt: Gott verlieh dem Menschen die Vernunft, durch die er sich leiten, führen und lenken lassen soll. Daher können die Menschen nur zu dem verpflichtet werden, das sie mit der Vernunft erfassen können. Und wenn etwas mit der Vernunft auf keinem Wege erfaßt werden könnte, verpflichten die göttlichen Gebote auch nicht dazu. Demnach sind diese in gewisser Hinsicht tierischen und nicht lernfähigen Inselbewohner nur zu dem verpflichtet, was sie mit ihrer natürlichen Vernunft zu erfassen vermögen. Aber mit der bloßen Vernunft kann man sich den christlichen Glauben nicht aneignen, und man kann nicht so leicht begründen, weshalb das

Gesetz der Christen besser als das Gesetz der Juden oder der Sarazenen sein soll. Also usw. Und die anderen Lehrer beweisen jene Behauptung einhellig mit demselben Vernunftgrund. Es bleibt somit zu sagen: Es ist vom natürlichen Recht her verboten, die Ungläubigen können nicht zur Annahme des Glaubens gezwungen werden.

Dennoch läßt sich fragen, ob es erlaubt sei, jene Leute zur Annahme des Glaubens zu zwingen. Und es scheint, daß dies der Fall ist. Denn wir haben [...] bei der Erörterung der Frage, ob die Aufgabe des bürgerlichen Gesetzes nur darin bestehe, die Menschen friedlich zu machen und unter den Bürgern Frieden zu stiften, oder ob es damit auch darauf abzielen müsse, daß die Menschen gut sind, entschieden: Die Absicht eines Herrschers, der ein Gesetz macht, ist und muß sein, die Menschen gut zu machen. Und wir haben dies bewiesen. Denn wie das göttliche Gesetz darauf abzielt, die Menschen im Sinne des übernatürlichen Glücks glücklich zu machen, so zielt das menschliche Gesetz darauf ab, die Menschen im Sinne des menschlichen Glücks glücklich zu machen und sie zur menschlichen Glückseligkeit hinzuführen; entsprechend ist das göttliche Gesetz bestrebt, die Menschen zur ewigen Glückseligkeit zu führen. Aber dies kann das Gesetz nicht vollbringen, ohne den Menschen gut zu machen; denn niemand, der mit Fehlern behaftet ist, kann im Sinne des menschlichen Glücks glücklich sein. Also übersteigt es nicht die Befugnisse eines Herrschers, Ungläubige zur Annahme des Glaubens zu zwingen, durch den sie gut werden können. Die Folgerung ist deutlich, weil wir einen körperlich Kranken nach Recht und Gesetz dazu zwingen könnten, eine Arznei einzunehmen, durch die er körperliche Gesundheit erlangen soll. Weshalb können also Ungläubige bzw. geistlich Kranke nicht zu jenem gezwungen werden?

Wegen dieser Begründung sagt Scotus [...], daß es ihm wirklich nicht so zu sein scheine, als könnten erwachsene Ungläubige nicht zur Annahme des Glaubens gezwungen werden, wobei man freilich Bedachtsamkeit walten lassen müsse, um zu vermeiden, daß Anstößigkeiten oder ein Rückfall in die Ungläubigkeit die Folge sind. Er beweist dies mit dem Verhalten des vorhergenannten Sigibutus. Und Gabriel läßt [...] diese Auffassung als wahrscheinlich stehen. Also kann man so verfahren.

4. Dazu sage ich erstens: In der Tat glaube ich, daß die Ansicht des scharfsinnigen Lehrers [Scotus] wahr ist. Und ich behaupte, daß es durch das positive göttliche Recht nicht verboten ist, Zwang auszuüben: Weder gibt es in der ganzen Bibel irgendeine Autorität dafür, noch kann irgendein natürlicher Grund das Gegenteil beweisen. Denn falls es einen gäbe, dann besonders den des Herrn Durandus, der aber ist keiner. Denn ich leugne, daß man mit der natürlichen Vernunft nicht beweisen kann, daß unser Gesetz besser ist. Und

wir können die Folgerung leugnen. Denn wiewohl die Annahme des Glaubens mit der natürlichen Vernunft nicht erreicht werden kann, sind die Ungläubigen dennoch dazu verpflichtet, der von Gott geoffenbarten Vernunft zu folgen. Aber ich behaupte: Es ist sehr wahrscheinlich und stimmt mit der natürlichen Vernunft überein, daß man dem Gesetz der Christen eher glauben muß als dem der Juden oder der Sarazenen und daß die Sarazenen unvernünftiger handeln, wenn sie eher ihrer Religionsgemeinschaft als dem christlichen Glauben folgen: Ihnen kann unter der Voraussetzung, daß sie die Propheten annehmen, mit der menschlichen Vernunft aufgewiesen werden, daß sie die Wochen Daniels und die anderen Weissagungen über Christus nicht richtig verstehen können, es sei denn, wenn sie sie so wie die Christen verstehen. Und die Juden können mit der natürlichen Vernunft davon überzeugt werden, daß man an Christus glauben muß, weil Juden selbst über ihn sagten: Dieser Mensch vollbringt viele Zeichen (Johannes 11,47). Und die Sarazenen könnten ebenfalls in dieser Richtung überzeugt werden, weil sie selbst von uns sagen, wir würden das Gesetz Christi entstellen, das dieser uns in reinem Zustande hinterlassen habe. Diesen Leuten muß gesagt werden, daß sie den geschichtlichen Zeitpunkt angeben möchten, zu dem die Christen das Gesetz Christi verdorben haben sollen. Da sie keinen anzugeben imstande sind, werden sie durch die natürliche Vernunft dazu gezwungen sein, unser Gesetz als gut anzusehen. Und es gilt nicht zu behaupten, wie dies einige tun, den Ungläubigen würde ein Unrecht widerfahren, wenn die Herrscher sie zwängen; denn man soll nicht, so sagen sie, Schlechtes tun, damit dabei Gutes herauskommt (Römerbrief 3,8); denn es ist nicht erlaubt, jemanden in den Kerker zu werfen, weil er Hurerei begehen will, um zu verhindern, daß er Hurerei begeht. Denn dies wird in Frage gestellt, nämlich ob ein Unrecht geschehe und ob es schlecht sei, jene Leute zum Glauben zu zwingen. Und ich behaupte, daß es nicht schlecht, vielmehr von sich aus gut und erlaubt ist, daß die Herrscher mit Drohungen, Einschüchterungen und Schlägen Ungläubige dazu zwingen, den Glauben anzunehmen, beizubehalten und zu verteidigen.

5. Ich sage zweitens, daß man im uneingeschränkten Sinne – so tut es der heilige Thomas – sagen muß, daß die Ungläubigen nicht zu zwingen sind. Und dies widerspricht nicht dem, was eben gesagt wurde, weil vieles erlaubt ist, das nicht förderlich ist, wie der Apostel sagt (1. Korintherbrief 6,12). Daher ist es zwar erlaubt, Ungläubige zu zwingen, aber es ist nicht förderlich, weil es, so Richard, zu einem schlimmeren Ende führen würde. Daher hat ein König zwar die Befugnis, das Gesetz zu schaffen, daß Huren und Dirnen nicht in seinen Stadtgemeinden bleiben dürfen, aber weil eine solche Maßnahme nicht förderlich ist – denn nach Erlaß jenes Gesetzes würde alles durch die Leiden-

schaften in Unordnung geraten –, würde derjenige schlecht handeln, der ein solches Gesetz erließe.

Aber daß es zum Schaden ausschlägt, Ungläubige zum Glauben zu zwingen, ist offenkundig. Erstens, weil ein König, falls Ungläubige gezwungen werden müßten, nicht wüßte, ob diese Ungläubigen dann wirklich das Gesetz Christi annehmen, auch wenn sie sich mit dem Mund als Christen bezeichnen sollten; denn der Glaube wohnt im Herzen. Es reicht nicht, sie zu taufen, weil kein Mensch wissen kann, ob der, der zur Taufe geht, die Absicht hat, die Taufe zu empfangen.

Ferner zweitens, weil dann, wenn sie unter Drohungen gezwungen werden würden, nicht wahrscheinlich wäre, daß sie ehrlich handeln. Denn sie würden, von der Furcht vor Strafen getrieben, das, was die Christen auszeichnet, nur zum Schein und nicht in frommer Weise tun. Ferner wäre dies eine Anstößigkeit für die anderen Christen. Denn die Ungläubigen würden dann glauben, sämtliche Christen seien durch Zwangsmaßnahmen zum Glauben gekommen, was unzutreffend ist. Denn die ganze Welt kam zu Zeiten der Apostel freiwillig und gewaltlos zum Christusglauben, bevor irgendein Herrscher zum Glauben kam und irgendwelche Leute zum Christusglauben zwang.

Drittens ist die Aussage aufgrund der Erfahrung deutlich. Ich weiß indessen nicht, ob es zu unseren Zeiten eine gute Maßnahme war, Sarazenen dergestalt zum Glauben zu zwingen, daß man ihnen befahl, überzutreten oder aus Spanien zu weichen. Oft traten sie dann freiwillig über, weswegen es viele schlechte Christen gibt. Wahr ist, daß es für mich keinen Zweifel gibt: Wenn eine ganze Stadt wie Konstantinopel zum Glauben übertreten und nur dreißig oder vierzig Leute nachbleiben würden, die nicht übertreten wollten, dann könnten diese gezwungen und bestraft werden, damit sie übertreten. Denn es ist sicher, daß solche Leute gezwungen werden können, weil sie dazu verpflichtet sind, der Mehrheit innerhalb der Gemeinschaft zu gehorchen. Ferner zweifle ich nicht daran, daß ein Türke, falls er sich zum Glauben bekehren sollte, seine Untertanen bestrafen und zur Annahme des Christusglaubens zwingen könnte. Wenn ferner eine Gemeinschaft oder ein Gemeinwesen in der Mehrheit den Christusglauben annehmen wollte, wobei hundert oder wenige mehr dies nicht wollten, besteht kein Zweifel, daß die Mehrheit diese Leute zum Glauben zwingen könnte. Dies sollt ihr aber nur für den Fall verstehen, daß diese Maßnahme keinen schlimmeren Ausgang nimmt, d.h. das Ergebnis soll nicht Heuchelei oder ein schlimmeres Übel sein. Wenn also ein Türke seine Untertanen und die Gemeinschaft auch eine Minderheit innerhalb ihrer erlaubtermaßen dazu zwingen könnte, zum Christusglauben überzutreten, dann wäre es folglich einem christlichen Herrscher mit noch größerer Berechtigung erlaubt, sämtliche Ungläubigen, die ihm untertan sind, zum Glauben zu zwingen.

6. Aber zu dem ersten Schluß des heiligen Thomas, dem diese Ausführungen zu widersprechen scheinen, muß gesagt werden, daß der betreffende Schluß wahr im einfachen Sinne ist. Daher bezeichnet man bei einem moralischen Gegenstand wie dem vorliegenden das, dessen Gegenteil nicht eintritt, einfach als das, was es ist, weil moralische Grundsätze nicht Mögliches betreffen müssen, sondern das, was eintritt. Und weil die Ungläubigen in den meisten Fällen, von denen man spricht, ohne Anstößigkeit und großen Schaden nicht zum Glauben gezwungen werden können, antwortet der heilige Thomas einfach, sie dürften nicht gezwungen werden, und damit richtiger als der scharfsinnige Lehrer [Scotus]. Denn obwohl die Ungläubigen unter Ausschluß von Anstößigkeiten und unter Wahrung von Vorsichtsmaßregeln – Scotus spricht dies aus – gezwungen werden können und es eine sehr richtige Tat wäre, sie zu zwingen, da kein Verbot besteht, ist es doch schwierig, nicht alles durcheinanderzubringen. Dies wurde im Falle der Huren ausgesprochen. Wenn man somit ohne Vorbehalt und einfach Stellung beziehen will, muß man antworten: Ungläubige der besagten Art können nicht zum Glauben gezwungen werden, weil man mit menschlichen Mitteln und in den meisten Fällen nicht verhindern kann, daß eine Anstößigkeit, die folgen könnte, zu einem schlimmeren Ende führt. ❖

Hugo Grotius (1583–1645)

Mit der Entfaltung des neuzeitlichen Völkerrechts ist neben Vitoria vor allem der Name des holländischen Rechtsgelehrten, Philologen und Theologen *Hugo Grotius (Huig de Groot)* verbunden, der am 10. April 1583 in Delft geboren wurde und am 28. August 1645 in Rostock gestorben ist. Den Hintergrund seines Denkens bildet der Dreißigjährige Krieg, der den Großteil seines Lebens überschattete. Da Grotius aus einflußreicher und vermögender Familie stammte, darüber hinaus aber auch überdurchschnittlich begabt gewesen sein muß, konnte er schon in jungen Jahren an der Universität Leiden Theologie, Philologie und Jurisprudenz studieren. Mit nur 15 Jahren wurde ihm durch die Universität Orléans, wohin er im Gefolge einer holländischen Gesandtschaft gelangt war, das Doktorat in Rechtswissenschaften verliehen. Ein Jahr später, 1599, begann er in Den Haag seine Laufbahn als Rechtsanwalt, betätigte

❖ ── Recht

sich daneben aber ebenso als Übersetzer antiker Werke, als Verfasser eigener lateinischer Elegien und Tragödien sowie als Geschichtsschreiber, was ihm 1609 den Titel eines Historiographen der Generalstaaten einbrachte. 1607 wurde er zum Staatsanwalt am Obersten Gerichtshof von Holland, Seeland und Westfriesland gewählt. Als solcher kam er über Religionsdelikte immer mehr mit kontroverstheologischen Auseinandersetzungen in Berührung. Dies steigerte sich noch, als er 1613 – nach der Rückkehr von einer für ihn sehr glücklichen Reise nach London – zum Stadtregenten von Rotterdam und 1616 zum Mitglied des Kollegiums der Kommittierenden Räte, d.h. der ständigen Regierung Hollands, ernannt wurde. Nicht zuletzt wegen theologischer Streitigkeiten innerhalb des Calvinismus – Grotius war Arminianer, die man in den Niederlanden Remonstranten nannte – ließ ihn Prinz Moritz von Oranien 1618 verhaften und zu lebenslanger Haft auf der Festung Loevenstein verurteilen. Während dieser Haft, die knapp zwei Jahre dauern sollte, schrieb er ohne jegliche Literaturhilfen mehrere Werke, die ihn später weit über Holland hinaus bekannt machten, unter anderem das Buch *De veritate religionis christianae*, das 1627 erstmals erschien und bis heute insgesamt 150 Auflagen und 13 Übersetzungen in alle Weltsprachen erfuhr. Am 22. März 1621 konnte er dank der Hilfe seiner Frau – in einer Bücherkiste versteckt – aus dem Gefängnis entfliehen und unerkannt nach Paris flüchten, wo er von da an meist lebte. Hier verfaßte er seinen natur- und völkerrechtlichen Klassiker *De iure belli ac paci libri tres* (Drei Bücher über das Recht des Krieges und des Friedens), das 1625 erschien. Wenngleich er mit Politikern und Wissenschaftlern in ganz Europa in Briefkontakt stand und auch in Paris Verbindungen zu allen großen Gelehrten Frankreichs unterhielt, so lebte er doch in Armut. Abgesehen davon blieb er seinem protestantischen Glauben treu, was seine Situation im katholischen Paris zusätzlich erschwerte. Da er nach Holland nicht zurückkehren konnte (1631 wurde er dort dezidiert ausgewiesen), trat er schließlich nach kürzeren Aufenthalten in Norddeutschland und Dänemark in den diplomatischen Dienst Schwedens. In dieser Eigenschaft wurde er 1635 als offizieller Gesandter wiederum nach Paris geschickt. Hier sollte er noch einmal 10 Jahre bleiben und einmal mehr bedeutende theologische und rechtliche Werke schreiben. Als er 1645 abberufen worden war, bemühte er sich in Stockholm um eine neue Funktion, erlebte diese jedoch nicht mehr, da er an den Erschöpfungen infolge eines überstandenen Schiffbruchs am 28. August dieses Jahres in Rostock starb.

Grotius hat kein eigenes Werk über Toleranz hinterlassen. Sein Oeuvre – nicht zuletzt auch seine verstreuten Briefe und Ansprachen – lebt vielmehr *als ganzes* aus einem toleranten Geist. Selbst dort, wo er die Wahrheit des Christentums darlegt, verbindet er dies weder mit Selbstherrlichkeit noch mit Fanatismus. Der Friede der Religionen und Konfessionen ist ihm genauso ein Anliegen wie so vielen Humanisten seit dem späten Mittelalter. Einmal mehr gibt Erasmus von Rotterdam in geistiger und weltanschaulicher Hinsicht das große Vorbild ab. Dazu kommt ein Durchbruch auf der Ebene des Rechts: Grotius verankert sowohl Naturrecht (*ius naturae*) als auch Völkerrecht (*ius gentium*) nicht mehr in Gott (im *ius divinum voluntarium* der Offenbarung), sondern ausschließlich in der durch die Vernunft erkennbaren Natur des Menschen. Beide Rechte gelten unabhängig davon, ob Gott existiert oder nicht (*etsi Deus non daretur*). Und wenn Gott existiert, was Grotius für selbstverständlich und für erwiesen hält, so kann dieser sich über beides nicht hinwegsetzen. Ihr Gebieter ist folglich keine göttliche Instanz mehr, sondern einzig und allein das Gebot der Vernunft, das durch richtige Einsicht (*dictamen rectae rationis*) wahrgenommen werden kann. Damit wird eine *religionsunabhängige* Grundlage für ein allgemein-menschliches und völkerverbindendes Recht geschaffen. Offensichtlich stehen Grotius dabei die Erfahrungen vor Augen, die er im Zuge der religiösen Auseinandersetzungen während des Dreißigjährigen Krieges, aber auch während der Religionskriege in Frankreich gemacht hatte. Aus den Religionen als solchen, das Christentum eingeschlossen, läßt sich *kein* Recht begründen, das sowohl die friedvolle und gedeihliche Entwicklung der einzelnen Staatsgemeinschaften als auch die Koexistenz der Völker und Weltanschauungen untereinander gewährleisten kann. Deshalb vermag Friede zwischen Völkern und Religionen nur dort zu entstehen und zu bestehen, wo eine *naturhafte* Ordnung da ist, die aus dem *Wesen des Menschen* heraus die gegenseitige Respektierung und Wertschätzung gebietet. Auch dies ist noch nicht Toleranz im Sinne von gegenseitigem Wollen und Fördern der Andersdenkenden, sehr wohl aber bereits eine Basis für die Anerkennung von verschiedenen Weltanschauungen untereinander.

Der Text von Grotius, der in dieses Lesebuch Aufnahme findet, stammt aus der späten Zeit seines Lebens, aus der (vermutlich) in Paris 1642 erschienenen Schrift *Votum pro pace ecclesiastica* (*Votum für den Frieden unter den Kirchen*). Diese Schrift ist als Auseinandersetzung mit dem calvinistischen Theologen André Rivet (1572–1651) gedacht, in dessen Angriffen auf seine Person sowie auf seine Theologie Grotius die Gefahr einer neuen Spaltung des Protestantismus erblickt. Ihm gegenüber stellt er die Forderung nach einer Versöhnung der christlichen Konfessionen untereinander heraus, indem er sowohl auf die biblischen und patristischen Quellen als auch auf die zeitgenössischen Bemühungen um die Einheit der Christen verweist. Bei den christlichen Konfessionen hat Grotius unverkennbar Schwierigkeiten mit den Katholiken. Für sie fand er während seines ganzen Schaffens kaum ein gutes und anerkennendes Wort. Nicht einmal die Bemühungen katholischer Herrscher um die Herstellung des religiösen Friedens – etwa jene der Könige von Polen – waren ihm, der sonst so genau um zeitgeschichtliche Vorgänge Bescheid wußte, eine Erwähnung wert. Daran änderten auch seine Aufenthalte in Frankreich, wo er mit vielen Katholiken zusammentraf, wenig. Immerhin nimmt er einzelne Personen aus, so z.B. den im Text genannten Konvertiten Théophile Brachet de La Milletière (1588–1665), der sich um eine Vermittlung zwischen Protestanten, Calvinisten und Katholiken bemüht hatte. Darüber hinaus leugnete er die gemeinsame Wurzel und Tradition *aller* christlichen Konfessionen nicht. Schließlich konnte er sich sogar vorstellen, daß der Friede der Bekenntnisse auf „drei Wegen" zustandekommen könnte: „durch die Autorität eines außerordentlich guten Papstes, durch ein universelles Konzil, das bei Abwesenheit eines Papstes legitimerweise einzuberufen sei, oder durch Gespräche der Könige, die unter der Leitung von Bischöfen stünden und in der Absicht geführt würden, sich danach an den Heiligen Stuhl zu wenden, um die Eintracht wiederherzustellen". Dies spricht dafür, daß Grotius letztlich eine gegenseitige Anerkennung aller Christen – jenseits der konfessionellen Unterschiede – für möglich hielt. Von ihr erwartete er sich jedenfalls eine Welt, die nicht mehr durch Krieg und Verfolgung gezeichnet ist.

Die Einheit der Christenheit als göttliches Gebot

Hugo Grotius: Votum für den Frieden unter den Kirchen
Christus will die Einheit seiner Kirche

Obwohl die Lehrer, die mich seit meiner Kindheit in den Heiligen Schriften unterrichtet hatten, im Hinblick auf die göttlichen Dinge unterschiedliche Auffassungen vertraten, erkannte ich unschwer Christi Willen, daß all jene, die seinen Namen tragen und durch ihn an der Seligkeit teilhaben wollen, untereinander vereint sein sollten, so wie er eins ist mit dem Vater (Johannes 17, 11, 21–23). Und nicht nur im Geiste, sondern auch in jener sichtbaren Gemeinschaft, die man vor allem im Zusammenhang der Kirchenleitung und in der Teilhabe an den Sakramenten wahrnimmt. Denn die Kirche ist ein einziger Leib oder soll es zumindest sein (Römerbrief 12,5; 12, 15–21; Epheserbrief 1, 23; 4, 4; 5, 30; Kolosserbrief 1, 18; 2, 17, 19). Diesen Leib wollte Christus, das ihm von Gott gegebene Haupt, zusammenfügen wie die Teile eines Organismus (Epheserbrief 4, 11, 12, 16). Ebenso wollte er, daß ein jeder in dieser Kirche getauft sei, auf daß alle zusammen einen einzigen Leib bilden (1. Korintherbrief 12, 13). Und alle sich von dem einen geweihten Brot nähren, damit sie eine immer größere Einheit erlangen und zu einem einzigen Leib vereint werden (1. Korintherbrief 10, 17).

Ich war bezaubert von der Schönheit der frühen katholischen Kirche zu der Zeit, wo alle Christen – mit Ausnahme einiger abgespaltener und daher leicht erkennbarer Grüppchen – durch die Beziehungen zwischen ihren Organisationen vom Rhein bis nach Afrika und Ägypten und vom britischen Meer bis zum Euphrat und noch darüber hinaus ohne jeden Streit untereinander verbunden waren. Ich wurde gewahr, daß aus eben diesem Grund Schismen und Abspaltungen von diesem wunderbaren Leib strikt untersagt waren (Römerbrief 16, 17; 1. Korintherbrief 1, 10; 3, 3; 5, 11; 11, 18; 12, 25; Galaterbrief 5, 20) und daß darauf die Briefe von Paulus und Clemens dem Römer an die Korinther abzielten sowie mehrere Schriften von Optat von Mileve und von Augustinus gegen die Donatisten. So begann ich darüber nachzudenken, daß meine Großväter, meine Urgroßväter, meine Vorfahren und die Vorfahren vieler anderer Personen fromme Christen gewesen waren, die dem Aberglauben und dem Laster abgeschworen und ihre Familie zu Gottesdienst und Nächstenliebe angehalten hatten. Ihren Tod hielt ich stets für beispielhaft, und ein so gerechter und mäßiger Mann wie Franciscus Junius, den einige glühende Protestanten wütend beschimpften, war mein Garant.

Die Reformation hat die Kirche gespalten

Aus den Berichten der Alten und manch anderen ausführlichen Geschichten erfuhr ich, daß es danach Männer gab, die sagten, man müsse diese Kirche, der unsere Vorfahren angehört hatten, vollständig aufgeben. Und sie verließen sie nicht nur selber (manche von ihnen waren zuvor exkommuniziert worden), sondern gründeten neue Gemeinschaften, die sie wiederum Kirchen nannten. Sie gründeten neue Priesterorden, sie lehrten, sie spendeten Sakramente, dies vielerorts auch im Widerspruch zu königlichen und bischöflichen Erlassen, und sie sagten, sie würden diesen Zustand verteidigen, so als ob sie wie die Apostel einen himmlischen Auftrag erhalten hätten und Gott mehr als den Menschen gehorchen müßten. Ihre Kühnheit ging noch weiter: Die Könige beschimpften sie als Götzendiener und päpstliche Sklaven, das Volk riefen sie zur Bildung bewaffneter Banden und zur Revolte gegen die öffentliche Ordnung auf, zur Zerschlagung der Heiligenstatuen, der Altäre und der heiligen Stätten und schließlich zum Bürgerkrieg und zum bewaffneten Aufstand gegen ihre Könige. Ich bemerkte, daß dadurch viel christliches Blut vergossen wurde. Wenn wir aber das Wichtigste, die Sitten, betrachten, vor allem dort, wo die Lage günstig war, so verbesserten sie sich in keinster Weise; ganz im Gegenteil, sie verwilderten durch die langen Kriege und verrohten im Kontakt mit fremdländischen Lastern.

Die Ursachen so vieler Übel
In dem Maße, wie ich heranwuchs, erfüllte mich dieser Zustand mit immer mehr Mitgefühl, und ich begann über die Ursache so vieler Übel nachzudenken und mit anderen darüber zu diskutieren. Diejenigen, die sich abgespalten hatten, verteidigten sich vehement mit dem Argument, die Lehre der Kirche, die dem Papstthron verbunden blieb, sei durch vielerlei Häresien und Götzendienst korrumpiert. Diese Behauptung veranlaßte mich, die Dogmen dieser Kirche näher zu untersuchen, die Bücher, die auf beiden Seiten publiziert worden waren, zu lesen und alles zu studieren, was zum Zustand und der Lehre der zeitgenössischen griechisch-orthodoxen Kirche und ihrer Tochterkirchen in Asien und Ägypten geschrieben worden war. Ich entdeckte, daß die Dogmen der Ostkirche denen gleich waren, die die Westkirche anläßlich der ökumenischen Konzilien definiert hatte. Abgesehen vom Streit um den Papst gab es ähnliche Ansichten über die Kirchenleitung und über den Fortbestand der sakramentalen Riten. Ich ging noch weiter und wollte die wichtigsten Autoren der griechischen und der römischen Antike lesen, unter denen sich auch Afrikaner und Gallier finden, die Autoren der lateinischen Blütezeit, allesamt und mehrere Male, und, soweit es die Zeit und die Geschäfte zuließen, auch die späteren Autoren, vor allem Chrysostomus und Hieronymus, weil ich bemerkt hatte, daß ihre Interpretation der Heiligen Schrift für gelungener angesehen wurde als die der anderen. Ich verfuhr nach den Regeln des Vincent von Lerin, die die hervorragendsten Gelehrten gutgeheißen hatten, und leitete logisch ab, welches die Dinge sind, die, nach dem Zeugnis der Alten und den Spuren, die davon bis heute geblieben sind, immer, überall und ohne Unterbrechung weitergegeben wurden.
Aber zugleich stellte ich fest, daß die Scholastiker, die von Philosophie, vor allem der des Aristoteles, mehr verstanden als von der Heiligen Schrift und den griechisch-römischen Autoren, welche die christliche Religion erläutert hatten, zahlreiche Dogmen einführten, und zwar auf Grund ihrer Argumentationsfreiheit, nicht etwa auf Grund der Autorität der ökumenischen Konzilien. Diese Dogmen waren wohl von Konzilen aufgestellt, nicht aber ausreichend

erklärt worden. Zudem hatten sich unter den Kirchenführern solche Arroganz und Habsucht und so üble Sitten verbreitet, daß diese sich nicht darum kümmerten, dem Volk diese guten Dogmen beizubringen, wie es ihre Pflicht gewesen wäre, noch seine Laster zu bestrafen. Sie benutzten vielmehr die Unwissenheit des Volkes und den daraus entstandenen Aberglauben, der die Laster noch verstärkt hatte, zu ihrem eigenen Vorteil. In diesem Nebel war die ursprüngliche Lehre teilweise unsichtbar geworden, teilweise erschien sie mit verbleichten Farben ganz anders, als sie in Wirklichkeit war.

Die Reinigung der Lehre führte zu Spaltungen
So kam ich zu dem Schluß, daß dies der eigentliche Grund war, warum eine Reform jahrhundertelang herbeigesehnt worden war, nämlich die Reinigung der Lehre von scholastischem Unsinn und dem oben angesprochenen Nebel, der sie verdeckt hatte. Ein anderer Grund waren die langen öffentlichen Streitereien zwischen Königen und Gelehrten; sie hatten zwar zu keinem Ergebnis geführt, aber schließlich hatten einige von den Päpsten schlecht behandelte Könige diese angegriffen, und einige Privatpersonen nahmen die Reinigung der Kirche nun nach ihrem Gutdünken in Angriff. Dieses Unterfangen glückte ihnen jedoch nicht so, wie sie es beabsichtigt hatten, denn zunächst wurden an verschiedenen Orten verschiedene Konfessionen eingerichtet, die sich untereinander widersprachen; danach waren diese Parteien nicht nur nicht in der Lage, sich zu vereinigen, vielmehr entstanden jeden Tag so viele neue, kleine Parteien, daß niemand ihre Zahl hätte schätzen können. Und da dieses Terrain fruchtbar ist und jeder für sich erlaubt hält, was andere vor ihm sich schon herausgenommen haben, darf man annehmen, daß täglich neue entstehen werden.

Die Versöhner oder Irenisten
Da mir dieser Zustand zutiefst mißfiel und ich sah, daß die Anführer ihre Schlacht eher mit Geschrei als mit soliden Argumenten führten, wandte ich mich den lesenswerten Autoren zu, die, obgleich unterschiedlicher Ausrichtung, den Bruch nicht zu verstärken, sondern zu heilen versuchten. In dem Studium, dem ich mich hingegeben hatte, sah ich, wie sich diese Männer um die Beseitigung der genannten Hindernisse bemühten und bald die unnützen Spitzfindigkeiten, bald die fehlerhaften Auslegungen angriffen, die entweder die Erkenntnis der Lehre behinderten oder diese nicht unter ihrem wahren Gesicht zeigten. Ich sah, daß sie zur Wiederherstellung der Einheit mehrere Wege unterschieden, die nicht unabhängig voneinander, sondern gleichzeitig beschritten werden sollten. Drei Wege gibt es, die Einheit wiederherzustellen: zum einen die Autorität eines sehr guten Papstes, zum anderen ein all-

Recht

umfassendes, in Abwesenheit eines Papstes rechtmäßig einberufenes Konzil, schließlich Beratungen der Könige unter dem Vorsitz von Bischöfen, die dem Heiligen Stuhl Bericht erstatten sollen. Nach mehreren Gesprächen mit vortrefflichen Theologen und Politikern, die sich der katholischen Kirche zugehörig fühlten oder aber von ihr abgefallen waren, bemerkte ich, daß auch sie in ihren Überlegungen dasselbe Ziel anstrebte wie die Autoren, von denen weiter oben schon die Rede war.

Da dieses ebenso schöne wie schwierige Unterfangen eine ansehnliche Zahl nicht nur erstrangiger, sondern auch zweit- und drittrangiger Mitstreiter erfordert, um die bereits vorgebrachten durch zusätzliche neue Argumente ergänzen zu können, auf daß die Übereinkunft vieler über den Widerstand weniger triumphiere und andere aus ihrer Trägheit aufrüttle, gedachte auch ich, nachdem ich einen Großteil meines Lebens mit der Lektüre von Autoren zugebracht hatte, die den Frieden der Zwietracht vorzogen, die Ernte, die ich eingefahren hatte, für die Nachwelt zusammenzustellen. Und da ich wußte, daß Casaubon und andere Persönlichkeiten den kleinen Traktat rühmten, den der friedfertige Georges Cassander auf Bitten der gläubigen Majestäten Ferdinand und Maximilian geschrieben hatte, erschien es mir am besten, kein neues Werk zu schreiben, sondern seine Schrift zu unterstützen. Diese Arbeit gefiel in Frankreich sowohl jenen, die sich Katholiken, als auch denen, die sich Protestanten nennen. Auch von anderswoher bekam ich zustimmende Zuschriften. Doch von Seiten der Demagogen, die in Holland an der Macht sind, erwartete ich mir nichts Gutes; und meine Vermutung erwies sich als richtig, denn mehrere unter ihnen griffen mich sofort mit dem dort üblichen großen Geschrei an, als stünde Hannibal vor den Toren. Rivet war bei diesen Angriffen zwar nicht gerade sanft, aber doch weniger heftig als die anderen gewesen; da er sie an Ansehen übertraf, schien es mir der Mühe wert, vorrangig ihm zu antworten, damit er dann wiederum auf mich antworte. Seinem zur Unterstützung bestimmter Kreise verfaßten *Examen* begegnete ich mit dem oben bereits skizzierten *Wunsch nach Frieden in der Kirche*, den ich im folgenden näher ausführen will. Ich werde mich dabei an der von Cassander vorgegebenen und von ihm stets eingehaltenen Reihenfolge ausrichten.

Antwort auf Rivets Angriffe

Ich komme nun zur Einführung meines Themas: Wie sehr mich Rivet aufrichtig schätzt, läßt sich besonders daran ablesen, daß er, unter dem einzigen Vorwand, ich hätte auf Briefe einiger Socinianer geantwortet, mich bei den ausländischen Botschaftern der schweren Häresie beschuldigte und nun alles, was ich sage, zu meinem Nachteil auslegt. Ich meinerseits hätte nicht einmal einem heidnischen Briefpartner die allgemein üblichen Pflichten der Höflichkeit verweigert, die selbst Basilius so oft Libanius erwiesen hatte. Wie sehr ihn allein der Begriff *Friede* erregt, bezeugen seine Schriften und der scharfe Angriff auf den edlen Theóphile de la Milletière und das Gift, das er über sechs fromme Gelehrte verspritzt, die sich nicht fürchteten, für den Frieden einzutreten und den Haß derer zu ernten, die anderer Meinung sind. In Holland hatten die von der Dordrechter Synode Verurteilten und anschließend Verbannten ihre von Melanchthon geprägte Meinung, welcher dort schon immer viele Verteidiger hatte, vor den Führern ihres Vaterlandes kundgetan. Die treibende Kraft der Spaltung waren nicht sie, sondern ihre Gegner. Die Autorität des Bischofs von Rom hätte Hallus nicht solche Angst eingeflößt, hätte er gewußt, welche Mittel es in Frankreich und in Spanien gibt, um die Päpste an Angriffen auf königliche oder bischöfliche Rechte zu hindern, und hätte er außerdem bedacht, daß der König von Großbritannien keinerlei Recht über die kirchlichen Angelegenheiten und Personen besitzt, das nicht auch der König von Sizilien hätte.

Die Dordrechter Synode
Doch kommen wir auf die Diskussionen der Dordrechter Synode zurück: Ihr wichtigstes Ergebnis war die Antwort sowohl der Straßburger als auch der Schweden auf Johann Duraeus, der aufrichtig an der Einheit der Protestanten arbeitete, daß nämlich sie selbst nicht weniger verurteilt worden seien als diejenigen, welche die Ansichten des Arminius teilten. Diejenigen, die sich für bessere Reformierte als andere hielten, hatten früher gewöhnlich auf Vorhaltungen, die sich auf die Schriften von Calvin, von Bèze und andere Reformatoren stützten, geantwortet, das seien die Privatansichten der Meister. Jetzt aber sind alle, die dieser Partei angehören, durch die öffentliche Stimme ihrer Synode gebunden, niemand kann sich dem entziehen. Alle sind verpflichtet, diese „schrecklichen Dekrete" (wie Calvin persönlich sagt) zu verteidigen und zu glauben, daß die Worte „wohlwollende Brüderlichkeit" von Calvins Anhängern in anderem Geiste gebraucht werden, als es ihr Sinn nahelegt: Dort, wo die Calvinisten genügend Macht erlangen, werden sie die anderen verjagen, so wie sie die von mir erwähnten Protestanten aus Holland verjagt haben; die Lutheraner sind bereits zweimal aus der Pfalz verjagt worden. Kluge Männer mögen nun ihr Urteil darüber abgeben, ob ich zu Unrecht wünschte, daß Menschen, die in der Lage sind zu sagen, daß Israel das Land Gottes bewohnen soll, von den Königen und den Autoritäten daran gehindert werden müssen, sich anderen gegenüber in einer Weise zu verhalten, die auf sie selbst zurückfallen könnte. Die Gründe, weswegen die in Dordrecht aufgestellten und in den Cevennen abgelehnten Dogmen nicht gutgeheißen werden dürfen, habe ich nicht nur aus meiner eigenen Sicht

dargestellt, sondern auch aus der Sicht derer, die anderer Ansicht sind, nämlich der römischen Katholiken, der Griechen und der Protestanten des Augsburger Bekenntnisses.

Die Häretiker aufklären
Ich bin weit davon entfernt, mit Calvin und Bèze übereinzustimmen, wenn sie sagen, daß diejenigen, die in Bezug auf die Dreifaltigkeit irren, verbrannt oder, ganz allgemein, umgebracht werden müssen, denn in einer solch schwierigen Angelegenheit ist schnell ein Irrtum geschehen. Die Bestrafung des Irrenden muß darin bestehen, daß er unterwiesen wird, bis er seinen Irrtum erkennt. Denn wenn die Vertreter von Moses' Gesetz, die sich auf Calvin und Bèze berufen, diejenigen töten sollen, die die Erscheinungsbilder Gottes nicht richtig auseinanderhalten (und nichts anderes hat Melanchthon Servet vorgeworfen), – warum dann nicht auch diejenigen töten, die die *Naturen* Christi verwechseln, wie es die Calvinisten den Lutheranern vorwerfen? Und weiter: Wenn dieses strenge Gesetz gegen die Götzendiener aufgrund bestimmter Analogien auch für Häretiker gelten soll, muß es doch zunächst und vor allem gegen die Götzendiener selbst angewandt werden. Was aber diejenigen betrifft, die alle Mitglieder der katholischen Kirche als Götzendiener betrachten – sind sie nicht mehr von Angst vor Vergeltungsmaßnahmen als von Mitleid geleitet, wenn sie diese nicht töten? Entfiele diese Angst, bräche sich die Natur „zügellos" Bahn. Die Bannflüche des Konzils von Trient zielen nicht auf das Augsburger Bekenntnis, sondern auf die Worte von Privatpersonen, die die katholische Lehre allzu scharf übertragen hatten, ohne sie richtig zu verstehen. Ganz im Gegenteil: Kaiser Karl intervenierte in Rom, damit dieses Bekenntnis nicht auf den Index gesetzt werde. Ich wiederhole hier nochmals, was ich in meinen *Ermahnungen* (*Animadversiones*) bereits sagte: Was über die Scholastiker geäußert wird, übergehe ich mit Stillschweigen, weil die Katholiken diese nicht zu verteidigen brauchen, und im übrigen die Autorität der Scholastiker dem Frieden, den wir suchen, nicht schaden kann.

Anlässe / Ereignisse

Einleitung

Eine Darstellung der Wege, die im Laufe der Geschichte zur Entdeckung der Toleranz geführt haben, wäre unvollständig, wenn sie nicht auch auf konkrete Anlässe und Ereignisse eingänge, die dazu provozierten, daß das, was sich geistig und kulturell bereits vorbereitet hatte, nach konkreter gesellschaftlicher, rechtlicher und politischer Umsetzung rief. Solche Anlässe und Ereignisse verschafften der Forderung nach Toleranz in der Regel eine Öffentlichkeit, die ihr durch literarische und wissenschaftliche Werke alleine wohl nicht widerfahren wäre. Darüber hinaus setzten sie Markierungspunkte, hinter die es mit einem Mal kein Zurück mehr geben konnte. Man kann auch sagen, daß sie die Geschichte, die zum Durchbruch des Toleranz-Gedankens führte, insofern vorantrieben, als sie ihre Unumkehrbarkeit manifest machten und zu einem allgemeineren Bewußtsein brachten.

Derartige Anlässe und Ereignisse gab es in der europäischen Geschichte etliche. Einige von ihnen sind bereits zur Sprache gekommen, so z.B. die Kreuzzüge, die Entdeckung Amerikas, die Reformation, der Dreißigjährige Krieg, die Aufklärung. Dies geschah jedoch so, daß eher allgemein und hinweisartig von ihnen gesprochen wurde. Deshalb soll in diesem Abschnitt der Blick mehr auf historische Details fallen. Zugleich möge an ihnen veranschaulicht werden, wie sie in puncto Toleranz einerseits vor dem Hintergrund der bereits erfolgten geistes- und kulturgeschichtlichen Entwicklung geradezu symbolische Bedeutung gewannen und andererseits im europäischen Denken Bewegungen auslösten, die sich unabsehbar auswirkten und nicht mehr rückgängig machen ließen. Wiederum kann dies nur exemplarisch geschehen. Gemäß der bisher in diesem Buch üblichen Einteilung der einzelnen Abschnitte seien *drei* Geschehnisse ausgewählt: Die Hinrichtung des spanischen Theologen, Juristen, Naturphilosophen und Arztes Michel Servet am 27. Oktober 1553 in Genf, der Dreißigjährige Krieg 1618-1648 sowie das sogenannte Thorner Blutgericht am 7. Dezember 1724 in der polnischen Stadt Thorn. Das primäre Echo erfolgte im ersten Fall in der Theologie, im zweiten Fall in der Literatur, im dritten Fall in der politischen-literarischen Rede. Daher stammt der erste Text (1554) aus der Feder des französisch-schweizerischen Graecisten und Theologen *Sébastien Castellion*, der zweite aus dem Roman *Der abenteuerliche Simplicissimus* (1668/69) von *Hans Jakob Christoffel Grimmelshausen*, der dritte aus einer Ansprache (1725) des deutschen Philosophen, Literaturwissenschaftlers und Dichters *Johann Christoph Gottsched*.

Sebastian Castellio (1515-1563)

Die unvorstellbar grausame Hinrichtung des Spaniers *Michael Servet* (auch Serveto oder Servetus) Ende Oktober des Jahres 1553 in Champel vor den Toren der Stadt Genf steht im unmittelbaren Zusammenhang mit den Auseinandersetzungen, welche die Reformation sowohl zwischen den christlichen Konfessionen als auch innerhalb derselben ausgelöst hat. Der 1511 in der spanischen Provinz Huesca in Villanueva de Sijena geborene Servet stürzte sich schon bei seinem ersten Aufenthalt in Deutschland, wohin ihn der Beichtvater Karls V. 1530 zum Ausburger Reichstag als Sekretär mitgenommen hatte, in die heiklen religiös-politischen Konflikte. Kaum in Verbindung mit führenden reformatorischen Theologen in Basel und Straßburg vertrat er die These, daß sowohl das christliche Trinitätsdogma als auch die Kindertaufe vom Übel seien (schriftlich in seinen 1531 bzw. 1532 in Hagenau erschienenen Werken *De Trinitatis erroribus libri septem* und *Dialogorum de Trinitate libri duo*). Deshalb als Antitrinitarier und Anabaptist verschrieen, geriet er rasch zwischen die konfessionellen Fronten und wurde sowohl von Protestanten als auch von Katholiken als Häretiker verfolgt. Um dem zu entkommen, floh er nach Frankreich, wo er unter dem Namen Michel de Villeneuve in Paris, Lyon und Vienne als Buchdrucker, Mediziner, Geograph, Astronom, Mathematiker und schließlich als Leibarzt des Erzbischofs von Vienne lebte. Keine Rede jedoch davon, daß er seine theologischen Ansichten aufgegeben hätte. Im Gegenteil, 1553 erschien in Vienne pseudonym sein Hauptwerk über die Wiederherstellung des Christentums – die *Christianismi restitutio*. Darüber hinaus versuchte er ausgerechnet *Johannes Calvin* (1509–1564), den Genfer Reformator, einen der intolerantesten Geister und wütendsten Religionseiferer seiner Zeit, für seine Anliegen zu gewinnen. Ein verhängnisvoller Irrtum, denn Calvin scheute sich nicht einmal, mit der katholischen Gegenseite, d.h. mit der päpstlichen Inquisition zusammenzuarbeiten, um Servet zu vernichten. Dessen Verhaftung gelang jedoch erst am 13. August 1553, als Servet ausgerechnet in Genf, wo er wahnwitzigerweise auf dem Wege nach Italien Aufenthalt genommen hatte, während eines Gottesdienstes erkannt wurde. Calvin selbst zeigte ihn der Häresie wegen an und setzte mit seiner ganzen politischen Macht durch, daß er weniger als drei Monate später verurteilt und öffentlich verbrannt wurde.

Zwar hatten auch andere protestantische Städte, nämlich Zürich, Bern, Schaffhausen und Basel, Gutachten nach Genf gesandt, die das Todesurteil über Servet zumindest nahelegten, doch schon während des Prozesses, erst recht aber unmittelbar nach der Hinrichtung mehrten sich nicht nur in Schweizer Städten, sondern auch im angrenzenden Frankreich und Italien die Stimmen, die das Vorgehen Calvins verurteilten und die Verbrennung Servets als Mord hinstellten. Bereits Ende 1553 entstand in Basel eine Schrift unter dem Titel *Historia de morte Serveti*, welche die Genfer Ereignisse als „scandalum scandalorum" anklagte und Calvin vor allem vorwarf, einen Menschen „wegen seiner Religion" (*propter religionem*) getötet zu haben, was im Sinne des Gleichnisses vom Weizen und vom Unkraut nicht Gottes Wille sei. Die Unruhe und Empörung nahm jedenfalls derart zu, daß sich Calvin genötigt sah, so rasch als möglich eine Rechtfertigungsschrift zu verfassen und diese bereits im Februar 1554 unter dem Titel *Defensio orthodoxae fidei de sacra trinitate contra prodigiosos errores Michaelis Serveti Hispani* (Verteidigung des wahren Glaubens an die Heilige Trinität gegen die ungeheuerlichen Irrtümer des Spaniers Michael Servet) zu publizieren. Die Schrift hatte jedoch alles andere als den erwünschten Effekt. Im Gegenteil, sie löste eine jahrelange theologisch-politische Auseinandersetzung aus, die auf der Seite Calvins vor allem von Théodore de Bèze (1519–1605), seinem späteren Nachfolger in Genf, auf der Gegenseite hingegen federführend von Basler Kreisen geführt wurden, zu denen sowohl bedeutende Humanisten als auch Glaubensflüchtlinge aus Norddeutschland (Münster), den Niederlanden, Italien, Spanien und aus einigen Schweizer Gebieten zählten. Der wohl bedeutendste unter letzteren war der savoyardische Humanist und Theologe Sébastien Castellion.

Sébastien Castellion (auch Chastillon, Châteillon, in der Regel Sebastian[us] Castellio) stammte aus Saint-Martin-du-Fresne im Grenzgebiet des Herzogtums Savoyen, wo er 1515 geboren wurde und seine Jugend verbrachte. 1535 bis 1540 wurde er am Collège de la Trinité in Lyon im Geiste des damaligen Humanismus als Graecist und Latinist ausgebildet. Möglicherweise erlebte er zu Beginn des Jahres 1540 die ersten Ketzerverbrennungen in Lyon als Augenzeuge mit. Jedenfalls näherte er sich damals dem Pacifismus des Erasmus von Rotterdam – in Lyon vermittelt durch Étienne Dolet – an. Im selben Jahr lernte er in Straßburg Johannes Calvin kennen, dessen Hauptwerk *Christianae Religionis Institutio* (1536) er bereits schätzen gelernt hatte. Aus freundschaftlicher Gesinnung heraus verschaffte dieser Castellio eine Schulleiterstelle im Studienkolleg von Rive in Genf. Hier entstanden die *Dialogi sacri* (1543), ein pädagogisches Buch, das schon zu Lebzeiten Castellios 20 Auflagen erlebte und viel gelesen wurde. Wegen bald eintretender persönlicher und theologischer Differenzen mit Calvin verließ er 1545 Genf und ließ sich bis zum seinem Tod in Basel nieder. Hier lebte er zwar mit seiner Familie in so großer Armut, daß er auch handwerklichen Berufen nachgehen mußte. Zugleich gewann er aber wertvolle Kontakte zu Buchdruckern und Verlegern, konnte sich an der Universität immatrikulieren, bescheidene Lehraufträge erfüllen, an der Herausgabe klassischer Texte mitwirken und vor allem den geistigen Austausch mit aufgeschlossenen Basler Bürgern und zahlreichen Exilanten aus etlichen Ländern Europas pflegen. 1551 erschien seine große Bibelübersetzung auf Lateinisch, 1555 auf Französisch – eine unglaubliche wissenschaftliche, aber ebenso menschliche Leistung, die ihm über seinen Tod hinaus Anerkennung brachte.

Seine aufregendste und wirkungsmächtigste Tat sollte allerdings die Auseinandersetzung mit seinem ehemaligen Freund Calvin bzw. mit Théodore de Bèze werden. Nur wenige Monate nach der Hinrichtung Servets publizierte er im März 1554 „das kleine Buch, das als Markstein in die Geschichte der Toleranzforderung und der Religionsfreiheit eingehen sollte und das bis heute als das wirkungsvollste Werk des Humanisten Sebastian Castellio betrachtet wird" (H.R. Guggisberg): *De haereticis an sint persequendi, et omnino quomodo sit cum eis agendum, Luteri et Brentii aliorumque multorum tum veterum tum recentiorum sententiae* (Über die Häretiker. Ob man sie verfolgen soll, und wie überhaupt mit ihnen zu verfahren ist. [Dazu] die Lehren von Luther und Brenz sowie vieler anderer älterer und zeitgenössischer [Männer]). Obwohl es unter dem Pseudonym „Martinus Bellius" stand, wußte man sogleich, daß Castellio der federführende Autor war. Im Auftrag Calvins begann Théodore de Bèze umgehend eine Erwiderung zu schreiben, die schon ein halbes Jahr später die Runde machte und unmißverständlich Castellio zum

Adressaten hatte. Diese provozierte wiederum – genauso wie die inzwischen verbreitete *Defensio orthodoxae fidei* Calvins – eine Reaktion Castellios. Im Unterschied zum Werk über die Häretiker, das bereits 1554 in deutscher und französischer Sprache erschien, kursierten diese Antworten nur in Abschriften und kamen erst postum als Bücher heraus: 1612 *Contra libellum Calvini* (Antwort auf die Schrift Calvins [geschrieben 1554]), 1971 *De haereticis non puniendis* (Über die Unantastbarkeit von Häretikern [verfaßt ebenfalls 1554]) und 1981 *De arte dubitandi et confidendi, ignorandi et sciendi* (Über die Kunst zu zweifeln und zu glauben, nicht zu wissen und zu wissen [geschrieben 1563]). Die Auseinandersetzung zog dennoch ihre Kreise. Am 1. November 1557 stellte sich kein Geringerer als Philipp Melanchthon auf die Seite Castellios. Aber auch sonst fanden seine Gedanken immer stärkeres Echo, so in gewissen Gegenden Frankreichs, in England, Deutschland, den Niederlanden, bei italienischen und spanischen Dissidenten sowie in mehreren Schweizer Städten und Gegenden. Umgekehrt wurde aus Genf alles unternommen, um Castellio wenigstens mundtot zu machen. Vor allem versuchte man, ihm seine Beziehungen zu gesuchten Häretikern wie David Joris (1501/2–1556) oder zu umstrittenen Konvertiten wie Bernardino Ochino (um 1487–1564/5) zur Last zu legen und ihn so für die Behörden von Basel politisch untragbar zu machen. Beinahe wäre diese Rechnung aufgegangen. Immerhin erwog Castellio, mit seiner Familie in das damals vergleichsweise tolerante Polen ins Exil zu gehen. Sein Tod am 29. Dezember 1563 kam jedoch diesem Plan zuvor.

Castellios Hauptwerk *De haereticis an sint persequendi*, aus dem in diesem Buch das ganze Vorwort wiedergegeben wird, stellt auf den ersten Blick eine bloße Textsammlung dar. Der österreichische Schriftsteller Stefan Zweig schreibt dazu in seinem Buch *Castellio gegen Calvin oder Ein Gewissen gegen die Gewalt* (1936): „[...] blättert man die Seiten bloß flüchtig durch, so meint man zunächst, tatsächlich nur ein fromm-theoretisches Traktätchen in Händen zu haben, denn hier stehen die Sentenzen der berühmtesten Kirchenväter, des heiligen Augustinus wie des heiligen Chrysostomus und Hieronymus brüderlich neben ausgewählten Äußerungen von großen protestantischen Autoritäten wie Luther und Sebastian Fran[c]k, oder von unparteiischen Humanisten, wie Erasmus. [...] blickt man aber näher hin, so sieht man, daß einhellig nur Gutachten ausgewählt sind, welche die Todesstrafe gegen Ketzer als unstatthaft erklären. Und die geistreichste List, die einzige Bosheit dieses innerlich furchtbar ernsten Buches – unter diesen zitierten Gegenrednern Calvins findet sich einer, dessen These ihm besonders ärgerlich gewesen sein muß: niemand anderer als Calvin." Wichtiger als dies ist jedoch das Vorwort. In ihm prangert Castellio die Verfolgung von Häretikern im Namen Jesu, der im Text eigens angerufen wird, als die schlimmste Gotteslästerung an: „Oh Christus, Schöpfer und König der Erde, siehst du diese Dinge? [...] Wenn Du, Christus, diese Dinge tust und befiehlst, was hast du dann dem Teufel noch zu tun übriggelassen?" Darüber hinaus stellt er die grundsätzliche Frage, was überhaupt ein Häretiker sei und wie er sich definieren lasse. Er kommt zu dem Schluß: „Nachdem ich oft danach geforscht habe, wer ein Ketzer sei, habe ich nichts anderes herausgefunden als daß der für einen Ketzer gehalten wird, der mit unserer Meinung nicht übereinstimmt." Wie kann jedoch daraus das Recht auf eine Verfolgung von Andersglaubenden abgeleitet werden? Schließlich steht bereits über diesem Vorwort, was Castellio wenige Monate später in *Contra libellum Calvini* formuliert und was wahrscheinlich der wichtigste Satz geworden ist, den er geschrieben hat: „Einen Menschen töten heißt nicht, eine Lehre verteidigen, sondern einen Menschen töten." (*Hominem occidere, non est doctrinam tueri, sed hominem occidere.*) Castellio begründet somit seine Forderung nach Toleranz sowohl theologisch, indem er die christliche Tradition, angefangen von den Evangelien bis hin zu den großen zeitgenössischen Autoren, neu liest, als auch allgemein ethisch, indem er zur Basis von jeglicher Toleranz den Menschen macht, unabhängig davon, was dieser glaubt oder nicht glaubt. Was Letzteres anbelangt, so ist kaum ein anderer Autor des Humanismus des 15./16. Jahrhunderts – sieht man von Michel del Montaigne (1533–1592) ab – zu einer so folgenschweren Einsicht gelangt. Sie sollte – in der ausdrücklichen Anknüpfung an Castellio – zur Grundüberzeugung des gesamten weiteren Toleranz-Denkens in Europa werden.

„Einen Menschen töten heißt nicht, eine Lehre verteidigen, sondern einen Menschen töten"

Sebastian Castellio: Über die Ketzer, ob man sie verfolgen soll (Vorwort)

Wenn du, erhabener Fürst, deinen Untertanen bekanntgegeben hättest, daß du sie zu unbestimmter Zeit einmal besuchen würdest, und wenn du ihnen befohlen hättest, zu deinem Empfang weiße Kleider bereitzulegen, um in diesen zu gegebener Zeit vor dich zu treten; was würdest du tun, wenn du hinterher erkenntest, daß sie sich nicht um die weißen Kleider gekümmert, sondern vielmehr über deine Person diskutiert hatten, und zwar in einer Weise,

daß die einen behaupteten, du seist in Frankreich, die andern dich jedoch in Spanien vermuteten, daß wieder andere behaupteten, du kämst zu Pferd, während andere dich im Wagen erwarteten, sei es mit großem Gefolge oder ohne Begleitung? Würde dir dies gefallen?
Aber was würdest du erst sagen, wenn sie hierüber miteinander in Streit gerieten, und zwar nicht nur mit Worten, sondern auch mit Schlägen und Schwerthieben, und wenn dabei die einen die andern, die nicht ihrer Meinung sind, verwundeten oder sogar töteten? „Er wird zu Pferd kommen", würde der eine sagen. „Nein, er wird im Wagen erscheinen", würde ein anderer ausrufen. „Du lügst!" – „Ich sage, du lügst." – „So nimm diesen Faustschlag." – „Und du nimm den Dolchstich in deinen Bauch." Würdest du, oh Fürst, solche Untertanen schätzen? Wie wäre es, wenn einige wenige deinem Befehl gemäß sich um die Vorbereitung der weißen Kleider bemüht hätten und dafür nun von den anderen mißhandelt oder sogar getötet würden? Würdest du die Missetäter nicht streng bestrafen?
Aber wie wäre es erst, wenn diese Mörder behaupteten, sie hätten ihre Taten auf dein Geheiß und in deinem Namen vollbracht, so wie du es mit Nachdruck befohlen habest? Würdest du so etwas nicht für äußerst schändlich halten und glauben, daß es ohne Erbarmen bestraft werden müsse? Ich bitte dich, erhabenster Fürst, höre wohlwollend zu, warum ich dies sage.
Christus ist der Fürst dieser Welt. Als er der Erde entschwand, verhieß er den Menschen, er werde eines Tages zu unbestimmter Stunde wiederkehren. Er gebot ihnen, weiße Kleider für seinen Empfang zu bereiten, das heißt in Eintracht miteinander zu leben, keinen Streit zu haben und einander zu lieben. Nun bitte ich dich, mit mir zusammen zu überlegen, wie gut wir diesem Gebot nachkommen. Wie viele gibt es unter uns, die sich bemühen, das weiße Kleid vorzubereiten? Wer gibt sich alle Mühe, daß er heilig, gerecht und fromm in dieser Welt lebe und die Wiederkunft des seligen Herrn erwarte? Um nichts sorgt man sich weniger; wahre Gottesfurcht und Nächstenliebe liegen darnieder und sind verdorrt. Unser Leben vergeht in Zank, Streit und allerlei Sünde. Man disputiert nicht über den Weg, der zu Christus führt, d.h. über die Verbesserung unseres Lebens, sondern über seinen Stand und seinen Gottesdienst, wo er jetzt sei, was er tue, auf welche Weise er zur Rechten des Vaters sitze und wie er mit dem Vater eins sei. Ebenso wird gestritten über die Trinität, über die Prädestination, über den freien Willen, über Gott, die Engel, den Zustand der Seele nach diesem Leben und über mancherlei ähnliche Dinge, die man zur Erlangung des Heils durch den Glauben gar nicht notwendigerweise zu kennen braucht (denn die Zöllner und Dirnen sind auch gerettet worden, ohne daß sie davon wußten). Man kann diese Dinge auch gar nicht erkennen, bevor man ein reines Herz hat, denn sie zu erkennen,

heißt Gott selber sehen, was man ohne ein reines Herz nicht vermag. Hierzu steht geschrieben: „Selig sind, die reinen Herzens sind; denn sie werden Gott schauen" (Matthäus 5, 8). Auch macht das Wissen um diese Dinge den Menschen nicht besser, wie Paulus sagt: „Und wenn ich ... wüßte alle Geheimnisse ... und hätte der Liebe nicht, so wäre ich nichts" (1. Korintherbrief 13, 2). Diese ganz verkehrte Sorge der Menschen ist nicht nur in sich selbst schlecht, sondern sie erzeugt auch andere Übel, die noch größer sind. Aufgeblasen durch das Wissen um diese Dinge oder durch eine falsche Auffassung von diesem Wissen schauen die Menschen mit verächtlichem Hochmut auf die andern herab. Aus diesem Hochmut folgt harte Unnachgiebigkeit und Verfolgung, indem keiner mehr seinen Nächsten ertragen will, wenn er in irgendeiner Sache mit ihm nicht übereinstimmt. Obwohl die Meinungen heute fast so zahlreich sind wie die Menschen, gibt es doch kaum eine Sekte, die nicht alle andern verurteilt und für sich selbst die alleinige Herrschaft fordert. Hieraus entstehen die Verbannungen, die Inhaftierungen, die Hinrichtungen auf dem Scheiterhaufen und am Galgen, die täglich vorkommenden Verurteilungen der Meinungen, die den Mächtigen nicht genehm sind und entweder unbekannte oder seit langem diskutierte, aber nie gelöste Streitfragen betreffen.

Und wenn es doch einmal einen Menschen gibt, der sich das weiße Kleid bereitlegt, das heißt, sich eines frommen Lebenswandels befleißigt, so braucht er nur in irgendeiner Sache mit den andern nicht einverstanden zu sein, und sofort erheben sie sich alle einstimmig gegen ihn, klagen ihn an und bezeichnen ihn ohne einen Zweifel aufkommen zu lassen als Ketzer, wie wenn er sich mit seinen Werken rechtfertigen wollte. Sie legen ihm schreckliche Verbrechen zur Last, an die er nie von weitem gedacht hat, und er wird in ihren Verleumdungen vor dem gemeinen Volk so sehr angeschwärzt und erniedrigt, daß dieses es als eine Sünde empfindet, ihn auch nur sprechen zu hören. Hieraus entstehen jene Ausbrüche tierischen Hasses, in welchen man gewisse von solcher Verleumdung entbrannte Leute beobachten kann, die in Wut geraten, wenn sie sehen, daß das Opfer zuerst erdrosselt anstatt bei kleinem Feuer lebendig verbrannt wird.

Und wenn dergleichen Dinge schon ungeheuerlich sind, so wird dabei noch die allerschrecklichste Sünde begangen, wenn die Menschen ein solches Vorgehen mit dem Mantel Christi bedecken und behaupten, seinen Willen zu vollstrecken. Da kann sich nicht einmal der Teufel selber etwas Schlimmeres ausdenken, das der Natur und dem Willen Christi noch mehr entgegengesetzt wäre. Den Menschen, die den Häretikern (wie sie sie nennen) so feindlich gesinnt sind, liegt es indessen so fern, die Unredlichen und Bösen zu hassen, daß sie ohne Skrupel mit den Habsüchtigen im Luxus leben, die

Schmeichler begünstigen, die Neider ertragen und den Verleumdern Vorschub leisten, daß sie sich mit Trunkenbolden, Schlemmern und Ehebrechern vergnügen, mit Liebedienern, Betrügern und ähnlichen von Gott gehaßten Menschen üppig schmausen und täglich zusammenleben. Wer kann, wenn die Dinge so liegen, noch zweifeln, daß sie nicht die Laster, sondern die Tugenden hassen? Das Gute zu hassen ist jedoch dasselbe wie das Schlechte zu lieben. Wenn man erkennt, daß einem Menschen die Bösen lieb sind, so braucht man nicht daran zu zweifeln, daß er die Guten hasse.
Ich frage dich deshalb, erhabenster Fürst, was glaubst du, was wird Christus tun, wenn er kommt? Wird er diese Dinge loben, wird er mit ihnen einverstanden sein? Erwäge mit mir das folgende Beispiel: Stelle dir vor, daß in Tübingen ein Mensch von anderen angeklagt würde, weil er folgendes von dir gesagt hätte: „Ich glaube, daß Christoph mein Fürst ist, und ich will ihm in allen Dingen gehorchen. Aber ich glaube nicht, daß er, wie ihr sagt, in einem Wagen kommen wird, sondern ich glaube, daß er zu Pferd kommen wird. Auch glaube ich nicht, daß er, wie ihr sagt, ein rotes Gewand tragen wird, sondern ich glaube, daß er weiß gekleidet sein wird. Und da er uns geboten hat, in diesem Fluß uns zu waschen, glaube ich, daß wir dies am Nachmittag tun sollen, ihr aber glaubt, es müsse am Vormittag geschehen. Wenn ich die Vermutung hätte, er wünsche, daß ich mich am Vormittag wasche, so würde ich das tun, aber ich fürchte mich, ihn zu beleidigen, und so will ich meinem Gewissen folgen."
Nun frage ich dich, mein Fürst, wolltest du, daß ein solcher Bürger verurteilt werde? Ich glaube es nicht. Wenn du dabei wärest, würdest du vielmehr die natürliche Einfalt und den Gehorsam dieses Menschen loben als sein Unwissen verurteilen; und wenn die anderen ihn töteten, würdest du sie gewiß bestrafen.
Erwäge nun den Fall auf diese Weise: Da ist ein Bürger Christi, der über ihn folgendermaßen spricht: „Ich glaube an Gott, den Vater, und an Jesus Christus, seinen Sohn, und nach seinen Geboten, die in der Heiligen Schrift aufgezeichnet sind, will ich leben. Was aber seinen Befehl betrifft, wonach wir seinen Leib und sein Blut nehmen sollen, so glaube ich, daß dies in beiderlei Gestalt geschehen muß. Und über sein Gebot, daß wir uns taufen lassen sollen, bin ich des Glaubens, daß dies am achten Tag nach der Geburt geschehen müsse, da es mit der Beschneidung auch so gehalten wurde." Bist du der Ansicht, daß ein solcher Mensch deswegen getötet werden muß? Ich glaube es nicht.
Und wenn er sagt: „Ich glaube, ein Mensch sollte nicht getauft werden, bevor er über seinen Glauben Rechenschaft ablegen kann. Dächte ich anders, so würde ich anders handeln, und es fiele mir dann nicht schwerer, einen Säug-

ling, einen Knaben oder einen Jüngling zu taufen. Aber ich wage es nicht, gegen mein Gewissen zu handeln, damit ich nicht Christum beleidige, der mir durch seinen Knecht Paulus verboten hat, irgend etwas zu tun, worüber ich im Zweifel bin, daß es recht sei. Durch meinen eigenen Glauben muß ich gerettet werden, nicht durch den eines andern." Ich frage dich, ob Christus, wenn er als Richter hier selbst zugegen wäre, den Tod dieses Menschen befehlen würde. Ich glaube es nicht, denn wenn du dir das Leben und die Natur Christi vor Augen führst, dann siehst du, daß er niemals so etwas befahl oder tat, sondern vielmehr gerade das Gegenteil. Und wenn Christus selbst es nicht tat, so dürfen es auch die andern nicht tun, die von ihm irgendeine Macht bekommen haben, damit man ihnen nicht den verdienten Vorwurf machen kann, der in dem Sprichwort enthalten ist: Du bist ein Knecht des Teufels, denn du hast mehr getan als dir befohlen war, oder vielmehr: Du hast das Gegenteil von dem getan, was dir befohlen war. Wenn Gott den Saul so streng bestrafte, weil er den nicht tötete, den Gott zu töten ihm befohlen hatte, wieviel strenger noch wird er die bestrafen, die diejenigen töten, die Gott zu töten verboten hat? Besonders gilt dies, da Gott um vieles mehr der Gnade als dem Zorn zuneigt.

Und was ich von der Taufe gesagt habe, gilt ebenso für die anderen umstrittenen Probleme der Religion, es gilt überall dort, wo jemand im Glauben an Gott den Vater und seinen Sohn Jesus Christus und in der Bemühung, ihm nach seinem Gewissen zu dienen, in irgendeinem Punkte aus Unwissenheit irrt oder sich zu irren scheint. Wenn ich das Leben und die Lehre Christi betrachte und dabei erkenne, wie er – obwohl selber sündlos – den Schuldigen stets vergab und befahl, man solle siebzigmal siebenmal vergeben, dann sehe ich nicht, wie wir uns noch Christen nennen können, wenn wir ihn nicht in seiner Sanftmut und Milde nachahmen. Sogar wenn wir unschuldige Kinder wären, müßten wir ihm nachfolgen; um wieviel mehr gilt dies für uns, da wir mit so vielen Sünden beladen sind! Fürwahr, wenn ich mich selber prüfe, erkenne ich, daß meine Sünden so zahlreich und so schwer sind, daß ich nicht glaube, ich könnte die Vergebung Gottes erwirken, wenn ich mich bereithielte, die andern zu verurteilen. Daher prüfe sich jeder selbst, jeder untersuche und erforsche sein Gewissen und wäge seine Gedanken, Worte und Taten; dann wird jeder leicht begreifen, daß er nicht imstande ist, den Splitter aus dem Auge seines Bruders zu ziehen, bevor er den Balken aus seinem eigenen gezogen hat. Angesichts der vielen Sünden, die auf uns lasten, wäre es am besten, wenn jeder von uns in sich ginge und sich um die Besserung seines Lebenswandels und nicht um die Verurteilung anderer Menschen bemühte.

Diese Zügellosigkeit des Richtens, die heute überall herrscht und alles mit Blut erfüllt, treibt mich, erhabenster Fürst, dazu, nach Kräften zu versuchen,

Anlässe / Ereignisse

das Blut zu stillen, und zwar besonders dasjenige, das in so sündhafter Weise vergossen wird, – ich meine das Blut derer, die Ketzer genannt werden. Dieser Name hat heute einen derart berüchtigten, abscheulichen und schrecklichen Klang, daß, wenn jemand seinen Feind töten will, es keinen leichteren Weg gibt, als ihn der Ketzerei anzuklagen. Kaum haben die Leute nämlich dieses Wort gehört, so verabscheuen sie einen Menschen nur allein deswegen so sehr, daß sie für seine Verteidigung taube Ohren haben und nicht nur ihn selber, sondern auch alle diejenigen, die zu seinen Gunsten den Mund zu öffnen wagen, wütend und hemmungslos verfolgen. In solcher Raserei geschieht es, daß viele umgebracht werden, bevor ihr Anliegen richtig verstanden wird. Nun sage ich dies nicht etwa, weil ich den Ketzern geneigt bin. Ich hasse die Ketzer; aber ich sehe hier zwei sehr große Gefahren. Die erste besteht darin, daß der für einen Ketzer gehalten wird, der kein Ketzer ist. Da solches früher schon geschehen ist (Christus selbst und die Seinen wurden bekanntlich als Ketzer getötet), besteht kein geringer Grund zu fürchten, dasselbe könne auch in unserer Zeit (die gewiß nicht besser, sondern vielmehr schlechter ist als jene) geschehen. Man braucht sich nur zu erinnern, daß Christus gesagt hat: „Ich bin nicht gekommen, Frieden zu bringen, sondern das Schwert. Denn ich bin gekommen, den Sohn zu erregen wider seinen Vater und die Tochter wider ihre Mutter ..." etc. [Matthäus 10, 34–35]. Man sieht, wie leicht es für den Verleumder ist, von einem Christen zu sagen: „Dieser Mensch ist ein Verführer, er sät Zwietracht zwischen dem Vater und dem Sohn und stört den öffentlichen Frieden." Große Sorgfalt muß daher angewendet werden, damit man die wirklichen Verführer von den Christen unterscheide, denn äußerlich gesehen tun beide dasselbe, und von denen, die die Sache nicht verstehen, pflegen sie des gleichen Verbrechens beschuldigt zu werden. Auch Christus wurde ja zwischen Mördern gekreuzigt.
Die zweite Gefahr besteht darin, daß der, welcher wirklich ein Ketzer ist, strenger oder auf andere Weise bestraft wird als es die christliche Lehre vorschreibt.
Aus diesen Gründen habe ich in diesem Buch die Urteile zahlreicher Autoren zusammengestellt, die über dieses Problem geschrieben haben, damit man sich ihre Überlegungen vor Augen führe und künftig in der Beurteilung solcher Fälle weniger sündige. In erster Linie habe ich die Urteile einiger neuerer Autoren gesammelt, dies zum Teil deshalb, weil sie die Urteile der alten Schriftsteller zitieren und man dadurch in den neueren Texten an vielen Stellen beiderlei Äußerungen vorfindet, zum Teil aber auch, weil die neueren Autoren das Problem ausführlicher und genauer behandelt und im Blick auf unsere Zeit beschrieben haben, da sie offensichtlich durch die Verfolgung selbst belehrt worden sind. Die Alten haben nämlich ihre Schriften hauptsächlich

gegen die Heiden gerichtet, von welchen sie meist verfolgt wurden, so lange sie Christus und den Aposteln nachfolgten. Diese selbst aber hatten nie jemanden verfolgt, sondern von allen Seiten Verfolgung zu erleiden. Als jedoch später die Sünden und Freveltaten sich vermehrten und die Heiden abließen von der Verfolgung der Christen, da erhoben sich diese gegen ihresgleichen, besonders wenn sie einen unter sich entdeckten, der sich in der Verteidigung der Wahrheit etwas zu unbeugsam erzeigte. Vermochten sie auch an seinem Lebenswandel nichts auszusetzen, so konnten sie doch durch irgendeine Spitzfindigkeit jeweils an seiner Lehre herumkritteln (denn hieran kann ja der gemeine Mann nicht so leicht Kritik üben wie am Lebenswandel). So hat es sich ergeben, daß alle Frommen Verfolgung erleiden, wenn auch nicht alle, die verfolgt werden, zu den Frommen zählen. Dies jedoch kann man feststellen: Wahre Gottesfurcht war immer von Verfolgung begleitet; wo diese aufhörte, hat auch jene aufgehört. Die alte Kirche war der Verfolgung unterworfen, solange sie die Gottesfurcht bewahrte. Die Kirche aber, die nachher kam, als alle der Willkür eines einzigen Tyrannen unterworfen waren, als der Teufel in Ruhe angebetet wurde und niemand ihm Widerstand leistete –, diese Kirche kannte keine Verfolgungen. Wenn es in unserer Zeit keine gottesfürchtigen Menschen gäbe, gäbe es auch keine Verfolgungen, denn warum sollte Satan seine Knechte verfolgen? – Sobald aber die Gottesfürchtigen auftreten, erscheinen auch diejenigen, welche sie mißhandeln. Diese Tatsache hat den Geist der Frommen geschärft und bewirkt, daß sie viel Gutes und Wahres gegen die Verfolgung geschrieben haben.

Wenn es jedoch unter den von mir hier zitierten Autoren solche geben sollte, die anderswo etwas anderes geschrieben oder getan haben oder später etwas anderes schreiben oder tun werden, so laßt uns dennoch an ihrer ersten Aussage festhalten, die in einer Zeit der Anfechtung (in welcher man beim Schreiben der Wahrheit am nächsten zu kommen pflegt) aufgezeichnet wurde und mit der Barmherzigkeit Christi am besten übereinstimmt. So aber jemand ein anderes Evangelium predigt – ob wir selbst es tun oder ein Engel des Himmels –, der sei verflucht [Galaterbrief 1,8]. Denn es geschieht meistens, daß die Menschen, wenn sie als Mühselige und Beladene das Evangelium erstmals annehmen, über die Dinge der Religion recht denken, weil die Armut besonders empfänglich ist für die Wahrheit Christi, der auch arm war. Wenn aber die gleichen Menschen später zu Reichtum und Macht gelangen, lassen sie im Glauben nach, und diejenigen, welche sich vorher zu Christus bekannt haben, bekennen sich jetzt zu Mars und setzen die Gewalt an die Stelle der Frömmigkeit. Daher kann man in dieser Sache niemandem besser vertrauen als den Mühseligen und Beladenen und denen, die kaum etwas haben, wo sie ihr Haupt hinlegen können [Lukas 9, 58] [...]

Anlässe / Ereignisse

Da nun in den folgenden Urteilen nicht die Frage, wer ein Ketzer sei, behandelt wird (hierüber sollte doch in erster Linie Klarheit herrschen), sondern die, wie man den Ketzer behandeln solle, will ich kurz und auf Grund der Heiligen Schrift darlegen, wer ein Ketzer sei, damit man besser erkennen kann, von welcher Art von Menschen hier gehandelt wird. Ich glaube nämlich nicht, daß alle Ketzer sind, die als solche bezeichnet werden, und ich stelle fest, daß zur Zeit des Paulus der Begriff noch nicht einen so übeln Klang hatte, daß man glaubte, Ketzer seien schlimmer als Geizhälse, Heuchler, Liebediener oder Schmeichler. Wegen Geiz, Heuchelei, Liebedienerei und Schmeichelei (worüber man oft leicht urteilen kann) wird heute niemand hingerichtet; wegen Ketzerei jedoch (worüber nicht so leicht zu urteilen ist) werden viele umgebracht. Nachdem ich oft danach geforscht habe, wer ein Ketzer sei, habe ich nichts anderes herausgefunden als daß der für einen Ketzer gehalten wird, der mit unserer Meinung nicht übereinstimmt. Dies folgt aus der Tatsache, daß es unter all den zahllosen Sekten unserer Zeit kaum eine gibt, die die andern nicht als Ketzer bezeichnet, so daß man, wenn man in einer Stadt oder Gegend orthodox ist, in der nächsten für einen Ketzer gehalten wird. Wer heute leben will, muß so viele Glaubensüberzeugungen und Religionen haben wie es Staaten oder Sekten gibt. Es geht ihm gerade so wie dem, der durch die Länder zieht und sein Geld immer wieder wechseln muß, da das, was hier gültig ist, dort nicht angenommen wird, es sei denn, es wäre Gold. Dieses wird überall angenommen, ungeachtet seiner Prägung. So wollen wir auch in der Religion eine Goldmünze benutzen, die ungeachtet ihrer Prägung überall angenommen wird. Der Glaube an Gott, den Vater, den Sohn und den Heiligen Geist und die Befolgung der Gebote der wahren Religion, die in der Heiligen Schrift stehen: das ist die Goldmünze, die noch besser geprüft und gültiger ist als das Gold selber. Diese Münze zeigt aber bis jetzt verschiedene Einprägungen und Bilder, je nachdem, wie die Menschen über das Abendmahl, die Taufe und andere Dinge dieser Art verschiedener Meinung sind. Laßt uns daher duldsam sein zueinander und nicht fortwährend den in Christo gegründeten Glauben des anderen verurteilen. Und, um endlich zur Sache zu kommen: bemühen wir uns, den Ketzer nicht nach der Aussage des gemeinen Mannes, sondern nach der Heiligen Schrift zu beurteilen. Auf diese Weise wollen wir ergründen, wer ein Ketzer sei.
Der Begriff „Ketzer" kommt in der Heiligen Schrift nur einmal vor, nämlich im dritten Kapitel des Briefes an Titus: „Einen ketzerischen Menschen meide, wenn er einmal und abermals ermahnt ist und wisse, daß ein solcher ganz verkehrt ist, sündigt und spricht sich selbst damit das Urteil" [Titusbrief 3, 10–11]. Wenn wir diese Stelle mit dem Gebot Christi in Matthäus 18 vergleichen, werden wir erkennen, wer ein Ketzer sei: „Sündigt aber dein Bruder, so

Anlässe / Ereignisse

gehe hin und halte es ihm vor zwischen dir und ihm allein. Hört er dich, so hast du deinen Bruder gewonnen. Hört er dich nicht, so nimm noch einen oder zwei zu dir, auf daß jegliche Sache stehe auf zweier oder dreier Zeugen Mund. Hört er die nicht, so sage es der Gemeinde. Hört er die Gemeinde nicht, so sei er dir wie ein Heide und Zöllner" [Matthäus 18, 15–17]. Hieraus wird deutlich, daß der Ketzer ein starrköpfiger Mensch ist, der nach gehöriger Ermahnung nicht gehorcht. Denn dort, wo Paulus das Wort „ketzerisch" braucht, sagt Christus: „Wenn er dich oder andere nicht hört". Und wo Paulus sagt: „Meide ihn", sagt Christus: „Er sei dir ein Heide und Zöllner", und an einer anderen Stelle: „Schüttelt den Staub von euren Füßen".

Und wenn Paulus sagt, der ketzerische Mensch sündige und spreche sich damit selbst sein Urteil, so fügt Christus nach der oben erwähnten Stelle bei: „Was ihr auf Erden binden werdet, soll auch im Himmel gebunden sein", d.h. alle die, die ihr auf diese Weise für Heiden und Zöllner haltet, wird auch Gott als Heiden verdammen [Matthäus 18, 18].

Nun gibt es aber zwei Arten von Ketzern oder starrköpfigen Menschen. Die einen sind starrköpfig in ihren Sitten, das sind die Geizhälse, die Faulenzer, die Schlemmer, die Trunksüchtigen, die Verfolger und andere, die sich nach erfolgter Ermahnung nicht bessern. Von solcher Art waren die Juden, die Schriftgelehrten und Pharisäer, und daher hat Christus sie gemieden, als er sagte: „Siehe, euer Haus soll wüste gelassen werden" [Matthäus 23, 38]. Von solcher Art waren auch die Landsleute Christi. Weil sie hartherzig waren, konnte er bei ihnen nicht viele Wunder vollbringen.

Die anderen sind in den geistlichen Dingen und in der Lehre starrköpfig; auf sie trifft der Name „Haeretiker" oder „Ketzer" recht eigentlich zu, denn das Wort „haeresis" ist griechisch und bedeutet „Sekte" oder „Meinung". Daher werden die Anhänger einer lasterhaften Sekte oder Meinung „Haeretiker" oder „Ketzer" genannt. Ein solcher Ketzer war Hananja, der falsche Prophet, von dem sich Jeremia trennte, als er ihn von seiner Irrlehre nicht abhalten konnte. Und diesem sagte Jeremia auf Geheiß des Herrn den Tod voraus, nicht von der weltlichen Regierung, sondern von Gott; denn Hanania war ein schädlicher Prophet, der das Volk vom Gehorsam abhielt. An diesem einzigen Beispiel kann man leicht erkennen, auf welche Weise man mit dieser Art von Ketzern zu verfahren hat.

Es ist jedoch nicht so leicht, über die Lehre zu urteilen, wie über die Sitten. Wenn man im Hinblick auf die Sitten einen Juden, Türken, Christen oder sonst jemanden fragt, was sie von einem Räuber oder Verräter halten, werden sie alle einstimmig antworten, Räuber und Verräter seien Schurken und müßten hingerichtet werden. Warum stimmen sie alle miteinander überein? Weil die Sache ganz offensichtlich ist. Daher erheben sich auch keine Ein-

wände, und es werden keine Bücher geschrieben, um zu beweisen, daß Räuber hingerichtet werden müssen. Diese Einsicht ist nämlich allen Menschen seit der Erschaffung der Welt in die Seele geschrieben. Dies ist es, was Paulus meint, wenn er sagt, die Heiden hätten das Gesetz eingeschrieben in ihrem Herzen. Daher können auch Ungläubige über diese Dinge urteilen. Wenn wir uns nun aber der Religion zuwenden, finden wir nicht die gleiche Einheitlichkeit der Meinungen. Unter den Heiden herrschte einst die Überzeugung vor, daß es viele Götter gebe. Diesen Irrtum nahm Christus durch seine Ankunft hinweg, so daß heute weder die Türken noch irgendwelche anderen Völker daran zweifeln, daß es nur einen Gott gibt; in diesem Punkt stimmen alle mit den Christen überein. Wenn einer Gott verneint, dann ist er ein Ungläubiger und Gottloser und erscheint in jedermanns Urteil mit Recht verabscheuungswürdig. Die Türken glauben auch an den Gott, von welchem Moses schrieb. Hierin stimmen sie mit den Juden und Christen ohne jede Uneinigkeit überein. Bis zu diesem Punkt haben die drei Völker denselben Glauben. Die Türken halten Christum in großem Ansehen; sie übertreffen hierin die Juden und haben dies mit den Christen gemeinsam. Nun gehen die Christen aber viel weiter als alle anderen, indem sie glauben, Christus sei der Sohn Gottes und der Herr und Richter der Welt. Dies ist allen Christen gemeinsam. Aber gerade so wie die Türken in bezug auf die Person Christi eine von den Christen völlig verschiedene Meinung haben und die Juden ihrerseits sowohl den Türken als auch den Christen widersprechen und der eine den andern verdammt und für einen Ketzer hält, – gerade so streiten sich die Christen vielerorts untereinander über die Lehre Christi, verdammen einander und halten einander für Ketzer. Über die Taufe, das Abendmahl, die Heiligenverehrung, die Rechtfertigung, den freien Willen und über viele andere unklare Probleme herrschen scharfe Kontroversen, und Katholiken, Lutheraner, Zwinglianer, Anabaptisten, Mönche und andere verdammen und verfolgen einander viel grausamer als die Türken die Christen. Die Streitigkeiten haben ihren Ursprung einzig und allein in der Unkenntnis der Wahrheit; denn wenn diese Dinge so offensichtlich wären, wie es offensichtlich ist, daß es nur einen einzigen Gott gibt, dann wären alle Christen miteinander einig, gerade so wie alle Völker bezeugen, daß es nur einen einzigen Gott gibt.
Was bleibt angesichts derartiger Konflikte zu tun übrig? Es ist nötig, daß man dem folgt, was Paulus lehrt: „Wer nicht isset, der richte nicht den, der da isset; denn jeder steht und fällt seinem Herrn" [Römerbrief 14, 3–4]. Die Juden oder Türken sollen daher nicht die Christen verdammen, aber die Christen ihrerseits sollen die Türken oder Juden auch nicht verachten, sondern sie vielmehr belehren und durch wahre Frömmigkeit und Gerechtigkeit gewinnen. Genauso sollen auch wir Christen einander nicht richten. Sind wir weiser

als jene, so laßt uns auch besser und barmherziger sein. Denn dies ist gewiß: je besser einer die Wahrheit kennt, desto weniger neigt er dazu, andere zu verurteilen. Solches zeigt schon das Beispiel Christi und der Apostel. Wer jedoch andere mit Leichtigkeit verurteilt, zeigt gerade dadurch, daß er nichts weiß, da er die andern nicht erdulden kann. Wahres Wissen nämlich bedeutet, praktisch handeln zu können. Wer nicht in Milde und Güte handeln kann, weiß nicht, was Milde ist, und ebenso weiß der nicht, was Scham ist, der nicht Scham fühlen kann. Wenn wir uns so betragen würden, könnten wir miteinander im Frieden leben. Bei Uneinigkeit in anderen Punkten würden wir doch wenigstens in der gegenseitigen Liebe übereinstimmen – denn diese ist das Band des Friedens –, bis wir zur Einigkeit des Glaubens vorstoßen würden. Wenn wir uns aber jetzt mit Haß und Verfolgung gegenseitig bekämpfen, geschieht es, daß wir von Tag zu Tag schlechter werden. Wir vergessen unseren eigentlichen Auftrag, da wir voll damit beschäftigt sind, andere zu verurteilen, und so wird durch unsere Schuld das Evangelium bei den Heiden in schlechten Ruf gebracht. Denn wenn diese sehen, wie wir in tierischer Weise aufeinander losgehen und wie die Schwächeren stets von den Stärkeren unterdrückt werden, dann verabscheuen sie das Evangelium, als ob es die Menschen so schlecht mache; ja, sie verabscheuen Christus selbst, als ob er befehle, daß solches geschehe. Auf diese Weise werden wir eher zu Türken oder Juden, als daß wir diese zu Christen machen. Wer möchte denn schon Christ werden, wenn er sieht, daß diejenigen, die den Namen Christi bekennen, von den Christen selbst durch Feuer, Wasser und Schwert ohne jedes Erbarmen umgebracht und grausamer behandelt werden als Diebe und Wegelagerer? Wer müßte da nicht glauben, Christus sei irgendein Moloch oder ein Gott dieser Art, wenn er wünsche, daß die Menschen ihm geopfert und lebendig verbrannt werden? Wer wollte Christus dienen unter der Bedingung, daß, wenn er bei den vielen gegenwärtigen Kontroversen in irgendeiner Sache von denen abweiche, die über die andern Macht haben, er auf den Befehl Christi selbst noch grausamer als im Stier des Phalaris lebendig verbrannt würde, sogar wenn er mitten in den Flammen Christum lobte und seinen Glauben an ihn aus vollem Halse bekennen würde? Man stelle sich vor, Christus, der aller Richter ist, wäre anwesend, spräche das Urteil und entzündete das Feuer. Wer würde Christum da nicht für den Teufel halten? Was könnte denn der Teufel anderes tun als die verbrennen, die seinen Namen anrufen? Oh, Christus, Schöpfer und König der Erde, siehst du diese Dinge? Bist du so sehr ein anderer geworden, so grausam und dir selbst widersprechend? Als du auf Erden warst, war niemand sanfter, milder und gegenüber Beleidigungen geduldiger als du. Du warst wie das Schaf vor seinem Scherer und hast den Mund nicht aufgetan. Als du mit Ruten geschlagen, angespien, verspottet, mit Dornen gekrönt und zwischen Verbrechern auf schändlichste Weise gekreuzigt wurdest, da hast du für die gebetet, die dir dieses Unrecht zufügten. Hast du dich nun so verändert? Ich bitte dich im heiligen Namen deines Vaters, befiehlst du, daß diejenigen, die deine Verordnungen und Vorschriften nicht so verstehen wie es unsere Meister fordern, im Wasser ertränkt, bis aufs Blut ausgepeitscht und dann mit Salz bestreut, mit dem Schwert verstümmelt, auf kleinem Feuer verbrannt und mit allen erdenklichen Martern so lange wie möglich gepeinigt werden? Befiehlst du dies, oh Christus, und heißest du es gut? Sind die deine Stellvertreter, die jene Opfer darbringen? Bist du, so man dich ruft, bei diesem Gemetzel anwesend und issest du menschliches Fleisch? Wenn du, Christus, diese Dinge tust oder befiehlst, daß sie geschehen, was hast du dann dem Teufel noch zu tun übriggelassen? Oder tust du das gleiche wie er? Oh, schreckliche Lästerung, oh frevelhafte Tollkühnheit der Menschen, die es wagen, Christo zuzuschreiben, was auf Befehl und Antrieb Satans geschieht! Aber ich will mich im Zaume halten und zum Schluß kommen. Ich nehme an, du habest, oh Fürst, bereits klar genug erkannt, wie weit diese Taten von der Lehre und vom Handeln Christi entfernt sind. So wollen wir denn jetzt die Urteile der anderen anhören. Du wirst jedoch feststellen, daß sie so sprechen, als ob es bereits klar sei, wer die wirklichen Ketzer sind.

H.J.C. Grimmelshausen (1621/2–1676)

Der *Dreißigjährige Krieg* war eine der größten humanen Katastrophen der europäischen Geschichte. Zwar ist es richtig, wenn immer wieder darauf hingewiesen wird, daß es sowohl vor 1618 als auch nach 1648, ja sogar gleichzeitig in aller Welt Kriege gegeben hat, die diesem Krieg an Schrecklichkeit und verheerender Wirkung kaum nachstanden. Ebenso stimmt es, daß die Folgen selbst in Deutschland, wo der Krieg überwiegend stattfand, regional höchst unterschiedlich ausfielen. Weiters kann nicht übersehen werden, daß durch den Krieg das damalige gesellschaftliche Gefüge kaum verändert wurde und daß manche demoskopische Veränderung eher eine bevölkerungsmäßige Umschichtung als eine soziale Katastrophe bedeutete. Sodann muß als Faktum anerkannt werden, daß die meisten Menschen weniger durch Kämpfe und Schlachten bzw. durch das Wüten der Soldateska als durch – wahrscheinlich auch rein klimatisch bedingte – Seuchen, Flucht und Hunger ums Leben kamen. Und schließlich besteht kein Zweifel darüber, daß die wirtschaftlichen Verhältnisse bei aller nachhaltigen Beeinträchtigung, die sie erfuhren, *aufs Ganze gesehen* nicht wirklich zusammenbrachen, jedenfalls keine wesentliche Verschlechterung gegenüber der Zeit davor erfuhren. Dennoch erlebten und bewerteten sowohl Zeitgenossen als auch spätere Generationen den Dreißigjährigen Krieg als ein beispielloses „Trauma" (G. Schmidt) und eine „politische Katastrophe" (K. Repgen), die kaum zu bewältigen war. Immerhin starben im Zuge der Ereignisse Millionen Menschen. (Deutschlandweit schätzen Historiker den Bevölkerungsverlust auf 40 bis 45 Prozent, in einzelnen Gegenden, wo der Krieg besonders wütete, beziffern sie die Zahlen sogar auf über 70 Prozent.) Gleichzeitig ereigneten sich Greueltaten unvorstellbaren Ausmaßes. Es setzte eine moralische Verrohung sondergleichen ein, über die viele Menschen dem entsetzlichen Hexenwahn verfielen. Unzählige standen am Schluß ohne jegliche Existenzgrundlage da. Nicht von ungefähr fiel den Verhandlern, die von 1646 bis 1648 den Westfälischen Frieden aushandelten, als einzige Antwort auf all das Grauen nur noch die Vereinbarung ein, einander die angetanen Verbrechen nicht anzurechnen, sondern sie zu vergessen. Das Unvorstellbare an diesem Krieg steigerte sich noch dadurch, daß er im Namen von Konfessionen geführt wurde, die sich beide auf denselben Gott, auf denselben Christus, auf denselben Glauben beriefen. Gewiß war er faktisch kein Religionskrieg im strengen Sinn. Schon die Ursachen, die zu ihm geführt hatten, resultierten nicht allein aus religiösen Überzeugungen, sondern ebenso aus politischen, ökonomischen und sozialen Entwicklungen. Erst recht waren die faktischen Anlässe und Verläufe, die den Krieg bestimmten, in der Regel machtpolitisch geprägt. Zu guter Letzt verliefen die militärischen Fronten zeitweise quer über die Konfessionsgrenzen hinweg, was noch einmal beweist, daß es zumeist weniger um Glauben als um Macht, Besitz und Ehre ging. Dennoch diente die Religion immer wieder zur Legitimation des Handelns. Und dies gewiß nicht nur deshalb, damit ein Vorwand da war, die Form gewahrt blieb oder das Ganze einen offiziell vertretbaren Anstrich erhielt. Vielmehr verübten nicht wenige Protagonisten des Geschehens ihre Taten aus persönlichen religiösen Überzeugungen. Nicht zuletzt deshalb verstanden viele Menschen den Krieg als einen Krieg der christlichen Konfessionen. Abgesehen davon bildete das Versagen jener politischen Ordnung, die durch den Augsburger Religionsfrieden von 1555 geschaffen worden war und die – wie der Name schon sagt – in erster Linie die Koexistenz der beiden Kirchen geregelt hatte, eine der Ursachen für den Ausbruch der Auseinandersetzung. Dem entsprechend besaß die Neuordnung der konfessionellen Verhältnisse im Westfälischen Friedenspaket von 1648 einen zentralen Stellenwert. Weil der Dreißigjährige Krieg in diesem Sinne ein Religionskrieg war und als ein gegenseitiger Vernichtungskampf religiöser Weltanschauungen erfahren wurde, weckte er auch den Ruf nach Toleranz. Allerdings geschah dies einmal mehr nur vereinzelt und noch lange nicht auf der offiziellen politischen und kirchlichen Ebene. Deshalb stellt das Vertragswerk des Westfälischen Friedens auch kein Toleranz-Dokument dar, mochte es die Entscheidungskompetenz des Landesherrn über die Konfessionszugehörigkeit seiner Untertanen noch so sehr eingeschränkt und dadurch das Recht des einzelnen auf seine Gewissensüberzeugung gestärkt haben. Vielmehr läuft es genauso wie der Augsburger Religionsfriede auf die Regelung einer bloßen Koexistenz der katholischen, protestantischen und calvinistischen Kirchen hinaus. Bezeichnenderweise erwirkten ihn die Politiker, die ihn aushandelten, nicht etwa aus toleranter Gesinnung, sondern aus der puren Einsicht, daß der Krieg für keine Seite zu gewinnen war und daß ein Ausweg aus ihm nur gefunden werden konnte, wenn sich die Staaten von den religiösen Bekenntnissen so weit als möglich emanzipierten. Ebenso bezeichnend ist, daß nicht nur während des Krieges, sondern auch in den Jahrzehnten danach seitens *keiner* Religionsgemeinschaft die Forderung nach Toleranz laut wurde. Im Gegenteil, so sehr man sich jetzt auch genötigt sah, die nunmehr erzwungenen Grenzen zu respektieren, so sehr setzte man in propagandistisch-apologetischer Hinsicht die gegenseitige Verteufelung fort. So waren es – noch einmal – keine Staats- oder Kirchenmänner, die sich für Toleranz einsetzten, sondern einzelne, die den Mut hatten, ihrer Zeit *entgegen* zu denken und geistig-moralische Konsequenzen aus ihren eigenen Kriegserfahrungen zu ziehen. Einige von ihnen waren Rechtsgelehrte wie der – bereits präsentierte – holländische Jurist, Philosoph und Theologe *Hugo Grotius* (1583–1645). Andere waren Dichter wie der lutherische Lyriker *Andreas Gryphius* (1616–1664), der sich nicht scheute, mit seinen Gedichten Menschen jenseits aller konfessionellen Grenzen anzusprechen. Sonette wie *Threnen des Vatterlandes / Anno 1636* – „Wir sind doch nunmehr ganz / ja mehr denn ganz verheeret! // [...] Dreimal sind schon sechs Jahr als unser Ströme Flut // Von soviel Leichen schwer / sich langsam fortgedrungen. // Doch schweig ich noch von dem, was ärger als der Tod. // Was grimmer denn die Pest / und Glut und Hungersnot // Daß nun der Seelen-Schatz / so viel abgezwungen." – oder *Komm Pfand der Eintracht* ... – „Komm Pfand der Eintracht komm / die grimmen Völker wüten // In rasend vollem Zank / die Kirche wird getrennt // Und zwar von dieser Schar / die sich von Christo nennt. // [...]" – solche Sonette gehören zu den berührendsten Zeugnissen toleranter Gesinnung in den Zeiten des damaligen Krieges.

An dieser Stelle des Buches soll jedoch nicht Gryphius zu Wort kommen, sondern *Hans Jakob Christoph (Christoffel) von Grimmelshausen* (1621/2–1676) mit seinem 1668/9 erschienenen Roman *Der abenteuerliche Simplicissimus Teutsch*. Dieser Roman, der freilich erst 20 Jahre nach Beendigung des Dreißigjährigen Krieges erschienen ist, darf als der erste *Anti-Kriegsroman* der deutschsprachigen Literatur gelten. Schon aus diesem Grund ist zu erwarten, daß er nicht zuletzt die weltanschauliche Toleranz zum Thema macht, handelt es sich doch bei dem Krieg um einen Krieg christlicher Konfessionen. Tatsächlich gibt es im dritten Teil des Romans (Kapitel 20) eine Art Religionsgespräch mit einem Lippstädter Pfarrer und im fünften Teil (Kapitel 19) die Schilderung einer Begegnung mit den Wiedertäufern, die in Ungarn eine Art überkonfessioneller Gemeinde, ein ‚Christianopolis' im urchristlichen Sinne, gegründet und gelebt haben. Aus diesen Texten läßt sich erschließen, was Grimmelshausen damit zum Ausdruck bringen will: Einmal, daß es nicht entscheidend sei, welcher Konfession man angehöre, sondern daß der Mensch „simpliciter glaube". Sodann, daß „die ganze Welt bezwingen und zwischen allen Völkern Fried stiften wird", wer „die Religionen miteinander vereinigen" könne. Schließlich, daß es nicht das Leben der Katholiken, Protestanten oder Calvinisten, sondern vielmehr das Leben der so lange und furchtbar verfolgten Sekte der Wiedertäufer sei – vergleiche dazu oben den Abschnitt über Mystik und Spiritualität –, das dem eigentlichen Christentum den Weg weist: „Ach, sagte ich oft, könntest du doch die Wiedertäufer bekehren, daß sie unsere Glaubensgenossen ihre Manier zu leben lehreten, wie wärest du doch so ein seliger Mensch! Oder wenn du nur deine Mitchristen bereden könntest, daß sie wie die Wiedertäufer ein solches (dem Schein nach) christliches und ehrbares Leben führten, was hättest du nicht ausgerichtet? [...] Mit solchen und dergleichen Gedanken ging ich lang um und hätte gerne so einer vereinigten christlichen Gesellschaft meinen Hof und mein ganzes Vermögen zum besten gegeben, unter derselben ein Mitglied zu sein." Derjenige, der das sagt, der ‚Held' des Romans, Simplicius Simplicissimus, ist sicherlich ein „Einfältiger", ja ein „Narr"; und das, was er sagt, ist nichts anderes als eine Utopie. Beides tut der Aussage jedoch keinen Abbruch. Im Gegenteil: „Durch die Maske des Narren lehrt[e] er [Grimmelshausen] die Menschheit die Wahrheit, die erst in der Distanz, die die Maske schafft, erkennbar wird. [...] Hinter dieser Verkleidung steht der Richterstuhl des Autors, der Hohlheit und Eitelkeit seiner Zeit Revue passieren läßt." (A. Kelletat) Ähnliches gilt für die Utopie: Erst in diesem Gegenbild zur Realität kann die Zeit, an die der Roman gerichtet ist, in einen Spiegel schauen und sich darin erkennen. Nur auf diesem Wege vermag ein Bewußtsein darüber zu entstehen, was überhaupt geschieht. Und lediglich so ergibt sich die Chance, daß vermeintliche Plausibilitäten – in diesem Fall: konfessionelle Gegensätze – in Frage gestellt und neue Werte – konkret: die gegenseitige weltanschauliche Toleranz – entdeckt werden.

Grimmelshausen wußte, worüber er schrieb. Wenngleich Simplicius (*simplex* heißt damals „einfach, offen, wahr, treu, redlich, schließlich ‚teutsch'," [A. Kelletat]) mit ihm nicht identisch ist und die im Roman geschilderten Kriegsbegebenheiten nicht einfach autobiographisch gedeutet werden dürfen, so gilt doch als gesichert, daß er als Kind die Plünderung seiner Geburtsstadt Gelnhausen (1634) durch kaiserliche Truppen erlebt hat und so in den Krieg hineingezogen worden ist. 1636 übte er Kriegsdienst vor Magdeburg aus und erlebte am 24. September die Schlacht von Wittstock. Vieles spricht dafür, daß er anschließend über Westfalen an den Oberrhein mitzog und mit seinem Heer im Winter 1638/9 in Schwaben Quartier nahm. Hier gelang es ihm, in Offenburg Schreiber eines Regiments zu werden. 1648 steht er noch einmal im Feld, diesmal in Bayern. Nach dem Krieg tritt er zum katholischen Glauben über, heiratet 1649 und wird Ökonom der Herren von Schauenburg in Gaisbach bei Oberkirch im Renchtal (Schwarzwald). Nach elf Jahren wechselt er von den Schauenburgs zum berühmten Straßburger Arzt Johannes Küffer auf der benachbarten Ullenburg. Aus dieser Zeit rühren seine literarischen Verbindungen zu Straßburg. Wegen dauernder wirtschaftlicher Probleme verläßt er 1665 aber auch diesen Dienst und wird für zwei Jahre Gastwirt in Gaisbach. 1667 gelingt es ihm, Schultheiß in Renchen (Rheinebene) zu werden. Damit, vor allem aber mit dem unerwartet großen Erfolg seines Romans *Simplicissimus* (1668/9) erreicht er den Zenit seines Lebens. Er ist finanziell einigermaßen versorgt und findet neben seiner beruflichen Tätigkeit Zeit für ein beachtliches literarisches Werk, das ihn in ganz Deutschland berühmt macht. Allerdings holt ihn noch einmal der Krieg ein, diesmal der französisch-niederländische. Auch Renchen verarmt und wird im Sommer 1675 Kriegsgebiet. Grimmelshausen überlebt diese Ereignisse nur mehr um ein Jahr. Er stirbt am 17. August 1676. Seine Hinterlassenschaft besteht – neben anderen Werken – aus einem der faszinierendsten und kunstvollsten Romane der deutschsprachigen Literatur, der so viel an Lebendigkeit, Leichtigkeit, Phantasie, Hintergründigkeit, Scharfblick, Witz, Humor und unverkrampftem Gottvertrauen enthält und eben darin dem Geist der Toleranz Raum gibt.

„im übrigen gestehe ich, daß ich ... simpliciter glaube"

Hans Jakob Christoffel von Grimmelshausen: Der abenteuerliche Simplicissimus
Wie er dem treuherzigen Pfarrer ander Werg an die Kunkel legte, damit er sein epikurisch Leben zu korrigieren vergesse (Buch III, 20. Kapitel)

Ich war in den Wollüsten doch nicht so gar ersoffen oder so dumm, daß ich nicht gedacht hätte, jedermanns Freundschaft zu behalten, solang ich noch in derselbigen Festung zu verbleiben (nämlich bis der Winter vorüber) willens war; so erkannte ich auch wohl, was es einem für Unrat bringen könnte, wenn er der Geistlichen Haß hätte, als welche Leut bei allen Völkern, sie seien gleich was Religion sie wollen, einen großen Kredit haben; derowegen nahm ich meinen Kopf zwischen die Ohren und trat gleich den andern Tag wieder auf frischem Fuß zu obgedachtem Pfarrer und log ihm mit gelehrten Worten ein solchen zierlichen Haufen daher, wasgestalten ich mich resolviert hätte ihm zu folgen, daß er sich, wie ich aus seinen Gebärden sehen konnte, herzlich daruber erfreute. „Ja", sagte ich, „es hat mir seithero, auch schon in Soest, nichts anders als ein solcher englischer Ratgeber gemangelt, wie ich einen an meinem hochgeehrten Herrn angetroffen habe; wenn nur der Winter bald vorüber oder sonst das Wetter bequem wäre, daß ich fortreisen könnte!" Bat ihn daneben, er wollte mir doch ferner mit gutem Rat beförderlich sein, auf welche Academiam ich mich begeben sollte? Er antwortet', was ihn anbelangt, so hätte er zu Leiden studiert, mir aber wollte er nach Genf geraten haben, weil ich, der Aussprach nach, ein Hochteutscher ware! „Jesus Maria!" antwortet ich, „Genf ist weiter von meiner Heimat als Leiden!" „Was vernehme ich?" sagte er hierauf mit großer Bestürzung, „ich höre wohl, der Herr ist ein Papist! O mein Gott, wie finde ich mich betrogen!" „Wieso, wieso Herr Pfarrer?" sagte ich, „muß ich darum ein Papist sein, weil ich nicht nach Genf will?" „O nein", sagte er, „sondern daran hör ichs, weil Ihr die Mariam anrufet." Ich sagte: „Sollte denn einem Christen nit gebühren, die Mutter seines Erlösers zu nennen?" „Das wohl", antwortet' er, „aber ich ermahne und bitte Ihn so hoch als ich kann, Er wolle Gott die Ehr geben und mir gestehen, welcher Religion Er beigetan sei? denn ich zweifle sehr, daß Er dem Evangelio glaube (ob ich Ihn zwar alle Sonntag in meiner Kirchen gesehen), weil Er das verwichene Fest der Geburt Christi weder bei uns noch den Lutherischen zum Tisch des Herrn gangen!" Ich antwortet: „Der Herr Pfarrer hört ja wohl, daß ich ein Christ bin, und wenn ich keiner wäre, so würde ich mich nicht so oft in der Predigt haben eingefunden, im übrigen aber gestehe ich, daß ich weder petrisch noch paulisch bin, sondern allein simpliciter glaube, was die zwölf Artikel des allgemeinen hl. christlichen Glaubens in sich halten, werde mich auch zu keinem Teil vollkommen verpflichten, bis mich ein oder ander durch genugsame Erweisungen persuadiert zu glauben, daß er vor den andern die rechte wahre und allein seligmachende Religion habe." „Jetzt", sagte er, „glaube ich erst recht, daß Er ein kühnes Soldatenherz habe, sein Leben tapfer dran zu wagen, weil Er gleichsam ohne Religion und Gottesdienst auf den alten Kaiser hinein dahinleben und so frevelhaftig seine Seligkeit in die Schanz schlagen darf! Mein Gott, wie kann aber ein sterblicher Mensch, der entweder verdammt oder selig werden muß, immermehr so keck sein? Ist der Herr in Hanau erzogen und nit anders im Christentum unterrichtet worden? Er sage mir doch, warum Er seiner Eltern Fußstapfen in der reinen christlichen Religion nicht nachfolgt? Oder warum Er sich ebensowenig zu dieser als zu einer andern begeben will, deren Fundamenta sowohl in der Natur als Hl. Schrift doch so sonnenklar am Tag liegen, daß sie auch in Ewigkeit weder Papist noch Lutheraner nimmermehr wird umstoßen können?" Ich antwortet: „Herr Pfarrer, das sagen auch alle anderen von ihrer Religion, welchem soll ich aber glauben? vermeint der Herr wohl, es sei so ein Geringes, wenn ich einem Teil, den die andern zwei lästern und einer falschen Lehr bezichtigen, meiner Seelen Seligkeit vertraue? Er sehe doch (aber mit meinen unparteiischen Augen) was Conrad Vetter und Johannes Naß wider Lutherum und hingegen Luther und die Seinigen wider den Papst, sonderlich aber Spangenberg wider Franciscum, der etlich hundert Jahr für einen heiligen und gottseligen Mann gehalten worden, in offenen Druck ausgehen lassen; zu welchem Teil soll ich mich denn tun, wenn je eins das ander ausschreiet, es sei kein gut Haar an ihm! vermeint der Herr Pfarrer, ich tue unrecht, wenn ich einhalte, bis ich meinen Verstand völliger bekomme und weiß was schwarz oder weiß ist? Sollte mir wohl jemand raten hineinzuplumpen, wie die Fliege in ein heißen Brei? O nein, das wird der Herr Pfarrer verhoffentlich mit gutem Gewissen nicht tun können. Es muß ohnumganglich eine Religion recht haben, und die andern beiden unrecht; sollte ich mich nun zu einer ohne reiflichen Vorbedacht bekennen, so könnte ich ebensobald ein unrechte als die rechte erwischen, so mich hernach in Ewigkeit reuen würde, ich will lieber gar von der Straß bleiben, als nur irr laufen; zudem sind noch mehr Religionen, denn nur die in Europa, als die Armenier, Abessinier, Griechen, Georgianer und dergleichen, und Gott geb was ich für eine davon annehme, so muß ich mit meinen Religionsgenossen den andern allen widersprechen. Wird nun der Herr Pfarrer mein Ananias sein, so will ich ihm mit großer Dankbarkeit folgen und die Religion annehmen, die er selbst bekennt."

Darauf sagte er: „Der Herr steckt in großem Irrtum, aber ich hoffe zu Gott, er werde Ihn erleuchten und aus dem Schlamm helfen; zu welchem End ich Ihm denn unsere Konfession inskünftig dergestalt aus Hl. Schrift bewähren will, daß sie auch wider die Pforten der Höllen bestehen solle." Ich antwortet, dessen würde ich mit großem Verlangen gewärtig sein, gedachte aber bei mir selber, wenn du mir nur nichts mehr von meinen Liebchen vorhältst, so bin ich mit deinem Glauben wohl zufrieden. Hierbei kann der Leser abnehmen, was ich damals für ein gottloser böser Bub gewesen, denn ich machte dem guten Pfarrer deswegen vergebliche Mühe, damit er mich in meinem ruchlosen Leben ungehindert ließe, und gedachte: Bis du mit deinen Beweistümern fertig bist, so bin ich vielleicht wo der Pfeffer wächst.

Etwas wenigs von den ungarischen Wiedertäufern, und ihrer Art zu leben (Buch V, 19. Kapitel)

Nach meiner Heimkunft hielt ich mich gar eingezogen, mein größte Freud und Ergötzung war, hinter den Büchern zu sitzen, deren ich mir denn viel beischaffte, die von allerhand Sachen traktierten, sonderlich solche, die ein' großen Nachsinnens bedurften; das was die Grammatici und Schulfüchse wissen müßten, war mir bald erleidet, und eben also wurde ich der Arithmeticae auch gleich überdrüssig, was aber die Musicam anbelangt, haßte ich dieselbe vorlängst wie die Pest, wie ich denn meine Laute zu tausend Stücken schmiß; die Mathematica und Geometria fand noch Platz bei mir, sobald ich aber von diesen ein wenig zu der Astronomia geleitet wurde, gab ich ihnen auch Feierabend und hing dieser samt der Astrologia ein Zeitlang an, welche mich denn trefflich delektierten, endlich kamen sie mir auch falsch und ungewiß vor, also daß ich mich auch nicht länger mit ihnen schleppen mochte, sondern griff nach der ‚Kunst' Raimundi Lulli, fand aber viel Geschrei und wenig Wollen, und weil ich sie für eine Topicam hielt, ließ ich sie fahren und machte mich hinter die Cabbalam der Hebräer und Hieroglyphicas der Ägypter, fand aber die allerletzte und aus allen meinen Künsten und Wissenschaften, daß kein besser Kunst sei, als die Theologia, wenn man vermittelst derselbigen Gott liebet und ihm dienet! Nach der Richtschnur derselbigen erfand ich für die Menschen eine Art zu leben, die mehr englisch als menschlich sein könnte, wenn sich nämlich eine Gesellschaft zusammentäte, beides von verehelichten und ledigen so Manns- als Weibspersonen, die auf Manier der Wiedertäufer allein sich beflissen, unter einem verständigen Vorsteher durch ihrer Hand Arbeit ihren leiblichen Unterhalt zu gewinnen und sich die übrigen Zeiten mit dem Lob und Dienst Gottes und ihrer Seelen Seligkeit zu bemühen; denn ich hatte hiebevor in Ungarn auf den wiedertäuferischen Höfen ein solches Leben gesehen, also daß ich, wofern dieselben guten Leut mit andern falschen und der allgemeinen christlichen Kirchen widerwärtigen ketzerischen Meinung nicht wären verwickelt und vertieft gewesen, ich mich von freien Stücken zu ihnen geschlagen oder wenigst ihr Leben für das seligste in der ganzen Welt geschätzt hätte, denn sie kamen mir in ihrem Tun und Leben allerdings vor wie Josephus und andere mehr die jüdischen Essäer beschrieben. Sie hatten erstlich große Schätze und überflüssige Nahrung, die sie aber keineswegs verschwendeten, kein Fluch, Murmelung noch Ungeduld wurde bei ihnen gespürt, ja man hörete kein unnützes Wort; da sah ich die Handwerker in ihren Werkstätten arbeiten, als wenn sie es verdingt hätten; ihr Schulmeister instruierte die Jugend, als wenn sie alle seine leiblichen Kinder gewesen wären; nirgends sah ich Manns- und Weibsbilder untereinander vermischt, sondern an jedem bestimmten Ort auch jedes Geschlecht absonderlich seine obliegende Arbeit verrichten; ich fand Zimmer, in welchen nur Kindbetterinnen waren, die ohne Obsorg ihrer Männer durch ihre Mitschwestern mit aller notwendigen Pfleg samt ihren Kindern reichlich versehen wurden, andere sonderbare Säle hatten nichts anders in sich als viel Wiegen mit Säuglingen, die von hierzu bestimmten Weibern mit Wischen und Speisen beobachtet wurden, daß sich deren Mütter ferners nicht um sie bekümmern durften, als wenn sie täglich zu dreien gewissen Zeiten kamen, ihnen ihre milchreichen Brüste zu bieten: und dieses Geschäfte den Kindbetterinn' und Kindern abzuwarten war allein den Witwen anbefohlen; anderswo sah ich das weibliche Geschlecht sonst nichts tun als spinnen, also daß man über die hundert Kunkeln oder Spinnrocken in einem Zimmer beieinander antrat; da war eine ein Wäscherin, die ander eine Bettmacherin, die dritte Viehmagd, die vierte Schüsselwäscherin, die fünfte Kellerin, die sechste hatte das weiß Zeug zu verwalten, und also auch die übrigen alle wußte ein jedwede was sie tun sollte; und gleichwie die Ämter unter dem weiblichen Geschlecht ordentlich ausgeteilet waren, also wußte auch unter den Männern und Jünglingen jeder sein Geschäfte; wurde einer oder eine krank, so hatte er oder dieselbe einen sonderbaren Krankenwärter oder Wärterin, auch beide Teil einen allgemeinen Medicum und Apotheker; wiewohl sie wegen löblicher Diät und guter Ordnung selten erkranken, wie ich denn manchen feinen Mann in hohem gesundem und geruhigem Alter bei ihnen sah, dergleichen anderswo wenig anzutreffen; sie hatten ihre gewissen Stunden zum Essen, ihre gewissen Stunden zum Schlafen, aber kein einzige Minut zum Spielen noch Spazieren, außerhalb die Jugend, welche mit ihrem Präzeptor jedesmal nach dem Essen der Gesundheit halber ein Stund spazieren gehen: mithin aber beten und geistliche Gesänge singen mußte. Da war kein Zorn, kein Eifer, kein Rachgier, kein Neid, kein Feindschaft, kein Sorg um Zeitlichs, kein Hoffart, kein Reu! In Summa, es war durchaus eine solche liebliche Harmonia, die auf nichts anders angestimmt zu sein schien, als das menschlich Geschlecht und das Reich Gottes in aller Ehrbarkeit zu vermehren; kein Mann sah sein Weib, als wenn er auf die bestimmte Zeit sich mit derselbigen in seiner Schlafkammer befand, in welcher er sein zugerichtes Bett und sonst nichts dabei als sein Nachtgeschirr neben einem Wasserkrug und weißen Handzwehl fand, damit er mit gewaschenen Händen beides schlafen gehen und den Morgen wieder an seine Arbeit aufstehen möchte; überdas hießen sie alle einander Schwestern und Brüder, und war doch eine solche ehrbare Vertraulichkeit keine Ursach unkeusch zu sein. Ein solch seliges Leben, wie diese wiedertäuferischen Ketzer führen, hätte ich gerne auch aufgebracht, denn soviel mich dünkte, so übertraf es auch das klösterliche. Ich gedachte: „Konntest du ein solches ehrbares christliches Tun aufbringen unter dem Schutz deiner Obrigkeit, so wärest du ein anderer Dominikus oder Franziskus. Ach", sagte ich oft, „könntest du doch die Wiedertäufer bekehren, daß sie unsere Glaubensgenossen ihre Manier zu leben lehreten, wie wärest du doch so ein seliger Mensch! Oder wenn du nur deine Mitchristen bereden könntest, daß sie wie diese Wiedertäufer ein solches (dem Schein nach) christliches und ehrbares Leben führten, was hättest du nicht ausgerichtet?" Ich sagte zwar zu mir selber: „Narr, was gehen dich andere Leut an, werde ein Kapuziner, dir sind ohnedas alle Weibsbilder erleidet." Aber bald gedachte ich: „Du bist morgen nicht wie heut, und wer weiß, was du künftig für Mittel bedürftig, den Weg Christi recht zu gehen? heut bist du geneigt zur Keuschheit, morgen aber kannst du brennen." Mit solchen und dergleichen Gedanken ging ich lang um und hätte gerne so einer vereinigten christlichen Gesellschaft meinen Hof und ganzes Vermögen zum besten gegeben, unter derselben ein Mitglied zu sein. Aber mein Knan prophezeite mir stracks, daß ich wohl nimmermehr solche Bursch zusammenbringen würde.❖

❖ Anlässe / Ereignisse

Johann Christoph Gottsched (1700–1766)

Am 7. Dezember 1724 wurden in der polnischen Stadt Thorn der evangelische Bürgermeister und neun seiner Ratsherren öffentlich hingerichtet. Anlaß für dieses *Thorner Blutgericht* war, daß ein halbes Jahr zuvor, am 16. und 17. Juli 1724, ein evangelischer Pöbelhaufen das Jesuitenkollegium von Thorn verwüstet hatte. Nach diesen Ereignissen war es unter dem Einfluß der Jesuiten zu einem verhängnisvollen Bluteid gekommen, der die Eskalation der Situation zur Folge hatte. Nicht einmal die Intervention des Apostolischen Nuntius hatte verhindern können, daß die katholische Seite aus purer Rachsucht das Todesurteil über die völlig unschuldige evangelische Stadtverwaltung erzwang. Das Thorner Blutgericht, wie es später genannt wurde, rief ein europaweites Echo hervor. Besonders in den evangelisch dominierten Staaten und Gebieten war die Empörung groß. Sie erreichte derartige Ausmaße, daß sich etliche Regierungen Europas veranlaßt sahen, neu zu deklarieren, daß sie die Rechte religiös Andersgläubender oder „Dissidenten" in ihren Ländern achten und schützen würden. Vor allem aber brachte die Hinrichtung viele Intellektuelle auf den Plan. Gleich der Hinrichtung des unschuldig verurteilten protestantischen Kaufmanns Jean Calas 1763 in Toulouse, die Voltaire (1694–1778) zu seinem berühmten *Traité sur la tolérance* veranlassen sollte, provozierte sie bei vielen Zeitgenossen, die sich den Idealen der Aufklärung verschrieben hatten, die Forderung nach religiöser Toleranz. Einer von ihnen war der deutsche Philosoph, Literaturtheoretiker, Kritiker und Dramatiker *Johann Christoph Gottsched* (1700–1766). Er hielt 1725 unter dem Eindruck der Thorner Bluttat vor der „Vertrauten Rednergesellschaft" in Leipzig seine akademische Rede *Von dem verderblichen Religionseifer und der heilsamen Duldung aller christlichen Religionen*. Diese Rede, die im folgenden zur Gänze abgedruckt wird, ist ein selten zitiertes und daher kaum bekanntes, dafür aber nicht weniger eindrucksvolles Dokument eines für die Zeit der Aufklärung typischen Aufrufes zur Toleranz – würdig, mit den vielgenannten Texten von John Locke, Pierre Bayle, Jean Jacques Rousseau, Voltaire oder den Enzyklopädisten in einer Reihe zu stehen.

Gottsched – er stammte aus der Gegend des preussischen Königsberg, verbrachte aber den Großteil seines Lebens in Leipzig – ist heute nur noch unter zweierlei Hinsicht bekannt: einmal als ein Philosoph der Frühaufklärung, der ganz im Sinne seines Lehrers Christian Wolff (1679–1754) dachte und seine Professuren für „Poesie und Beredsamkeit" bzw. für „Logik und Metaphysik" in eben diesem Sinne wahrnahm; das andere Mal als ein Literaturtheoretiker und Literaturkritiker, der in zahlreichen Publikationen die deutschsprachige Literatur vom Barock befreien und den poetologischen Prinzipien der Aufklärung zuführen wollte. Wegen seines schulmeisterlichen Dogmatismus, den er dabei an den Tag legte – er scheute sich nicht einmal, keinem Geringeren als Shakespeare die Dichtkunst abzusprechen –, wurde er vor allem von Lessing und Goethe belächelt und kritisiert. Daß Gottsched auch ein Dramatiker war, der mit Tragödien wie *Sterbender Cato* (1731) große Erfolge feierte, und ein beachtlicher Übersetzer, der Werke von Fontenelle, Racine, Bayle, Leibniz u.a. erstmals dem deutschsprachigen Publikum nahebrachte, vor allem aber auch ein rastloser Publizist, der die damalige weltanschauliche, poetologische und ästhetische Diskussion in ganz Deutschland, Österreich und der Schweiz wesentlich mitgestaltete, erfährt man heute nur noch aus der wissenschaftlichen Spezialliteratur. Jedenfalls war Gottsched ein typischer Repräsentant seiner Zeit. Als solcher schloß er sich geistig der Aufklärung an und bestand auf der Toleranz als Grundprinzip von Staat und Gesellschaft. Keine Überraschung somit, daß er auf Ereignisse wie das Thorner Blutgericht sogleich reagierte. Dieses stellte sich ihm als ein Inbegriff an Intoleranz und als ein Verbrechen dar. Er scheut sich daher auch nicht anzuklagen: „Das meiste Blut, so jemals die Erde in sich getrunken hat, ist durch die Religion vergossen worden." Zugleich erinnert er jedoch daran, daß es gerade die gegenseitige Duldung der christlichen Religionen wäre – dies vor allem versteht er unter Toleranz –, die einem Gemeinwesen Glück bringt: „[...] so ist ja abermal sonnenklar zu spüren, was die Duldung aller Religionen für einen unvergleichlichen Nutzen schaffen würde. Warum ist doch Deutschland so volkreich? warum hat es solch einen Überfluß an großen und mittelmäßigen Städten, Flecken und weitläufigen Dorfschaften; als darum, weil alle drei Parteien der christlichen Religion darinnen ihrer Freiheit genießen können? Und woher ist das kleine Holland, zu einer so wunderwürdigen Macht gelanget, als weil es allen Völkern der Welt die unschätzbare Gewissensfreiheit erlaubet?"

Vor der Lektüre von Gottscheds Rede sollte nicht übersehen werden, daß das Thorner Blutgericht auch vor dem Hintergrund der polnischen Geschichte eine furchtbare Tragödie darstellt. Polen war von Hause aus kein intolerantes Land. Im Gegenteil, im 16. Jahrhundert galt es neben den Niederlanden als eines der tolerantesten Länder Europas, das bei vielen als „Asyl der Häretiker" verschrieen war. Könige wie Sigismund II. August (1548–1572) und Stephan Bathory (1576–1586), aber auch die

❖ Anlässe / Ereignisse

Warschauer Konföderation von 1573, in der sich der polnische Adel verpflichtete, „Frieden über die religiösen Unterschiede und die in die Kirchen eingebrachten Veränderungen zu wahren", schufen die Voraussetzungen dafür, daß auf polnischem Gebiet nicht nur etliche christliche Konfessionen (Katholiken, Lutheraner, Calvinisten, Antitriniarier, Unitarier, Orthodoxe, Unierte), sondern auch nichtchristliche Bekenntnisse (Juden und islamische Tartaren) friedlich nebeneinander leben konnten. (Von Stephan Bathory stammt der berühmte Ausspruch „Ich bin König der Völker und nicht der Gewissen ... Gott hat sich drei Dinge vorbehalten: Aus Nichts etwas zu schaffen, die Zukunft zu kennen und über die Gewissen zu herrschen."). Eine Änderung dieser Situation stellte sich weniger unter der Regierung Sigismunds III. (1587–1632) ein, der unter stark jesuitischem Einfluß der katholischen Gegenreformation anhing, als im Gefolge der sogenannten zwanzigjährigen „Kriege der blutigen Sintflut" (1648–1667). Von diesen Kriegen schreibt Hans Roos, daß sie „die größte Katastrophe seiner [Polens] Geschichte überhaupt" bildeten, „eine Katastrophe, die noch furchtbarer war als der Dreißigjährige Krieg im Heiligen Römischen Reich". Zwei Jahrzehnte lang hatte Polen die fortwährenden Aufstände der Kosaken, die Einfälle der Tartaren, die Eroberungskriege Schwedens und Rußlands sowie die Invasionen Brandenburgs und Siebenbürgens zu überstehen. Im Zuge dieser Kriege, in denen die Bevölkerung von ca. 10,4 Millionen Einwohnern auf ungefähr 4,8 Millionen Einwohner zurückging, durch die Städte und Dörfer verheert wurden, die gesellschaftliche Ordnung praktisch verfiel, das wirtschaftliche Geschehen zum Erliegen kam, die Armut umfassend wurde und ein beispielloser kulturelle Niedergang einsetzte, kam es vor allem seitens der Invasoren zu gezielten religiösen Verfolgungen. Viele Bluttaten unvorstellbaren Ausmaßes sowie die meisten Pogrome wurden im Namen einer religiösen Konfession verübt. Opfer waren zunächst vor allem die Katholiken, die sowohl durch die protestantischen Schweden und Brandenburger als auch durch die orthodoxen Russen massiv verfolgt wurden. Später richtete sich die religiöse Mordlust besonders gegen die Juden, die früher oder später für fast alle anderen Konfessionen als Sündenbock für das ungeheure soziale und geistige Elend herhalten mußten. Kein Wunder, daß unter diesen Verhältnissen das einstige Klima der Toleranz verschwand und die krasseste Intoleranz das Sagen übernahm. Den konkreten Ausdruck derselben wiederum bestimmten jedesmal jene Gruppen, die politisch das Ruder in die Hand nahmen. Aufgrund der gesellschaftlichen, politischen und kulturellen Verhältnisse waren dies vor allem die Katholiken. Sie verbanden die Treue zu Polen immer mehr mit dem Bekenntnis zum katholischen Glauben. In der Konsequenz betrachteten sie die Andersgläubigen zunehmend als Störfaktoren im polnischen Gemeinwesen, die sie in gewissem Rahmen dulden, bei gegebenem Anlaß aber auch verfolgen konnten. Das Thorner Blutgericht von 1724 steht in diesem Zusammenhang. Es ist ein Symbol für eine Geschichte, die ganz anders, nämlich mit der Toleranz begonnen hatte, und die durch die moralische Verrohung, welche Kriege zwangsläufig mit sich bringen, beim absoluten Gegenteil, bei der Intoleranz, ihr vorläufiges Ende fand.

„Das meiste Blut ... ist durch die Religion vergossen worden"

Johann Christoph Gottsched: Von dem verderblichen Religionseifer, und der heilsamen Duldung aller christlichen Religionen
(V. Akademische Rede)

Allerseits hochzuehrende Herren!
Alle diejenigen, so ein allerhöchstes Wesen glauben, welches durch seine uneingeschränkte Weisheit, Macht und Güte dieses wunderwürdige Weltgebäude hervorgebracht hat; alle diejenigen, so dafür halten, daß dieser große Urheber der Welt, noch bis auf diese Stunde ein wachsames Auge über seine Geschöpfe hat, und sonderlich die Vernünftigen, immer glückseliger zu machen suchet: alle diejenigen, sage *ich,* haben eine Religion. Ich will hiermit nicht behaupten, daß die bisher erwähnten Stücke allein das Wesen der ganzen Religion ausmachen. Es kommen freylich noch viele Lehren, und mancherley äußerliche Handlungen der Menschen dazu, womit sie ihre innerliche Gedanken von Gott und göttlichen Dingen zu verstehen geben; wodurch sie ihre Ehrerbiethung, ihre Liebe und ihr Vertrauen, gegen ein so majestätisches, gütiges und mächtiges Wesen, an den Tag legen; wodurch sie endlich seinen, durch ihre Laster erregten Zorn, zu besänftigen trachten. Indessen ist es gewiß, daß jene der rechte Grund und das Hauptwerk, diese aber nur äußerliche Kennzeichen und Früchte der Religion sind, die als natürliche Folgen aus der Erkenntniß angeführter Lehrsitze fließen.
Wer sieht aber nicht, aus dieser allgemeinen Beschreibung der Religion überhaupt, daß es in derselben vielerley mögliche Veränderungen geben könne? Ja wer ist unter uns so fremde, und so unbekannt in der Welt, der nicht wissen sollte, daß man wirklich auf dem Erdboden unzählige Spaltungen unter denen antrifft; die doch, wenn sie wider die Feinde der Religion streiten, alle zu einer Partey gehören? Nicht nur die äußerlichen Ceremonien, nicht nur

die Gewohnheiten in Verrichtung des Gottesdienstes; selbst die innerlichen Gedanken und Meynungen von Gott, sind bey den Einwohnern der Erden, auf eine wunderbare Weise unterschieden. Und daher entsteht eben die ungezählte Menge der Religionen.

Hilf ewiger Gott! was für ein trauriger Anblick stellet sich hier vor meine Augen? So viel ich Religionen in der Welt wahrnehme, so viel feindselige Parteyen erblicke ich, die nichts, als *Gift* und Galle, die nichts, als Eifer und Rache, in ihren Herzen kochen; und denselben alle Augenblicke, mit unglaublicher Freude, auf ihre Widersacher auszuschütten begierig sind. Ich sehe alle das Unheil, alle den Jammer, alle das Elend und Herzeleid, so der Unterschied der Religionen auf dem Erdboden, von Anbeginn der Welt *bis* auf diese Stunde, angerichtet hat. Und meine Herren werden es mir vermuthlich vergönnen, daß ich diesen meinen Betrachtungen weiter nachgehen, und theils von dem verderblichen Religionseifer, theils auch von der heilsamen Duldung fremder Glaubensgenossen einige Worte machen möge.

Sollte man sichs doch nicht einbilden, sollte man es doch nicht glauben, daß dasjenige, welches der göttlichen Absicht nach, für das menschliche Geschlecht eine Quelle aller Glückseligkeit seyn sollte, ein überfließender Brunn und ein trauriger Ursprung tausendfaches Unglückes werden könnte. Allein die Religion leider! *ist* durch den unvernünftigen Eifer ihrer Verfechter in den Stand gesetzet worden, daß sie uns hievon eine ausnehmende Probe geben kann. Das allerheilsamste von der ganzen Welt, *ist* bisweilen zu gleicher Zeit das allerverderblichste geworden. Was die Menschen glücklich machen sollen, das hat sie leider! sehr oft, in den Abgrund alles Unglückes gestürzet.

Ich sage noch zu wenig. Das meiste Blut, so jemals die Erde in sich getrunken hat, ist durch die Religion vergossen worden. Ich sage noch mehr! Die Religion allein hat mehr Menschen gefressen, als das Schwert jemals ermordet hat, als das Wasser jemals ersäufet, als das Feuer jemals verzehret hat. Sie zweifeln, wie ich sehe, hochgeehrte Herren, an der Wahrheit meiner Rede. Wohlan, ich will sie erweislich machen. Schlagen sie alle Geschichtbücher nach, so die Begebenheiten der alten und neuen Welt beschrieben haben: so werden alle Blätter von den blutigen Religionskriegen Zeugnisse ablegen. Die Juden haben mit den Heiden, die Heiden mit den Christen, die Christen mit den Türken, von allen Zeiten her, um nichts so sehr, als um den Glauben gestritten. Eine Religion ist sehr oft wider alle, und alle wider eine gewesen. Und was für Blut ist dabey nicht versprützet worden? Ich führe sie mit mir durch alle vier Welttheile, durch alles feste Land, und durch alle bewohnte Inseln. Was erblicken sie daselbst anders, als verwüstete Städte, verheerte Länder, und von Blut aufgeschwollene Ströme? Und dieses alles sind traurige Merkmaale eines blutdürstigen und unauslöschlichen Religionseifers. Alle Nationen treten fast mit verwundeten Häuptern vor unsre Augen: und sobald wir sie nach der Ursache ihrer Beschädigung fragen, geben sie einhällig zur Antwort: daß sie sich dieselben bloß um der Religion halber, so blutig gestoßen. In Asien kann uns Japan, von vielen tausend Hirnschalen abgesäbelter Christenköpfe, ganze Berge aufwerfen. In Africa könnten die von den Saracenen vertilgten Christen, mit ihrem Blute das halbe mittelländische Meer färben. In America aber, sind alle daher gebrachte Schätze nicht zulänglich, die Anzahl so vieler Millionen Menschen zu erkaufen, die um der Religion halber ihr Leben gelassen haben.

Was soll ich von Europa sagen? Dieser unselige Welttheil ist vor allen andern, allezeit ein Sitz und Schauplatz des allergrausamsten Religionseifers gewesen. Ich gedenke nicht an die wütenden Verfolgungen der alten Zeiten. Ich übergehe die tyrannischen Monarchen der Römer, welche oft in einem Tage mehr Menschen erwürgen lassen, als in ganzen Jahren gebohren wurden. Die heutiges Tages, oder doch zu unsrer Väter Zeiten, geführten Religionskriege, geben uns Beweisthümer genug an die Hand. In Spanien haben zuerst die Mohren wider die Christen, hernach diese wider jene gewütet. Und wie? rauchen die Scheiterhaufen nicht noch, die das entsetzliche Inquisitionsgericht seit so vielen Jahren anzünden lassen? In Frankreich schwimmet ja noch alles von dem Blute der Hugonotten. Hat doch die Seine kaum Wasser genug gehabt, die Straßen in Paris von den Ueberbleibsln einer grausamen Mordhochzeit zu saubern. Was hat es in Engelland und Schottland nicht für Köpfe gekostet, ehe die protestirende Religion in Schwang gebracht worden ist? Und was für eine Menge ermordeter Christengebeine könnten uns nicht die Niederlande aufweisen, welche alle von dem Religionseifer eines grausamen Herzogs von Alba zeugen?

Und o! daß ich auf dich nicht kommen dörfte, du vor andern Ländern uns so werthes Deutschland! o daß doch nur deine Gränzen, von solchem unmenschlichen Blutvergießen frey geblieben wären, so daß dein Exempel allen Völkern der Welt, zum Muster dienen könnte. Allein vergeblicher Wunsch! auch du, auch du selbst seufzest noch über das, in einem 30jährigen Religionskriege vergossene Bürgerblut. Der weiße Prager Berg hat noch zur Zeit die rothen Flecken nicht verlöschen lassen, die von dem Glaubseifer zwoer Heere ein glaubwürdiges Zeugniß abstatten. Und das edle Sachsen, das Herz Germaniens, zeiget uns noch die Plätze, wo so wohl Könige, als Fürsten ihr Leben eingebüßet, wann sie, die Glaubensfreyheit ihrer Religionsverwandten zu vertheidigen, den Degen gezücket haben.

Doch, wo gerathe ich hin? Und muß ich nicht besorgen, durch eine allzugroße Weitläuftigkeit ihnen, hochgeehrte Herren, einen Verdruß zu erwecken? Sie selber erkennen schon die Wahrheit meines vorigen Satzes. *Sie* sehen aber auch wohl, daß ich dieses alles in keiner andern Absicht vorgebracht habe, als die Glückseligkeit des menschlichen Geschlechts zu beschreiben, die es von einer allgemeinen Duldung der Religionen zu hoffen hätte. Ich habe es hierinnen nur wie ein Maler gemacht, der die Nacht deswegen so schwarz malet, damit das helle Tageslicht desto deutlicher in die Augen fallen möge.

O wie selig! o wie glücklich und vergnügt würden die Sterblichen in der Welt leben: wenn entweder allenthalben eine völlige Uebereinstimmung der Meynungen, und eine Gleichförmigkeit der äußerlichen Ceremonien *im* Gottesdienste herrschen möchte; oder doch zum wenigsten eine allgemeine Religionsfreyheit eingeführt wäre.

Alle Verständige haben sich längst darüber vereiniget, daß die Einigkeit und Gesellschaft das einzige Mittel sey, das menschliche Geschlecht glücklich zu machen. Was ist nun dieser Freundschaft mehr zuwider, als *Krieg,* Mord, Blutvergießen und Verwüstungen? Und wie viel *Kriege* würden nicht nachbleiben, wenn der Religionseifer in den Herzen der Menschen einmal gedämpfet wäre, wenn man einen jeden den Trieben seiner Andacht folgen; und einer ungestörten Gewissensfreyheit genießen ließe? Es ist zwar gewiß, daß es auch in diesem Falle an Kriegen und Blutvergießen noch nicht fehlen würde. Eigennutz, Herrschsucht, Rachgier, und andre Leidenschaften der Fürsten, würden freylich noch Unheils genug auf dem Erdboden stiften können. Allein, sind nicht die Religionskriege ordentlich die allerheftigsten? Und daher kann man leicht denken, was für große Veränderungen es schon geben würde, wenn auch nur diese allein abgestellet würden. Fürwahr, Spanien würde lange nicht so von Einwohnern entblößet seyn; Frankreich wäre lange nicht so von Kräften gekommen; Britannien selbst würde nicht so vielen Aufrührern unterworfen seyn, als man itzo sieht. Alle Länder würden gegen einander, und alle Provinzen derselben unter sich in beständigem Vertrauen leben; eines würde des andern Glückseligkeit weit williger, als itzo geschieht, befördern. Ja zeiget nicht der heutige Zustand der Welt zur Gnüge, von der Gewißheit meines Satzes: indem ja ein Volk, alsdann erst anfangt glücklich zu werden, wann es, entweder aus Furcht, oder aus Eigennutz seinem Religionseifer Schranken setzet; hingegen alsobald in Abnahme gerath, wenn es seiner unzeitigen Begierde, den Glauben mit Gewalt zu schützen, unbesonnener Weise den Zügel schießen läßt.

Ist es ferner eine bey den größten Statisten längst ausgemachte Sache, daß die Menge der Einwohner eine Stadt, und der Ueberfluß der Unterthanen, ein Reich glücklich mache: so ist ja abermal sonnenklar zu spüren, was die Duldung aller Religionen für einen unvergleichlichen Nutzen schaffen würde. Warum ist doch Deutschland so volkreich? warum hat es solch einen Ueberfluß an großen und mittelmäßigen Städten, Flecken und weitläuftigen Dorfschaften; als darum, weil alle drey Parteyen der christlichen Religion darinnen ihrer Freyheit genießen können? Und woher ist das kleine Holland, zu einer so wunderwürdigen Macht gelanget, als weil es allen Völkern der Welt die unschätzbare Gewissensfreyheit erlaubet? Und ich getraue mir wohl zu sagen, daß diese Grundregel der niederländischen Republik, allen Staatskünsten eines verschmitzten Mazarins und Richelieu, weit, weit vorzuziehen, und daher allen Prinzen und Regenten des Erdbodens, auf das nachdrücklichste anzubefehlen sey.

Ich sehe nicht, was allhier mit einigem Scheine der Wahrheit zum Einwurfe dienen könnte. Doch eins fällt mir bey: die Vernunft selbst lehrt uns ja, spricht man, daß die Wahrheit über alles zu schätzen sey, und daß man zu ihrer Vertheidigung und Ausbreitung, Gut und Blut, Leib und Leben zu wagen verbunden sey. Ganz recht: dieses zu leugnen, ist mir niemals in den Sinn gekommen. Allein sage mir, du hitziger Religionseiferer, was ist Wahrheit? Und welches ist diejenige glückliche Partey, die hierinn allen übrigen den Vortheil abgewinnen kann? Sage nicht, die römisch-katholische Kirche sey der Mittelpunkt der Wahrheit, und die einzige Religion, darinnen man seiner Seligkeit halber sicher seyn könne. Ich weis, du bist davon fest überredet, und die ganze Kirche, wie du sprichst, oder deutlicher zu sagen, alle deine Religionsverwandten stimmen mit dir überein. Was dünkt dich aber? Ein Türk hält sich auch für einen Muselmann, für einen Rechtgläubigen. Ein Chineser glaubt auch, daß er die älteste und beste Religion habe. Wer hat von euch dreyen recht? Wer soll Macht haben, die andern zu verfolgen? Confucius gilt bey der einen Partey so viel, als Mahomet bey der andern. Und der Mufti hat eben so viel Ansehen bey seinen Glaubensgenossen, als der Pabst bey euch Römischkatholischen. Wer wird nun diesen ewigen Streit beylegen?

Giebt es nicht ferner in dem Christenthume selbst Trennungen genug? Habeßinien hat, seiner Meynung nach, die wahre Lehre der Apostel beybehalten. Die griechische Kirche rühmt sich ein gleiches. Und die lateinische meynet, daß dieser Vorzug ihr zugehöre. Wem soll ich hier glauben? Oder welcher Partey will man das Recht geben, die andern zu verketzern, zu verfolgen und zu vertilgen? Doch gesetzt, die römische Kirche, oder irgend eine andere, wäre dasjenige, wofür man sie ausgiebt: wäre es denn deswegen vernünftig, alle andere Religionen zu unterdrücken, und ihre Anhänger zu ihrer Partey zu zwingen? Wird denn die Religion den Seelen durch Waffen und Feuerflammen eingepräget? Keinesweges. Denn was ist es, warum sie mit einander streiten? Lehren und Meynungen sind es; Meynungen, die sich gewiß mit Stahl und Flammen nicht einflößen lassen. Es gehören weit andere Mittel dazu, wenn man Irrthümer widerlegen, und den Gemüthern der Menschen

Anlässe / Ereignisse

Wahrheiten beybringen will. Die spanischen Henkersknechte, und die französischen Dragoner haben zwar unzählige Häuchler; aber keinen einzigen wahrhaftigen Katholischen gemachet. Die Seele des Menschen *ist* ein freyes Wesen, und der Verstand läßt sich nicht zwingen. Je mehr man ihn nöthigen will, etwas für wahr anzunehmen, was er für falsch hält, desto mehr empöret er sich. Und wenn gleich der Mund endlich nachgiebt: so bleibt doch das Herz noch immer unbesieget. Sagen sie nunmehr selbst, hochgeehrte Anwesende, ob nicht der Religionseifer eine höchst verderbliche, die Duldung fremder Glaubensgenossen hingegen, eine höchst nützliche und vernünftige Sache sey?

Ach! was für traurige Gedanken erfüllen hier, auf einmal meine Seele! Ich habe mir bisher Gewalt angethan, mit keinem einzigen Worte an die grausamen Mordgeschichte zu gedenken, die unsern allerliebsten Glaubensbrüdern, im verwichenen Jahre so viel Thränen ausgepresset, zugleich aber uns das Schwert durchs Herz gestoßen haben. Ach! aber, ich kann diesen Zwang nicht länger erdulden! Ich muß den Bewegungen meines innerlichen Schmerzens einigermaßen Raum geben.

O wenn es mir nur nicht an beweglichen Worten hierzu fehlen möchte! O wenn mich doch Natur und Kunst, denen größten Rednern, die jemals gelebet haben, gleich gemacht hätten: so wollte ich diese Geschicklichkeit mit der inwendigen Betrübniß meiner Seelen vereinbaren; und alles so jämmerlich, so beweglich und nachdrücklich abschildern, daß, allen die mich hören, blutige Thränen aus den Augen dringen sollten. Und welche Gelegenheit wäre wohl geschickter, eine bessere Materie dazu zu verschaffen, als eben diese? Was sehen wir vor unsern Augen? Eine große Anzahl ermordeter Leichname! lauter enthauptete Menschenkörper! Doch was, Menschenkörper? Christenkörper! Körper unserer eigenen Religionsverwandten sind es, welche alle ihre Wohlfahrt in den Händen eines barbarischen Volkes sehen, ihre Häupter dem blutdürstigen Henkerschwerte hinstrecken, und ihr unschuldiges Blut, ach daß ich es sagen muß! ihr unschuldiges Blut, mitten auf dem Markte einer evangelischen Stadt verspritzen müssen.

Ich sehe, wie mich dünket, daß sich die rothbesprengten Steine entsetzen, und gleichsam erzittern. Ich höre diese stumme Creaturen um Rache schreyen. Ihr aber könnt so unempfindlich seyn, ihr grausamen Feinde der Evangelischen? Haben denn eure Herzen die gefühllose Natur dieser unbelebten Steine an sich genommen, daß auch ein so trauriger Anblick keinen Eindruck bey euch zu machen vermögend ist? Ja, ja, ihr seyd kaum Menschen mehr. Selbst wilde Thiere sind mitleidiger, als ihr. Felsen, sinnlose Felsen seyd ihr! wo ich nicht irre. Doch ich irre, ich irre freylich; denn ihr seyd dieser Abbildung nicht einmal werth. Ja! wenn ihr noch das Blut der Erwürgeten mit gleichgültigen Augen angesehen hattet; wenn ihr weder Freude noch Betrübniß an euch hattet spüren lassen: so konnte man euch noch mit Steinen, mit unempfindlichen Steinen in eine Classe setzen. Itzo aber ist eure Gemüthsart weit abscheulicher. Ihr seht ein so blutiges Mordgerüst mit Vergnügen an. Jeder Schwertstreich des Henkers bringt euch eine neue Lust. Und so viel Häupter ihr von den Rümpfen springen sehet, so vielfach ist das Jubelgeschrey, welches von euren Lippen erschallet.

O barbarische Tyranney! O unmenschlicher Religionseifer! Saget selbst, ihr blutdürstigen Seelen, wäre es uns zu verdenken, wenn wir euch alles Unglück auf den Kopf, und den allerstrengsten Zorn Gottes zum Lohne anwünschen möchten? Dieß wäre ja die allergeringste Rache, dazu uns eine solche Beleidigung anflammen könnte.

Doch behüte uns Gott! daß wir dieses thun sollten. Die christliche Liebe, die Billigkeit, ja selbst die Menschlichkeit verbeut es uns, gegen Brüder so grausam zu seyn. Wir hüten uns selbst vor dem wütenden Religionseifer; der ja nichts anders, als Unheil und Verderben anzurichten geschickt ist. Ihr lebet, grausame Feinde! und wir wünschen euch, noch so lange zu leben, bis ihr zur Erkenntniß eurer Ungerechtigkeit kommet; und dereinst das unschuldige Blut unserer Brüder, unserer liebsten Glaubensbrüder, mit euren eigenen Thränen abwaschen werdet. ❖

Politik

Einleitung

Rechte sind erst wirksam, wenn sie *politisch* durchgesetzt werden. Das gilt selbstverständlich auch für das Recht auf Gewissensfreiheit. Deshalb spielt in der Geschichte, die zum Durchbruch der Toleranz geführt hat, die konkrete Politik eine ausschlaggebende Rolle. Das ist in den vorangegangenen Abschnitten bereits deutlich geworden. Es sei hier noch einmal eigens herausgestellt. Im Zentrum des Interesses sollen dabei weniger die unmittelbaren historischen Ereignisse stehen, welche die jeweilige Politik so oder so ausfallen haben lassen, sondern die Gesetzgebungen, die entweder durch Vereinbarung, durch Erlassung oder durch gemeinschaftliche Beschlußfassung zustande gekommen sind und auf unterschiedliche Weise sowie in unterschiedlichem Ausmaß Toleranz festgeschrieben haben.

Wie nicht anders zu erwarten, brauchte es viele Jahrhunderte, bis Sätze wie die folgenden zum Gesetz erhoben wurden: „Alle Menschen sind von Natur aus gleichermaßen frei und unabhängig und besitzen gewisse angeborene Rechte [...] und zwar den Genuß des Lebens, der Freiheit und dazu die Möglichkeit, Eigentum zu erwerben und zu besitzen und Glück und Sicherheit zu erstreben und zu erlangen. [...] Religion oder die Pflicht, die wir unserem Schöpfer schulden, und die Art, wie wir ihr nachkommen, kann lediglich durch Vernunft oder Überzeugung geleitet werden, nicht durch Zwang oder Gewalt, und deshalb haben alle Menschen gleichen Anspruch auf freie Ausübung der Religion gemäß den Geboten des Gewissens [...]." (*Bill of Rights* von Virginia 1776, Artikel 1 und 16) „Alle Menschen sind und bleiben von Geburt frei und gleich an Rechten. [...] Das Ziel jeder politischen Vereinigung ist die Erhaltung der natürlichen und unverjährbaren Menschenrechte. Diese Rechte sind Freiheit, Eigentum, Sicherheit und Widerstand gegen Unterdrückung.

[...] Niemand soll wegen seiner Meinungen, selbst religiöser Art, beunruhigt werden, solange ihre Äußerung nicht die durch das Gesetz festgelegte öffentliche Ordnung stört. Die Mitteilung der Gedanken und Meinungen ist eines der kostbarsten Menschenrechte. [...]" (*Déclaration des droits de l'homme et du citoyen* der Französischen Nationalversammlung 1781, Artikel 1, 10 und 11).

Was für die Zeit vor der zweiten Hälfte des 18. Jahrhunderts von Geschichts- und Politikwissenschaft gerne als „Toleranzedikt" bezeichnet wird, verdient bei näherer Betrachtung diese Bezeichnung kaum. Nicht von ungefähr kommt der Begriff in den politischen Vereinbarungen und Gesetzgebungen, die durch ihn bezeichnet werden sollen, nicht vor. Der Grund hiefür liegt nicht allein darin, daß es in der Zeit ihrer Abfassung das Wort „Toleranz" im Sinne der Moderne überhaupt noch nicht gab, sondern vielmehr auch darin, daß er – angenommen, der Begriff wäre bereits so wie heute verwendet worden – nicht einmal sachlich entsprochen hätte. Was so gut wie jedesmal fehlte, war eine tolerante Gesinnung, aus der eine freiwillige und überzeugte Anerkennung der Andersdenkenden hätte erwachsen können. An deren Stelle herrschte der politische Opportunismus, der es – häufig entgegen den Intentionen der handelnden Personen – geraten sein ließ, sich den faktischen Machtverhältnissen zu beugen. So entschlossen sich 311 und 313 die römischen Kaiser Galerius, Licinius, Maximinus Daia und Konstantin zu ihren Edikten, die den Christen zunächst Duldung und schließlich sogar bereits Privilegierung brachten, nicht etwa deshalb, weil sie plötzlich vom christlichen Glauben überzeugt gewesen wären, sondern deshalb, weil sie die Erfolglosigkeit und Kontraproduktivität der Christenverfolgungen ihrer Vorgänger einsahen. Ebensowenig kam 1555 der Augsburger Religionsfriede aus überraschender ökumenischer Gesinnung bei Katholiken und Protestanten zustande, sondern vor allem deshalb, weil Kaiser Karl V. aufgrund seines politischen Engagements an anderen Fronten des Habsburger Reiches eine Verständigung zwischen den Konfessionsgemeinschaften in Deutschland dringend brauchte und darüber hinaus die neu entstandenen Machtverhältnisse im Reich anerkennen mußte.

Als was man derartige „Toleranzedikte" verstand, zeigt nicht zuletzt der Umstand, daß man sie bei Gelegenheit wieder aufkündigen konnte – als rein politische Vereinbarungen nämlich, zu denen man sich im Kontext konkreter Machtkonstellationen genötigt sah, keinesfalls jedoch als Durchbrüche eines neuen kulturellen, politischen bzw. rechtlichen Bewußtseins, dem man mit der Fixierung von Rechten – etwa im Rahmen einer Verfassung – ein für allemal hätte Ausdruck verschaffen wollen. Ein Beispiel dafür bietet das Edikt von Nantes 1598. In ihm konzidierte König Heinrich IV., der selbst während seines Lebens nicht weniger als sechsmal die Konfession gewechselt hatte – von ihm stammt der Ausspruch „Paris ist ein Messe wert" (1594) –, den französischen Protestanten (Hugenotten) nach jahrzehntelangen blutigen Religionskriegen und Verfolgungen das Recht auf die freie Ausübung ihrer Religion. Nicht einmal ein Jahrhundert später, genau am 10. Oktober 1685, wurde es durch Ludwig XIV. im Edikt von Fontainbleau wieder aufgehoben.

Wie wenig bei diesen ‚Toleranzedikten' bereits Toleranz im heutigen Sinne im Spiel ist, zeigt zusätzlich der Umstand, daß sie immer nur für bestimmte Gruppen der Gesellschaft bzw. für bestimmte Stände galten, keinesfalls für alle Mitglieder des jeweiligen Gemeinwesens. Beispielsweise brachte die berühmte *Magna Charta libertatum* von 1215 in England nicht etwa sämtlichen Bürgern des Königreiches Freiheiten und Rechte, sondern lediglich den Mitgliedern der ständischen Korporation. Ebensowenig bedeutete der genannte Augsburger Religionsfriede einen Frieden für alle Religionsgemeinschaften. Ausdrücklich wurde das, was man als „Sekten" definierte, darvon ausgenommen. Selbst als man sich in Großbritannien im 17. Jahrhundert – endgültig 1689 in der *Bill of Rights* – zur Anerkennung von Rechten für *jeden* Engländer durchgerungen hatte, schloß man immer noch die Katholiken als Bürger zweiter Klasse davon aus. Ähnliches läßt sich für das Toleranzpatent Kaiser Josephs II. aus dem Jahre 1781 konstatieren: Es bezog sich zum einen ausschließlich auf christliche Konfessionsgemeinschaften und stellte zum anderen den Vorrang des Katholizismus als Staatsreligion außer Streit, was wiederum bedeutete, daß der Freiheitsraum der „accatholischen Unterthanen" von vornherein auf Grenzen stieß. Zu guter Letzt sind die englischen und französischen Aufklärer zu erwähnen, die sich bei aller Forderung nach Toleranz nicht vorstellen konnten, daß diese auch für Atheisten gelten dürfe.

Das Motiv für Toleranz bildeten schließlich sogar rein wirtschaftliche Interessen. Überraschenderweise ist dies genau dort der Fall, wo man den endgültigen Durchbruch der religiösen Toleranz erblickt, nämlich in jenen Gesetzgebungen, die in der zweiten Hälfte des 18. Jahrhunderts die Gründung der Vereinigten Staaten von Amerika besiegelten. Weit mehr als weltanschaulich-ethische Überlegungen scheinen hier pragmatische Gründe den Ausschlag gegeben zu haben. Intoleranz gefährdet, wie die aus Europa stammenden Siedler leidvoll erfahren hatten, Handel und Gewerbe. Daher legte sich Toleranz schon allein aus ökonomischem Kalkül nahe. Daß wiederum diese Basis nicht notwendig eine religiöse, weltanschauliche und gesellschaftliche Toleranz nach sich ziehen mußte, illustriert noch einmal die weitere Geschichte der USA überdeutlich: Allen Erklärungen für allgemeine Menschen- und Freiheitsrechte zum Trotz blieb es möglich, Sklaven aus Afrika zu halten und Indianer, wo immer sie sich wirtschaftlichen Interessen entgegenstellten, zu vernichten.

So vorläufig, einseitig und fragwürdig diese sogenannten ‚Toleranzedikte' aber auch waren, sie bildeten dennoch die Grundlage für jene Gesetzgebungen, die ab der Zeit der Aufklärung sowie der Französischen Revolution – ab Mitte des 18. Jahrhunderts – die Toleranz im eigentlicheren und strengeren Sinne festschreiben sollten. Jedenfalls griff man auf sie zurück. Man berief sich auf sie und stellte ausdrückliche Verbindungen zu ihnen her. Insofern bilden sie trotz aller Grenzen, die ihnen anhafteten, wesentliche Stationen jenes *Weges*, der letztendlich zur verfassungsmäßig gebotenen Toleranz führte. In ihrem Zusammenhang bilden sie die Geschichte einer Bewußtwerdung, in der von Schritt zu Schritt deutlicher wurde, daß Toleranz nicht bloß darin gründen kann, daß ein Gemeinwesen auf der Basis realpolitischer oder wirtschaftlicher Tatsachen gewisse Rechte konzidiert, sondern daß sie aus der Anerkennung von Rechten resultiert, die jedem Menschen als solchem zustehen. Was in anderen Worten mit politischer bzw. ökonomischer Opportunität beginnt, endet mit der Einsicht in die Existenz von Menschenrechten.

DAS TOLERANZPATENT KAISER JOSEPHS II. (1781)

Das sogenannte *Toleranzpatent Kaiser Josephs II.* (1741–1790, Kaiser seit 1764/5), das am 23. September 1781 erstmals publiziert und anschließend in den diversen habsburgischen Thronländern mit leichten Modifikationen bzw. in offiziellen Übersetzungen bis 30. Mai 1782 bekannt gemacht wurde, gilt zu Recht als ein Markstein in der Geschichte der Toleranz-Gesetzgebung. Daran ändert auch der Umstand nichts, daß es nur für christliche Minderheiten („den Akatholischen, das ist augsburgischen und helvetischen Confessions-Verwandten, so wie den Graecis non unitis") erlassen wurde, deren Religionsausübungen stark auf den nicht-öffentlichen Bereich (auf „das exercitium privatum") beschränkte und dadurch den Vorrang des Katholizismus („der dominanten Religion") außer Zweifel stellte. Haftet ihm darüber hinaus immer noch der

Charakter einer *Gewährung*, nicht der *Anerkennung* unveräußerlicher Rechte aller Menschen an, läuft es im Letzten auf einen politischen Kompromiß hinaus, der den Widerstand der gegnerischen Kräfte in Kirche, Adel, Hofkanzlei und Provinzverwaltung so gering wie möglich halten wollte, ja steckt dahinter sogar ein politisches, nicht zuletzt ökonomisches Kalkül, das keiner großen weltanschaulich-ideologischen Begründung bedurfte, so setzte es doch für weite Teile Europas Beachtliches durch: „Der rechtliche Status der christlichen Minderheiten wurde durch Gesetz festgelegt, ihnen die Kultfreiheit [...] zugestanden; in den Provinzen, wo ihr Bekenntnis verboten gewesen war, konnten sie nun aus dem Untergrund auftauchen, unverhüllt Gemeinden gründen. Auch die Stellung der katholischen Kirche änderte sich: Der Katholizismus blieb zwar Staatsreligion, sie aber nicht die alleinige Kirche, lediglich die dominante. Bürgerrechtlich verschwand der Unterschied zwischen Katholiken und Nichtkatholiken in solchem Maße, daß geradezu von einer Emanzipation gesprochen werden kann." (J. Karniel)

Daß das Toleranzpatent letztendlich auch Ausdruck einer inneren Überzeugung und Haltung Kaiser Josephs II. ist, die wesentlich weiter reichte und prinzipieller galt, als der veröffentlichte Text vermuten läßt, beweist nicht nur der Umstand, daß zwischen 1781 und 1789 zusätzlich insgesamt 9 Anweisungen, Dekrete und Patente zugunsten der Juden in fast allen Erbländern erlassen wurden, sondern ebenso die Vorgeschichte, die zum berühmten Patent von 1781 geführt hat. In dieser tritt Joseph II. unverkennbar als der eigentliche Promotor der gesamten Entwicklung auf. Natürlich gibt es neben ihm auch andere Persönlichkeiten, ohne die er nicht an sein Ziel gelangt wäre: Allen voran den Staatskanzler Graf Wenzel Anton von Kaunitz, Fürst von Kaunitz-Riedberg (1711–1794), der schon unter Kaiserin Maria Theresia (1717–1780, Kaiserin ab 1740) in einem bedeutenden Memorandum vom 13. Oktober 1777 den „Wendepunkt der Habsburger Politik gegenüber den religiösen Minderheiten" (J. Karniel) herbeiführte und bis in die Textierung des Toleranzpatents von 1781 hinein (wenigstens in der Präambel) wesentlichen Einfluß ausübte, den Königgrätzer Bischof Johann Leopold Hay (1735–1794), der sowohl in geistlicher wie in pastoraler Hinsicht im Sinne einer „toleranten Mission" das Patent in Böhmen und Mähren vorbereitete und kirchlicherseits stützte, sowie Franz Joseph Freiherr von Heinke (1726–1803), Mitglied der Geistlichen Hofkommission, der aller Wahrscheinlichkeit nach das Patent ausformulierte. Und selbstverständlich wurde Joseph II. zu seinen Zielsetzungen inspiriert, wobei es vermutlich nicht die Philosophen der Aufklärung waren, die französischen Enzyklopädisten – anläßlich seiner Frankreichreise 1777 lehnte es Joseph ab, Voltaire zu treffen, darüber hinaus verbot er die Auslieferung seiner Werke –, sondern eher unmittelbare Lehrer wie die Juristen Christian August Freiherr von Beck (1720–1781?) und Karl Anton Freiherr von Martini (1726–1800), enge Berater seiner Mutter wie deren persönlicher Leibarzt Gerhard van Swieten (1700–1772) sowie persönlicher Anschauungsunterricht im Zusammenhang zahlreicher Reisen in die habsburgischen Erblande (besonders 1753 nach Siebenbürgen, 1781 nach Holland) und Begegnungen mit überragenden Persönlichkeiten wie 1769 mit dem preußischen Erzfeind Friedrich II. dem Großen (1712–1786) oder 1777 mit dem französischen Staatsminister und Wirtschaftswissenschaftler Anne Robert Jacques Turgot (1727–1781). Dennoch kam es wesentlich auf den Willen und die Entschlossenheit Josephs II. an, daß in den habsburgischen Ländern eine Toleranz-Gesetzgebung eingeführt und durchgesetzt wurde. Wie nämlich nicht anders zu erwarten, stieß er mit seinem Vorhaben auf energischen Widerstand seitens eines überwiegenden Teiles des katholischen Klerus, seitens des Adels in sämtlichen Ländern des Reiches sowie – nicht zu unterschätzen – seitens seiner eigenen Wiener Hofkanzlei und der kaiserlichen Behörden in den diversen Provinzen.

Von großer Bedeutung war nicht zuletzt der Widerstand seiner Mutter Kaiserin Maria Theresia, der er 15 Jahre lang als Mitregent zur Seite saß. Wie der im folgenden abgedruckte Briefwechsel zwischen Mutter und Sohn dokumentiert, konnte Maria Theresia Toleranz mit ihrem Gewissen nicht vereinbaren. Obwohl sie in einem Handbillett an die böhmisch-österreichische Hofkanzlei (datiert auf den 14. November 1777) das bereits erwähnte Memorandum ihres Staatskanzlers Kaunitz (vom 13. Oktober desselben Jahres) billigte und in seinen Formulierungen sogar wörtlich übernahm, dadurch die politisch brisant gewordene Situation in Böhmen, Mähren und Ungarn entscheidend entspannte und so etwas wie eine „diskrete Toleranz" zuließ, so schreckte sie doch vor einer offiziellen Gewährung von Toleranz gegenüber den Protestanten zurück. Als Kind einer anderen Zeit, in der ein barocker Katholizismus nicht zuletzt durch sie selbst zu höchster Blüte gelangt war, verstand sie neue Phänomene wie die Massendemonstrationen zugunsten einer anderen Konfession – so geschehen 1777 und 1780 in Mähren im Namen des Protestantismus – nicht mehr. Ihre Regierungszeit endet daher mit dem widersprüchlichen Resultat, daß einerseits durch sie so gut wie allen nicht-katholischen Religionsgemeinschaften zum Teil erhebliche Erleichterungen verschafft worden waren, daß andererseits aber eine gesetzlich verbürgte Gewissens- und Religionsfreiheit praktisch keine

Realisierungschance gewonnen hatte. Letzteres sollte erst ihr Sohn Joseph II., als er 1780 die Alleinherrschaft antrat, nachhaltig verändern.
Da das Toleranzpatent selbst in den allermeisten Anthologien zum Thema „Toleranz" zu finden ist und darüber hinaus in vielen Geschichtsbüchern abgedruckt wurde, sind im folgenden andere Texte zu lesen, die sowohl in das geistige als auch in das faktische Umfeld des Patents von 1781 gehören: Zum einen der bereits erwähnte Briefwechsel zwischen Joseph II. und Maria Theresia anläßlich der protestantischen Unruhen in Mähren aus dem Jahre 1777, zum anderen ein anonymer, mit großer Wahrscheinlichkeit von Franz Joseph Freiherr von Heinke verfaßter Artikel, der auf ausdrücklichen Befehl Josephs am 3. September 1781 im Staatsrat diskutiert wurde und der die geistigen Grundlagen des Toleranzpatents enthält, welches vermutlich derselbe Freiherr von Heinke gleichzeitig in seine endgültige Textierung brachte. Beide Texte mögen illustrieren, was hinter der Aussage an Konfliktstoff und an persönlicher Entschlußkraft stand, daß Joseph II. „überzeuget [war] einerseits von der Schädlichkeit alles Gewissenszwanges und andererseits von dem großen Nutzen, der für die Religion und den Staats aus einer wahren kristlichen Toleranz entspringet".

Von der Pflicht zur Toleranz

Briefwechsel Kaiserin Maria Theresias und Kaiser Josephs II. im Jahre 1777
Joseph II. an Maria Theresia im Juni 1777
Was die Angelegenheiten betrifft, deretwegen mich Ihre Majestät sprechen will, so überzeugen mich die offenen Bekundungen des Irrglaubens in Mähren immer mehr von meinen Prinzipien: der Glaubensfreiheit, und daß es nur mehr eine Religion geben wird, welche jene sein wird, nach der alle Einwohner zum Wohl des Staates geleitet werden. Ohne sich zu dieser Methode zu bequemen wird man nicht mehr Seelen erretten, hingegen weit mehr nützliche und notwendige Körper verlieren. Die Dinge nur halb tun, stimmt nicht zu meinen Prinzipien; man bedarf entweder einer völligen Freiheit des Kult, oder Sie müssen Alle aus Ihren Ländern vertreiben können, die nicht dasselbe glauben wie Sie, und die nicht die gleiche Form annehmen, um den gleichen Gott anzubeten und dem gleichen Nächsten zu dienen. Wenn man aber, auf daß ihre Seelen nach dem Tode nicht verdammt werden, vortreffliche Arbeiter und gute Untertanen während der Zeit ihres Lebens ver-

treibt und sich dadurch aller Vorteile beraubt, die man von ihnen zu ziehen vermöchte, welche Macht maßt man sich dadurch an? Kann man sie so weit ausdehnen, daß man über die göttliche Barmherzigkeit urteilen, die Menschen gegen ihren Willen erretten, ihrem Gewissen befehlen will? So lange der Dienst des Staates besorgt, das Gesetz der Natur und der Gesellschaft beobachtet wird, so lang Euer höchstes Wesen nicht entehrt, sondern respektiert und angebetet wird, was habt Ihr zeitliche Verwalter Euch in andere Dinge zu mischen? Der heilige Geist soll die Herzen erleuchten; Eure Gesetze werden nie etwas anderes erreichen, als seine Wirkungen zu schwächen. Das ist meine Meinung; Eure Majestät kennen sie, und ich besorge, daß meine vollständige Überzeugung mich mein ganzes Leben hindurch hindern wird, sie zu ändern.

Maria Theresia an Joseph II. am 5. Juli 1777
Dieser Brief wird Sie in der Schweiz treffen; diese Leute erkennen nicht den Wert Ihrer Gegenwart. Allen Ausschweifenden und Verbrechern ein Asyl, beherbergt sie auch einige unserer Frauen, welche Sie, wie ich hoffe, nicht sehen werden. Sie wären unverschämt genug, darnach zu trachten, und zu meinem großen Schmerze muß ich sagen, in Bezug auf die Religion wäre nichts mehr zu verderben, wenn Sie auf dieser allgemeinen Toleranz zu beharren gedenken, von der Sie behaupten, daß sie ein Grundsatz von Ihnen sei, von dem Sie niemals abgehen werden. Ich hoffe es dennoch, und ich werde nicht aufhören zu beten und würdigere Menschen als ich bin, beten zu machen, daß Gott Sie vor diesem Unglück bewahre, dem größten, welches die Monarchie jemals zu ertragen gehabt hätte. In dem Glauben, Arbeiter zu besitzen, sie zu erhalten, ja sie sogar heranzuziehen, werden Sie Ihren Staat zu Grunde richten und Schuld sein an dem Verderbnisse so vieler Seelen. Wozu würde es Sie führen, die wahre Religion zu besitzen, wenn Sie sie so wenig schätzen und lieben, wenn Ihnen so wenig daran liegt, sie zu erhalten und zu vermehren? Ich sehe diese Gleichgültigkeit an den Protestanten nicht; ich wünschte im Gegenteil, daß man sie nachahme, indem gar kein Staat eine solche Gleichgültigkeit bei sich zuläßt. Sie werden die in dieser häßlichen Schweiz sehen; man beobachtet dort täglich und versucht das, was sich im deutschen Reiche, in England, in Sachsen, Baden, Holland usw. mit Ausnahme von Preußen zuträgt, ist aber das Land darum glücklicher? Besitzt es jene Arbeiter, jene Leute, welche dem Staate so notwendig sind, um ihn blühend zu machen? Es gibt keine weniger glücklichen Länder, keine, die in dieser Beziehung weiter zurück sind als jene Provinzen. Des guten Glaubens bedarf man und unverrückbarer Regeln; wo wollen Sie sie finden oder erhalten?

Politik

Joseph II. an Maria Theresia am 20. Juli 1777

[...] Um Ihren langen und gütigen Brief zu beantworten, müssen Sie mir gestatten Ihnen zu sagen, daß das Gemälde und die Schlußfolgerungen, welche Eure Majestät aus dem ableiten, was ich Ihnen hinsichtlich der Protestanten zu schreiben wagte, die in Mähren entdeckt wurden, mich derart erstaunte und ergriff, daß ich mich im Augenblicke gar nicht zu erinnern wußte, ob Ähnliches aus Irrtum meiner Feder entfloß, während ich doch weit davon entfernt bin es zu denken. Glücklicherweise entriß mich das Wort Toleranz, welches Sie die Güte gehabt haben mir zu wiederholen, meinem Zweifel, und ich verwandelte meinen ganzen Schrecken in eine zärtliche und lebhafte Erkenntlichkeit für die wahrhaft rührende, heroische, männliche und kräftige Güte, mit der Sie mir die Schlußfolgerungen enthüllen, die Sie daraus ziehen. Das Wort Toleranz allein ist es jedoch, welches das Mißverständnis verursachte. Sie haben es in einem ganz anderen Sinne genommen. Gott bewahre mich davor zu denken, daß es gleichgültig sei, ob die Staatsangehörigen protestantisch werden oder Katholiken bleiben, und noch weniger, ob sie dem Kult anhängen oder ihn wenigstens beobachten, den sie von ihren Vätern überkamen. Alles was ich besitze, würde ich darum geben, wenn sämtliche Protestanten Ihrer Staaten zum Katholizismus übertreten würden!

Bei mir will das Wort Toleranz nur sagen, daß ich in allen bloß irdischen Dingen jedermann ohne Unterschied der Religion anstellen würde, ihn Güter besitzen, Gewerbe ausüben, Staatsbürger sein ließe, wenn er hiezu befähigt und dem Staate und seiner Industrie zum Vorteile wäre. Diejenigen, welche unglücklicher Weise einem falschen Glauben anhängen, sind viel entfernter von ihrer Bekehrung, wenn sie in ihrem Lande verbleiben, als wenn sie in ein anderes übersiedeln, wo sie die überzeugenden Wahrheiten des katholischen Glaubens hören und sehen. Ebenso macht die ungestörte Ausübung ihres Kultus sie zu viel besseren Untertanen und läßt sie Religionslosigkeit vermeiden, welch letztere für die Verführung unserer Katholiken weit gefährlicher ist, als wenn man jene ihren Kult ungehindert beobachten läßt. Wenn die Protestanten diese Methode in ihren Staaten nicht allgemein annehmen, so geschieht dies, weil ihre Leitung die Klarheit und den Scharfblick der unsrigen flieht, und weil es für Republiken schwieriger ist, ähnliche Änderungen zu unternehmen. Wenn ich endlich die Muße hätte, die ein Brief nicht gewährt, so würde ich wohl den Beweis führen können, daß wie ich die Sache betrachte, ich mich unmittelbar darauf vor dem verehrungswürdigen Richterstuhle einzufinden vermöchte, der über mein ewiges Schicksal entscheiden wird. Gewiß würde dann niemand Lutheraner oder Calvinist werden; in allen Religionen würde es weniger Ungläubige geben, der Staat würde viel dabei gewinnen, und ich kann nicht glauben, daß alles dies vereinigt mich vor den

Augen Gottes schuldig erscheinen ließe. Mir wenigstens schiene es weder mit seiner Vollkommenheit noch mit dem Amte vereinbar, welches er mir übertrug, indem er mich zum Diener von fünfzehn Millionen Menschen gemacht hat. [...]

Maria Theresia an Joseph II. Ende Juli 1777
Ohne herrschende Religion? Die Toleranz, die Gleichgültigkeit, das sind die wahren Mittel, alles zu untergraben, auf daß nichts mehr sich halte; wir anderen werden dann am schlimmsten dabei fahren. Nicht das Edikt von Nantes ist es, welches jene Provinzen zu Grunde gerichtet hat; in Bordeaux gab es niemals ein solches Edikt, und das Land ist darum nicht reicher. Jene unglücklichen Pachtungen sind es, die schlechte Verwaltung, die schwachen oder ränkesüchtigen Minister, die das Land ruinierten, welches eine so überaus günstige Lage besitzt, der Mangel an Religion bei jenen Beamten, die nur mit ihren eigenen Interessen oder Leidenschaften beschäftigt sind; dadurch wird alles zu Grunde gerichtet. Welchen Zügel gibt es noch für diese Art von Leuten? Keinen, weder den Galgen noch das Rad, außer der Religion oder indem man grausam gegen sie wird, keinen Menschenfreund, wie diese jetzt so gewöhnliche Phrase heißt, wobei jeder seinen Gedanken sich überläßt. Ich sage nur im politischen Sinne, nicht als Christin: nichts ist so notwendig und heilsam als die Religion. Wollen Sie zugeben, daß jeder sich eine solche nach seiner eigenen Phantasie entwerfe? Keinen festgestellten Kult, keine Unterordnung unter die Kirche, was soll dann aus uns werden? Die Ruhe, die Zufriedenheit werden nicht daraus hervorgehen, das Faustrecht und andere unglücklichen Zeiten, wie man deren bereits gesehen, werden hieraus folgen. Eine solche Kundgebung von ihrer Seite kann das größte Unglück hervorrufen und Sie verantwortlich machen für viele Tausend von Seelen. Was aber habe ich erst zu leiden, wenn ich Sie in so irrigen Meinungen befangen sehe? Es handelt sich nicht bloß um das Glück des Staates, um Ihre Erhaltung, um die eines Sohnes, der seit seiner Geburt das einzige Ziel meiner Handlungen ist; es handelt sich um das Heil Ihrer Seele. Indem Sie überallhin blicken und horchen, indem Sie Ihren Geist des Widerspruchs mit dem gleichzeitigen Bestreben vermengen, irgendetwas zu schaffen, richten Sie sich zu Grunde und ziehen zugleich mit Ihnen die Monarchie in den Abgrund, vernichten Sie das Resultat all der schweren Sorgen Ihrer Vorfahren, die uns mit großer Mühe diese Provinzen hinterlassen und ihren Zustand sehr verbessert haben, indem sie, nicht gleich unseren Gegnern mit Kraft und Grausamkeit, sondern mit Sorgfalt, Mühe und Auslagen unsere heilige Religion daselbst einführten. Kein Geist der Verfolgung, aber noch weniger einer der Gleichgültigkeit oder des Tolerantismus; hieran hoffe ich mich zu halten so lange ich lebe, und ich

wünsche nur so lange zu leben, als ich hoffen darf, mit dem Troste hinabzusteigen zu meinen Ahnen, da mein Sohn ebenso groß, ebenso religiös sein wird wie seine Vorfahren, daß er zurückkehren wird von seinen irrigen Anschauungen, von jenen schlechten Büchern, deren Verfasser ihren Geist glänzen lassen auf Kosten alles dessen, was das Heiligste und Verehrungswürdigste auf der Welt ist, welche eine eingebildete Freiheit einführen wollen, die niemals zu existieren vermag, und die in Zügellosigkeit umschlägt und in gänzlichem Umsturz. […]

Joseph II. an Maria Theresia am 23. September 1777
Meine Pflicht und die unverbrüchliche Anhänglichkeit, die ich Ihrem Dienste und selbst Ihrem Ruhme gewidmet habe, zwingen mich Ihnen ehrfurchtsvoll vorzustellen, daß die erlassenen und vor wenigen Tagen hier eingetroffenen Befehle in bezug auf die in Mähren befindlichen Irrgläubigen, wovon ich Ihnen Abschrift übersende, allem, was man jederzeit als die Grundsätze erkannte, die unsere Religion und eine gute Verwaltung, ja ich möchte sogar sagen, der gesunde Menschenverstand erheischen, so entschieden entgegengesetzt sind, daß ich, auf Ihren Scharfblick vertrauend, nicht im entferntesten zweifle, Sie werden, sobald Sie darum wissen und sie gesehen haben, die ebenso notwendige als dringende Abhilfe treffen. Kann man sich etwas Abgeschmackteres denken als diese Befehle enthalten? Wie, um Leute zu bekehren, macht man sie zu Soldaten, sendet sie in die Bergwerke oder zwingt sie zur Verrichtung anderer öffentlicher Arbeiten? Seit der Verfolgungszeit beim Beginne des Lutheranismus hat man desgleichen nicht gesehen, und es wäre von einer Wirkung, die ich nie ausreichend zu schildern vermöchte. Ich finde mich daher verpflichtet, aufs entschiedenste zu erklären, und ich werde es beweisen, daß wer immer dieses Reskript ersann, der unwürdigste Ihrer Diener und daher ein Mann ist, der nur meine Verachtung verdient, denn seine Arbeit ist ebenso unvernünftig als verfehlt. Ich flehe Eure Majestät an, in dieser wichtigen Angelegenheit in jeder Weise andere Personen als diejenigen zu Rate zu ziehen, welche derlei Dinge erdenken. Und da ich hoffe, daß Sie durch Widerruf dieses Edikts rasch Abhilfe schaffen werden, muß ich Sie gleichzeitig ehrfurchtsvoll versichern, daß wenn solche Sachen während meiner Mitregentenschaft geschehen soll, Sie mir gestatten werden, den mir so sehr erwünschten Entschluß zu fassen, mich loszusagen von allen Geschäften, und der ganzen Welt kund zu geben, daß ich in nichts und für nichts mich an ihnen beteilige. Mein Gewissen, meine Pflicht und das, was ich meinem Rufe schuldig bin, verlangen dies von mir.
Eure Majestät werden mir die Art und Weise verzeihen, in der ich mich ausspreche, aber sie ist wahr, ist tief gefühlt, und der Gegenstand verdient es.

Von Ihnen allein hängen die Wirkungen ab, die ich jederzeit mit der größten Untergebenheit erwarte. [...] ❖

Vom Nutzen der Toleranz für den Staat

Anonymus: Betrachtungen über Religionsdifferenzen
Es ist unstreitig, dass der Unterschied der Religion in einem Lande vieles Unheil schon angestiftet oder wenigstens viele Behindernisse in Beförderung des Nutzens des Staates gemacht hat. Es müssen also vorsichtige Grundsätze und gutgeleitete Anordnungen erlassen werden, durch welche ein solches System gebauet werde, welches in seinen Grundsätzen unumstösslich und zu allen Zeiten, in allen Gelegenheiten und für alle Personen brauchbar sei. beschwerlich wäre dieses ganz gewiss zu finden, wenn nicht ein sicheres, lang anhaltendes, keinem Anstand je unterworfenes Beispiel demselben blind nachzufolgen mit sicherster Hoffnung anreizte, nämlich jenes vom Militari, wo von der untersten Stufe bis auf den Feldmarschall und Kriegspräsidenten inclusive in keiner Gelegenheit der Unterschied der Religion im Geringsten betrachtet wird. Ein Jeder wird nach seiner Aufführung, nach seiner Fähigkeit, nach seinem Fleiss und Diensteifer behandelt, Jeder kann glauben, was er für's Beste zu sein sich überzeugt hat. Er kann seinen Religionsübungen nachgehen, wenn er nur an seiner Amtsschuldigkeit nicht das Geringste vernachlässigt, und es wird noch pro noch contra zu reden gestattet, noch auch gelüstet es Jemanden den Andern zu verführen oder irre zu machen. Die Bekehrungen sind dennoch sehr häufig und nicht der Heuchelei ähnlich. Sollte dieses nämliche Beispiel nicht auch bei dem Civili und allen Insassen mit bester Frucht gebrauchet werden können? sollten nicht alle dagegen streitende alte Vorurtheile und theils erlassene Gesetze gehoben werden können? welche mit all ihrer Strenge und Schärfe nichts für die Bekehrung gefruchtet und dem Staat sehr Vieles geschadet haben. Dies ist das Einzige, was einen guten Erfolg vergewissert und welches Jedermann von dem Frömmsten bis auf den leichtest Denkenden einleuchten muss, dass nämlich bei so bestehender unglücklicher Trennung der christlichen Kirche das einzige Mittel für den Staat sei, alle fanatische Vorliebe dem Irrglauben und allen Verfolgungsgeist dem Wahrdenkenden zu benehmen. Jedermann wäre also die vollkommene Ruhe seines Gewissens zu verschaffen, durch die Möglichkeit der Ausübung der äusserlichen Gebräuche seiner Religion, diese ihm nicht zu erschweren und zugleich wegen dieser Ursache nicht auch den Staat eines sonst tüchtigen Individui zu berauben. Auf diese Art werden in Kurzem noch Verfolger noch

Controversprediger noch auch fanatische Anhänger falscher Lehre anzutreffen sein, derweil als sie jetzo sozusagen selbst gebildet werden. Der Gnade Gottes und dem guten Beispiel allein muß die Personalseligmachung eines Jeden überlassen werden. Um zu diesem heilsamen Endzweck zu gelangen, scheinen folgende Sachen einzuführen und zum Theil zu beheben sein, nämlich: dass allen Unterthanen nach einer zu bestimmenden Zahl der Seelen ein ihrer Religion gemässes privates Exercitium gestattet werde, ohne Rücksicht ob es jemals gebräuchlich, eingeführt oder nicht war, der dominanten Religion allein bleibe das öffentliche, den übrigen zwei protestantischen aber samt der schon bestehenden schismatischen aller Orten, wo es nach der Anzahl der Menschen und nach den Facultäten der Inwohner möglich wäre, das Privat-Exercitium erlaubet. Unter Privat-Exercitium verstehet sich kein anderer Unterschied mit der dominanten Religion, als dass sie kein Geläut, keine Thürme und keinen öffentlichen Eingang vor der Gasse, der eine Kirche vorstellete, sonsten aber alle Ausübungen ihrer Sacramente und Religionen frei hätten, sowohl in dem Orte selbst als in den daran liegenden. Wenn nur dieses geschähe und zugleich alle dawiderstreitenden landesbürgerliche und Zunftgesetze gehoben, die abzulegenden Eide auch einem Jedem nach seiner Glaubensart eingerichtet würden, so würde man ehestens die wahren Früchte davon spüren, und wenn nachher auch in allen Wahlen und Dienstvergebungen, wie bei dem Militari ohne mindesten Anstand täglich geschieht, nur auf die Geschicklichkeit und Redlichkeit der Prätendenten gesehen und auf ihren christlichen und moralischen Lebenswandel besondere Rücksicht nur genommen würde, so liesse sich hoffen, dass man bald zu Behebung alles Zwietrachtes und aller Streitigkeiten gelangen und den Staat mit sehr nutzbaren und geschickten Bürgern theils aus seinem Eigenen vermehren würde. Der Widerstrebende, es treffe nun wen es wolle, müsste Anfangs ernstlich ermahnet und nachher bestraft werden, wenn er sich diesen heilsamen Anordnungen entweder öffentlich oder heimlich widersetzte und selben etwas in den Weg legte. Auf diese Art würde in wenig Jahren das Gute und Nutzbare davon bewiesen werden können. ❖

Politik

GRUNDRECHTSERKLÄRUNG DES STAATES VIRGINIA (1776)

Ingesamt folgenreicher als das Toleranzpatent Josephs II. wurde die *Bill of Rights* vom 12. Juni 1776, die Grundrechtserklärung des Staates Virginia in Nordamerika. Wie die kurze Zeit später – am 4. Juli 1776 – erfolgte Unabhängigkeitserklärung der Vereinigten Staaten von Amerika ist sie aus der Überzeugung heraus entstanden, „daß alle Menschen gleich erschaffen worden, daß sie von ihrem Schöpfer mit gewissen unveräußerlichen Rechten begabt worden, worunter sind Leben, Freyheit und das Bestreben nach Glückseligkeit; daß zur Versicherung dieser Rechte Regierungen unter den Menschen eingeführt worden sind, welche ihre gerechte Gewalt von der Einwilligung derer, die regiert werden, herleiten; daß sobald einige [eine] Regierungsform diesen Endzwecken verderblich wird, es das Recht des Volkes ist sie zu verändern oder abzuschaffen, und eine neue Regierung einzusetzen, die auf solche Grundsätze gegründet, und deren Macht und Gewalt solchergestalt gebildet wird, als ihnen zur Erhaltung ihrer Sicherheit und Glückseligkeit am schicklichsten zu seyn dünket." Der Wille zur Umsetzung dieser Überzeugung in politische Realität bildete zwar nicht die unmittelbare Triebfeder zum amerikanischen Unabhängigkeitskrieg bzw. zur „amerikanischen Revolution" zwischen 1775 und 1783. Diese lag vielmehr in unmittelbar wirtschaftlichen Interessen der einzelnen Kolonien sowie im Bestreben nach politischer Selbständigkeit gegenüber den alten Kolonialmächten (vor allem England). Dennoch setzte sich relativ rasch die Ansicht durch, daß beides gemeinsam verwirklicht werden müsse. Dies vor allem deshalb, weil man aus den Erfahrungen, die etliche Länder Europas gemacht hatten, wußte, daß Verfolgungen und Ausgrenzungen im Zuge religiöser Auseinandersetzungen nicht zuletzt große wirtschaftliche Rezessionen bedeuten konnten. Abgesehen davon war man aber auch geistig und weltanschaulich vorbereitet: Ein großer Teil der Siedler, die während des 17. und 18. Jahrhunderts in Nordamerika Fuß gefaßt hatten, gehörte den Religionsgemeinschaften der Baptisten, der Quäker, der Puritaner sowie der Unitarier an, die über ihr unmittelbares Ursprungsland England hinaus in der Tradition des europäischen Calvinismus einerseits sowie in der Gefolgschaft der deutsch-holländischen Wiedertäufer (Anabaptisten), der polnischen Sozianer und siebenbürgischen Unitarier (Antitrinitarier) andererseits standen. Vor allem unter dem Einfluß der Letzteren, häufig aber auch unter dem Eindruck persönlich erfahrener Verfolgungen in ihrer alten Heimat (vor allem England) waren sie tolerant gesinnt. Sie akzeptierten bzw. duldeten in den von ihnen geschaffenen Gemeinwesen zunehmend nicht nur Christen verschiedener Konfessionen, sondern ebenso andere Religionen. Im Unterschied zu den europäischen Aufklärern schlossen sie mit der Zeit nicht einmal Katholiken und Atheisten aus. Historische Realisierung erfuhr diese Haltung etwa in der von *Roger Williams* (ca. 1603–1683), einem Puritaner, 1636 gegründeten Kolonie von Rhode Island, in der von *William Penn* (1644–1718), einem Quäker, 1681/2 mitgestalteten Kolonie Pennsylvania, in der von *Lord George Calvert Baltimore* (1578/9–1632) und seinem Sohn *Lord Cecil Calvert Baltimore* (1605–1675), zwei Katholiken, um 1632 – aus überwiegend wirtschaftlichen Motiven – ins Leben gerufenen Kolonie Maryland sowie in eigenen Toleranz-Proklamationen 1664 in New Jersey und 1665 in New York. Für die Intellektuellen der amerikanischen Gründergeneration Ende des 18. Jahrhunderts war wiederum der englische Philosoph *John Locke* (1632–1704) mit seinen einflußreichen *Letters Concerning Toleration* (1689, 1692, 1702) ausschlaggebend, die ihrerseits durch die genannten evangelischen Konfessionen inspiriert und geprägt wurden – Locke selbst gehörte einem gemäßigten Puritanismus an – und nicht zuletzt unter dem Einfluß des savoyardischen Humanisten und Theologen Sebastian Castellio (1515–1563) standen.

Thomas Jefferson (1743–1826)

Wie im Falle des Toleranzpatents Josephs II. soll auch hier nicht die *Bill of Rights* selbst wiedergegeben werden. Sie ist häufig zitiert und kann in den meisten Toleranz-Anthologien eingesehen werden. Interessanter sind wiederum Texte aus dem zeitlichen Umfeld. Zwei mögen es sein: Der eine stammt von *Thomas Jefferson* (1743–1826) und enthält unter dem Titel *A Bill for Establishing Religious Freedom* ein Memorandum vom 12. Juni 1779 an die gesetzgebende Versammlung von Virginia. Dieses Memorandum sollte in die Gesetzesvorlage über die Religionsfreiheit eingehen, die nach heftigen Auseinandersetzungen 1786 zum Gesetz erhoben wurde und Virginia die Gleichberechtigung für alle Religionsbekenntnisse brachte. Es hat insofern mit der *Bill of Rights* zu tun, als Thomas Jefferson einer der Mitverfasser derselben ist und durch die zahlreichen führenden politischen Funktionen, die er im Laufe seines Lebens innehatte – Gouverneur von Virginia (1779–1781), Botschafter Amerikas in Paris (1785–1789), Außenminister unter George Washington (1789–1797), Vizepräsident unter John Adams (1797–1801) und schließlich dritter Präsident der USA (1801–1809) – als eine der zentralen Figuren der geistigen und politischen Gründung der Vereinigten Staaten von Amerika gelten muß. Als Rechtsgelehrter mit starkem Hang zur Philosophie und außergewöhnlich breitem kulturellen Horizont reflektierte er wie kaum ein anderer seiner politischen Zeitgenossen die Implikationen der religiösen Toleranz. Inspiriert durch den englischen Empirismus (John Locke) sowie durch die Philosophie der französischen Aufklärung – Jefferson erlebte den Ausbruch der Französischen Revolution als Augenzeuge mit – lehnte er jegliche Staatsreligion ab und forderte Toleranz nicht nur für jede Religion, sondern darüber hinaus auch für den Atheismus. Selbst hing er einem deistisch gefärbten, rein ethisch begründeten Christentum an. Ohne einer Religionsgemeinschaft offiziell anzugehören, pflegte er ein religiöses Leben, das sich an der Bibel und der Botschaft Jesu orientierte. Radikal ablehnend war er jeglichem Versuch einer religiösen Gemeinschaft gegenüber, Einfluß auf den Staat und seine Gesetzgebung zu nehmen.

Religionsfreiheit und Bürgerrechte

Thomas Jefferson: Gesetzesvorlage zur Errichtung religiöser Freiheit (12. Juni 1779; Papers 2: facing 305)
Unsere Überzeugung ist,
daß die Meinungen [Bekenntnisse] und der Glaube der Menschen nicht von ihrem eigenen Willen abhängen, sondern unwillkürlich der Evidenz folgen, die sich ihrer Erkenntnis aufdrängt;
daß der allmächtige Gott den Geist frei erschaffen und seinen höchsten Willen, wonach er frei bleiben solle, dadurch kundgetan hat, daß er ihn gegenüber Zwang letztlich unzugänglich sein ließ; daß alle Versuche, ihn [den Geist] durch zeitliche Bestrafungen, Belastungen oder staatliche Behinderungen zu beeinflussen, lediglich dazu beitragen, Gewohnheiten der Heuchelei und Gemeinheit zu erzeugen und eine Abweichung vom Plan des Heiligen Autors unserer Religion darstellen, der, Herr über Leib und Geist, sich dennoch dafür entschloß, diesen nicht durch Zwang gegenüber einem von bei-

den [Leib und Geist] durchzusetzen, sondern allein durch die Überzeugungskraft desselben auf die Vernunft;

daß die ruchlose Anmaßung von Gesetzgebern und Regierenden, staatlicher wie kirchlicher, die – selbst nur fehlbare und nicht inspirierte Menschen – die Herrschaft über den Glauben anderer Menschen ergriffen haben, indem sie ihre eigenen Meinungen und Denkweisen als die einzig wahren und unfehlbaren darstellten und sich bemühten, sie anderen aufzuzwingen – [daß diese Anmaßung] über den größten Teil der Erde und durch alle Zeiten hindurch falsche Religionen verbreitet und verfochten hat;

daß es sündhaft und tyrannisch ist, einen Menschen dazu zu nötigen, Geldbeiträge für die Verbreitung von Überzeugungen zu entrichten, an die er nicht glaubt und die er verabscheut;

daß darüber hinaus sogar der Zwang, diesen oder jenen Lehrer seiner eigenen religiösen Überzeugung zu unterstützen, [zum einen] bedeutet, den Anderen der wohltuenden Freiheit zu berauben, seine Unterstützungen jenem besonderen Pastor zukommen zu lassen, dessen Lebenswandel er sich zum Beispiel nehmen würde und von dessen Fähigkeiten er meint, daß sie am ehesten von Rechtschaffenheit zeugen, und [zum anderen] heißt, der Geistlichkeit jene weltlichen Belohnungen zu entziehen, die der Anerkennung ihres persönlichen Lebenswandels entspringen und die ein zusätzlicher Ansporn für ernste und unablässige Arbeit im Dienste der Belehrung der Menschheit sind;

daß unsere bürgerlichen Rechte ebensowenig von unseren religiösen Überzeugungen abhängen wie von unseren Meinungen in der Physik oder der Geometrie;

daß aus diesem Grunde einen Bürger des öffentlichen Vertrauens für unwürdig zu erklären, indem man ihn davon ausschließt, in Ämter des Vertrauens samt der entsprechenden Einkünfte berufen zu werden, solange er sich nicht zu dieser oder jener religiösen Überzeugung bekennt oder sie abschwört, heißt, ihm ungerechtfertigterweise jene Privilegien und Vorteile vorzuenthalten, auf die er gemeinsam mit seinen Mitbürgern ein natürliches Recht hat;

daß eben dies auch dazu führt, die Grundsätze gerade jener Religion zu korrumpieren, zu deren Unterstützung es [ursprünglich] hätte dienen sollen, da durch das Monopol auf weltliche Ehren und Verdienste jene bestochen werden, die bereit sind, sich bloß äußerlich zu ihr zu bekennen und anzupassen;

daß, wiewohl in der Tat diejenigen kriminell sind, die einer solchen Versuchung nicht widerstehen, jene genauso wenig unschuldig sind, die den Köder auf deren Weg ausgelegt haben;

daß die Meinungen [Bekenntnisse] der Menschen weder das Objekt der staatlichen Regierung sind noch unter deren Rechtssprechung stehen;

daß es sich um einen gefährlichen Irrtum handelt, der mit einem Mal alle religiöse Freiheit zerstört, wenn erlaubt wird, daß die staatliche Richterschaft ihre Macht auf den Bereich der Meinung [des Bekenntnisses] ausdehnt, und wenn aufgrund der Unterstellung einer bösen Absicht derselben das Bekenntnis oder die Verkündigung von Prinzipien unterdrückt wird; denn derjenige, der diese Absicht unterstellt, wird naturgemäß seine eigenen Meinungen [Überzeugungen] zum Maß der Beurteilung machen und die Überzeugungen der Anderen nur insofern gutheißen beziehungsweise verurteilen, als sie mit den seinigen konform gehen oder von ihnen abweichen;

daß, wenn Prinzipien [weltanschauliche Grundsätze] in offene Akte gegen den Frieden und die rechte Ordnung ausbrechen, für die staatlichen Behörden genug Zeit vorhanden ist, um im Sinne der rechtschaffenen Absichten der bürgerlichen Regierung einzuschreiten;

und schließlich, daß die Wahrheit erhaben ist und sich behaupten wird, wenn sie sich selbst überlassen bleibt; daß sie der rechte und ausreichende Widerpart des Irrtums ist und vom Konflikt [mit diesem] nichts zu fürchten hat, solange sie nicht durch menschliches Eingreifen ihrer natürlichen Waffen – freies Argument und Debatte – beraubt wird; Irrtümer hören auf, gefährlich zu sein, wenn es gestattet ist, ihnen frei entgegenzutreten.

Wir, die allgemeine Versammlung von Virginia, verfügen, daß kein Mensch dazu gezwungen werden soll, einen Ort der religiösen Verehrung aufzusuchen oder ein geistliches Amt zu unterstützen, noch daß er in seinem Körper oder seinem Besitz gezwungen, eingeschränkt, belästigt oder belastet werden soll, noch daß er auf irgendeine andere Weise aufgrund seiner religiösen Meinungen [Überzeugungen] oder seines Glaubens leiden soll; [wir verfügen] im Gegenteil, daß alle Menschen [darin] frei sein sollen, zu bekennen und ihre religiösen Überzeugungen mittels Argument zu verfechten, und daß dies in keiner Weise ihre Rechte als Bürger verkleinern, vergrößern oder beeinflussen soll.

Und obwohl wir wissen, daß diese Versammlung, die von den Landsleuten ausschließlich zu den gewöhnlichen Zwecken der Rechtssprechung gewählt worden ist, keine Macht hat, Verordnungen nachfolgender Versammlungen, die mit der gleichen Macht wie die unsrige ausgestattet sind, zu verhindern, und daß es daher von Rechts wegen ohne Wirkung wäre, diesen Akt als unwiderruflich zu deklarieren, sind wir dennoch frei zu deklarieren und tun es hiermit, daß die jetzt erklärten Rechte natürliche Rechte der Menschheit sind und daß, wenn später eine Verordnung verabschiedet werden sollte, die die gegenwärtige außer Kraft setzt oder ihre Geltung einengte, ein solcher Akt eine Verletzung des natürlichen Rechts darstellen würde.

Politik

Thomas Paine (1737–1809)

Auf einer gänzlich anderen Ebene, auf seine Weise aber nicht weniger erfolgreich stand der aus einer armen englischen Quäkerfamilie stammende Publizist *Thomas Paine* (1737–1809) im Dienste der amerikanischen Revolution. Er war 1774 auf Vermittlung Benjamin Franklins (1706–1790) nach Philadelphia gekommen. Hier engagierte er sich als Schriftsteller so nachhaltig für die Unabhängigkeitsbewegung der Kolonien Neuenglands, daß er als „der journalistische Trommler Amerikas" und als „Wegbereiter der Unabhängigkeitserklärung" bezeichnet wurde. Seine überaus erfolgreichen Flug- und Streitschriften – *Common Sense* (Philadelphia 1776, im ersten Jahr bereits 25 Auflagen) und *Rights of Man* (London 1791, in seiner Zeit die meistgelesene englischsprachige Verteidigung der Französischen Revolution) – waren von der Überzeugung getragen, daß sowohl die Amerikanische als auch die Französische Revolution „die Sache Gottes und der Menschheit" seien und insofern mit beiden Ereignissen weit mehr geschehe als eine bloß politische Veränderung, nämlich ein Neubeginn der Weltgeschichte. Obwohl Paine zeitweise politischen Einfluß gewinnen konnte – 1779 war er Sekretär der Nationalversammlung von Pennsylvania, 1791/92 verfaßte er gemeinsam mit Condorcet in Paris den Verfassungsentwurf der Gironde –, verlief sein Leben wenig erfolgreich: Er wurde nicht nur in seiner Heimat England geächtet und in Frankreich unter Robespierre inhaftiert und zum Tode verurteilt, sondern auch im Lande seiner Hoffnungen, in den USA, zunehmend ignoriert. Mehr noch: Für sein letztes größeres Werk *The Age of Reason. Being an Investigation of True and Fabulous Theology* (Paris/London/New York/Philadelphia 1794/5) – noch einmal ein gewaltiger und nachhaltiger publizistischer Erfolg – wurde er ob seiner Kritik an Bibel und Christentum sogar postum massiv bekämpft und verleumdet. Präsident Theodore Roosevelt nannte ihn noch zu Beginn des 20. Jahrhunderts einen „dreckigen kleinen Atheisten *(filthy little atheist)*". Paine starb sieben Jahre nach seiner Rückkehr in die USA 1809 völlig vereinsamt in New Rochelle (New York). Der in diesem Buch wiedergegebene Text stammt aus *Rights of Man*. Auch er ist ein Dokument für den von Toleranz bestimmten Geist, der an der Gründung der Vereinigten Staaten beteiligt war.

Das allgemeine Recht auf Gewissensfreiheit

Thomas Paine: Menschenrechte
(pt. 1, 1791 Life 6:101—6)

Die Rechtsgebung in Frankreich hat *Toleranz* ebenso wie *Intoleranz* abgeschafft oder aufgegeben und hat das ALLGEMEINE RECHT AUF GEWISSENSFREIHEIT eingesetzt.
Toleranz ist nicht das *Gegenteil* von Intoleranz, sondern ihr *Nachbild* [ihre verzerrte Kopie]. Beide bedeuten Despotismus. Die eine nimmt für sich das Recht in Anspruch, die Freiheit des Gewissens vorzuenthalten, die andere, sie zu gewähren. Die eine ist der mit Feuer und Reisig [d.h. mit Scheiterhaufen] bewaffnete Papst, die andere der Ablässe verkaufende und erteilende Papst. Erstere ist Kirche und Staat, letztere Kirche und Schacher.
Toleranz kann jedoch in einem viel stärkeren Licht betrachtet werden. Der Mensch huldigt nicht sich selbst, sondern seinem Schöpfer, und die Gewissensfreiheit, die er in Anspruch nimmt, steht nicht im Dienst seiner selbst, sondern [im Dienst] seines Gottes. Aus diesem Grund haben wir hier notwendigerweise den Begriff zweier miteinander verknüpfter Wesen: des *sterblichen*, welches die Verehrung darbringt, und des *unsterblichen*, welchem die Verehrung dargebracht wird. Toleranz stellt sich daher weder zwischen Mensch und Mensch noch zwischen Kirche und Kirche, noch zwischen ein Religionsbekenntnis und ein anderes, sondern zwischen Gott und Mensch; zwischen das Wesen, welches huldigt, und das *Wesen*, welchem gehuldigt wird. Und durch denselben Akt angemaßter Autorität, mit der sie [die Toleranz] duldet, daß der Mensch seine Verehrung darbringt, ermächtigt sie sich auf vermessene und blasphemische Weise, dem Allmächtigen die Erlaubnis zu erteilen, sie [die Verehrung] zu empfangen.
Würde dem Parlament ein Gesetz vorgelegt werden, das da lautet „Ein *Akt*, durch den geduldet wird oder durch den dem Allmächtigen die Freiheit gewährt wird, die Verehrung eines Juden oder eines Türken zu erhalten" beziehungsweise „durch den es dem Allmächtigen verboten wird, sie zu erhalten", so würden alle Menschen aufschreien und es als Gotteslästerung bezeichnen. Es gäbe einen Aufruhr. Die Vermessenheit der Toleranz in religiösen Angelegenheiten würde sich dabei ohne Maske zeigen. Die Vermessenheit ist aber nicht geringer dadurch, daß allein der Name „Mensch" in jenen Gesetzen aufscheint, denn die miteinander verknüpften Begriffe des *Verehrenden* und des *Verehrten* können nicht voneinander getrennt werden. – Wer bist Du denn, eitel Staub und Asche, mit welchem Namen du auch immer gerufen wirst, ob ein König, ein Bischof, eine Kirche oder ein Staat, ein Parlament oder sonst etwas, daß du deine Nichtigkeit zwischen des Menschen Seele und seinen

Schöpfer zwängst? Kümmere dich um deine eigenen Angelegenheiten. Wenn er nicht glaubt wie du glaubst, so ist das ein Beweis dafür, daß du nicht glaubst wie er glaubt, und es gibt keine irdische Macht, die zwischen euch entscheiden könnte.

Was nun die Religionsbekenntnisse betrifft: Wenn es jedem überlassen wird, über seine eigene Religion zu urteilen, gibt es keine Religion, die falsch ist; wenn jedoch über die Religion des jeweiligen anderen geurteilt werden soll, gibt es keine Religion, die richtig ist; und aus diesem Grund liegt entweder jedermann richtig oder jedermann ist falsch. Was aber die Religion selbst – ohne Berücksichtigung der Namen – betrifft, sofern sie sich von der universellen Familie der Menschheit auf das göttliche Ziel der Anbetung richtet, *so besteht sie darin, daß der Mensch seinem Schöpfer die Früchte seines Herzens darbringt*; und sind diese Früchte auch voneinander verschieden wie die Früchte der Erde – die dankbare Huldigung eines jeden wird angenommen.

Ein Bischof von Durham, ein Bischof von Winchester, oder der Erzbischof, der vor den Herzögen steht, wird nicht einen Zehnten einer Weizengarbe ablehnen, weil sie kein Haufen Heu ist, noch einen Haufen Heu, weil es keine Garbe Weizen ist, noch ein Schwein, weil es weder das eine noch das andere ist. Aber eben diese selben Personen wollen, unter der Gestalt einer Staatskirche, ihrem Schöpfer nicht erlauben, die verschiedenen Zehnten der menschlichen Hingabe zu erhalten.

Einer der sich ständig wiederholenden Kehrreime von Herrn Burkes Buch ist „Kirche und Staat". Er spricht nicht vor irgendeiner besonderen Kirche oder irgendeinem besonderen Staat, sondern von jeder [beliebigen] Kirche und jedem [beliebigen] Staat. Er bedient sich dieses Ausdrucks als einer allgemeinen Figur [als einem Schlagwort], um die politische Lehre zum Ausdruck zu bringen, daß Kirche und Staat immer und in jedem Land vereint sein sollten, und er tadelt die französische Nationalversammlung dafür, dies in Frankreich nicht getan zu haben. – Widmen wir diesem Gegenstand ein paar Gedanken.

Alle Religionen sind von Natur aus mild, gütig und mit Moralprinzipien vereint. Am Anfang hätten sie sich durch das Bekenntnis zu etwas Lasterhaftem, Grausamen, Zudringlichem und Unmoralischem keine Anfänger erschaffen können. Wie alles andere auch hatten sie ihre Anfangsphase und verbreiteten sich durch Überredung, Ermahnung und Beispielgebung. Wie kommt es nun aber dazu, daß sie ihre natürliche Milde verlieren und mürrisch und intolerant werden?

Es folgt aus der Verbindung, die Herr Burke empfiehlt. Indem man Kirche und Staat [miteinander] kreuzt, produziert man eine Art Bastard, der nur zerstören, aber nichts hervorbringen kann. Er wird *die gesetzlich etablierte*

Kirche genannt. Schon von Geburt an ist er jeder Mutter fremd, aus der er hervorgegangen ist und die er mit der Zeit vertreibt und zerstört.

Die Inquisition in Spanien geht nicht von der Religion, zu der man sich ursprünglich bekannt hat, sondern von diesem, von Kirche und Staat gezeugtem Bastard aus. Die Verbrennungen in Smithfield entstammen demselben zwittrigen Geschöpf. Und danach war es die Wiederbelebung dieses bastardartigen Tieres in England, welche Haß und Gottlosigkeit unter der Bevölkerung erneuerte und diejenigen Leute, die man Quäker und Dissenters nennt, nach Amerika trieb.

Verfolgung ist keine ursprüngliche Eigenschaft *irgendeiner* Religion. Aber sie ist das stark hervorstechende Merkmal aller Gesetzes-Religionen beziehungsweise der durch Gesetz etablierten Religionen. Man nehme die Gesetzeskomponente weg, und jede Religion gewinnt ihre ursprüngliche Güte zurück. In Amerika ist ein katholischer Priester ein guter Bürger, ein guter Charakter und ein guter Nachbar; von derselben Art ist es ein Geistlicher der Episkopalkirche. Dies resultiert, unabhängig von den Menschen, aus der Tatsache, daß es in Amerika keine [derartige religiöse] Gesetzes-Institution gibt.

Selbst wenn wir dieses Thema von einem weltlichen Gesichtspunkt aus betrachten, werden wir die schlechten Folgen sehen, die es auf den Wohlstand der Nationen hatte. Die Einheit von Kirche und Staat hat Spanien verarmen lassen. Die Aufhebung des Edikts von Nantes trieb die Seidenmanufaktur von Frankreich nach England. Und Kirche und Staat treiben gegenwärtig wiederum die Baumwollmanufaktur von England nach Amerika und Frankreich. Herr Burke möge also damit fortfahren, seine anti-politische [törichte] Doktrin von Kirche und Staat zu predigen. Die Nationalversammlung wird seinem Rat nicht folgen, aber von seiner Torheit profitieren. Es war die Untersuchung ihrer schlimmen Folgen in England, die Amerika vor ihr gewarnt hat; und es war die Erfahrung derselben in Frankreich, die die Nationalversammlung dazu veranlasst hat, wie in Amerika das ALLGEMEINE RECHT AUF GEWISSENSFREIHEIT UND DAS ALLGEMEINE BÜRGERRECHT zu konstituieren.

❖ ─── Politik

ERKLÄRUNG DER RECHTE DES MENSCHEN UND DES BÜRGERS DER FRANZÖSISCHEN NATIONALVERSAMMLUNG (1789)

Wie sowohl die Biographie als auch der Text von Thomas Paine illustrieren, wurde die Menschenrechtserklärung in der Bill of Rights sowie in der Unabhängigkeitserklärung der Vereinigten Staaten von Amerika in enger Verbindung mit der am 26. August 1789 von der Französischen Nationalversammlung in Paris beschlossenen Déclaration des droits de l'homme et du citoyen (Erklärung der Rechte des Menschen und des Bürgers), die zwei Jahre später auch in die Französische Verfassung vom 3. September 1791 Eingang finden sollte, gesehen, erlebt und propagiert. Daß dies zu Recht geschehen ist, bezweifelt in der Zwischenzeit niemand mehr. Es ist historisch erwiesen, daß man in Frankreich während der letzten Jahrzehnte des 18. Jahrhunderts sowohl an den Geschehnissen rund um die Durchsetzung des Toleranzpatentes Josephs II. als vor allem auch an der Amerikanischen Revolution regen Anteil nahm. Was letztere anbelangt, so erschienen bereits 1778 und 1783 französische Übersetzungen zu den neuen Verfassungen der einzelnen Gründerstaaten der USA. Abgesehen davon sprachen in der fraglichen Zeit viele Gebildete in Frankreich Englisch. Eine beachtliche Zahl an Franzosen aus bürgerlichen und adeligen Kreisen hatte sogar am amerikanischen Unabhängigkeitskrieg gegen England direkt teilgenommen, woraus wiederum nicht wenige Freundschaften und Verbindungen resultierten, die gerade in den ersten Jahren der Französischen Revolution eine bedeutende Rolle spielen sollten. (Die bekannteste Freundschaft ist wohl jene zwischen Thomas Jefferson und Marie Joseph Paul Marquis de Lafayette [1757–1834], jenem einflußreichen General und Politiker, der am 11. Juli 1789 den Antrag zur berühmten Déclaration in der Nationalversammlung einbrachte.) Schließlich decken sich etliche der 17 Artikel der Déclaration nicht nur inhaltlich, sondern zum Teil sogar wörtlich mit entsprechenden Passagen in den Verfassungen einzelner Gründerstaaten. Dazu kommen noch die Aussagen mehrerer führender Protagonisten der damaligen revolutionären Szene in Frankreich, die alle darauf hindeuten, daß die amerikanischen Gesetzgebungen für sie eine Vorbildfunktion besaßen.
Allerdings kamen die Anstöße, die zur ersten und einflußreichsten europäischen Erklärung der Menschenrechte führten, nicht nur aus Ameri-

ka. Schon diese selbst waren nicht rein amerikanisch, sondern zitierten ihrerseits englische Gesetzgebungen wie die Magna Charta libertatum von 1215, die Petition of Rights von 1627, die Habeas-Corpus-Akte von 1679 und die Bill of Rights von 1689. Diese englischen Gesetzgebungen standen wiederum in einer alten, bis auf die Antike zurückgehenden Naturrechtslehre, die das Naturgesetz einerseits (erstmals formuliert durch die stoische Philosophie) und das christliche Heilsgesetz andererseits (wie es bereits von den Kirchenvätern konzipiert ist) über jegliche staatliche und politische Legislative und Exekutive stellten. So erwuchs aus eben dieser abendländisch-christlichen Naturrechtslehre die Vorstellung von Rechten, die jedem Menschen kraft seiner Natur zustehen und denen jedes Gemeinwesen zu dienen hat. Kein anderer Hauptgedanke sollte jedoch sowohl der Bill of Rights von 1776 in Virginia als auch der Déclaration von 1798 in Paris zugrundeliegen. Dazu kam gerade in Frankreich die große Wirkung der Aufklärung, konkret der Einfluß der Enzyklopädisten – von denen etliche in die Geschehnisse rund um die Revolution direkt involviert waren –, Voltaires(1694–1778), Rousseaus (1712–1778), Montesquieus (1689–1755) und anderer, die nicht nur explizit nach Toleranz, d.h. nach der Anerkennung von Gewissensfreiheit und Menschenrechten verlangten, sondern auch so zentrale Forderungen wie jene nach der staatlichen Gewaltenteilung erhoben. Nicht zu übersehen ist, daß selbst in Frankreich unmittelbar vor Ausbruch der Revolution, im November 1787, durch König Ludwig XVI. (1754–1793, König ab 1774) ein Toleranzedikt erlassen wurde, das unter dem Einfluß seines ehemaligen Finanzministers Turgot (siehe oben) entstanden war und den Protestanten ähnlich weitgehende Zugeständnisse machte wie das josephinische Toleranzedikt. Derselbe Turgot, der schon 1753/4 zwei „Lettres sur la tolérance" publiziert hatte, war es auch, der bereits 1776 – noch vor der Gesetzgebung von Virginia – für Ludwig XVI. einen Gesetzestext formulierte, in dem zum ersten Mal in der europäischen Rechtsgeschichte das Menschenrecht auf Arbeit anerkannt wurde („Dieu [...] a fait, du droit de travailler, la propriété de tout homme; et cette propriété est la première, la plus sacrée et la plus imprescriptible de toutes [...]"). Frankreich war kurz gesagt auf die Ausarbeitung einer Menschenrechtserklärung auch aus sich selbst heraus vorbereitet. Und so liegt es in der Konsequenz seiner eigenen kulturgeschichtlichen Entwicklung, daß diese Déclaration am 26. August 1789 – nach heftigen Debatten, die seit dem 20. August geführt worden waren – von der Nationalversammlung beschlossen wurde.

❖ Politik

Es ist keine Frage, daß die Déclaration – gemeinsam mit der Bill of Rights – eine Zäsur in der Rechtsgeschichte der ganzen Menschheit darstellt. Erstmals wird nicht nur die von Geburt an bestehende Gleichheit aller Menschen sowie die unbedingte Rechtsfähigkeit derselben auf Eigentum, Gewissens-, Religions-, Meinungs-, Presse- und Handlungsfreiheit bzw. die Garantierung dieser Rechte gegenüber staatlicher Gewalt und Willkür gesetzlich anerkannt, sondern zugleich in dem Bewußtsein ein Gesetz erlassen, daß dieses nicht nur für Franzosen für eine bestimmte Zeit gelte, sondern sich auf alle Menschen erstrecke und dies für die gesamte Zukunft. Obwohl auch in diesem Zusammenhang der Ausdruck ‚Toleranz' nicht fällt – diesem stand man damals, wie eine bedeutende Rede des Comte de Mirabeau (1749–1791) am 22. August 1789 in der Nationalversammlung illustriert, skeptisch gegenüber, weil er immer noch an so etwas wie an den hoheitlichen Akt einer Gewährung erinnerte –, so muß doch festgehalten werden, daß damit auch die Toleranz als ein für alle Menschen geltender Anspruch gesetzlich verankert wurde, der von jeder staatlichen Ordnung oder Organisation zu respektieren sei.

Es ist allerdings hinlänglich bekannt, daß die Wirklichkeit diesem hohen Ideal schon von Beginn an nicht nur nicht nachkam, sondern dagegen sogar grob verstieß. Selbst wenn man berücksichtigt, daß es in Frankreich ungleich schwieriger war, die neuen Rechtsvorstellungen durchzusetzen als in den Vereinigten Staaten, weil hier im Unterschied zu dort erst ein veraltetes Gesellschaftssystem mit seinen jahrhundertelang etablierten politischen Machtstrukturen aufgelöst und beseitigt werden mußte, so kann doch nicht darüber hinweggesehen werden, daß die politische Praxis schon kurze Zeit nach der *Déclaration* in das pure Gegenteil umschlug. Daran wiederum war nicht so sehr der Umstand schuld, daß die neue Verfassung nie wirklich in Kraft trat – auch 1791 und 1793 nicht. Ebensowenig war dafür die Tatsache verantwortlich, daß selbst in den Formulierungen der *Déclaration* bereits gewissen Einschränkungen der Freiheit durch die Politik eine Türe geöffnet worden war – etwa dadurch, daß (worauf schon Mirabeau hinwies) Meinungs- und Religionsfreiheit gelten, „solange ihre Äußerung nicht die durch das Gesetz festgelegte öffentliche Ordnung stört", was auszumachen wiederum nur Sache der jeweiligen Politik sein kann. Bildete also nicht dies die eigentliche Ursache, so war es vielmehr die sich rasch einstellende Diktatur seitens der revolutionären Kräfte, die sich ab 26. April 1793 in einem sogenannten staatlichen „Wohlfahrtsausschuß" und ab dem 10. März bzw. ab dem 29. Oktober desselben Jahres in einem außerordentlichen Kriminalgericht bzw. in einem Revolutionstribunal organisierte. Sie bewirkte bis Ende Juli 1794 ein Terrorregime, dem zahllose Menschen in ganz Frankreich zum Opfer fielen. Die Ideale der *Déclaration* wurden damit in krassester Weise verletzt.

Um dieser ambivalenten Entwicklung gerecht zu werden, die einerseits den epochalen Fortschritt in der europäischen Gesetzgebung sowie in der Geschichte des Toleranz-Gedankens brachte und andererseits in einem fürchterliches Terror- und Blutregime endete, wird bei der folgenden Textauswahl eine Gegenüberstellung vorgenommen: Auf der einen Seite sei einmal mehr die Déclaration, wie sie in die Verfassung von 1791 Aufnahme gefunden hat, abgedruckt, auf der anderen Seite sei eben dieser Verfassung Artikel für Artikel ein Gegenentwurf eines der Opfer der Revolution zur Seite gestellt, der einen fundamentalen, bis dahin in der Toleranz-Geschichte noch nie berücksichtigten Tatbestand einmahnt, nämlich die Tatsache, daß die Menschen, die künftig alle Anspruch auf gleiche Rechte haben sollen, nicht nur Männer, sondern auch *Frauen* sind. Postulantin und Verfasserin dieses Gegenentwurfs, der unter dem Titel *Déclaration des droits de la femme et la citoyenne* (Erklärung der Rechte der Frau und der Bürgerin) 1791 in Paris publiziert und an die Nationalversammlung adressiert wurde, war *Olympe de Gouges* (1748–1793). Diese Vorkämpferin der Frauenrechte und Protagonistin der feministischen Aufklärung machte erstmals deutlich, daß sich die Forderung nach Anerkennung der Gleichheit aller Menschen nicht nur auf Menschen mit unterschiedlicher Weltanschauung bezieht, sondern ebensosehr auf die Gleichheit der Menschen innerhalb ein und derselben Gesellschaftsordnung, Kultur und Weltanschauung, sprich auf die Gleich-heit von Mann und Frau.

Olympe de Gouges (ursprünglich Marie Gouze) stammte aus Montauban (Languedoc) in Südfrankreich. Sie wuchs in der Provinz auf, sprach daher lange kein wirkliches Französisch. Dieses erlernte sie erst mühsam, nachdem sie ca. 1768 als bereits verwitwete Madame Aubry nach Paris gekommen war und sich hier in einer siebzehnjährigen persönlichen Ausbildungszeit mit der Kultur ihrer Zeit vertraut gemacht hatte. Danach trat sie jedoch unter dem Namen Olympe de Gouges als Verfasserin von Theaterstücken, Briefromanen und politisch-philosophischen Traktaten auf. Sie stieß damit sogleich auf ein beachtliches Echo. Grund dafür mag nicht zuletzt der Umstand gewesen sein, daß sie Zugang zu Kreisen des Hochadels – unter ihnen der Kreis um den Herzog Louis Philipp von Orléans – finden konnte. Jedenfalls erschien schon 1788 eine dreibändige Ausgabe ihres bis dahin publizierten Werkes. (Dieses sollte bis 1793 noch dreimal ediert werden.) Ab 1788 engagierte sie sich zunehmend als politische Schriftstellerin. Sie nahm Kontakt zu den revolutionären Kräften auf und sprach etliche soziale Themen an, die Gesellschaft und Kirche gleichermaßen betrafen. Als am 3. September 1791 die Nationalversammlung in Paris die neue französische Verfassung gemäß der *Déclaration* von 1789 beschloß, sandte sie ihre bereits publizierte *Gegen-Déclaration* an Königin Marie Antoinette (1755–1793) in der Hoffnung, daß diese – damals freilich schon durch Fluchtversuch und aufgeflogene Geheimkontakte zum Ausland schwerstens kompromittierte – Monarchin ‚ihre' Verfassung bestätigen würde. Obwohl sie keine Royalistin war oder wurde, sprach sie sich gegen die Hinrichtung des Königs am 21. Januar 1793 aus und machte für die Mißerfolge der Reformen die Männerherrschaft der Revolutionäre verantwortlich. Dadurch unter den Verdacht der Gegnerschaft zur Revolution geraten, wurde sie am 20. Juli 1793 verhaftet und am 2. November desselben Jahres vor dem Revolutionstribunal abgeurteilt und mit dem Tode bestraft. Sie starb am darauffolgenden Tag unter der Guillotine. Ihre Deklaration über die Rechte der Frau und Bürgerin sollten erst 181 Jahre später, d.h. 1972 durch die deutsche Politikwissenschaftlerin Hannelore Schröder in der Pariser Nationalbibliothek wiederentdeckt werden. Wie diese zu Recht betont, sind „die Forderungen [...] von Olympe de Gouges bis heute nicht eingelöst". Deshalb sollen sie in diesem Buch erstmals in einer Anthologie zum Thema ‚Toleranz' an der Seite der berühmten Verfassung von 1791 angeführt und dieser gegenübergestellt sein.

Politik

„Die Menschen sind und bleiben von Geburt frei und gleich an Rechten"

Die französische Verfassung (1791)

1. Erklärung der Menschen- und Bürgerrechte

Da die Vertreter des französischen Volkes, als Nationalversammlung eingesetzt, erwogen haben, daß die Unkenntnis das Vergessen oder die Verachtung der Menschenrechte die einzigen Ursachen des öffentlichen Unglücks und der Verderbtheit der Regierungen sind, haben sie beschlossen, die natürlichen, unveräußerlichen und heiligen Rechte der Menschen in einer feierlichen Erklärung darzulegen, damit diese Erklärung allen Mitgliedern des gesellschaftlichen Körpers beständig vor Augen ist und sie unablässig an ihre Rechte und Pflichten erinnert; damit die Handlungen der gesetzgebenden wie der ausübenden Macht in jedem Augenblick mit dem Endzweck jeder politischen Einrichtung verglichen werden können und dadurch mehr geachtet werden; damit die Ansprüche der Bürger, fortan auf einfache und unbestreitbare Grundsätze begründet, sich immer auf die Erhaltung der Verfassung und das Allgemeinwohl richten mögen.

„Die Frau ist frei geboren und bleibt dem Manne gleich an Rechten"

Olympe de Gouge: Erklärung der Rechte der Frau und Bürgerin (1791)
Zu verabschieden von der Nationalversammlung in ihrer letzten Sitzung oder in der folgenden Legislaturperiode

Präambel

Wir Mütter, wir Töchter, wir Schwestern, Repräsentantinnen der Nation, fordern, Bestandteil der Nationalversammlung zu werden. In Anbetracht dessen, daß Unwissenheit, Vergessen oder Mißachtung der Rechte der Frauen die alleinigen Ursachen öffentlichen Unglücks und der Korruption der Regierungen sind, haben wir beschlossen, in einer feierlichen Erklärung, die natürlichen, unveräußerlichen und heiligen Rechte der Frau festzulegen, auf daß diese Erklärung allen Mitgliedern des Sozialkörpers ständig vor Augen steht und sie ohne Unterlaß an ihre Rechten und Pflichten erinnert; auf daß die Machtausübung von Frauen und Männern immer am Zweck aller politischen Institutionen gemessen und damit auch mehr respektiert wird; auf daß die Ansprüche der Bürgerinnen, fortan auf einfache und unbestreitbare Prinzipien gegründet, immer die Erhaltung der Verfassung, die guten Sitten und das Glück aller befördern.

Politik

Infolgedessen erkennt und erklärt die Nationalversammlung in Gegenwart und unter dem Schutze des Allerhöchsten folgende Menschen- und Bürgerrechte:

In Konsequenz dessen, erkennt und erklärt das an Schönheit und Mut im Ertragen der Mutterschaft überlegene Geschlecht, in Gegenwart und unter den Auspizien des Höchsten Wesens, die folgenden Rechte der Frau und Bürgerin.

Artikel 1. Die Menschen sind und bleiben von Geburt frei und gleich an Rechten. Soziale Unterschiede können nur im gemeinen Nutzen begründet sein.

I.: Die Frau ist frei geboren und bleibt dem Manne gleich an Rechten. Die sozialen Unterschiede können nur auf gemeinsamem Nutzen gegründet sein.

Artikel 2. Das Ziel jeder politischen Vereinigung ist die Erhaltung der natürlichen und unverjährbaren Menschenrechte. Diese Rechte sind Freiheit, Eigentum, Sicherheit und Widerstand gegen Unterdrückung.

II.: Der Zweck jeder politischen Vereinigung ist die Erhaltung der natürlichen und unantastbaren Rechte der Frau und des Mannes: diese Rechte sind Freiheit, Eigentum, (Rechts-) Sicherheit und vor allem das Recht auf Widerstand gegen Unterdrückung.

Artikel 3. Der Ursprung jeder Souveränität ruht letztlich in der Nation. Keine Körperschaften, kein Individuum können eine Gewalt ausüben, die nicht ausdrücklich von ihr ausgeht.

III.: Das Prinzip aller Souveränität ruht wesentlich in der Nation, die nichts anderes ist als eine Vereinigung der Frau und des Mannes: keine einzige Körperschaft, kein einziges Individuum kann Macht ausüben, die nicht ausdrücklich daraus hervorgeht.

Artikel 4. Die Freiheit besteht darin, alles tun zu können, was einem anderen nicht schadet. So hat die Ausübung der natürlichen Rechte eines jeden Menschen nur die Grenzen, die den anderen Gliedern der Gesellschaft den Genuß der gleichen Rechte sichern. Diese Grenzen können

IV.: Freiheit und Gerechtigkeit bestehen in der Zurückgabe all dessen, was einem anderen gehört. Also wird die Frau an der Ausübung ihrer natürlichen Rechte gehindert durch die Grenzen, die die fortdauernde Tyrannei des Mannes ihr entgegensetzt. Diese Grenzen müssen durch

Politik

allein durch Gesetz festgelegt werden.

Artikel 5. Das Gesetz kann nur die der Gesellschaft schädlichen Handlungen verbieten. Alles, was nicht durch Gesetz verboten ist, kann nicht verhindert werden, und niemand kann gezwungen werden, zu tun, was es nicht befiehlt.

Artikel 6. Das Gesetz ist der Ausdruck des allgemeinen Willens. Alle Bürger haben das Recht, persönlich oder durch ihre Vertreter an seiner Formung mitzuwirken. Es soll für alle gleich sein, mag es beschützen, mag es bestrafen. Da alle Bürger in seinen Augen gleich sind, sind sie gleicherweise zu allen Würden, Stellungen und Beamtungen nach ihrer Fähigkeit zugelassen ohne einen Unterschied als den ihrer Tugenden und ihrer Talente.

Artikel 7. Jeder Mensch kann nur in den durch das Gesetz bestimmten Fällen und in den Formen, die es vorschreibt angeklagt, verhaftet oder gefangengehalten werden. Diejenigen, die willkürliche Befehle betreiben, ausfertigen, ausführen oder ausführen lassen, sollen bestraft werden. Doch jeder Bürger, der auf Grund des Gesetzes vorgeladen oder ergriffen wird, muß sofort gehorchen. Er macht sich durch Widerstand strafbar.

die Gesetze der Natur und der Vernunft neu gesetzt werden.

V.: Die Gesetze der Natur und Vernunft verbieten alle Handlungen, die für die Gesellschaft schädlich sind: alles, was durch diese weisen und göttlichen Gesetze nicht verboten ist, darf nicht verhindert werden, und niemand darf gezwungen werden zu tun, was die Gesetze nicht gebieten.

VI.: Das Gesetz muß Ausdruck des allgemeinen Willens sein; alle Bürgerinnen und Bürger müssen an der Gesetzgebung persönlich oder durch ihre Vertretung mitwirken. Das Gesetz ist das gleiche für alle: alle Bürgerinnen und alle Bürger, gleich in den Augen des Gesetzes, müssen gleichen Zugang haben zu allen Würden, Stellen und öffentlichen Ämtern, entsprechend ihren Fähigkeiten und ohne andere Unterschiede als die ihrer Tugenden und Talente.

VII.: Keine Frau ist davon ausgenommen; sie wird angeklagt, verhaftet und gefangen gehalten in den Fällen, die das Gesetz bestimmt. Die Frauen gehorchen wie die Männer diesem rigorosen Gesetz.

Artikel 8. Das Gesetz soll nur solche Strafen festsetzen, die offenbar unbedingt notwendig sind. Und niemand kann auf Grund eines Gesetzes bestraft werden, das nicht vor Begehung der Tat erlassen, verkündet und gesetzlich angewandt worden ist.

Artikel 9. Da jeder Mensch solange für unschuldig gehalten wird, bis er für schuldig erklärt worden ist, soll, wenn seine Verhaftung für unumgänglich erachtet wird, jede Härte, die nicht notwendig ist, um sich seiner Person zu versichern, durch Gesetz streng unterdrückt werden.

Artikel 10. Niemand soll wegen seiner Meinungen, selbst religiöser Art, beunruhigt werden, solange ihre Äußerung nicht die durch das Gesetz festgelegte öffentliche Ordnung stört.

Artikel 11. Die freie Mitteilung der Gedanken und Meinungen ist eines der kostbarsten Menschenrechte. Jeder Bürger kann also frei schreiben, reden und drucken unter Vorbehalt der Verantwortlichkeit für den Mißbrauch dieser Freiheit in den durch das Gesetz bestimmten Fällen.

VIII.: Das Gesetz darf nur Strafen verhängen, die strikt und offensichtlich notwendig sind, und man kann nur bestraft werden auf Grund eines geltenden Gesetzes, das vor der Übertretung in kraft war und legal auf Frauen angewendet wird.

IX.: Alle Frauen werden in Übereinstimmung mit der Strenge des Gesetzes schuldig erklärt.

X.: Keine/r darf verfolgt werden wegen ihrer/seiner Meinung, wie grundsätzlich auch immer; die Frau hat das Recht, das Schafott zu besteigen, sie hat gleichermaßen das Recht, die Tribüne zu besteigen, solange ihre Manifestationen die öffentliche Ordnung, festgelegt durch das Gesetz, nicht stören.

XI.: Die freie Mitteilung der Gedanken und Meinungen ist eines der wertvollsten Rechte der Frau, da diese Freiheit die Legitimität der Väter hinsichtlich der Kinder sichert. Alle Bürgerinnen können in aller Freiheit sagen: ich bin Mutter eines Kindes, das von Ihnen ist, ohne daß ein barbarisches Vorurteil sie zwingt, die Wahrheit zu verdunkeln, unter der Bedingung, daß sie den Mißbrauch dieser Freiheit verantworten

Artikel 12. Die Sicherung der Menschen- und Bürgerrechte erfordert eine öffentliche Macht. Diese Macht ist also zum Vorteil aller eingesetzt und nicht für den besonderen Nutzen derer, denen sie anvertraut ist.

Artikel 13. Für den Unterhalt der öffentlichen Macht und für die Kosten der Verwaltung ist eine gemeinsame Abgabe unumgänglich. Sie muß gleichmäßig auf alle Bürger unter Berücksichtigung ihrer Vermögensstände verteilt werden.

Artikel 14. Alle Bürger haben das Recht, selbst oder durch ihre Abgeordneten die Notwendigkeit der öffentlichen Abgabe festzustellen, sie frei zu bewilligen, ihre Verwendung zu überprüfen und ihre Höhe, ihre Veranlagung, ihre Eintreibung und Dauer zu bestimmen.

Artikel 15. Die Gesellschaft hat das Recht, von jedem öffentlichen Beamten Rechenschaft über seine Verwaltung zu fordern.

muß, in Fällen, bestimmt vom Gesetz.

XII.: Die Garantie der Rechte der Frau und Bürgerin muß dem allgemeinen Nutzen dienen. Diese Garantie muß zum Vorteil aller sein und nicht im persönlichen Interesse derjenigen, denen die Garantie anvertraut ist.

XIII.: Für den Unterhalt der öffentlichen Gewalten und für die Kosten der Verwaltung sind die Beiträge der Frau und des Mannes gleich; hat die Frau Anteil an allen Lasten und Pflichten, dann hat sie auch gleichen Anteil bei der Verteilung der Stellen, Beschäftigungen, Dienste, Würden und Gewerbe.

XIV.: Bürgerinnen und Bürger haben das Recht, selbst oder durch ihre Vertretung die Notwendigkeit der Steuererhebung festzustellen. Bürgerinnen können dem Prinzip, Steuern in gleicher Höhe zu zahlen, nur dann zustimmen, wenn sie gleichen Anteil nicht allein am Einkommen, sondern auch an der öffentlichen Administration haben und Beträge, Verwendung, Einziehung und Zeitdauer der Steuern mitbestimmen.

XV.: Die Masse der Frauen, die gleich den Männern Steuern zahlt, hat das Recht, von allen öffentlichen Einrichtungen und ihrer Administration Rechenschaft zu verlangen.

Politik

Artikel 16. Eine Gesellschaft, in der die Verbürgung der Rechte nicht gesichert und die Trennung der Gewalten nicht festgelegt ist, hat keine Verfassung.

XVI.: Eine Gesellschaft, in der die Garantie der Rechte nicht gesichert und die Teilung der Gewalten nicht festgelegt ist, hat gar keine Verfassung. Die Verfassung ist nichtig, wenn die Mehrheit der Individuen, aus denen die Nation besteht, nicht an der Verfassungsgebung mitgewirkt hat.

Artikel 17. Da das Eigentum ein unverletzliches und heiliges Recht ist, kann es niemandem genommen werden, wenn es nicht die gesetzlich festgelegte, öffentliche Notwendigkeit augenscheinlich erfordert und unter der Bedingung einer gerechten und vorherigen Entschädigung.

XVII.: Das Eigentum gehört beiden Geschlechtern, gemeinsam oder getrennt; jede Person hat darauf ein unverletzliches und heiliges Recht. Keiner/keinem darf es als ein wahres Erbe der Natur geraubt werden, außer in Fällen öffentlicher und gesetzlich festgestellter Notwendigkeit, und unter der Bedingung gerechter und im voraus festgesetzter Entschädigung.

Abschluß

Einleitung

Gotthold Ephraim Lessing (1729–1781)

Das „dramatische Gedicht in fünf Aufzügen" *Nathan der Weise* des deutschen Dichters, Kunstkritikers, Theologen und Philosophen *Gotthold Ephraim Lessing* (1729–1781), welches 1779 erstmals erschienen ist und am 14. April 1783 im Theater in der Behrensstraße in Berlin uraufgeführt wurde, zählt zu den *Maßstab setzenden* Texten der ganzen Geistes- und Kulturgeschichte, aus welcher der europäische Toleranz-Gedanke hervorgegangen ist und bis zum heutigen Tage lebt. Es muß aus drei Gründen als solcher bezeichnet werden:
Zum Ersten faßt es so gut wie alles, was vor Ende des 18. Jahrhunderts über die Toleranz an Großem, Wegweisendem und Unaufgebbarem gedacht und gesagt wurde, in einer Weise zusammen, daß man versucht ist, mit Hegel von einem synthetisierenden Resultat zu sprechen, in dem einerseits alles aufbewahrt und andererseits in einer neuen Form überboten wird. Geht man in die Details des motivgeschichtlichen Kontextes, so findet man bis in die jüdischen, christlichen und islamischen Quellen hinein Verbindungen zu fast allen theologischen, philosophischen und literarischen Traditionen, die den Toleranz-Gedanken auf den Weg gebracht haben. Wissenschaftliche Untersuchungen konnten nachweisen, daß Lessings Anknüpfungen weit über Giovanni Boccaccio (1313–1375) hinausreichen, dessen 3. Novelle des 1. Tages aus dem *Decamerone* bekanntlich die unmittelbare Vorlage für die berühmte Ringparabel, das Herzstück des *Nathan*, bildete. Wahrscheinlich führen sie über jüdische und arabische Quellen aus dem Umkreis des Hofes des Sultans Saladin

(1138–1193) zu Texten aus dem Koran und der Bibel (Altes und Neues Testament). Hält man sich die einzelnen Motive vor Augen, die geistig und kulturell zur Toleranz geführt haben, die göttlichen Weisungen im Bund mit Noach, im Liebesgebot Jesu sowie in der Aufforderung zum Wetteifer durch Mohammed, die Wahrnehmung und Wertschätzung des Anderen und Fremden, das Bewußtsein um die ‚familiäre' Verbindung aller Menschen, die Erfahrung der Gottunmittelbarkeit jedes einzelnen, der humanistische Glaube an die Kraft der Sprache, die philosophische Einsicht in die Begrenztheit aller menschlichen Erkenntnis sowie die Entdeckung von unveräußerlichen Rechten, die mit dem Menschsein als solchem gegeben sind, so findet man zu jedem von ihnen eine Entsprechung im Lessingschen Drama.

Zum Zweiten geht das Theaterstück aber auch über alles hinaus, was zuvor über Toleranz gedacht worden ist. Wie Karl-Josef Kuschel, der in seinem Buch *Vom Streit zum Wettstreit der Religionen – Lessing und die Herausforderung des Islam* (Düsseldorf 1998) sogar von der „großen Wende in der Religionstheologie" spricht, gezeigt hat, setzt Lessing bei der Anerkennung der prinzipiellen Gleichrangigkeit und Gleichwertigkeit der drei monotheistischen Religionen Judentum, Christentum und Islam an, *ohne* deshalb im Sinne der meisten Philosophen der Aufklärung die Überwindung oder gar die Abschaffung dieser Religionen zugunsten einer universellen Vernunft- oder Naturreligion zu fordern. Er bleibt Realist und geschichtsbewußter Denker genug, um zu sehen, daß sich Jahrtausende lang gewachsene Traditionen, wie sie in den Religionen Ausdruck finden, nicht einfach ungeschehen machen lassen. Ja er betrachtet es nicht einmal als gut, wenn dies erfolgen würde, da *jede* der drei Religionen *alles* enthält, was die Menschlichkeit des Menschen zu fördern und voranzubringen vermag. Deshalb liegt die Konsequenz, die Lessing daraus zieht, auch nicht in der Indifferenz gegenüber den Religionen, sondern vielmehr in der Aufforderung zum Wettstreit in der Liebe. „Wahrheit einer Religion steht bei ihm (im Unterschied zu aller Orthodoxie) weder objektiv offenbarungstheologisch fest, noch bleibt sie neutralisiert in einer vergleichgültigenden Indifferenz. Wahrheit objektiviert sich für Lessing als Praxis der Liebe. [...] *Wo geliebt wird, da ist wahre Religion*. ‚Wahrheit' ist nach dieser Konzeption weder exklusiver Besitz einzelner noch eine Sache beliebiger Offenheit, sondern als Praxis der Liebe Aufgabe für alle. Diese Wahrheit muß und kann durch Menschen aus allen Religionen in alltäglicher Praxis je neu bewahrheitet werden. [...] Die durch die Ringparabel vorgeschlagene *Wende in der Religionstheologie* läßt sich somit als große Wende von einer Unkultur rechthaberischen Streites zu einer Kultur des liebenden Wettstreits beschreiben. [...] Vom Objekt zum Subjekt, vom Inhalt zur Form der Aneignung, von der Theorie zur Praxis, vom Besitz zum Streben, vom Streit zum Wettstreit, vom Ausschließlichkeitsanspruch zur Toleranz [...]." (K.-J. Kuschel)

Zum Dritten ist sich Lessing der Tatsache bewußt, daß er in seinem Stück *Nathan der Weise* eine *Utopie* entwirft. Darüber, daß die Realität eine andere ist und daß der liebende Wettstreit der Religionen untereinander noch lange nicht geübte Praxis sein wird, gibt er sich keiner falschen Illusion hin. Es wäre auch seltsam gewesen, denn bereits die konkreten Umstände, die dazu geführt hatten, daß der *Nathan* überhaupt geschrieben wurde, liegen in einem Religionszwist, ausgetragen zwischen Lessing und dem orthodoxen Hamburger Hauptpastor Johann Melchior Goeze (1717–1786). Wie noch einmal Karl-Josef Kuschel nachweisen konnte, ging es auch in dieser Kontroverse letztlich nicht um bloß innerchristliche Streitfragen – ausgelöst durch die Publikation von Nachlaßtexten des Philosophen, Orientalisten und Bibelkritikers Hermann Samuel Reimarus (1694–1768) durch Lessing (zwischen 1774 und 1778 unter dem Titel *Fragmente eines Ungenannten*). Vielmehr ging es um die Frage nach der Wertigkeit der drei Weltreligionen Judentum, Christentum und Islam. Kein Wunder, daß die Affäre früher oder später gesellschaftlich und politisch brisant wurde. Lessings oberster Dienstgeber, Herzog Karl von Braunschweig, verbot deshalb am 13. Juli 1778 die weitere Publikation der „Anti-Goezischen Blätter" und unterwarf die weitere Publikationstätigkeit Lessings der Zensur. Lessing sah sich daraufhin gezwungen, das Metier der Theologie mit jenem der Literatur zu vertauschen: „Ich muß versuchen, ob man mich auf meiner alten Kanzel, auf dem Theater wenigstens, noch ungestört will predigen lassen" (Brief an Elise Reimarus vom 6. September 1778). Dabei verfiel er auf den „närrischen Einfall", ein „vor vielen Jahren" entworfenes Schauspiel, „dessen Inhalt eine Art von Analogie mit meinen gegenwärtigen Streitigkeiten hat", auszuarbeiten und rund um „das ‚Decamerone' des Boccaccio [...] Giornata I, Nov. III." eine „sehr interessante Episode" zu erfinden: das „dramatische Gedicht in fünf Aufzügen" *Nathan der Weise* (Brief an Karl Lessing vom 11. August 1778). Selbst als das Stück 1779 fertiggestellt war und in Berlin erscheinen konnte, gab sich Lessing keinen Illusionen hin. Er ahnte, daß es auf geteilte Aufnahme, ja auf Ablehnung stoßen würde: „Es kann wohl sein, daß mein ‚Nathan' im ganzen wenig Wirkung tun würde, wenn er auf das Theater käme, welches wohl nie geschehen wird. Genug, wenn er sich mit Interesse nur lieset,

und unter tausend Lesern nur *einer* daraus an der Evidenz und Allgemeinheit seiner Religion zweifeln lernt." (Brief an Karl Lessing vom 18. April 1779)
Und so ist es bis heute geblieben. Zwar gehört das Drama in der Zwischenzeit zu den regelmäßig aufgeführten Stücken der deutschsprachigen Theaterszene und zu den meist gelesenen Texten der Germanistik-Studien an den Universitäten sowie des Literaturunterrichtes an den Schulen. Seine Botschaft jedoch ist *Utopie* geblieben. Die Religionen finden – einzelne mögen als große Ausnahmen die Regel bestätigen – zu keiner gegenseitigen Verständigung, ganz zu schweigen von einem Wettstreit in der Liebe. Nicht einmal innerhalb der jeweiligen Religionen ist Toleranz eingezogen. Im Namen sogenannter Rechtgläubigkeit werden nach wie vor Anders- bzw. Freidenkende mehr oder weniger drastisch sanktioniert. Wie eh und je geben Ansprüche auf den Besitz von Wahrheit den Ton an. Toleranz ist in vielen Teilen der Erde, aber ebenso in etlichen Teilen der einzelnen Gesellschaften überhaupt nicht angesagt. Ein Weltfriede, der aus einem Frieden der Religionen erwachsen könnte, ist trotz aller Bemühungen, die es in den vergangenen Jahrzehnten zweifellos gegeben hat und gibt, immer noch in weiter Ferne. Liefert für all dies nicht zuletzt jene Stadt, in der auch Lessings *Nathan* spielt, nämlich Jerusalem, einen traurigen Beweis? Steht sie nicht bis zum heutigen Tag dafür, daß die Religionen für die Befriedung einer Gemeinschaft nicht nur wenig ausrichten *können*, sondern nicht einmal wirklich und in ausreichendem Maße etwas ausrichten *wollen*? ... Von daher gesehen wird man mit dem Theologen Hans Küng sagen dürfen, daß die Rezeption und Umsetzung des Lessingschen *Nathan* samt der in ihm enthaltenen Ringparabel erst begrenzt stattgefunden hat und somit immer noch *bevorsteht*. Daß dies jedoch geschehen soll, wird man nur behaupten können, wenn man das Verständnis von Toleranz, das Lessing entwickelt hat, für *unhintergehbar* hält. Was wiederum könnte dafür Gründe liefern, wenn nicht einerseits die Geschichte mit all den sie bedingenden menschlichen Erfahrungen, die überhaupt zur Fassung des Toleranz-Gedankens geführt haben und zu denen das Denken Lessings in Konsequenz steht? Andererseits aber auch jene Geschichte, die seit dem ausgehenden 18. Jahrhundert noch einmal in ungeahntem Ausmaß deutlich gemacht hat, daß genau das, wogegen Lessings Toleranz-Forderung entstanden ist, nämlich Intoleranz, Fanatismus, Fundamentalismus und geistige Borniertheit, nichts anderes als geistige Verarmung und Verrohung, vor allem aber unvorstellbar großes menschliches Leid mit sich bringt? Auf dieser doppelten Legitimation – einmal aus der Zeit, die zu

Lessing hingeführt hat, das andere Mal aus der Zeit, die seit Lessing vergangen ist – beruht nicht zuletzt das Konzept des vorliegenden Lesebuches, das (wie in der Einleitung dargelegt) vom Toleranz-Verständnis der Aufklärungs-, sprich Lessing-Zeit ausgeht und die Wege zur Toleranz daraufhin rekonstruiert.

Welches aber ist der Inhalt des *Nathan*-Dramas und worin liegt die Bedeutung der Ringparabel, rund um die das Stück geschrieben wurde und die zugleich sowohl die Aussage desselben als auch das Toleranz-Denken Lessings als ganzes auf den Punkt bringt? Was Ersteres anbelangt, so läßt sich folgende Zusammenfassung geben: Die Handlung spielt in Jerusalem zur Zeit des dritten Kreuzzuges, genau 1191, als der muslimische Sultan Saladin die Stadt unter seine Herrschaft gebracht und mit den Kreuzfahrern einen Waffenstillstand vereinbart hat. Im Haus des reichen und edlen Juden Nathan ist Recha aufgewachsen, nicht ahnend, daß sie nicht seine Tochter, sondern eine Christin ist, die Nathan nach dem Verlust seiner sieben, von Christen ermordeten Söhnen an Kindesstatt angenommen hat. Von einer Reise zurückgekehrt erfährt Nathan, daß Recha beinahe bei einer Feuersbrunst ums Leben gekommen wäre, hätte sie nicht ein junger Tempelherr gerettet. Nathan sucht daraufhin die Bekanntschaft desselben, um ihm zu danken. Doch dieser wehrt ab. Bei einer späteren Begegnung allerdings verliebt er sich in Recha. Als er zusätzlich in Erfahrung bringt, daß Recha ein „Christenkind" ist, verklagt er, um Recha heiraten zu können, Nathan beim christlichen Patriarchen von Jerusalem. Dieser freilich erweist sich als gnadenlos und will Nathan hinrichten lassen („der Jude wird verbrannt"). Entsetzt darüber wendet er sich an Saladin. Dieser wiederum befindet sich soeben in Geldschwierigkeiten. Deshalb hatte er niemand anderen als Nathan zu sich gerufen. Im Zusammenhang des ersten Gespräches zwischen dem Muslimen und dem Juden, das zum Beginn einer seltsamen Freundschaft wird, fragt er den Juden nach der einzig wahren Religion, worauf Nathan das Gleichnis von den drei Ringen, die berühmte Ringparabel, erzählt. In der Folge erkennt Saladin im Tempelherrn den Sohn seines verstorbenen Bruders Assad. Und nicht genug damit: Im Zuge der weiteren Geschehnisse und Enthüllungen wird zusätzlich klar, daß Recha ebenfalls Tochter Assads und somit Schwester des Tempelherrn ist. Zuletzt sind jedenfalls die christliche und die muslimische Seite miteinander blutsverwandt. Und Nathan, der an dieser leiblichen Verwandtschaft nicht teilhat, wird als Vater im Sinne höherer Seelen- und Geistesverwandtschaft anerkannt.

Abschluß

Im Kontext dieser Geschichte (im 3. Aufzug, 7. Auftritt) erzählt, wie gesagt, Nathan seinem muslimischen Gesprächspartner Saladin die im folgenden angeführte Ringparabel. Interessant ist noch einmal, wie Lessing seinen Nathan das Gleichnis vom kostbaren Ring erzählen läßt, den ein Vater seinen drei Söhnen, die er alle liebt, vererbt und zur weiteren Nutzung überläßt. Bereits ein oberflächlicher Vergleich mit jenen Fassungen der Ringparabel, die seit dem Mittelalter und der frühen Neuzeit bekannt sind (vgl. dazu den Abschnitt *Literatur* in diesem Lesebuch), gibt hier Aufschluß. Unverkennbar setzt Lessing neue, gegenüber allen früheren Fassungen unterschiedliche Akzente. Es sind dies vor allem vier:

Zunächst liebt der Vater seine drei Söhne *gleichermaßen* („[...] Die alle drei er erfolglich gleich zu lieben / Sich nicht entbehren konnte."). Keiner genießt in seiner väterlichen Liebe einen Vorzug. Es zählt weder Alter noch besonderes Verhalten.

Sodann vermag auch der Vater, nachdem er vom echten Ring zwei andere Ringe – jenem „vollkommen gleich" – hat anfertigen lassen, den ursprünglichen Ring nicht mehr auszumachen („Da er [der Künstler] ihm die Ringe bringt, / Kann selbst der Vater seinen Musterring / Nicht unterscheiden."). Was der Vater selbst nicht mehr genau weiß, können selbstverständlich die Söhne noch viel weniger wissen.

Weiters besitzt der Ring keine magischen Kräfte mehr, durch die Wunder irgendwelcher Art (wie Krankenheilungen und dergleichen) zustandekämen. Zwar ist er „von unschätzbarem Wert' [...] ein / Opal, der hundert schöne Farben spielte", doch das Besondere an ihm ist „die geheime Kraft, vor Gott / Und Menschen angenehm zu machen, wer / In dieser Zuversicht ihn trug".

Schließlich entscheidet der zum Schluß der Parabel eingeführte Richter zwischen den Ringen nicht. Vielmehr weist er alle drei Söhne an, die Kraft des Steins durch ihr Verhalten („mit Sanftmut, / Mit herzlicher Verträglichkeit, mit Wohltun, / Mit innigster Ergebenheit in Gott") wirksam werden zu lassen: „Es eifre jeder seiner unbestochnen / Von Vorurteilen freien Liebe nach! Es strebe von euch jeder um die Wette, / Die Kraft des Steins in seinem Ring' an Tag / Zu legen!"

Schon allein diese wenigen Andeutungen machen klar, daß die Ringparabel im *Nathan* nicht eingefügt ist, um allein die Klugheit des jüdischen Kaufmanns hervorzuheben oder um bloß das edle Verhalten eines Juden und eines Muslimen darzutun (so war es in der Geschichtensammlung *Il Novellino* oder im *Decamerone* Boccaccios der Fall), sondern vielmehr mit der Absicht, daß grundlegend Ethisches zur Sprache komme. Dieses

grundlegend Ethische jedoch ist die Aufforderung zur Toleranz der drei Religionen Judentum, Christentum und Islam untereinander. Sie wiederum ergibt sich aus folgenden vier Einsichten, denen entsprechend Lessing seine Ringparabel akzentuiert:
Zum Ersten sind vor Gott nicht nur alle Menschen, sondern auch alle Religionen gleich. (Im *Nathan* werden freilich nur die drei monotheistischen Weltreligionen angesprochen.) Keine von ihnen besitzt vor Gott einen Vorrang. In diesem Sinne kann und darf auch keine von ihnen sich als besonders erwählt betrachten.
Zum Zweiten verfügt keine Religion um ein gegenüber den anderen Religionen tieferes, privilegierteres oder sichereres Wissen hinsichtlich Gottes oder ihrer Berufung. („Denn gründen alle sich nicht auf Geschichte? / Geschrieben oder überliefert!") Es gibt daher auch keine Grundlage dafür, daß seitens einer Religion ein absoluter Anspruch irgendwelcher Art erhoben werden dürfte. („Wem eignet Gott? was ist das für ein Gott, / Der einem Menschen eignet? der für sich / Muß kämpfen lassen?" [3. Aufzug, 1. Szene])
Zum Dritten liegt die eigentliche Funktion einer Religion nicht darin, höheres Wissen oder gar überirdische Kräfte zu vermitteln, sondern vielmehr darin, den Menschen menschlicher zu machen („Ich höre ja, der rechte Ring / Besitzt die Wunderkraft beliebt zu machen; / Vor Gott und den Menschen angenehm."). Die Güte einer Religion entscheidet sich mit anderen Worten nicht darin, ob sie mehr oder weniger recht hat als eine andere, als vielmehr darin, wie und in welchem Ausmaß sie Menschlichkeit bewirkt.
Zum Vierten: Da die Wahrheit weder von Gott noch von den Menschen her absolut und definitiv entscheidbar ist – „Umsonst. Der rechte Ring war nicht / Erweislich; / Fast so unerweislich als / Uns itzt – der rechte Glaube." –, bleibt als Konsequenz nur die aus der Zuversicht in die Kraft des eigenen Glaubens getragene Praxis der Liebe, die sich in der Begegnung der Religionen untereinander als Wetteifer um die Verwirklichung der Liebe im Miteinander aller Menschen äußert. Darin allein liegt das ausschlaggebende Maß. Selbst dann, wenn es doch zu einer Entscheidung darüber kommen sollte, welches der echte Ring, der wahre Glaube, ist, so wird sich dies immer noch aus der Praxis der Liebe herausstellen. So jedenfalls heißt es im abschließenden Urteil des Richters: „Und wenn sich dann der Steine Kräfte / Bei euren Kindes-Kindeskindern äußern: / So lad ich über tausend tausend Jahre, / Sie wiederum vor diesen Stuhl. Da wird / Ein weisrer Mann auf diesem Stuhle sitzen, / Als ich; und sprechen."

Das, was letztlich die Religionen untereinander verbindet, dasjenige, worumm der Wetteifer in der Liebe geht, und dasjenige schließlich, worumwillen auch Toleranz als ethische Norm Anerkennung fordert, ist die Realisierung des Menschlichen. So gesehen gilt für Lessing, was bereits für den griechischen Philosophen Protagoras gegolten hat: Der Mensch als Maß aller Dinge. Natürlich verbindet die drei monotheistischen Religionen auch derselbe Gott. Doch dessen Offenbarungen in der Tora, im Neuen Testament und im Koran zielen ihrerseits auf den Menschen. *Er ist jedesmal Grund und Zweck dafür, daß Gott sich offenbart hat.* Judesein, Christsein oder Muslimsein sind daher nichts anderes als drei unterschiedliche Weisen, um Mensch zu sein und Mensch zu werden. So gesehen erweist sich am Ende auch Toleranz nicht bloß als eine notwendige Folgerung, welche die Menschen aus bestimmten – vorwiegend negativen – Erfahrungen in der Geschichte ziehen mußten, sondern ebenso als ein Gebot des einen Gottes, der in all seinen Offenbarungen immer dasselbe will, daß nämlich der Mensch ist und sich in seinen Möglichkeiten verwirklicht.

Gotthold Ephraim Lessing: Nathan der Weise
Vers 1837–2060
[3. Aufzug, 5. Auftritt]
Saladin. Ich heische deinen Unterricht in ganz
Was anderm; ganz was anderm. – Da du nun
So weise bist: so sage mir doch einmal –
Was für ein Glaube, was für ein Gesetz
Hat dir am meisten eingeleuchtet?
Nathan. Sultan,
Ich bin ein Jud'.
Saladin. Und ich ein Muselmann.
Der Christ ist zwischen uns. – Von diesen drei
Religionen kann doch eine nur
Die wahre sein. – Ein Mann, wie du, bleibt da
Nicht stehen, wo der Zufall der Geburt
Ihn hingeworfen: oder wenn er bleibt,
Bleibt er aus Einsicht, Gründen, Wahl des Bessern.
Wohlan! so teile deine Einsicht mir
Dann mit. Laß mich die Gründe hören, denen
Ich selber nachzugrübeln, nicht die Zeit

Gehabt. Laß mich die Wahl, die diese Gründe
Bestimmt, – versteht sich, im Vertrauen – wissen,
Damit ich sie zu meiner mache. Wie?
Du stutzest? wägst mich mit dem Auge? – Kann
Wohl sein, daß ich der erste Sultan bin,
Der eine solche Grille hat; die mich
Doch eines Sultans eben nicht so ganz
Unwürdig dünkt. – Nicht wahr? – So rede doch!
Sprich! – Oder willst du einen Augenblick,
Dich zu bedenken? Gut, ich geb ihn dir. –
(Ob sie wohl horcht? Ich will sie doch belauschen;
Will hören, ob ich's recht gemacht. –) Denk nach.
Geschwind denk nach! Ich säume nicht, zurück-
Zukommen. *(Er geht in das Nebenzimmer, nach welchem sich Sittah begeben.)*

6. Auftritt
Nathan allein.
Hm! hm! – wunderlich! – Wie ist
Mir denn? – Was will der Sultan? was? – Ich bin
Auf Geld gefaßt; und er will – Wahrheit. Wahrheit!
Und will sie so, – so bar so blank, – als ob
Die Wahrheit Münze wäre! – Ja, wenn noch
Uralte Münze, die gewogen ward! –
Das ginge noch! Allein so neue Münze,
Die nur der Stempel macht, die man aufs Brett
Nur zählen darf, das ist sie doch nun nicht!
Wie Geld in Sack, so striche man in Kopf
Auch Wahrheit ein? Wer ist denn hier der Jude?
Ich oder er? – Doch wie? Sollt' er auch wohl
Die Wahrheit nicht in Wahrheit fodern? – Zwar,
Zwar der Verdacht, daß er die Wahrheit nur
Als Falle brauche, wär' auch gar zu klein! –
Zu klein? – Was ist für einen Großen denn
Zu klein? – Gewiß, gewiß: er stürzte mit
Der Türe so ins Haus! Man pocht doch, hört
Doch erst, wenn man als Freund sich naht. – Ich muß
Behutsam gehn! – Und wie? wie das? – So ganz
Stockjude sein zu wollen, geht schon nicht. –
Und ganz und gar nicht Jude, geht noch minder.

Denn, wenn kein Jude, dürft'er mich nur fragen,
Warum kein Muselmann? – Das war's! Das kann
Mich retten! – Nicht die Kinder bloß, speist man
Mit Märchen ab. – Er kömmt. Er komme nur!

7. Auftritt
Saladin und Nathan.
Saladin.
(So ist das Feld hier rein!) – Ich komm dir doch
Nicht zu geschwind zurück? Du bist zu Rande
Mit deiner Überlegung. – Nun so rede!
Es hört uns keine Seele.
Nathan. Möchte' auch doch
Die ganze Welt uns hören.
Saladin. So gewiß
Ist Nathan seiner Sache? Ha! das nenn
Ich einen Weisen! Nie die Wahrheit zu
Verhehlen! für sie alles auf das Spiel
Zu setzen! Leib und Leben! Gut und Blut!
Nathan. Ja! ja! Wann's nötig ist und nutzt.
Saladin. Von nun
An darf ich hoffen, einen meiner Titel,
Verbesserer der Welt und des Gesetzes,
Mit Recht zu führen.
Nathan. Traun, ein schöner Titel!
Doch, Sultan, eh'ich mich dir ganz vertraue
Erlaubst du wohl, dir ein Geschichtchen zu
Erzählen?
Saladin. Warum das nicht? Ich bin stets
Ein Freund gewesen von Geschichtchen, gut
Erzählt.
Nathan. Ja, *gut* erzählen, das ist nun
Wohl eben meine Sache nicht.
Saladin. Schon wieder
So stolz bescheiden? – Mach! erzähl, erzähle!
Nathan. Vor grauen Jahren lebt' ein Mann in Osten,
Der einen Ring von unschätzbarem Wert
Aus lieber Hand besaß. Der Stein war ein
Opal, der hundert schöne Farben spielte
Und hatte die geheime Kraft, vor Gott

Abschluß

Und Menschen angenehm zu machen, wer
In dieser Zuversicht ihn trug. Was Wunder,
Daß ihn der Mann in Osten darum nie
Vom Finger ließ; und die Verfügung traf,
Auf ewig ihn bei seinem Hause zu
Erhalten? Nämlich so. Er ließ den Ring
Von seinen Söhnen dem geliebtesten
Und setzte fest, daß dieser wiederum
Den Ring von seinen Söhnen dem vermache,
Der ihm der liebste sei, und stets der liebste
Ohn' Ansehn der Geburt, in Kraft allein
Des Rings, das Haupt, der Fürst des Hauses werde. –
Versteh mich, Sultan.
Saladin. Ich versteh dich. Weiter!
Nathan.
So kam nun dieser Ring, von Sohn zu Sohn
Auf einen Vater endlich von drei Söhnen,
Die alle drei ihm gleich gehorsam waren,
Die alle drei er folglich gleich zu lieben
Sich nicht entbrechen konnte. Nur von Zeit
Zu Zeit schien ihm bald der, bald dieser, bald
Der dritte, – sowie jeder sich mit ihm
Allein befand, und sein ergießend Herz
Die andern zwei nicht teilten, – würdiger
Des Ringes; den er denn auch einem jeden
Die fromme Schwachheit hatte, zu versprechen.
Das ging nun so, solang es ging. – Allein
Es kam zum Sterben, und der gute Vater
Kömmt in Verlegenheit. Es schmerzt ihn, zwei
Von seinen Söhnen, die sich auf sein Wort
Verlassen, so zu kränken. – Was zu tun? –
Er sendet in geheim zu einem Künstler,
Bei dem er, nach dem Muster seines Ringes,
Zwei andere bestellt, und weder Kosten
Noch Mühe sparen heißt, sie jenem gleich,
Vollkommen gleich zu machen. Das gelingt
Dem Künstler. Da er ihm die Ringe bringt,
Kann selbst der Vater seinen Musterring
Nicht unterscheiden. Froh und freudig ruft
Er seine Söhne, jeden insbesondre;

Gibt jedem insbesondre seinen Segen, –
Und seinen Ring, – und stirbt. – Du hörst doch,
Sultan?
Saladin (der sich betroffen von ihm gewandt).
Ich hör, ich höre! – Komm mit deinem Märchen
Nur bald zu Ende. – Wird's?
Nathan. Ich bin zu Ende.
Denn was noch folgt, versteht sich ja von selbst. –
Kaum war der Vater tot, so kömmt ein jeder
Mit seinem Ring, und jeder will der Fürst
Des Hauses sein. Man untersucht, man zankt
Man klagt. Umsonst; der rechte Ring war nicht
Erweislich; – *(nach einer Pause, in welcher er des
Sultans Antwort erwartet)*
Fast so unerweislich, als
Uns itzt– der rechte Glaube.
Saladin. Wie? das soll
Die Antwort sein auf meine Frage? …
Nathan. Soll
Mich bloß entschuldigen, wenn ich die Ringe
Mir nicht getrau zu unterscheiden, die
Der Vater in der Absicht machen ließ
Damit sie nicht zu unterscheiden wären.
Saladin.
Die Ringe! – Spiele nicht mit mir! – Ich dächte,
Daß die Religionen, die ich dir
Genannt, doch wohl zu unterscheiden wären.
Bis auf die Kleidung, bis auf Speis' und Trank!
Nathan. Und nur von seiten ihrer Gründe nicht. –
Denn gründen alle sich nicht auf Geschichte?
Geschrieben oder überliefert! – Und
Geschichte muß doch wohl allein auf Treu
Und Glauben angenommen werden? – Nicht? –
Nun, wessen Treu und Glauben zieht man denn
Am wenigsten in Zweifel? Doch der Seinen?
Doch deren Blut wir sind? doch deren, die
Von Kindheit an uns Proben ihrer Liebe
Gegeben? die uns nie getäuscht, als wo
Getäuscht zu werden uns heilsamer war? –
Wie kann ich meinen Vätern weniger

Als du den deinen glauben? Oder umgekehrt.
Kann ich von dir verlangen, daß du deine
Vorfahren Lügen strafst, um meinen nicht
Zu widersprechen? Oder umgekehrt.
Das nämliche gilt von den Christen. Nicht? –
Saladin. (Bei dem Lebendigen! Der Mann hat recht.
Ich muß verstummen.)
Nathan. Laß auf unsre Ring'
Uns wieder kommen. Wie gesagt: die Söhne
Verklagten sich; und jeder schwur dem Richter,
Unmittelbar aus seines Vaters Hand
Den Ring zu haben. – Wie auch wahr! – Nachdem
Er von ihm lange das Versprechen schon
Gehabt, des Ringes Vorrecht einmal zu
Genießen. – Wie nicht minder wahr! – Der Vater,
Beteurte jeder, könne gegen ihn
Nicht falsch gewesen sein; und eh' er dieses
Von ihm, von einem solchen lieben Vater,
Argwohnen lass': eh' müss' er seine Brüder,
So gern er sonst von ihnen nur das Beste
Bereit zu glauben sei, des falschen Spiels
Bezeihen; und er wolle die Verräter
Schon auszufinden wissen; sich schon rächen.
Saladin.
Und nun, der Richter? – Mich verlangt zu hören,
Was du den Richter sagen lässest. Sprich!
Nathan.
Der Richter sprach: Wenn ihr mir nun den Vater
Nicht bald zur Stelle schafft, so weis ich euch
Von meinem Stuhle. Denkt ihr, daß ich Rätsel
Zu lösen da bin? Oder harret ihr
Bis daß der rechte Ring den Mund eröffne? –
Doch halt! Ich höre ja, der rechte Ring
Besitzt die Wunderkraft beliebt zu machen;
Vor Gott und Menschen angenehm. Das muß
Entscheiden! Denn die falschen Ringe werden
Doch das nicht können! – Nun; wen lieben zwei
Von Euch am meisten? – Macht, sagt an! Ihr
schweigt?
Die Ringe wirken nur zurück? und nicht

Abschluß

Nach außen? Jeder liebt sich selber nur
Am meisten? – Oh, so seid ihr alle drei
Betrogene Betrüger! Eure Ringe
Sind alle drei nicht echt. Der echte Ring
Vermutlich ging verloren. Den Verlust
Zu bergen, zu ersetzen, ließ der Vater
Die drei für einen machen.
Saladin. Herrlich! herrlich!
Nathan. Und also, fuhr der Richter fort, wenn ihr
Nicht meinen Rat, statt meines Spruches, wollt:
Geht nur! – Mein Rat ist aber der: ihr nehmt
Die Sache völlig wie sie liegt. Hat von
Euch jeder seinen Ring von seinem Vater:
So glaube jeder sicher seinen Ring
Den echten. – Möglich, daß der Vater nun
Die Tyrannei des *einen* Rings nicht länger
In seinem Hause dulden wollen! – Und gewiß;
Daß er euch alle drei geliebt, und gleich
Geliebt: indem er zwei nicht drücken mögen,
Um einen zu begünstigen. – Wohlan!
Es eifre jeder seiner unbestochnen
Von Vorurteilen freien Liebe nach!
Es strebe von euch jeder um die Wette,
Die Kraft des Steins in seinem Ring' an Tag
Zu legen! komme dieser Kraft mit Sanftmut,
Mit herzlicher Verträglichkeit, mit Wohltun,
Mit innigster Ergebenheit in Gott
Zu Hilf'! Und wenn sich dann der Steine Kräfte
Bei euern Kindes-Kindeskindern äußern:
So lad ich über tausend tausend Jahre
Sie wiederum vor diesen Stuhl. Da wird
Ein weisrer Mann auf diesem Stuhle sitzen
Als ich; und sprechen. Geht! So sagte der
Bescheidne Richter.
Saladin. Gott! Gott!
Nathan. Saladin,
Wenn du dich fühlest, dieser weisere
Versprochne Mann zu sein: ...
Saladin (der auf ihn zustürzt und seine Hand ergreift, die er bis zu Ende nicht wieder fahren läßt).

Abschluß

Ich Staub? Ich Nichts?
O Gott!
Nathan. Was ist dir, Sultan?
Saladin. Nathan, lieber Nathan! –
Die tausend tausend Jahre deines Richters
Sind noch nicht um. – Sein Richterstuhl ist nicht
Der meine. – Geh! – Geh! – Aber sei mein Freund.

Quellennachweis

Texte des Kapitels „Religiöse Fundamente"

Gen 9, 1–17: Die neue Ordnung der Welt
Die Bibel. Die heilige Schrift des alten und neuen Bundes. Deutsche Ausgabe mit den Erläuterungen der Jerusalemer Bibel, hrsg. v. D. Arenhoevel/A. Deissler/A. Vögtle, Freiburg/Basel/Wien (Herder) [15]1979 ([1]1968), 21–22; (c) Verlag Herder, Freiburg

Moses Maimonides: Wiederholung der Lehre, Buch 14, Kapitel 8 § 10–11
Deutscher Text formuliert nach den zitierten Texten bei F. Niewöhner: Veritas sive varietas. Lessings Toleranzparabel und das Buch Von den drei Betrügern, Heidelberg 1988, 84–93

Neues Testament:
Einheitsübersetzung der Heiligen Schrift. Das Neue Testament, Stuttgart (Katholische Bibelanstalt) 1979; (c) 1980 Katholische Bibelanstalt
    Lk 6,27–36: 159–160
    Lk 6,37–38: 160
    Mt 13, 24–30: 46–47
    Apg 5, 29–41: 287–288

Tertullian: Verteidigung des Christentums 24, 6–10
Tertullian: Apologeticum. Verteidigung des Christentums, lateinisch-deutsch, herausgegeben, übersetzt und erläutert von Carl Becker, München (Kösel) [2]1961 ([1]1952), 151 und 153; (c) Kösel-Verlag, München

Tertullian: Brief an Scapula, Kapitel 2
Zitiert nach J. Lecler: Histoire de la tolérance au siècle de la réforme, 2 Bde., Paris 1955; deutsche Ausgabe: Geschichte der Religionsfreiheit im Zeitalter der Reformation, Band 1, Stuttgart (Schwabenverlag) 1965, 95–96

Laktanz: Göttliche Unterweisungen
Zitiert nach J. Lecler: Histoire de la tolérance au siècle de la réforme, 2 Bde., Paris 1955; deutsche Ausgabe: Geschichte der Religionsfreiheit im Zeitalter der Reformation, Band 1, Stuttgart (Schwabenverlag) 1965,
V, 20: 97
V, 21: 96

Laktanz: Auszug aus den göttlichen Unterweisungen, 54
Zitiert nach J. Lecler: Histoire de la tolérance au siècle de la réforme, 2 Bde., Paris 1955; deutsche Ausgabe: Geschichte der Religionsfreiheit im Zeitalter der Reformation, Band 1, Stuttgart (Schwabenverlag) 1965, 96

Salvianus von Marseille: Über die Regierung Gottes, V, 2
Zitiert nach J. Lecler: Histoire de la tolérance au siècle de la réforme, 2 Bde., Paris 1955; deutsche Ausgabe: Geschichte der Religionsfreiheit im Zeitalter der Reformation, Band 1, Stuttgart (Schwabenverlag) 1965, 115–116

Der Koran
Der Koran. Übersetzung von Rudi Paret, überarbeitete Taschenbuchausgabe, Stuttgart/Berlin/Köln/Mainz (Kohlhammer) 1979; (c) W. Kohlhammer Verlag, Stuttgart
Sure 2, 112–113: 22
Sure 3, 64–68: 48
Sure 4, 125–126: 73
Sure 2, 148: 25
Sure 5, 44–48: 84

TEXTE DES KAPITELS „THEOLOGIE"

Moses Maimonides: Führer der Unschlüssigen, 2. Buch, 23. Kapitel (Auszug)
Mose ben Maimon: Führer der Unschlüssigen Band II (zweites und drittes Buch), Übersetzung und Kommentar von Adolf Weiss, Hamburg (Felix Meiner Verlag) 1972, 143–144, 146, 149–151

Quellennachweis

Moses Maimonides: Wiederholung der Lehre, Buch 14
Maimonides : Über den König Messias und das messianische Zeitalter, in: Judaica. Beiträge zum Verständnis des jüdischen Schicksals in Vergangenheit und Gegenwart 42 / 2 (Juni 1986),
  Kapitel XI, 4: 75–76
  Kapitel XII,1: 76–77
  Kapitel XII, 4–5: 78

Ibn Kammuna: Untersuchung über die drei Religionen (Auszug)
Ibn Kammuna's Examination of the Three Faiths. A Thirteenth-Century Essay in the Comparative Study of Religion, Translated from the Arabic, with an Introduction and Notes by Moshe Perlmann, Berkeley/Los Angeles/London 1971, 11, 97–99, 147f., 157.
Übersetzung: Michael Zichy

Ramon Llull: Buch vom Heiden und den drei Weisen
Ramon Lull: Buch vom Heiden und den drei Weisen. Mit Beiträgen von Raimundo Panikkar, Anthony Bonner, Charles Lohr, Hermann Herder, Freiburg/Basel/Wien (Herder)1986; (c) Verlag Herder, Freiburg
  Vom Ende dieses Buches (Auszug): 65
  Über den Abschied, den die drei Weisen von dem Heiden nahmen: 67–69
  Über die Worte, die die drei Weisen auf ihrem Rückweg sprachen: 69–72

Texte des Kapitels „Literatur"

Anonymus: Das Spiel vom Antichrist, Vers 290–401
Ludus de Antichristo – Das Spiel vom Antichrist. Lateinisch und deutsch, Übersetzung und Nachwort von Rolf Engelsing, Stuttgart (Reclam) 1968, ND 1992, 35–47; (c) Philipp Reclam Verlag, Ditzingen

Wolfram von Eschenbach: Willehalm, Gyburcs „Toleranzrede" (6. Buch, 306,1– 311,6)
Wolfram von Eschenbach:Willehalm. Text der Ausgabe von Werner Schröder, völlig neubearbeitete Übersetzung, Vorwort und Register von Dieter Kartschoke, Berlin/New York (Walter de Gruyter) 1989, 197–201

Religionsgespräch in Bagdad Ende des 8. Jahrhunderts (Gleichnis von der einen Perle)
Zitiert nach: K.-J. Kuschel: Vom Streit zum Wettstreit der Religionen. Lessing und die Herausforderung des Islam, Düsseldorf (Patmos Verlag) 1998, 287f.; siehe auch: F. Niewöhner: Veritas sive varietas. Lessings Toleranzparabel und das Buch Von den drei Betrügern, Heidelberg 1988, 256; (c) Patmos Verlag, Düsseldorf

Anonymus: Das Novellenbüchlein, Nr. LXXIII (Wie der Sultan in Geldnot war und einen Juden erpressen wollte)
Il Novellino. Das Buch der hundert alten Novellen, Italienisch/Deutsch, übersetzt und herausgegeben von J. Riesz, Stuttgart (Reclam) 1988, 165 und 167; (c) Philipp Reclam Verlag, Ditzingen

Salomon Ibn Verga: Die Zuchtrute Judas (Auszug)
R. Salomo Ibn Verga: Das Buch Schevet Jehuda, aus dem Hebräischen ins Deutsche übertragen von M. Wiener, Hannover 1856, 105–109. Zitiert nach: K.-J. Kuschel: Vom Streit zum Wettstreit der Religionen. Lessing und die Herausforderung des Islam, Düsseldorf 1998, 282f.
Ganzer Text auch bei F. Niewöhner: Veritas sive varietas. Lessings Toleranzparabel und das Buch Von den drei Betrügern, Heidelberg 1988, 48–50.

TEXTE DES KAPITELS „HISTORIK"

Wilhelm von Tyrus: Geschichte der Kreuzzüge
Willelmi Tyrensis Archiepiscopi: Chronicon, hrsg. von R.B.C. Huygens, Corpus Christianorum Continuatio Mediaeualis LXIII A, Turnholti: Brepols 1956,
   Chronikon X, 10 (11): 464–465
   Chronikon X, 20 (21; Auszug): 478
   Chronikon XX, 5 (Auszug): 917–918
Übersetzung: Maria Dorninger

Rodrigo Jimenez de Rada: Geschichte der Araber
Rodrigo Jimenez de Rada: Historia Arabum. Introducción, Edición crítica, Notas e Indices de Jose Lozano Sanchez, Prólogo de Juan Gil (Anales

de la Universidad Hispalense – Publicaciones de la Universidad de Sevilla, Serie Filosofia y Letras 21) Sevilla 1974
Prologus: 3f.
Historia Arabum 10: 19
Historia Arabum 19–22 (Auszug): 34–37
Historia Arabum 37: 56
Übersetzuung: Christian Rohr

Bernardino de Sahagún: Allgemeine Geschichte der Angelegenheiten Neu-Spaniens (Prolog, Auszug)
Bernardino de Sahagún: Aus der Welt der Azteken. Die Chronik des Fray Bernardino de Sahagún, herausgegeben von Claus Litterscheid, übersetzt von L. Schulze, Frankfurt 1989, 11–15

Texte des Kapitels „Humanismus"

Marsilio Ficino: Über die christliche Religion (4. Kapitel, Auszug)
Marsilii Ficini Florentini de Christiana religione liber, Florenz 1474, Caput 4, pagina 4 (Faksimile-Ausgabe von Paul D. Kristeller, Turin 1959)
Übersetzung: Gerhard Petersmann

Giovanni Pico della Mirandola: Rede über die Würde des Menschen (Auszug)
Giovanni Pico della Mirandola: Oratio de hominis dignitate. Rede über die Würde des Menschen, lateinisch/deutsch, herausgegeben und übersetzt von Gerd von der Gönna, Stuttgart (Reclam) 1997, 5, 11, 13, 53/55, 65–73; (c) Philipp Reclam Verlag, Ditzingen

Thomas Morus: Utopia. Von den religiösen Anschauungen der Utopier (2. Buch, Auszug)
Thomas Morus: Von den religiösen Anschauungen der Utopier, in: ders.: Utopia, übersetzt von Gerhard Ritter, Nachwort von Eberhard Jäckel, Stuttgart (Reclam) 1964/1983, ND 1999, 127–134, 138f., 141f; (c) Philipp Reclam Verlag, Ditzingen

Juan Luis Vives: Über Eintracht und Zwietracht im Menschengeschlecht (Buch 4, Kapitel 12; Auszug)
Juan Luis Vives: De concordia et discordia in humano genere, Buch IV, Kapitel 12 (Auszüge), in: ders.: Opera omnia, Valencia 1782–1790, Bd. V, 187 –

403; siehe auch: ders.: Vier schöner herrlicher und nützlicher Bücher von Einigkeit und zwytracht, in dem menschlichen Geschlecht, An weiland Kaiser Carln, den Fünfften, zu Latein geschrieben: und jetzt ins Teutsch gebracht, Frankfurt 1578; ders: Sobre la concordia y la discordia en el género humano, herausgegeben von J.A. Miquel, Valencia 1996, 288–299.
Übersetzung: Reinhard Bachinger.

TEXTE DES KAPITELS „MYSTIK / SPIRITUALITÄT"

Meister Eckhart: Deutsche Predigten
Meister Eckehart: Deutsche Predigten und Traktate, herausgegeben und übersetzt von Josef Quint, Zürich (Diogenes) 1979 (Neuedition des Carl Hanser Verlags, München 1963); (c) Carl Hanser Verlag, München
  Predigt 5 (Auszug): 174f.
  Predigt 13 (Auszug): 214
  Predigt 27 (Auszug): 275–277
  Predigt 28 (Auszug): 281
  Predigt 36 (Auszug): 324
  Predigt 42 (Auszug): 353f.

Johannes Tauler: 44. Predigt (Fest der Geburt des Johannes des Täufers II.; Auszug)
Johannes Tauler: Predigten Band II, übertragen und herausgegeben von Georg Hofmann, Einsiedeln (Johannes Verlag) 1979, 338f; (c) Johannes Verlag Einsiedeln, Freiburg

Sebastian Franck: Paradoxa
Sebastian Franck: Paradoxa, herausgegeben und eingeleitet von Siegfried Wollgast, 2., neubearbeitete Auflage, Berlin (Akademie Verlag) 1995; (c) Akademie Verlag, Berlin
  Vorrede (Auszug): 9–11, 11–12,
  Paradoxon 82: 119–122
  Paradoxa 92–93 (Auszug): 155–157

Spiritualisten und Wiedertäufer: Ausgewählte Texte
Texte entnommen aus: H. S. Bender: Täufer und Religionsfreiheit im 16. Jahrhundert, in: Heinrich Lutz (Hrsg.): Zur Geschichte der Toleranz und Religionsfreiheit, Darmstadt 1977, 111–134,

Heinrich Bullinger: 122f.
Hans Denck: 120
Kilian Aurbacher: 121
Menno Simons: 127f.
David Joris: zitiert nach J. Lecler: Histoire de la tolérance au siècle de la réforme, 2 Bde., Paris 1955; deutsche Ausgabe: Geschichte der Religionsfreiheit im Zeitalter der Reformation, Band 1, Stuttgart (Schwabenverlag) 1965, 319–320

Texte des Kapitels „ Philosophie"

Averroes: Die Widerlegung der Widerlegung (Auszug)
Averroes: Tahafut al-Tahafut (The Incoherence of the Incoherence), translated from the arabic and with introduction and notes by Simon van den Bergh, London 1954, 1, 359–361.
Übersetzung: Michael Zichy
Siehe auch: Die Hauptlehren des Averroes. Nach seiner Schrift: Die Widerlegung des Gazali, aus dem Arabischen übersetzt und erläutert von M. Horten, Bonn 1913, 278–280

Uriel da Costa: Beispiel eines menschlichen Lebens (Auszug)
Uriel da Costa: Exemplar humanae vitae – Beispiel eines menschlichen Lebens, herausgegeben, übersetzt und erläutert von Hans-Wolfgang Krautz, Tübingen (Stauffenburg Verlag) 2001, 25–33

Edward Herbert von Cherbury: Geschichte Heinrichs VIII. (Auszug)
Edward Herbert: The life and reign of King Henry the Eight. Together with which is briefly represented a general history of the times, in: ders.: Autobiography of Edward Lord Herbert of Cherbury. The history of England under Henry VIII. Reprint from Kennet's Fol. Edition, 1719. London 1870, 109–748
Bzw. in: Harold R. Hutcheson: Appendixes, in: Herbert Edward: Lord Herbert of Cherbury's De Religione Laici. Edited and translated with a critical discussion of his life and philosophy and a comprehensive bibliography of his works by Harold R. Hutcheson (=Yale Studies in English. 98), New Haven 1944, 177–186
Übersetzung: Clemens Stroppel

Texte des Kapitels „Recht"

Bartolomé de Las Casas: Einige Rechtsprinzipien zur Behandlung der westindischen Frage (Auszug)
Bartolomé de Las Casas: Werkauswahl, Band 3/1. Sozialethische und staatsrechtliche Schriften, herausgegeben von Mariano Delgado, Paderborn/München/Wien/Zürich (Ferdinand Schöningh) 1996, 41–58; (c) Verlag Ferdinand Schöningh, Paderborn

Francisco de Vitoria: Über die Indios (Auszug)
Francisco de Vitoria: Vorlesungen II (Relectiones) – Völkerrecht Politik Kirche, herausgegeben von Ulrich Horst, Heinz-Gerhard Justenhoven, Joachim Stüben, Stuttgart/Berlin/Köln (Kohlhammer-Verlag) 1997, Vorlesung „De Indis" 370–541, hier 517–523 (c) W. Kohlhammer Verlag, Stuttgart

Hugo Grotius: Votum für den Frieden unter den Kirchen
Hugo Grotius: Votum pro pace ecclesiastica, in: ders.: Opera theologica, Bd. IV, Basel 1732, 653–655; siehe auch: J. Lecler / M.-F. Valkhoff (Hg.): Les premiers défenseurs de la liberté religieuse, 2 Bde., Paris 1969, Bd. II, 145–153
Übersetzung: Peter Kuon und Ursula Wagner-Kuon.

Texte des Kapitels „Anlässe / Ereignisse"

Sebastian Castellio: Über die Ketzer, ob man sie verfolgen soll (Vorwort)
Sebastian Castellio: Über die Ketzer, ob man sie verfolgen soll, zitiert nach: Religiöse Toleranz. Dokumente zur Geschichte einer Forderung, eingeleitet, kommentiert und herausgegeben von Hans R. Guggisberg, Stuttgart/Bad Cannstatt (frommann-holzboog) 1984, 89–99; (c) Friedrich Frommann Verlag, Günther Holzboog

Hans Jakob Christoffel von Grimmelshausen: Der abenteuerliche Simplicissimus
Hans Jakob Christoffel von Grimmelshausen: Der abenteuerliche Simplicissimus, Darmstadt (Wissenschaftliche Buchgesellschaft) [13]1985
  Wie er dem treuherzigen Pfarrer ander Werg an die Kunkel legte, damit er sein epikurisch Leben zu korrigieren vergesse (Buch III, 20. Kapitel): 279–282

Quellennachweis

Etwas wenigs von den ungarischen Wiedertäufern, und ihrer Art zu leben (Buch V, 19. Kapitel): 458–461

Johann Christoph Gottsched: Von dem verderblichen Religionseifer, und der heilsamen Duldung aller christlicher Religionen (V. Akademische Rede)
Johann Christoph Gottsched: Ausgewählte Werke Band 9, zweiter Teil. Gesammelte Reden, herausgegeben von P.M. Mitchell, Berlin/New York (Walter de Gruyter) 1976, 456–464

Texte des Kapitels „Politik"

Briefwechsel Kaiserin Maria Theresias und Kaiser Josephs II. im Jahre 1777
Alfred Ritter von Arneth: Geschichte Maria Theresias, 10 Bände, Wien 1879, hier Bd. IX, 138–145, Bd. X, 60–75. Verglichen und zum Teil korrigiert anhand der Ausgabe der Originalbriefe durch denselben Autor Alfred Ritter von Arneth: Maria Theresia und Joseph II. Ihre Korrespondenz, 3 Bände, Wien 1867–1868, hier Bd. II, 140–142, 146–147, 150–165.

Anonymus: Betrachtungen über Religionsdifferenzen
Gustav Frank: Das Toleranz-Patent Kaiser Joseph II. Urkundliche Geschichte seiner Entstehung und seiner Folgen, Wien 1882, 21–23.

Thomas Jefferson: Gesetzesvorlage zur Errichtung religiöser Freiheit (12. Juni 1779; Papers 2: facing 305)
The Founders' Constitution Volume 5, Amendment I (Religion), Document 37; http://press-pubs.uchicago.edu/founders/documents/amendI_religions37.html; The University of Chicago Press
Übersetzung: Michael Zichy

Thomas Paine: Menschenrechte (pt. 1, 1791 Life 6:101–6)
The Founders' Constitution Volume 5, Amendment I (Religion), Document 57; http://press-pubs.uchicago.edu/founders/documents/amendI_religions57.html; The University of Chicago Press
Übersetzung: Michael Zichy

Quellennachweis

Die französische Verfassung (1791)
Die französische Verfassung von 1791, in: Robert Hermann Tenbrock (Hrsg.): Außerdeutsche Verfassungen, Bd. 1, Paderborn (Schöningh-Verlag), 63–67.

Olympe de Gouge: Erklärung der Rechte der Frau und Bürgerin (1791)
Olympe de Gouges: Déclarations des Droits de la Femme et de la Citoyenne / Erklärung der Rechte der Frau und Bürgerin (1789), in: Olympe de Gouges – Mensch und Bürgerin, herausgegeben eingeleitet und kommentiert von Hannelore Schröder, Aachen (ein-FACH-verlag) 1995, 107–113.

TEXTE DES KAPITELS „ABSCHLUSS"

G.E. Lessing: Nathan der Weise, Vers 1837–2060
G.E. Lessing: Nathan der Weise. Ein dramatisches Gedicht in fünf Aufzügen, Anmerkungen von Peter von Düffel, Stuttgart (Reclam) 1990 (ND 1998), 69–76

Ausgewählte Bibliographie

Anthologien

Blau, J. (Hg.), Cornerstones of Religious Freedom in America, Boston ²1950

Firpo, M. (Hg.), Il problema della tolleranza religiosa nell' età moderna, Turin 1978

Guggisberg, H. R. (Hg.), Religiöse Toleranz. Dokumente zur Geschichte einer Forderung, Stuttgart / Bad Canstatt 1984

Herdtle, C. / Leeb. T. (Hg.), Toleranz. Texte zur Theorie und politischen Praxis. Arbeitstexte für den Unterricht, Stuttgart 1987

Hoffmann, M. (Hg.), Toleranz und Reformation. Texte zur Kirchen- und Theologiegeschichte, Gütersloh 1979

Lecler, J. / Valkhoff, M.-F. (Hg.), Les premiers défenseurs de la libertè religieuse, 2 Bde., Paris 1969

Morsey, M. (Hg.), Toleranz – Gedanken der Welt, Nürnberg 1994 (deutsche Ausgabe von: La tolérance: Essai d' anthologie, im Auftrag der UNESCO 1974)

❖   Ausgewählte Bibliographie

Wichtige Nachschlagwerke in chronologischer Reihenfolge

Religion in Geschichte und Gegenwart, Bd. 6, Tübingen 1962 (3. Auflage), 932-947 (G. Mensching, H. Bornkamm, D. Lerch)

Handbuch theologischer Grundbegriffe, Bd. 4, München 1970 (Ergänzte Taschenbuchausgabe der Erstausgabe München 1962), 245-253 (H. R. Schlette)

Evangelisches Staatslexikon, Bd. 2, Stuttgart 1987 (2. Auflage), 3621-3638 (M. Honecker, U. Steiner)

Geschichtliche Grundbegriffe. Historisches Lexikon zur politisch-sozialen Sprache in Deutschland, Bd. 6, Stuttgart 1990, 445-605 (G. Besier, K. Schreiner)

Neues Handbuch Theologischer Grundbegriffe, Bd. 4, München 1991, 218-234 (O. Höffe)

Staatslexikon. Recht – Wirtschaft – Gesellschaft, Bd. 5, Freiburg / Basel / Wien 1993 (7. Auflage), 485-489 (H.-J. Becker)

Enzyklopädie Philosophie und Wissenschaftstheorie, Bd. 4, Stuttgart / Weimar 1996, 316-317 (D. Teichert)

Lexikon des Mittelalters, Bd. 8, München 1997, 849-850 (O. Lellek)

Historisches Wörterbuch der Philosophie, Bd. 10, Basel 1998, 1251-1262 (G. Schlüter, R. Grötker)

Lexikon für Theologie und Kirche, Bd. 10, Freiburg / Basel / Wien 2001 (3. Auflage), 95-101 (K. Hilpert)

Der Neue Pauly. Enzyklopädie der Antike, Bd. 12/1, Stuttgart / Weimar 2002, 657-668 (H. C. Lentini, W. Eder, K. Fitschen, E. Hollender, I. Toral-Niehoff)

Ausgewählte Bibliographie

Literatur allgemeineren und übergreifenderen Inhalts

Amersfoort, J. v. / Oort, J. v. (Hg.), Juden und Christen in der Antike, Kampen 1990

Assmann, J., Moses der Ägypter, München 1998

Baldermann, I. / Dassmann, E. u.a. (Hg.), Menschenwürde (Jahrbuch für Biblische Theologie Bd. 15), Neukirchen / Vluyn 2001

Blattner, J., Toleranz als Strukturprinzip. Ethische und psychologische Studien zu einer christlichen Kultur der Beziehung, Freiburg / Basel / Wien 1985

Bobbio, N., Das Zeitalter der Menschenrechte. Ist Toleranz durchsetzbar?, Berlin 1998 (italienische Ausgabe 1990/92)

Brinkmann, J., Toleranz in der Kirche. Eine moraltheologische Untersuchung über institutionelle Aspekte innerkirchlicher Toleranz, Paderborn 1980

Broer, I. / Schlüter, R. (Hg.), Christentum und Toleranz, Darmstadt 1996

Butterfield, H., Toleration in Early Modern Times, in: Journal of the History of Ideas 28 (1977) 573-584

Ebbinghaus, C. J., Über die Idee der Toleranz, in: Archiv für Philosophie 4 (1950) 1-34

Forst, R. (Hg.), Toleranz. Philosophische Grundlagen und gesellschaftliche Praxis einer umstrittenen Tugend, Frankfurt 2000

Freimar, P. u.a. (Hg.), Lessing und die Toleranz, Detroit (Mich.) / München 1986

Grandner, M. / Schmale, W. / Weinzierl, M. (Hg.), Grund- und Menschenrechte. Historische Perspektiven – aktuelle Problematiken, Wien / München 2002

Guggisberg, H. R., The Defence of Religious Toleration in Early Modern Europe: Arguments, Pressures, and some Consequences, in: History of European Ideas 4 (1983) 35-50

Guterman, S.L., Religious Toleration and Persecution in Ancient Rome, London 1954

Hilpert, K. / Werbick, J. (Hg.), Mit den Anderen leben. Wege zur Toleranz, Düsseldorf 1995

Kamen, H., Intoleranz und Toleranz zwischen Reformation und Aufklärung, München 1967 (deutsche Übersetzung von: The Rise of Toleration, London 1967)

Kampling, R. / Schlegelberger, B. (Hg.), Wahrnehmung des Fremden. Christentum und andere Religionen, Berlin 1996

Khoury, A.T., Toleranz im Islam, München / Mainz 1980

Kisch, G., Toleranz und Menschenwürde, in: Miscellanea mediaevalia, Bd. 4: Judentum im Mittelalter, Beiträge zum christlich-jüdischen Gespräch, Berlin 1965, 1-36

Kloepfer, R. / Dücker, B. (Hg.), Kritik und Geschichte der Intoleranz, Heidelberg 2000

Kolakowski, L., Toleranz und Absolutheitsansprüche, in: Böckle, F. u.a. (Hg.), Christlicher Glaube in moderner Gegenwart, Bd. 26, Freiburg / Basel / Wien 1981, 5-38

Kötting, B., Religionsfreiheit und Toleranz im Altertum, Opladen 1977

Kühn, J., Toleranz und Offenbarung. Eine Untersuchung der Motive und Motivformen der Toleranz im offenbarungsgläubigen Protestantismus, zugleich ein Versuch zur neueren Religions- und Geistesgeschichte, Leipzig 1923

Kuschel, K.-J., Streit um Abraham. Was Juden, Christen und Muslime trennt – und was sie eint, München 1994

Ausgewählte Bibliographie

–: Vom Streit zum Wettstreit der Religionen. Lessing und die Herausforderung des Islam, Düsseldorf 1998

Lecler, J., Histoire de la tolérance au siècle de la réforme, 2 Bde., Paris 1955; deutsche Ausgabe: Geschichte der Religionsfreiheit im Zeitalter der Reformation, 2 Bde., Stuttgart 1965

Lendvai, P. (Hg.), Religionsfreiheit und Menschenrechte, Wien 1983

Lochmann, J. M., Wahrheitseifer und Toleranz, Basel 1981

Lutz, H. (Hg.), Zur Geschichte der Toleranz und Religionsfreiheit, Darmstadt 1977

Mendus, S. (Hg.), Justifying Toleration. Conceptual and Historical Perspectives, Cambridge 1988

– / Edwards, D. (Hg.), On Toleration, Oxford 1987

Mensching, G., Toleranz und Wahrheit in der Religion, München / Hamburg 1955 (^{2}1966)

Mitscherlich, A., Toleranz – Überprüfung eines Begriffs, Frankfurt 1974

Möseneder, K., Zu einer Ikonographie der Toleranz, in: Raschzok, K. / Sörries, R. (Hg.), Geschichte des protestantischen Kirchenbaus, Erlangen 1994, 167-191

Müller, U., Toleranz im Mittelalter? Eine Skizze zu den Beziehungen zwischen dem christlich-lateinischen Okzident und dem islamischen Orient, in: Jahrbuch Deutsch als Fremdsprache 20 (1994) 209-236

Niewöhner, F., Veritas sive varietas. Lessings Toleranzparabel und das Buch Von den drei Betrügern, Heidelberg 1988

Paret, R., Toleranz und Intoleranz im Islam, in: Saeculum 21 (1970) 344-365

Patschovsky, A. / Zimmermann, H. (Hg.), Toleranz im Mittelalter, Sigmaringen 1998

❖ Ausgewählte Bibliographie

Rahner, K., Toleranz in der Kirche, Freiburg / Basel / Wien 1977, 9-65

Ravitzky, A., The question of tolerance in the Jewish religious tradition, in: E. Yaakov (Hg.), Hazon Nanum. Studies in Jewish Law, Thought, and History, New York 1997, 359-391

Rendtorff, T. (Hg.), Glaube und Toleranz. Das theologische Erbe der Aufklärung, Gütersloh 1982

Ruffini, F., La libertà religiosa. Storia dell' idea, Turin 1901 (^{2}1967)

Schlette, H. R., Zum Thema Toleranz, Braunschweig / Hannover 1979

Schnur, R. (Hg.), Zur Geschichte der Erklärung der Menschenrechte, Darmstadt 1964

Speyer, W., Büchervernichtung und Zensur des Geistes bei Heiden, Juden und Christen, Stuttgart 1981

Walzer, M., Über Toleranz. Von der Zivilisierung der Differenz, Hamburg 1998 (englisch: On Toleration, Yale 1997)

Wierlacher, A. (Hg.), Kulturthema Toleranz. Zur Grundlegung einer interdisziplinären und interkulturellen Toleranzforschung, München 1966

Zizek, S., Ein Plädoyer für Intoleranz, Wien 1998

Literatur speziellen Inhalts

Aner, K., Die Theologie der Lessingzeit, Halle 1929

Bainton, R. H., David Joris. Wiedertäufer und Kämpfer für Toleranz im 16. Jahrhundert, Leipzig 1937

–: Bernardino Ochino, esule e riformatore senese del Cinquecento, Firenze 1940

Ausgewählte Bibliographie

–: Castellioniana. Quatre études sur Sébastien Castellion et l' idee de la tolérance, Leiden 1951

–: Hunted Heretic: The Life and Death of Michael Servetus, 1511-1553, Boston 1960

–: Erasmus of Christendom, New York 1969 (London 1970)

Barton, P. F. (Hg.), Im Zeichen der Toleranz, Wien 1981

– (Hg.): Im Lichte der Toleranz, Wien 1981

Baumgartner, W., Naturrecht und Toleranz. Untersuchungen zur Erkenntnistheorie und politischen Philosophie bei John Locke, Würzburg 1975 (^{2}1979)

Barbers, M., Toleranz bei Sebastian Franck, Bonn 1964

Becker, B. (Hg.), Autour de Michel Servet et de Sébastien Castellion, Haarlem 1953

Benz, E., Der Toleranzgedanke in der Religionswissenschaft – Über den Heptaplomeres des Jean Bodin, in: Deutsche Vierteljahresschrift für Literaturwissenschaft und Geistesgeschichte 12 (1934) 540-571

Berkvens-Stevelinck, C. u.a. (Hg.), Voltaire, Rousseau et la tolérance, Amsterdam / Lille 1980

Binder, L., Grundlagen und Formen der Toleranz in Siebenbürgen bis zur Mitte des 17. Jahrhunderts, Köln / Wien 1976

Bonet-Maury, G., Die Gewissensfreiheit in Frankreich vom Edikt von Nantes bis zur Gegenwart, Leipzig 1912 (^{1}1901)

Bornkamm, H., Das Problem der Toleranz im 16. Jahrhundert, in: ders., Das Jahrhundert der Reformation, Göttingen 1961, 262-291

Boyce, M., Toleranz und Intoleranz im Zoroastrismus, in: Saeculum 21 (1970) 325-343

Ausgewählte Bibliographie

Crüsemann, F., Die Tora. Theologie und Sozialgeschichte des alttestamentlichen Gesetzes, München 1992

Dejung, C., Wahrheit und Häresie. Untersuchungen zur Geschichtsphilosophie bei Sebastian Franck, Zürich 1980

Denzer, H. (Hg.), Jean Bodin. Verhandlungen der internationalen Bodin-Tagung, München 1973

Dummer, H. J., Die Toleranzidee in William Penns Schriften, Westfalen 1940

Ferguson, W. K., The Attitude of Erasmus toward Toleration, in: Renaissance Studies, New York 1963, 75-81

Friedrich, H., Montaigne, Bern 1949, ²1967

Gauss, J., Toleranz und Intoleranz zwischen Christen und Muslimen in der Zeit vor den Kreuzzügen, in: Saeculum 19 (1969) 362-389

Gawlick, G. / Niewöhner, F. (Hg.), Jean Bodin's „Colloquium Heptaplomeres" (Wolfenbütteler Forschungen Bd. 67), Wiesbaden 1996

Gebauer, C., Geistige Strömungen und Sittlichkeit im 18. Jahrhundert, Berlin 1931

Goldammer, K., Friedensidee und Toleranzgedanke bei Paracelsus und den Spiritualisten, II: Franck und Weigel, in: Archiv für Reformationsgeschichte 47 (1956) 180-211

Greenfield, J. / Miklautsch, L., Der „Willehalm" Wolframs von Eschenbach, Berlin / New York 1998

Güldner, G., Das Toleranz-Problem in den Niederlanden im Ausgang des 16. Jahrhunderts, Lübeck / Hamburg 1968

Guggisberg, H. R., Roger Williams, in: ders., Alte und Neue Welt in historischer Perspektive, Bern / Frankfurt 1973, 1-37

–: Sebastian Castellio. Humanist und Verteidiger der religiösen Toleranz, Göttingen 1997

Häfner, R., Bodinus polymeres. Neue Studien zu Jean Bodins Spätwerk (Wolfenbütteler Forschungen Bd. 87) Wiesbaden 1999

Harnisch, W., „Toleranz" im Denken des Paulus. Eine exegetisch-hermeneutische Vergewisserung, in: Evangelische Theologie 56 (1996) 64-82

Hassinger, E., Religiöse Toleranz im 16. Jahrhundert. Motive – Argumente – Formen der Verwirklichung, Basel / Stuttgart 1966

Henriques, U., Religious Toleration in England, London 1961

Hill, D., Lessing. Die Sprache der Toleranz, in: Deutsche Vierteljahresschrift für Literaturwissenschaft und Geistesgeschichte 64 (1990) 218-246

Jordan, W. K., The Development of Religious Toleration in England, 4 Bde., London 1932-1940

Kaegi, W., Castellio und die Anfänge der Toleranz, Basel 1953

Kahl, H.-D., Der sogenannte Ludus de Antichristo (De finibus saeculorum) als Zeugnis frühstauferzeitlicher Gegenwartskritik, in: Mediaevistik 4 (1991) 53-148

Király, B. K. (Hg.), Tolerance and Movements of Religious Dissent in Eastern Europe, New York / London 1975

Kisch, G., Erasmus' Stellung zu Juden und Judentum, Tübingen 1969

Kuhn-Emmerich, B., Die Toleranz bei Nikolaus von Kues. Das Ergebnis seiner religiösen Denkweise, Bonn 1968

Lewis, B. / Niewöhner, F. (Hg.), Religionsgespräche im Mittelalter, Wiesbaden 1992

Müller, J.-D. (Hg.), Sebastian Frank (Wolfenbütteler Forschungen Bd. 56), Wiesbaden 1993

Müller, K., Tora für die Völker. Die noachidischen Gebote und Ansätze zu ihrer Rezeption im Christentum, Berlin 1994

Müller, U., Cribratio Alkorani': Zur Interpretation des Koran durch Nikolaus von Kues (1460/1461), in: Kairoer Germanistische Studien 10 (1997) 573-595

Niewöhner, F., Maimonides – Aufklärung und Toleranz im Mittelalter, Heidelberg 1988

Nolte, H.-H., Religiöse Toleranz in Rußland 1600-1725, Göttingen 1969

O'Brien, C. H., Ideas of Religious Toleration at the Time of Joseph II. A Study of the Enlightenment among Catholics in Austria, Philadelphia 1969

Pailin, D. A., Herbert von Cherbury, in: Schobinger, J.-P. (Hg.), Die Philosophie des 17. Jahrhunderts, Bd. III: England (Ueberweg Grundriß der Geschichte der Philosophie), Basel 1988, 224-239

Rex, W., Essays on Pierre Bayle and Religious Controversy, Den Haag 1965

Roellenbleck, G., Offenbarung, Natur und jüdische Überlieferung bei Jean Bodin, Gütersloh 1964

Rosenthal, I. J., „Jüdische Antwort", in: ders., Studia Semitica, Bd. 1, Cambridge 1971, 187-242

Sandweg, J., Rationales Naturrecht als revolutionäre Praxis. Untersuchungen zur „Erklärung der Menschen- und Bürgerrechte" von 1789, Berlin 1972

Schlüter, G., Die französische Toleranzdebatte im Zeitalter der Aufklärung. Materiale und formale Aspekte, Tübingen 1992

Schlüter, J., Die Theologie des Hugo Grotius, Göttingen 1919

Schneider, H.-P., Hugo Grotius, in: Schobinger, J.-P. (Hg.), Die Philosophie des 17. Jahrhunderts, Bd. II: Frankreich und Niederlande (Ueberweg Grundriß der Geschichte der Philosophie), Basel 1993, 91-111

Schoeps, H. J., Jüdisch-christliches Religionsgespräch im 16. Jahrhundert, Berlin 1937

Ausgewählte Bibliographie

Schwinges, R. Ch., Kreuzzugsideologie und Toleranz. Studien zu Wilhelm von Tyrus, Stuttgart 1992

–: Wilhelm von Tyrus: Vom Umgang mit Feindbildern im 12. Jahrhundert, in: Burghartz, S. u.a. (Hg.), Spannungen und Widersprüche, Sigmaringen 1992, 155-169

Seidel, S. (Hg.), Ketzerverfolgung im 16. und frühen 17. Jahrhundert (Wolfenbütteler Forschungen Bd. 51), Wiesbaden 1992

Seidlmayer, M., „Una religio in rituum varietate". Zur Religionsauffassung des Nikolaus von Kues, in: Archiv für Kulturgeschichte 36 (1954) 145-207

Smith, E. A., Religious Liberty in the United States, Philadelphia 1972

Speyer, W., Die drei monotheistischen Weltreligionen im Gespräch. Zu einem unbekannten Bild des Quatrocento, in: ders., Religionsgeschichtliche Studien, Hildesheim / Zürich / New York 1995, 184-188

Stokes, A. P., Church and State in the United States. Historical Development and Contemporary Problems of Religious Freedom under the Constitution, 3 Bde., New York 1950

Tazbir, J., Geschichte der polnischen Toleranz, Warschau 1977

UNESCO (Hg.), Al-Andalus, UNESCO-Kurier 12 (1991)

Vittali, O. E., Die Theologie des Wiedertäufers Hans Denck, Offenburg 1932

Vogt, J., Toleranz und Intoleranz im constantinischen Zeitalter – Der Weg der lateinischen Apologetik, in: Saeculum 19 (1969) 344-361

Wagner, H., Die Idee der Toleranz in Österreich, in: Religion und Kirche in Österreich. Schriften des Instituts für Österreichkunde, Wien 1972, 111-127

Westreicher, M., Gyburg. Zur ‚Nichtmythisierung' einer literarischen Figur, in: Müller, U. / Wunderlich, W. (Hg.), Herrscher, Helden, Heilige, St. Gallen 1996, 403-413

Wilbur, E. M., A History of Unitarianism, 2 Bde., Cambridge (Mass.) 1945 / 1952

Winter, E., Der Josefinismus. Die Geschichte des österreichischen Reformkatholizismus, Berlin 1962 (erweiterte Auflage von: Der Josefinismus und seine Geschichte. Beiträge zur Geistesgeschichte Österreichs 1740-1848, Brünn / München / Wien 1943)

Wolf, E., Hugo Grotius, in: ders., Große Rechtsdenker der deutschen Geistesgeschichte, Tübingen ⁴1963, 253-310

Wolny, R. J., Die josephinische Toleranz unter besonderer Berücksichtigung ihres geistlichen Wegbereiters Johann Leopold Hay, München 1973

Zipperer, M., Thomas Jeffersons „Act for Establishing Religious Freedom in Virginia" vom 16. Januar 1786, Erlangen 1967

Zweig, S., Castellio gegen Calvin oder Ein Gewissen gegen die Gewalt, Wien / Leipzig / Zürich 1936 (11. Auflage Frankfurt 1999)

Zurbuchen, S., Naturrecht und Natürliche Religion. Zur Geschichte des Toleranz-Problems von Samuel Pufendorf bis Jean-Jacques Rousseau, Würzburg 1991